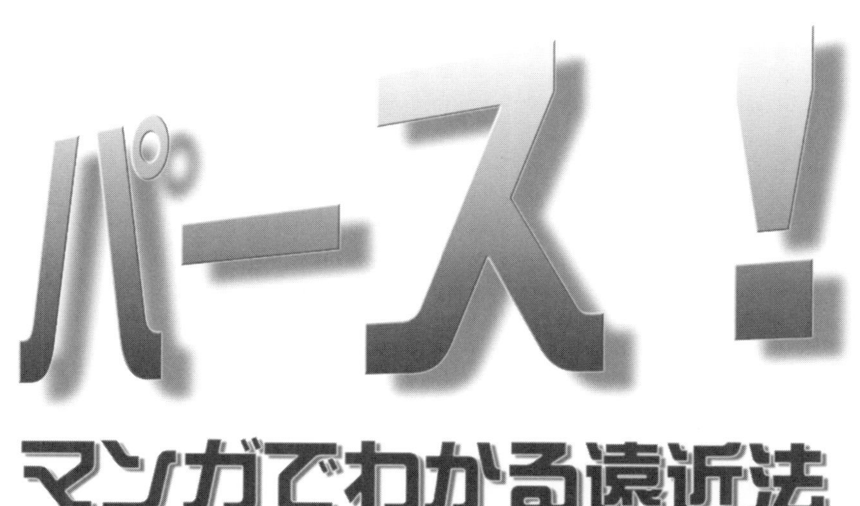

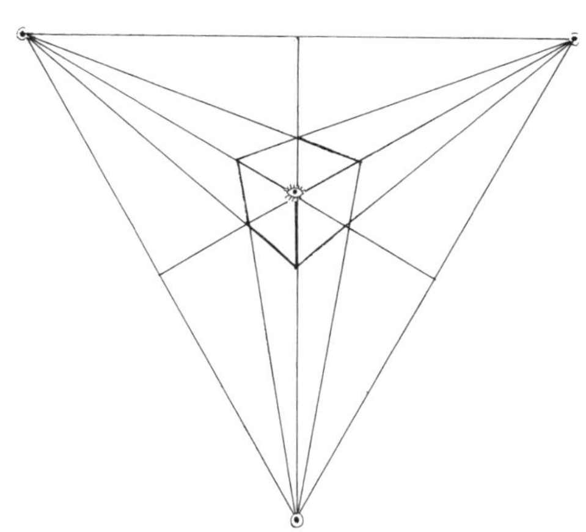

デヴィッド・チェルシー著

マール社

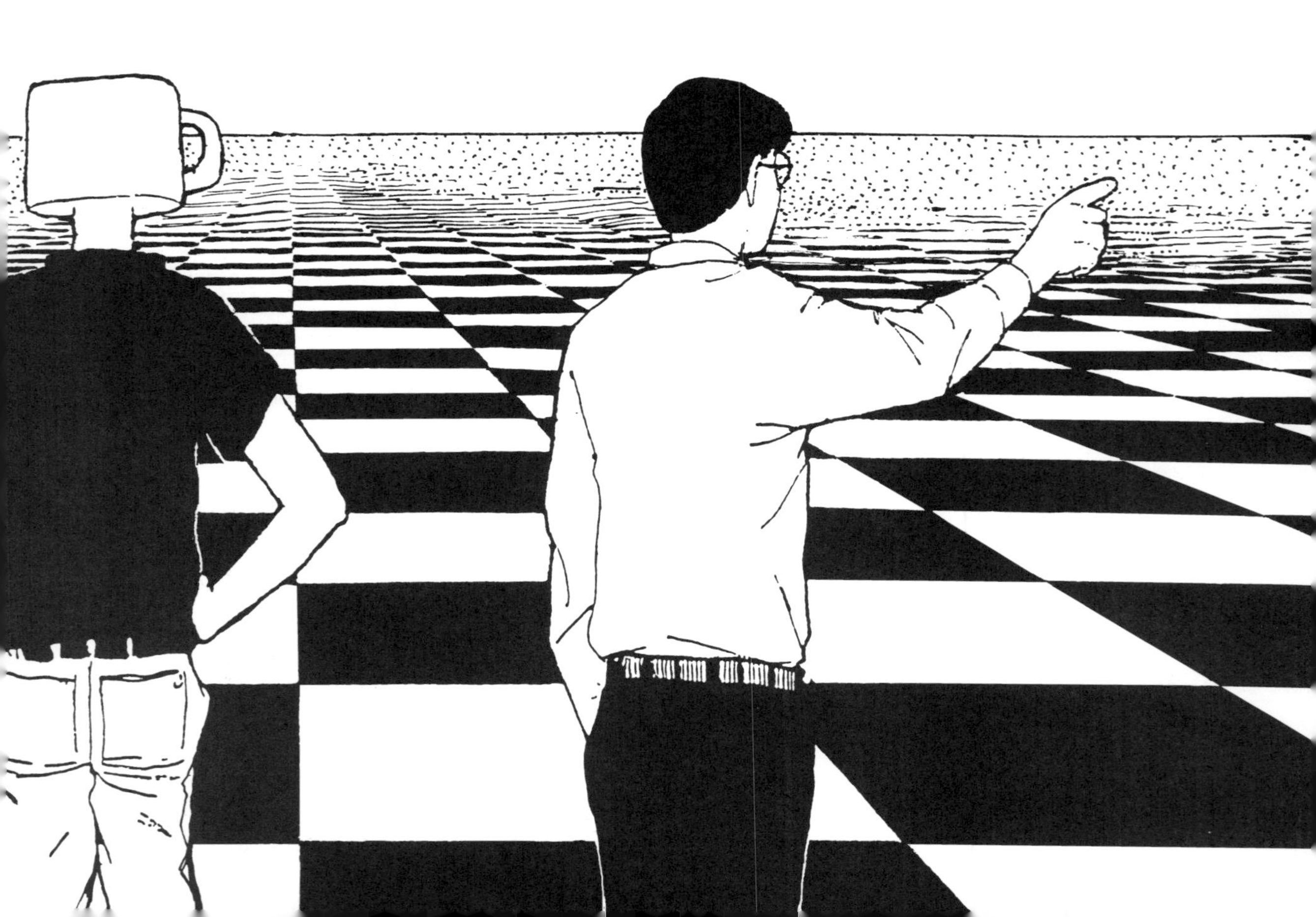

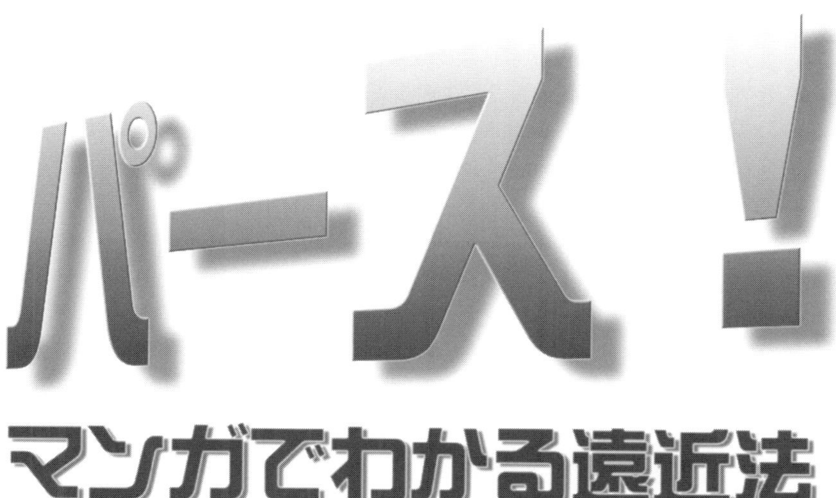

マンガでわかる遠近法

作品にプロの仕上がりを！！

デヴィッド・チェルシー著

マール社

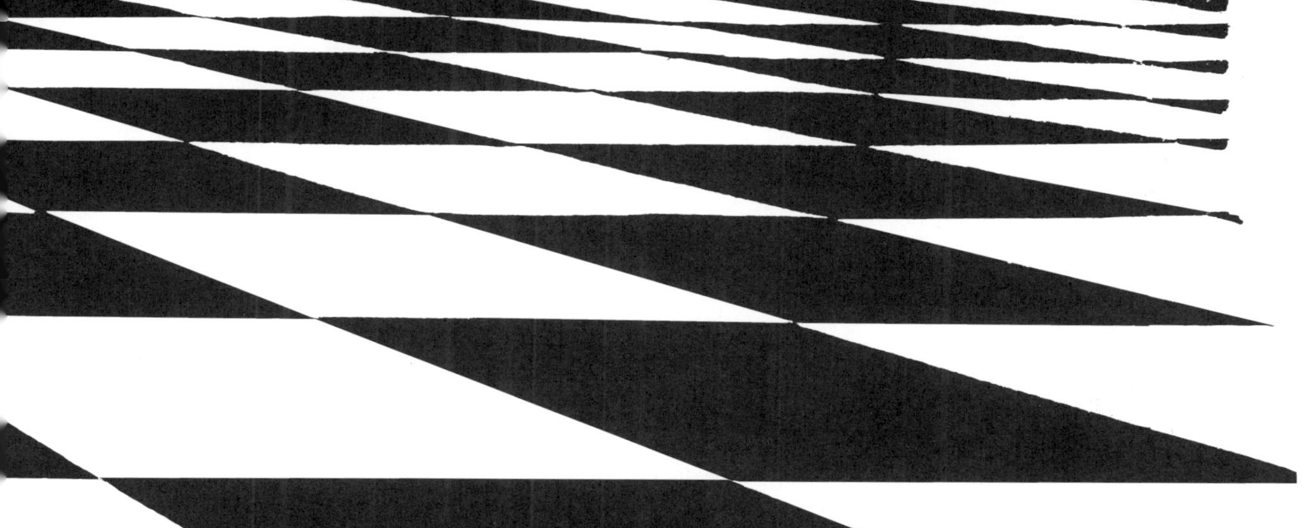

妻イヴと息子ベンジャミンに捧ぐ。
息子はボクたち夫婦に、まったく新しい人生のパースをもたらしてくれた。

Published 2004 in Japan
by Maar-sha Publishing Company LTD.

Japanese translation rights arranged
with Watson-Guptill Publications
through Japan UNI Agency, Inc., Tokyo.

CONTENTS

パース！　マンガでわかる遠近法

2004年7月20日　第1刷発行

著　　者　デヴィッド・チェルシー
訳　　者　みつじ　まちこ
発 行 者　山崎正夫
印刷・製本　株式会社シナノ
発 行 所　株式会社マール社
〒113-0033
東京都文京区本郷1-20-4
TEL 03-3812-5437
FAX 03-3814-8872
URL　http://www.maar.com

ISBN4-8373-0427-3　　Printed in Japan

まえがき

キミが今手にしているのは、マンガ家をめざす諸君のために書かれた、初めてのパースの入門書だ。とは言っても、対象はビギナーだけじゃないし、アーティスト全般にもきっと役立つと思うよ。イラストレーター向けのパースの本もあるにはあるけど、それらを除くと、パースの本はだいたい２つのカテゴリーに分類されるね。

１つはいわゆる画家向けのもの。この場合、写生をもとに描くことを前提としているから、観察した部分を補う程度のごく一般的なパースの知識しか与えてくれない。もう１つは、建築家向けの超技術的なマニュアルで、一般読者には難解すぎる代物だ。

プロのイラストレーター、特にマンガの分野で仕事をしている人は、同じアーティストでも、上の２つのタイプとはちがうよね。写生なんてめったにできないし、建築家が使うような設計図なんかなしに、それらしい光景をでっち上げないといけないんだから！　おかげで、多くのイラストレーターは、参考になる写真を探すのに時間を費やさなきゃいけないし、マンガ家はコマをどんどん埋めていかなきゃいけないから、そんな時間はなくて、想像力に頼らざるを得なくなってしまうんだ。その意味で、この本では、写真をもとにパースを描くコーナーも入れておいた。写真内にあるパースの手がかりを発展させ、延長して、創造上のものを取り入れてしまうんだ。

マンガ家はよく、ふつうではあり得ない「鳥瞰（ふかん／鳥が見ているような上からの眺め）」や「虫瞰（あおり／虫が見ているような下からの眺め）」を使うので、この本では、そうした眺めを作図するのに必要な三点透視図法にも、まるまる１章を割いて解説しているんだ。また、そのままトレースすればいいパースの方眼も、付録としてつけておいた。コレを使えば、パースを描く手間が省けるからね。

この本は、パースについてマンガ仕立てで紹介した初めての本でもある。ボクがこの本を書くことを思いたったのは、スコット・マクラウドのパイオニア的作品『Understanding Comics』【和書：「マンガ学　マンガによるマンガのためのマンガ理論」岡田斗司夫訳　美術出版社　1998年/11月刊】に触発されたからだ。やはりマンガ仕立ての、コミックアートに関する長いエッセイだけど、スコットの本は、非常に複雑な論理でも、マンガを使えば簡単に理解できることをボクに教えてくれたんだ。この本でも、マンガという形式とパースというテーマが、うまくマッチしていると信じているよ。ややこしい題材を解説するにあたっては、１コマ１コマ、テキストの内容をしっかり図解するようにした。だから、過去の「〇〇ページ参照」なんてことはいっさいないからね。要するにボクは、「読者にやさしい」パースの本を作りたかったのさ。だって、面倒くさいことはいやだもんね！

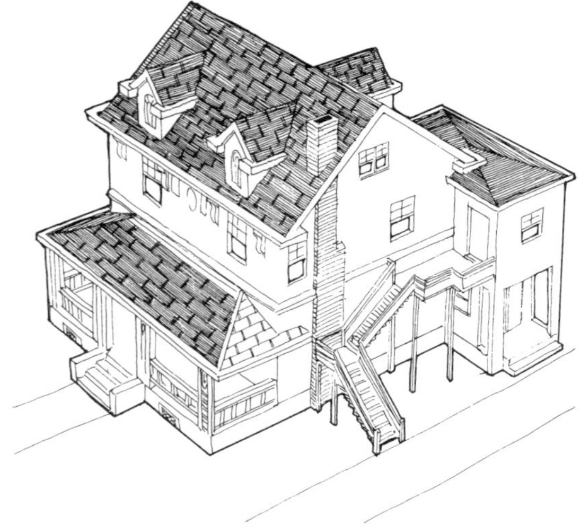

第1章

パースって何？

わざわざパースの勉強なんかしなくてもいいって？

確かにそうかも…。きっとほとんどのイラストレーターや漫画家はパースの勉強をしていないんだろうなあ。でもさ、パースがちゃんと描ければ、いろいろなシーンを描くときにどんなに楽か、キミにもわかって欲しいな！

何が言いたいのかって？

例えばさあ、人物とか果物とか子犬とか、つまり主役になるものはパースなんか知らなくてもきっと自由に描けるはずなんだ。でも、その後ろには……その人物が座っているイスがある。果物はフルーツバスケットに入っていて、子犬は犬小屋の前に座っているとしたらどうだい？

うわあ！うまく描く自信がない〜！！ってあせっただろう。少しはパースを勉強したくなったかい？

パースがわからないまま絵を描いていると、何か1つ描こうとするたびにいちいち悩むはずだ。そして、描きたいものが描きたいアングルで撮影された参考写真を探してみたりするんだよね。こんなめんどくさいことはもうやめようよ。パースがちゃんとわかっていれば、たいていのものを箱形の立体と見なすことができる。1度パースをきっちりマスターしてしまえば、どんなものも恐くない。なんでも描けるようになるんだ。

もちろん、あえてパースのルールを無視した描き方で独自の表現を目指す作品もあるさ。しかし、ほとんどの場合は人物がメインで、背景は目立たない脇役として描くだろう。人の眼は無意識にパースを補正してしまうから、正しいパースで描かれた目立たない背景のほうが、パースの歪んだ目障りな背景より絵に溶け込んで落ち着く。おしゃれをした人たちのパーティーにお風呂に入っていない人がいると、「何この人？　くさ〜い！」ってきっとみんなが振り返る。パースのくるった背景はお風呂に入っていない人と同じなんだ。主役がどんなにステキでも、くさ〜い背景が目立っちゃパーティーが台なしになってしまう。

パースは勉強する価値のあるものだよ。パースをものにすれば、三次元の世界を安定感と自信をもって二次元の紙の上に再現することができる。自分の目で見たものと参考写真と自分のオリジナルイメージを1つにまとめ上げ、すばらしい作品に仕上げることができるんだ。

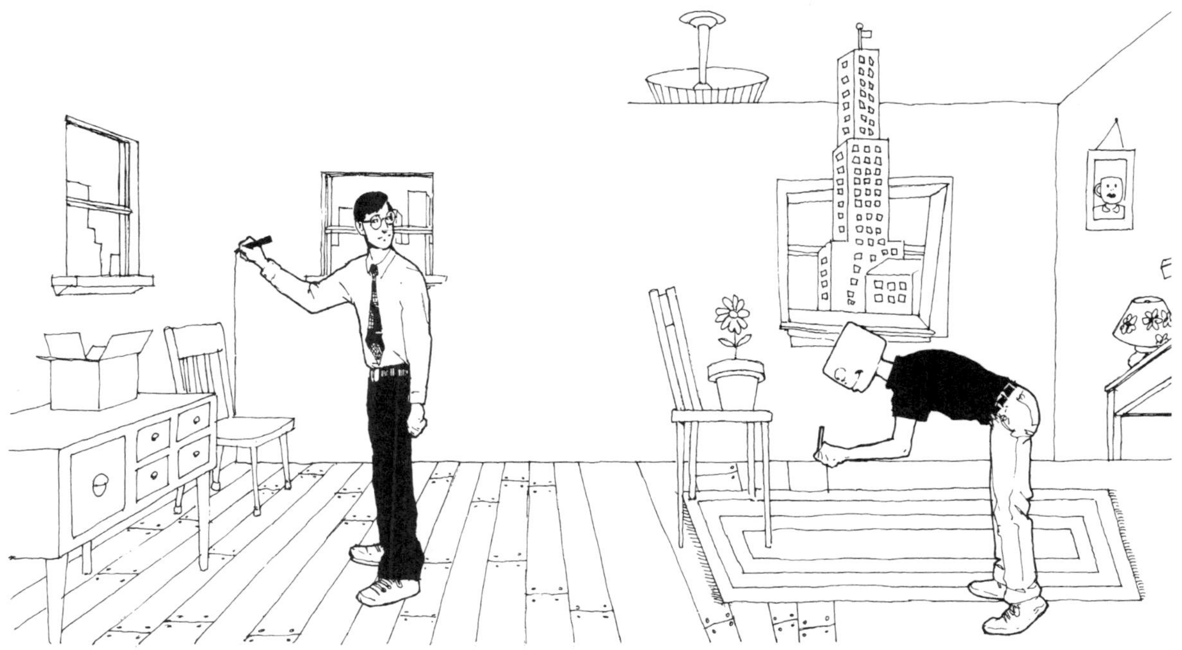

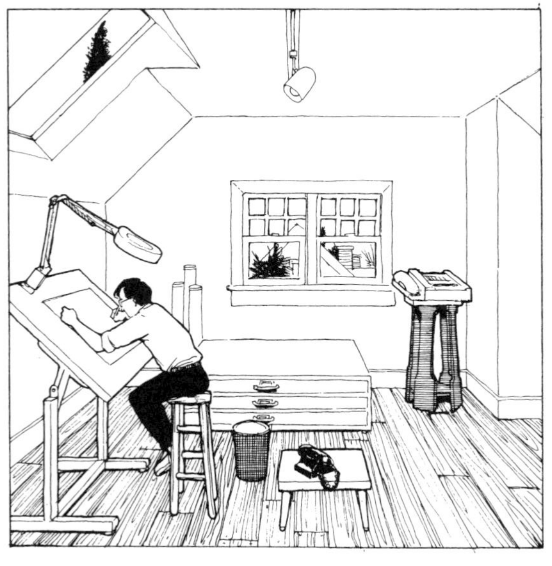

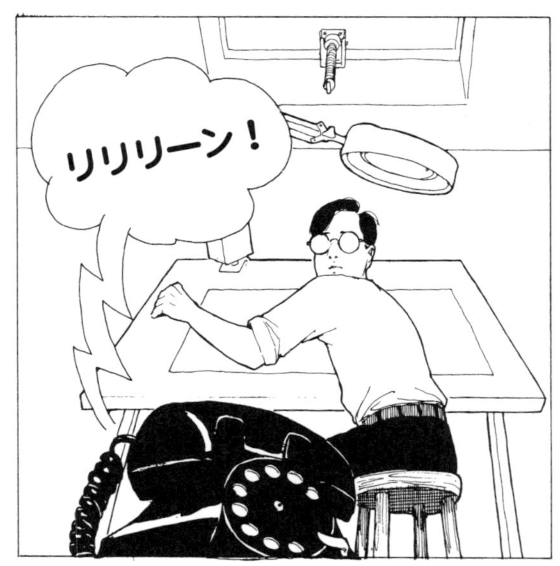
リリリーン！

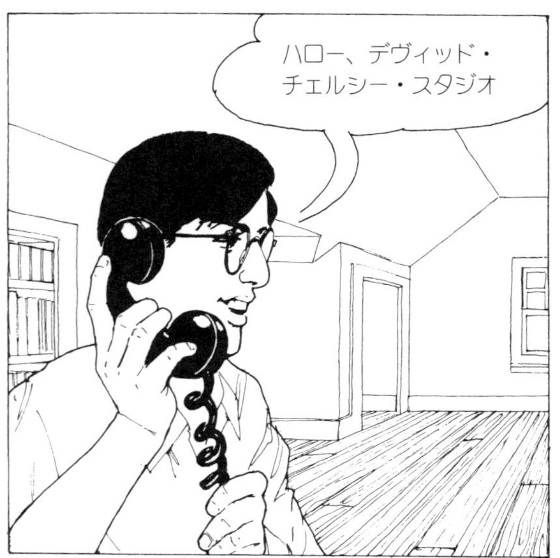
ハロー、デヴィッド・
チェルシー・スタジオ

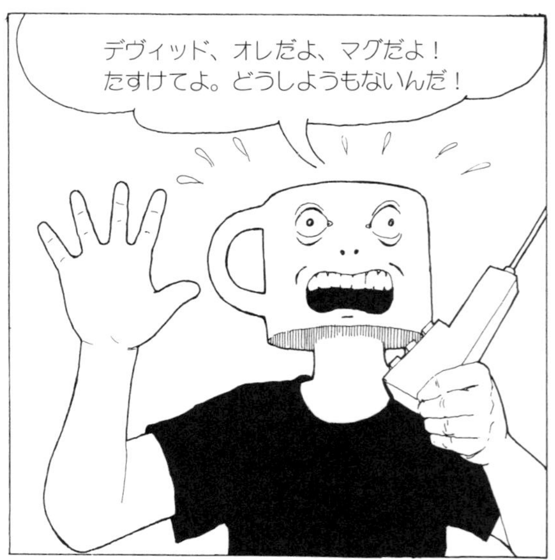
デヴィッド、オレだよ、マグだよ！
たすけてよ。どうしようもないんだ！

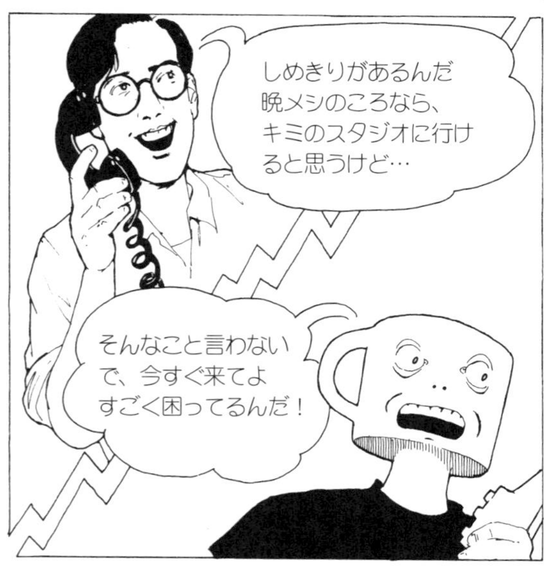
しめきりがあるんだ
晩メシのころなら、
キミのスタジオに行け
ると思うけど…
そんなこと言わない
で、今すぐ来てよ
すごく困ってるんだ！

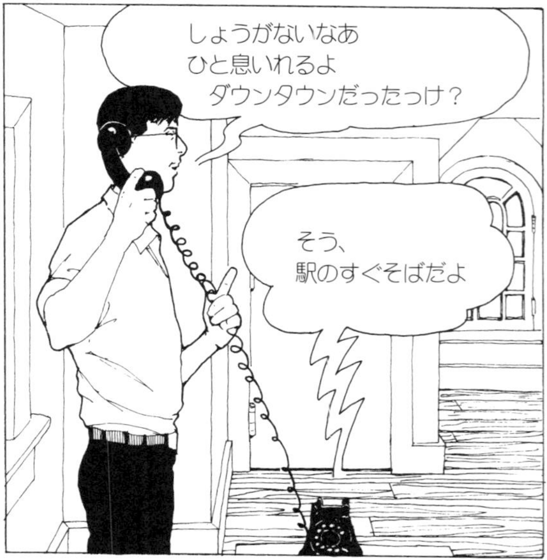
しょうがないなあ
ひと息いれるよ
ダウンタウンだったっけ？
そう、
駅のすぐそばだよ

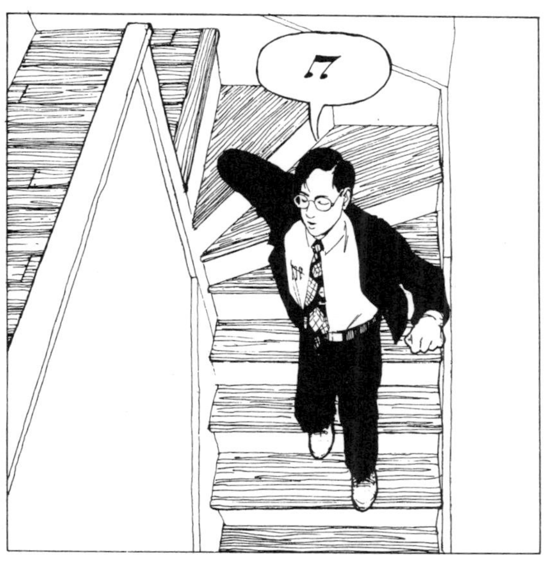
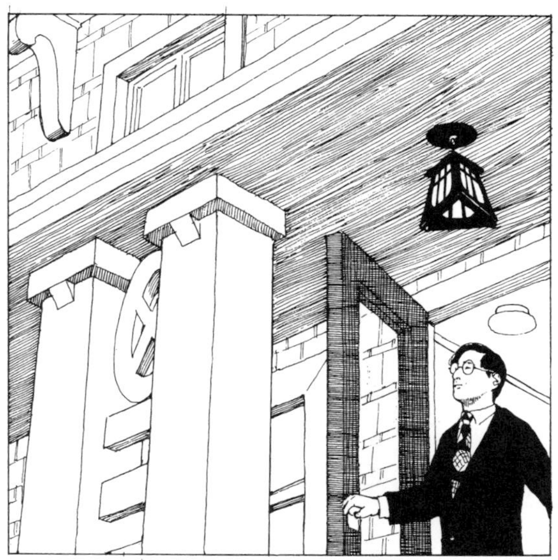
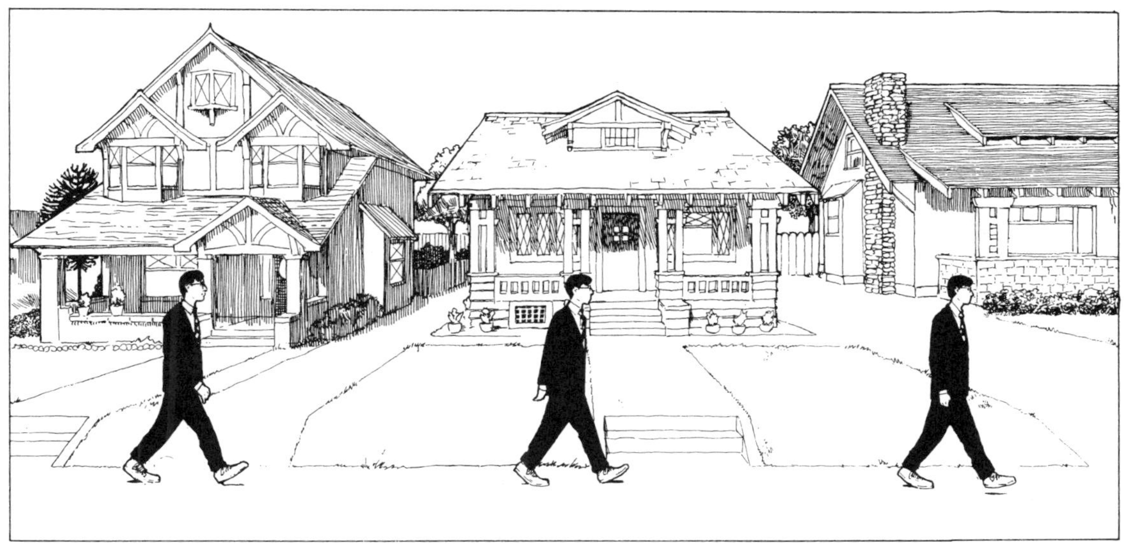
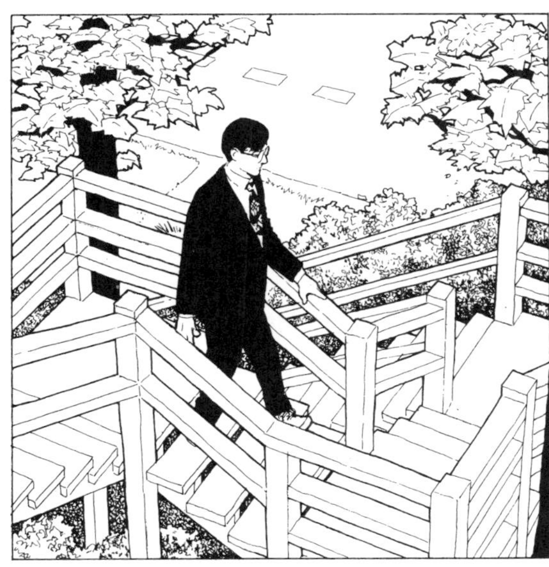
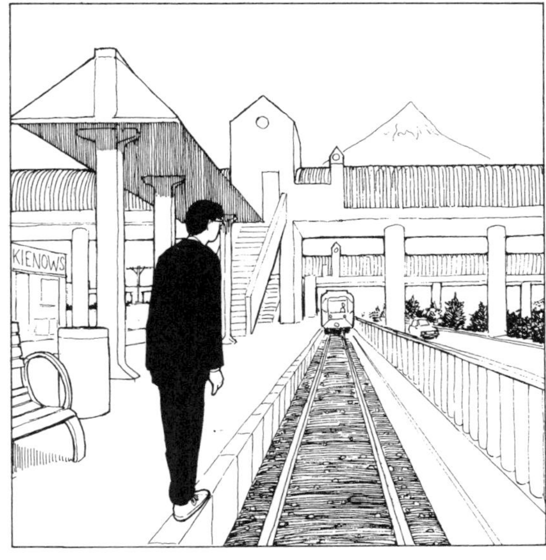
KIENOWS

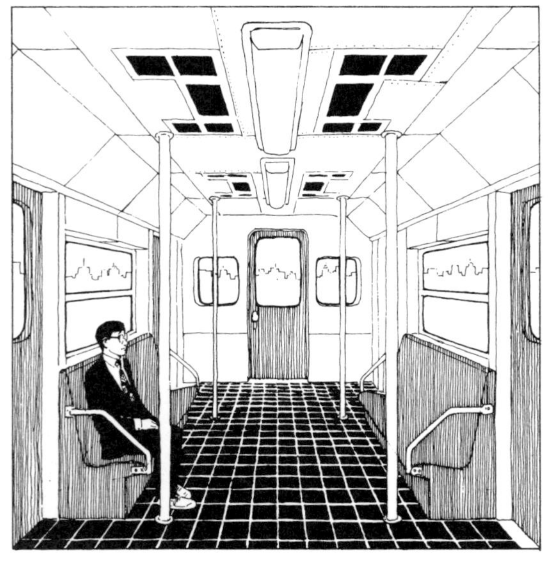

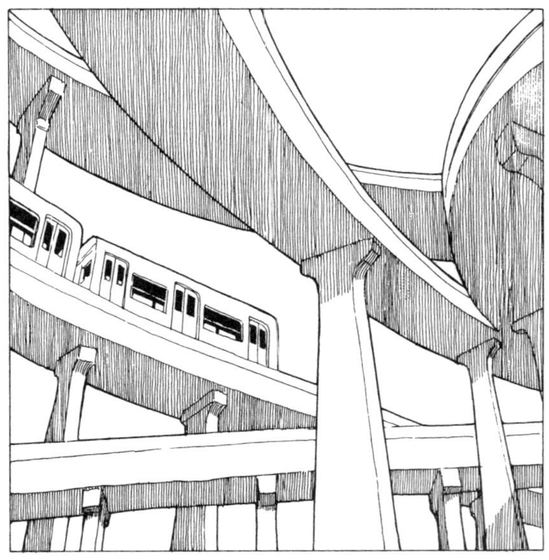

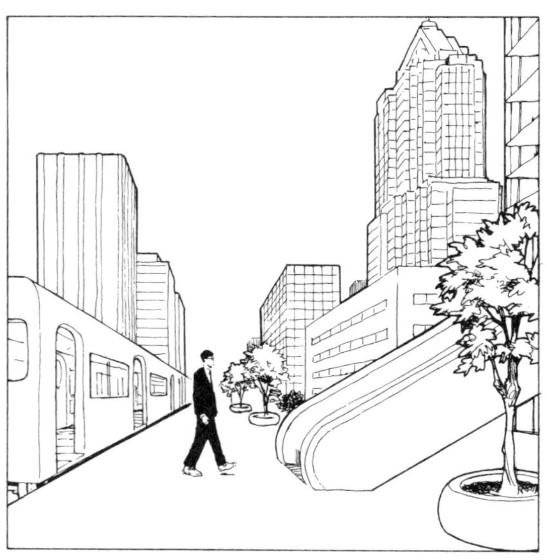

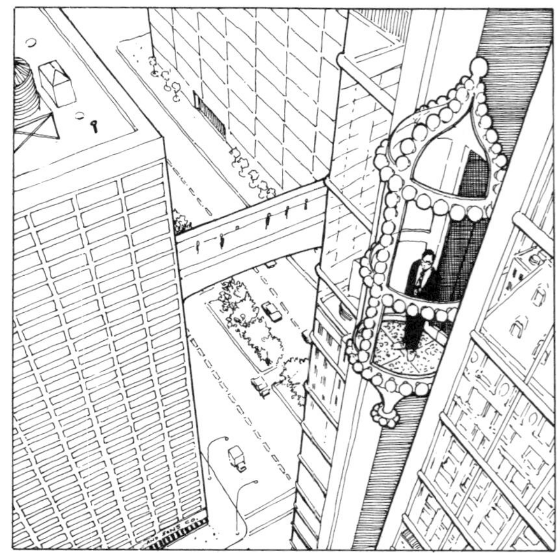

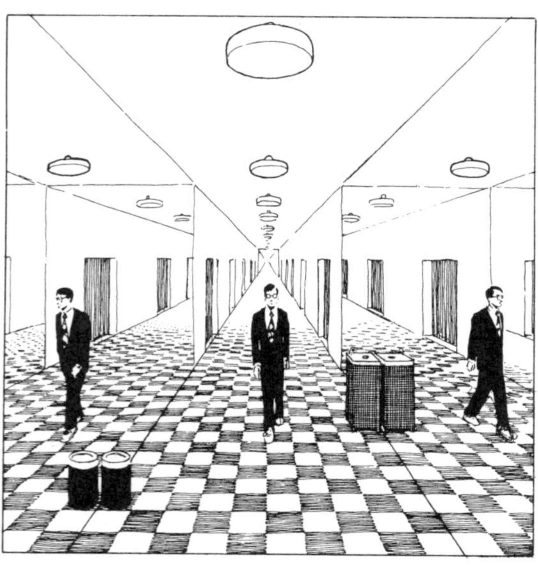

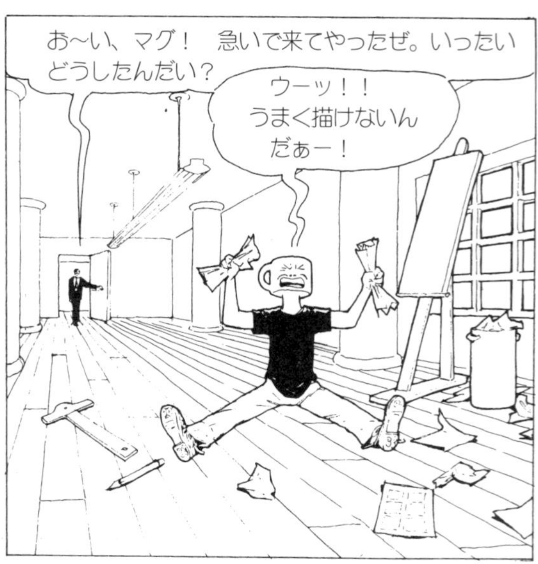
お〜い、マグ！　急いで来てやったぜ。いったいどうしたんだい？
ウーッ！！
うまく描けないん
だぁー！

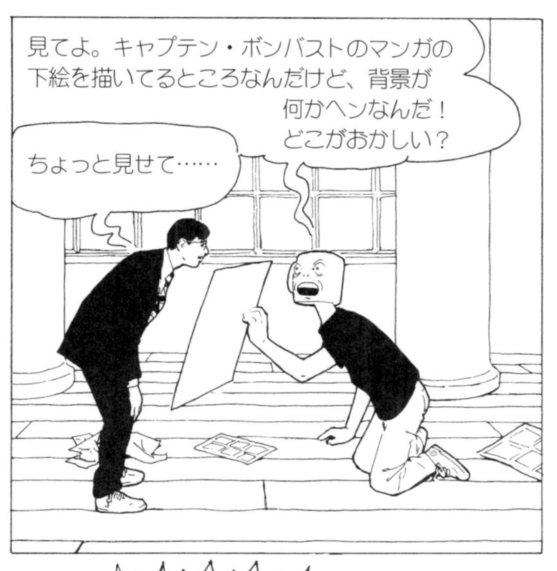
見てよ。キャプテン・ボンバストのマンガの
下絵を描いてるところなんだけど、背景が
何かヘンなんだ！
どこがおかしい？
ちょっと見せて……

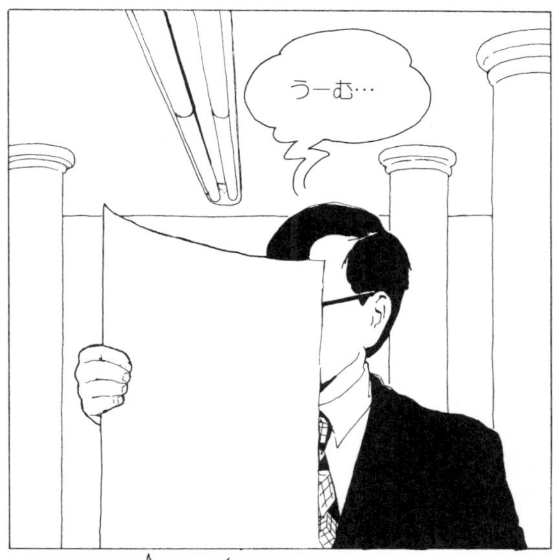
うーむ…

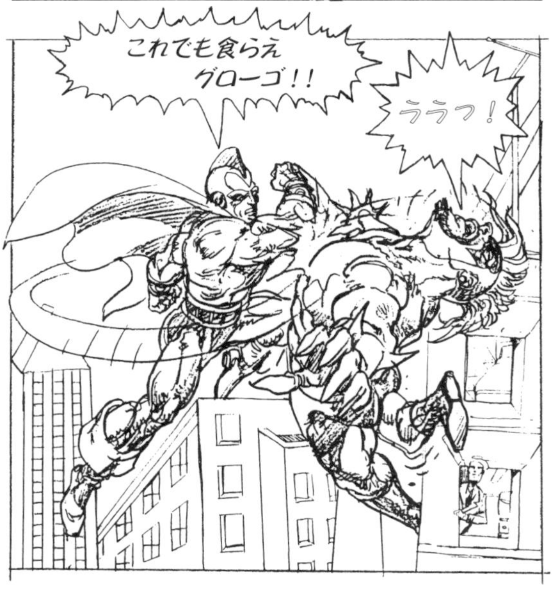
これでも食らえ
グローゴ！！
ウラフ！

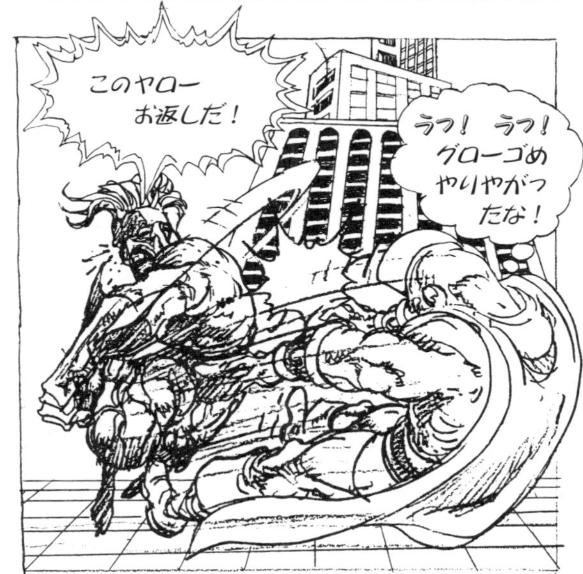
このヤロー
お返しだ！
ラフ！ ラフ！
グローゴめ
やりやがったな！

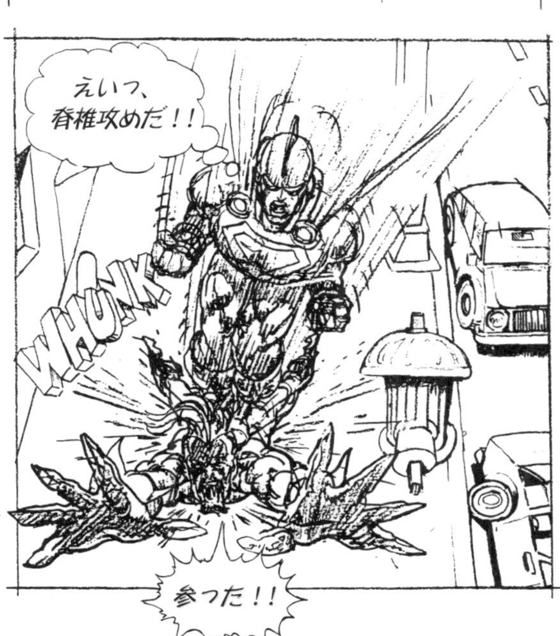
えいっ、
脊椎攻めだ！！
WHUNK!
参った！！

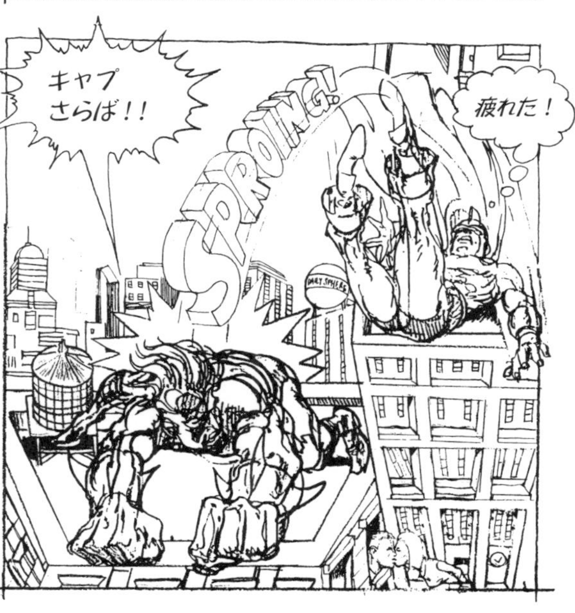
キャプ
さらば！！
SPROING!
疲れた！

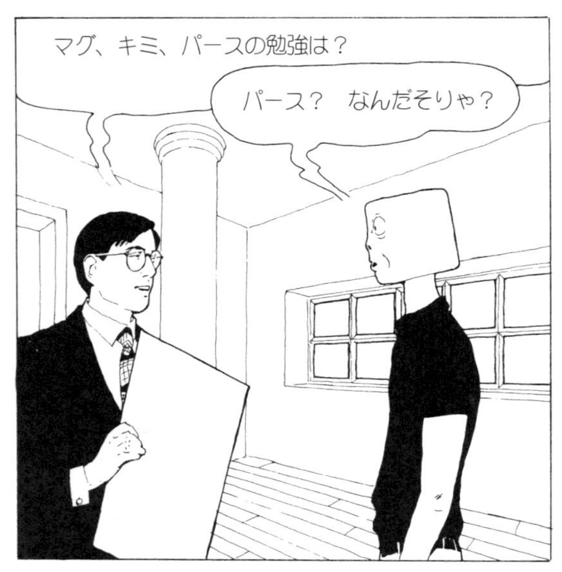
マグ、キミ、パースの勉強は？
パース？　なんだそりゃ？

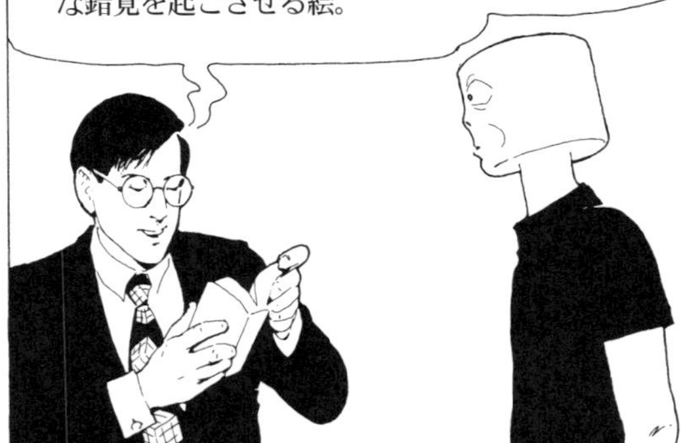
ポケット辞典によると、パースとは：
【透視図（画）法、遠近法、パースペクティブ】
絵画などで、対象を目で見たのと同じように平面や曲面に再現する技法。対象の見た目の距離感を表現する効果。あるいは、自然の情景であるような錯覚を起こさせる絵。

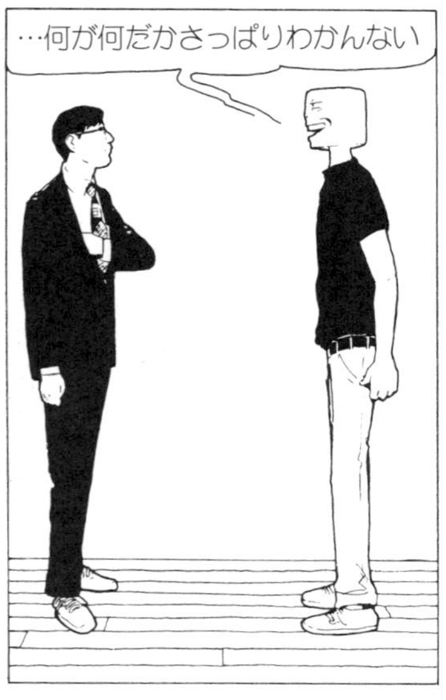
…何が何だかさっぱりわかんない

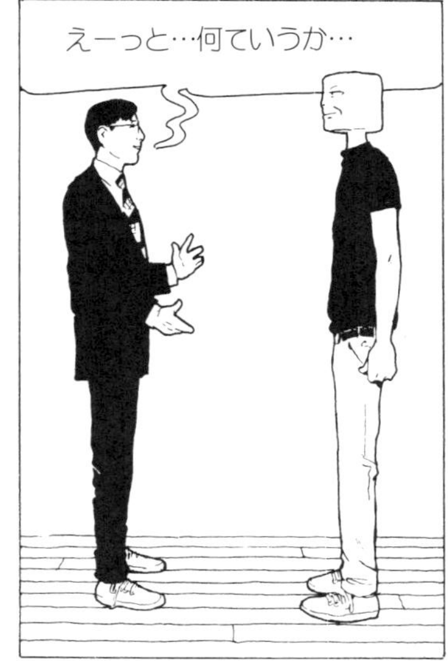
えーっと…何ていうか…

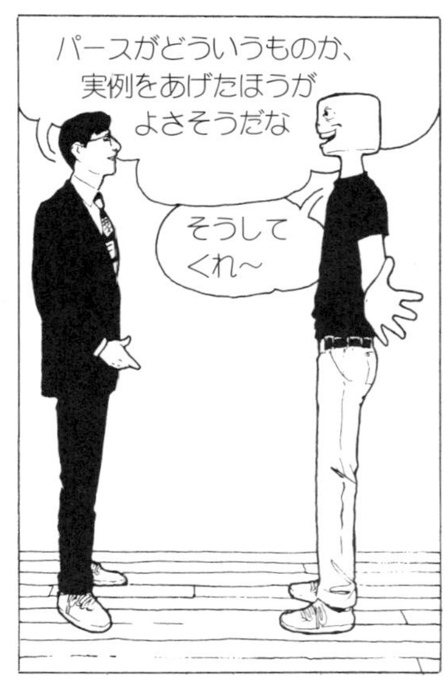
パースがどういうものか、
実例をあげたほうが
よさそうだな
そうして
くれ〜

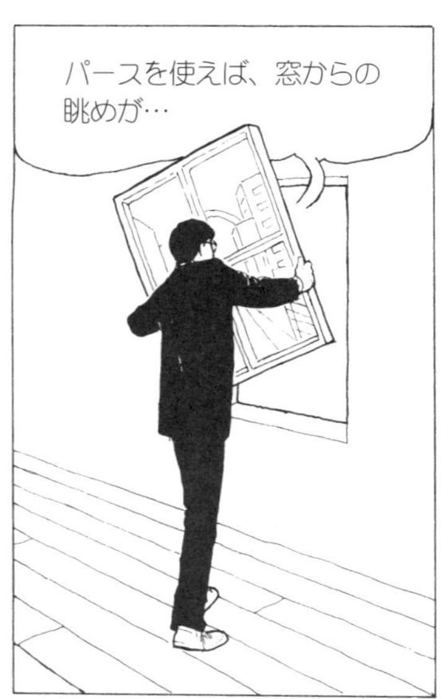
パースを使えば、窓からの眺めが…

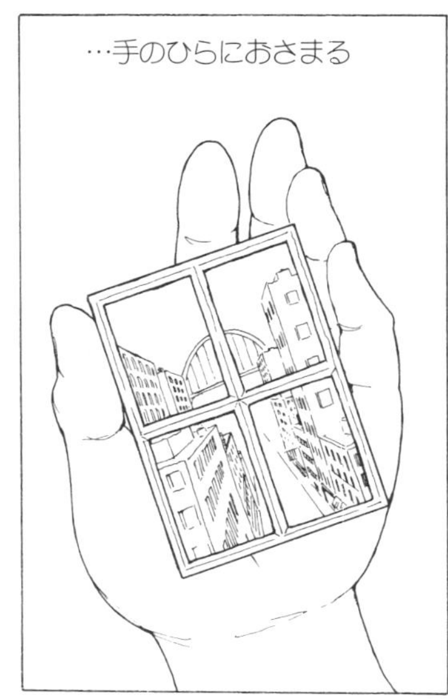
…手のひらにおさまる

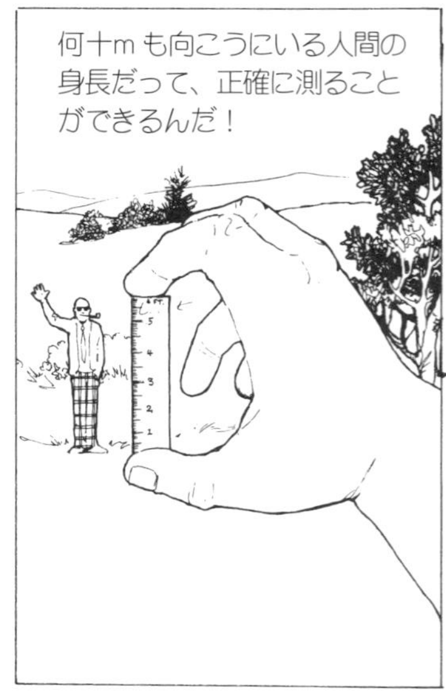
何十m も向こうにいる人間の身長だって、正確に測ることができるんだ！

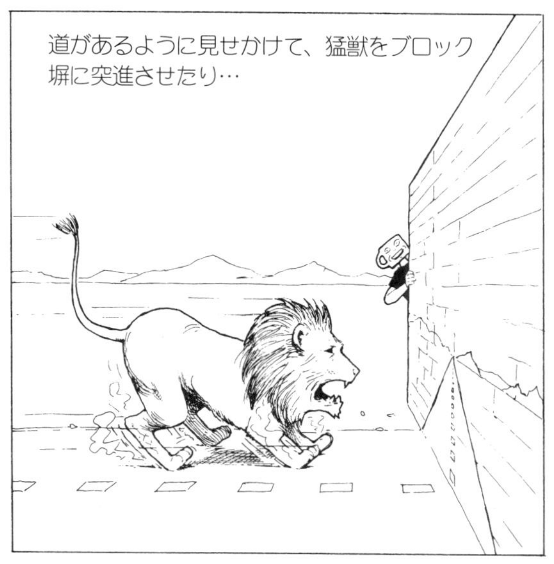
道があるように見せかけて、猛獣をブロック
塀に突進させたり…

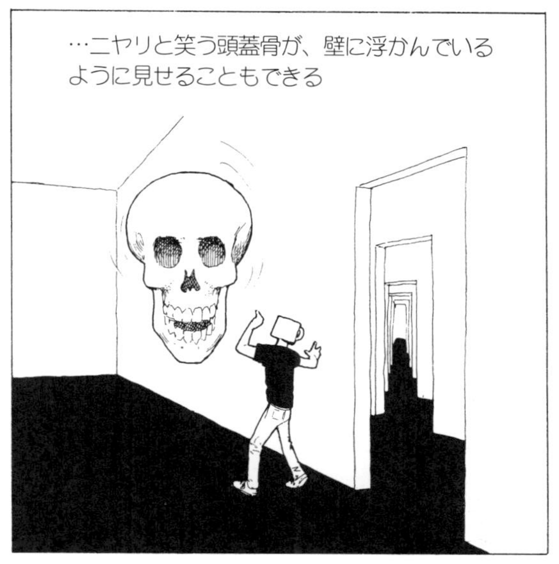
…ニヤリと笑う頭蓋骨が、壁に浮かんでいる
ように見せることもできる

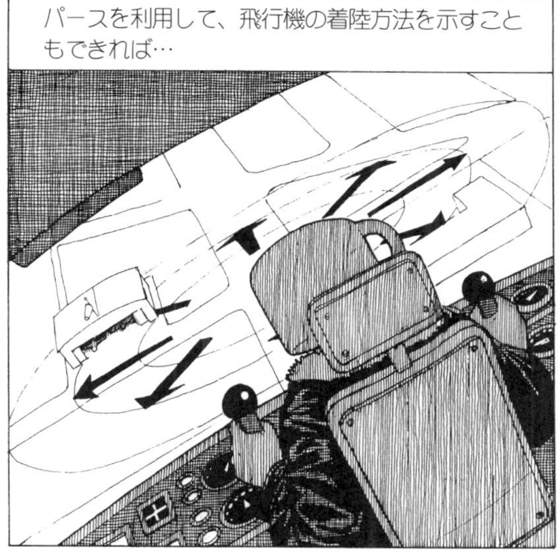
パースを利用して、飛行機の着陸方法を示すこと
もできれば…

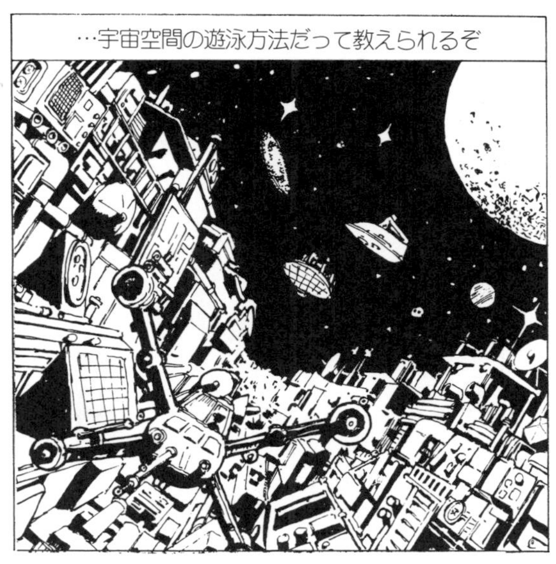
…宇宙空間の遊泳方法だって教えられるぞ

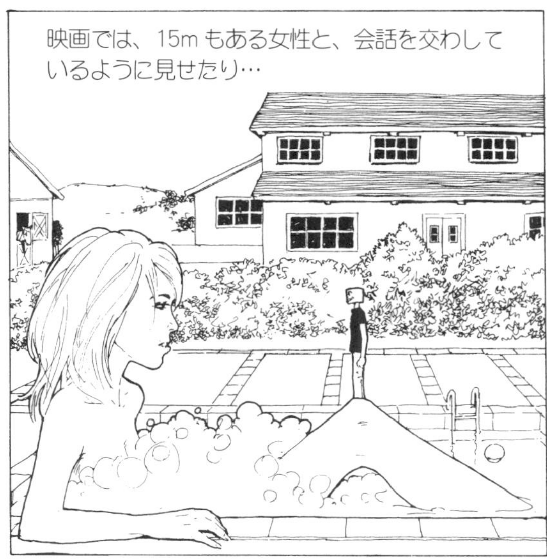
映画では、15m もある女性と、会話を交わして
いるように見せたり…

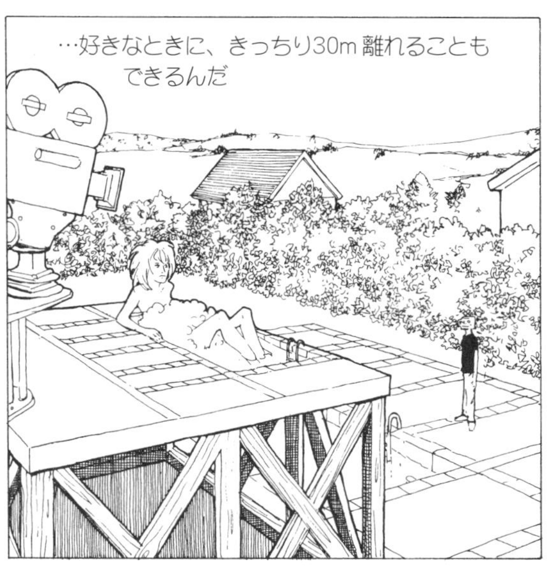
…好きなときに、きっちり30m 離れることも
できるんだ

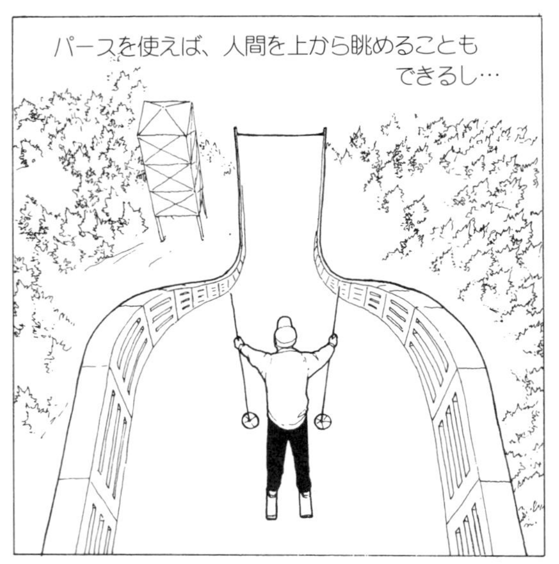
パースを使えば、人間を上から眺めることも
できるし…

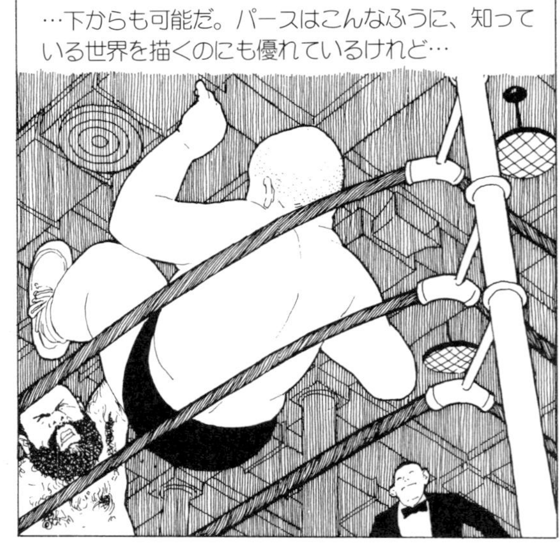
…下からも可能だ。パースはこんなふうに、知っている世界を描くのにも優れているけれど…

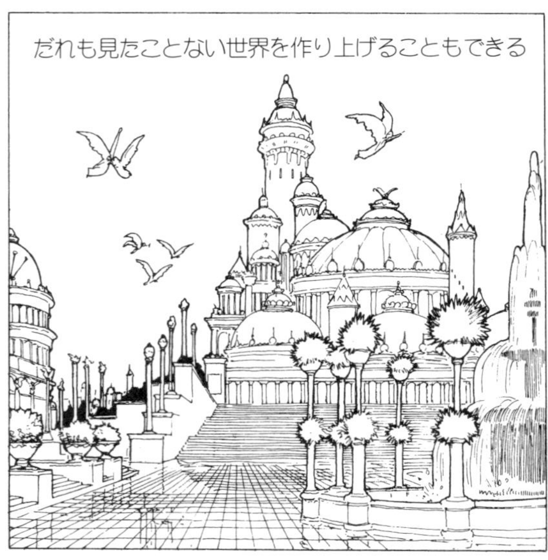
だれも見たことない世界を作り上げることもできる

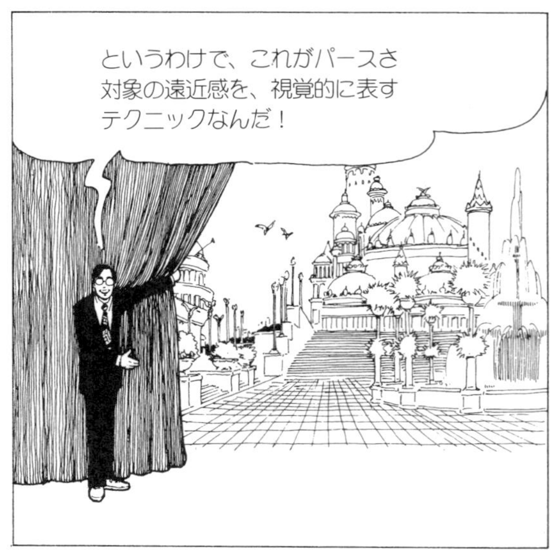
というわけで、これがパースさ
対象の遠近感を、視覚的に表す
テクニックなんだ！

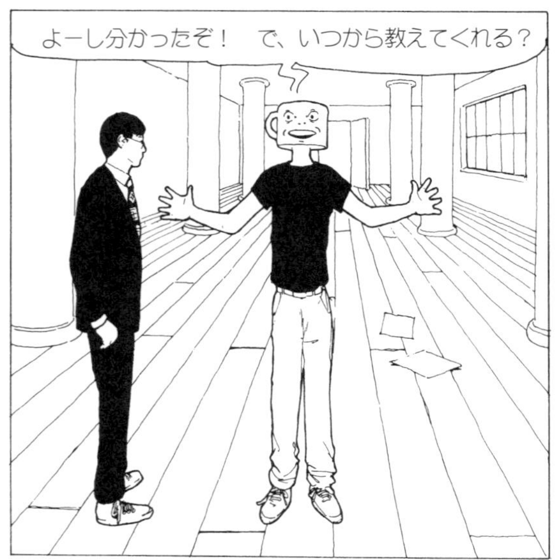
よーし分かったぞ！　で、いつから教えてくれる？

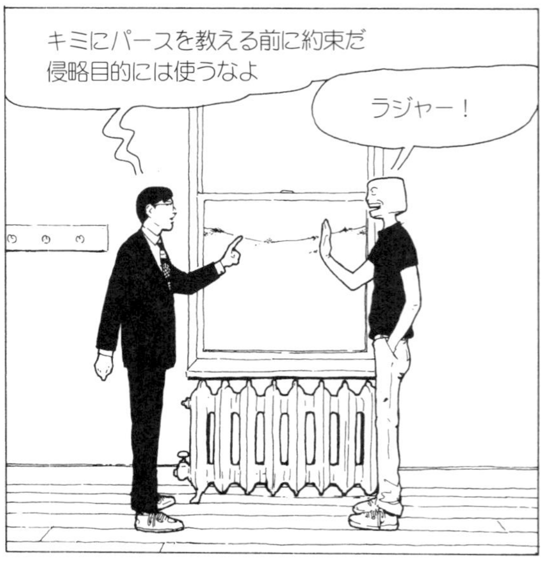
キミにパースを教える前に約束だ
侵略目的には使うなよ
ラジャー！

第2章

奥行きは何で分かる？

「パース」という言葉を聞いて、まっ先に思い浮かべるのは消失点で交わる平行線じゃないかな？　たしかに、それはパースを勉強する上ですご～く大切なことにちがいない。この本でも、その説明にたくさんのページを割いている。でも、三次元の世界を紙に描き表すには、実はほかにもいろんな方法が使われているんだぞ。あまりにも当たり前すぎて、見落とされているようなことがね。それらを「奥行きを表す方法」ってボクは呼んでいる。この章では、それについてくわしく見ていこう。

抽象絵画の画家でもなければ、ほとんどのアーティストは、絵の中で、最低でも５つか６つは、奥行きを表す方法を使っている。それも無意識のうちにね。

たとえば、後ろにいる人物（遠景）を前にいる人物（前景）より小さく描いたとしたら、「縮小」という方法を使ってることになる。この「前景」「遠景」という考え方は、手前にあるものは後ろにあるものと重なり合う、ということが前提になっていて、奥行きヌキには考えられないんだ。この重なり合い（オーバーラップ）も、当たり前すぎて、キミたちのほとんどが見過ごしている奥行きを表す方法の１つだ。

でも、ボクは今でもありありと思い出すことができる。子どものころ、しっかとクレヨンを握って、「フレッド・フリントストーン【訳注：The Flintstones／テレビ「Hanna-Barbera 作『強妻天国/原始家族』:米国のアニメ(1960-66年)」】が車の前に立っている姿をうまく描こうと、必死で努力していた自分の姿を！

この本が、パースの中でも「平行線」に大半のページを割いているのは、平行線にはかっちりしたルールを当てはめやすいからだ。でも、この章で見ていく奥行きを表す方法は、もっととらえどころがなくて、勉強しにくいものなんだ。上達の道は、よく観察し、直観を磨いて、練習をくり返すしかない。ハウツー本で伝授できるようなことじゃないんだ。

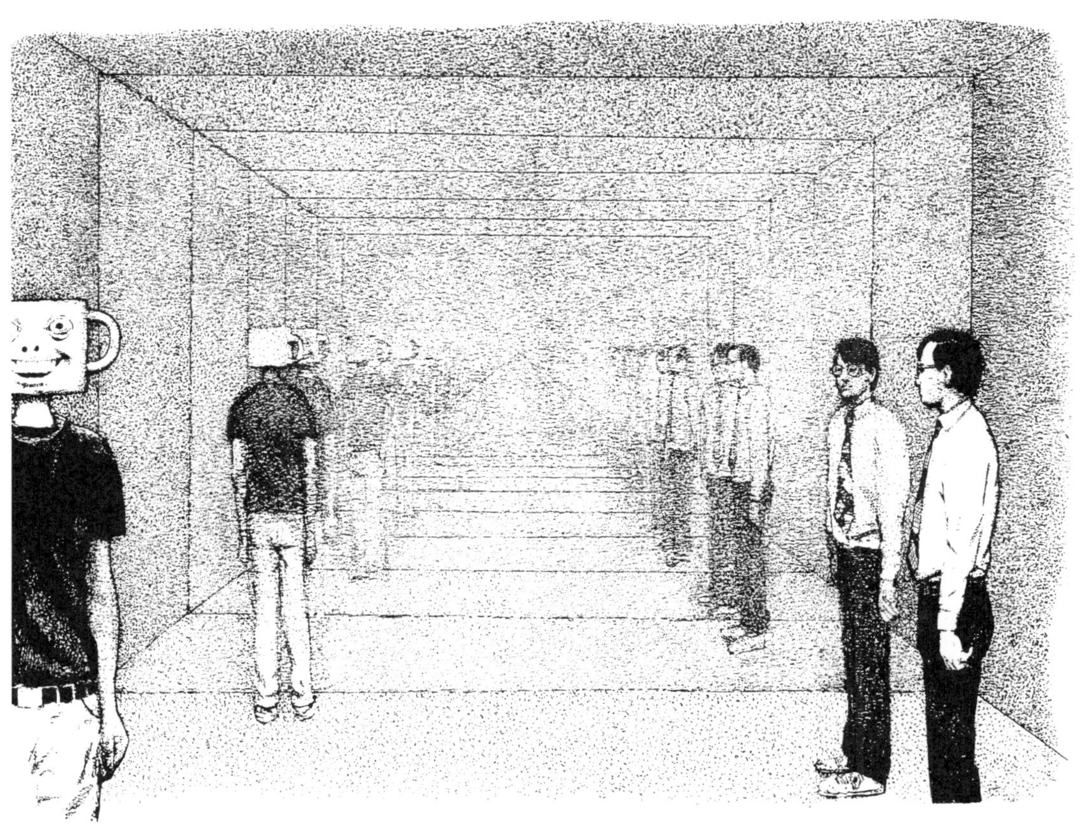

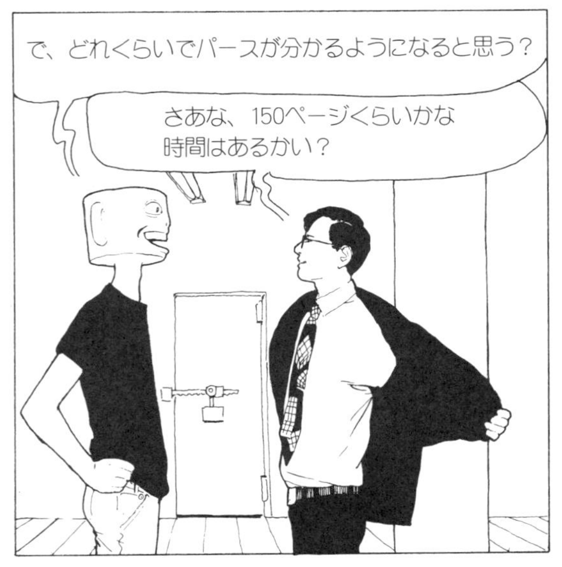
で、どれくらいでパースが分かるようになると思う？
さあな、150ページくらいかな
時間はあるかい？

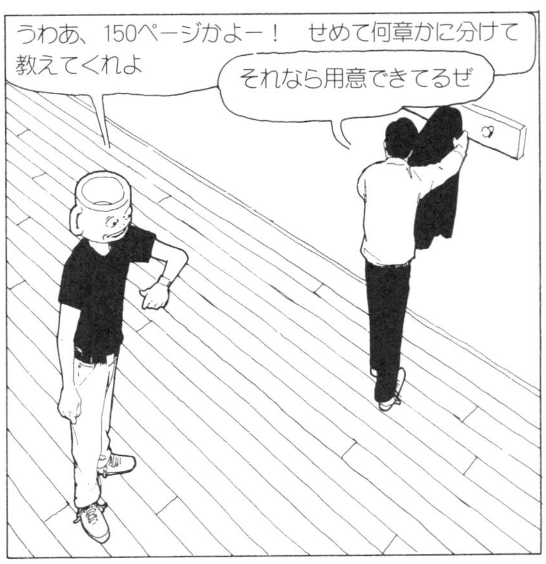
うわあ、150ページかよー！　せめて何章かに分けて
教えてくれよ
それなら用意できてるぜ

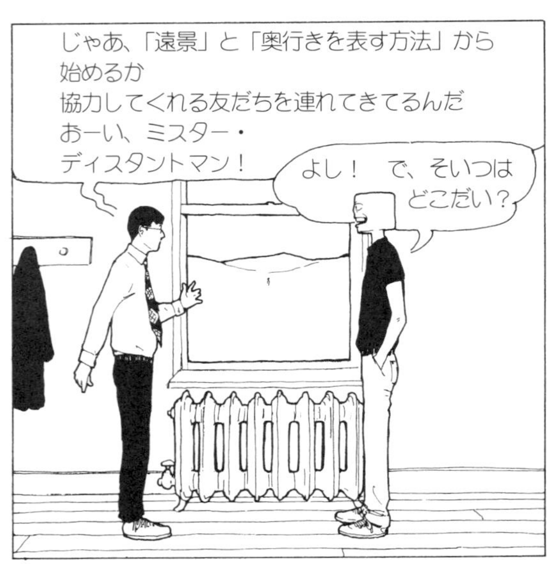
じゃあ、「遠景」と「奥行きを表す方法」から
始めるか
協力してくれる友だちを連れてきてるんだ
おーい、ミスター・
ディスタントマン！
よし！　で、そいつは
どこだい？

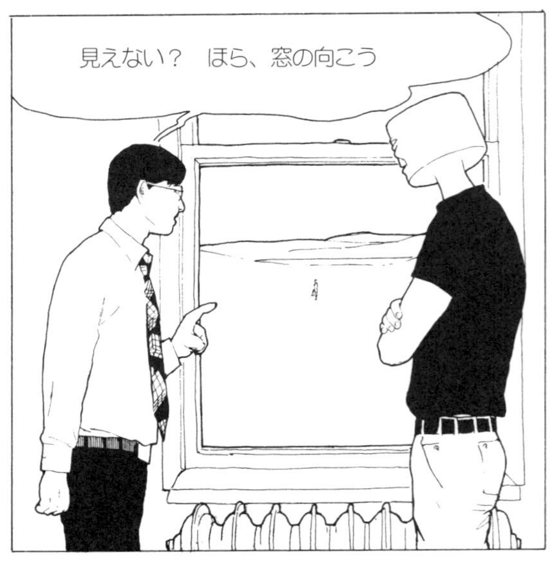
見えない？　ほら、窓の向こう

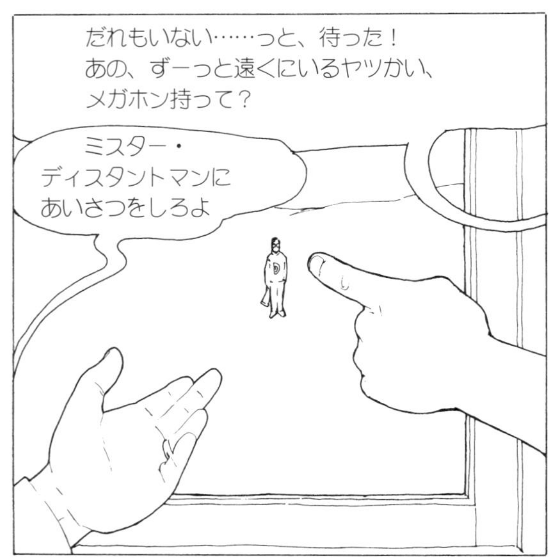
だれもいない……っと、待った！
あの、ずーっと遠くにいるヤツかい、
メガホン持って？
ミスター・
ディスタントマンに
あいさつをしろよ

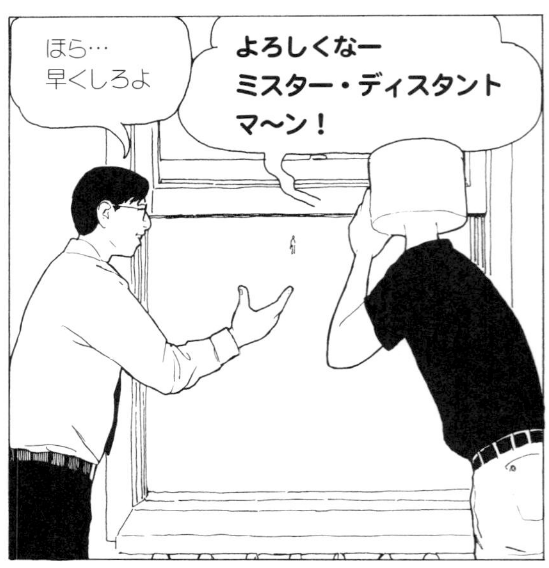
ほら…
早くしろよ
よろしくなー
ミスター・ディスタント
マ〜ン！

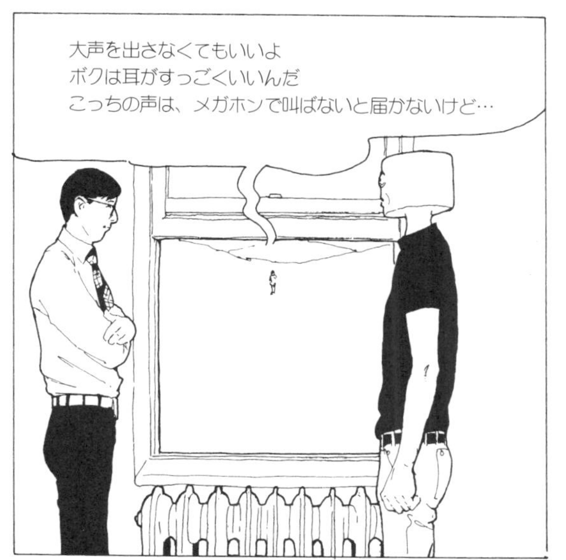
大声を出さなくてもいいよ
ボクは耳がすっごくいいんだ
こっちの声は、メガホンで叫ばないと届かないけど…

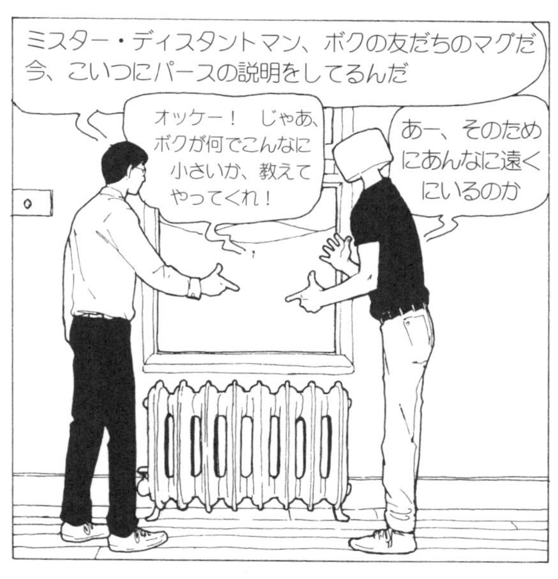
ミスター・ディスタントマン、ボクの友だちのマグだ
今、こいつにパースの説明をしてるんだ
オッケー！　じゃあ、ボクが何でこんなに小さいか、教えてやってくれ！
あー、そのためにあんなに遠くにいるのか

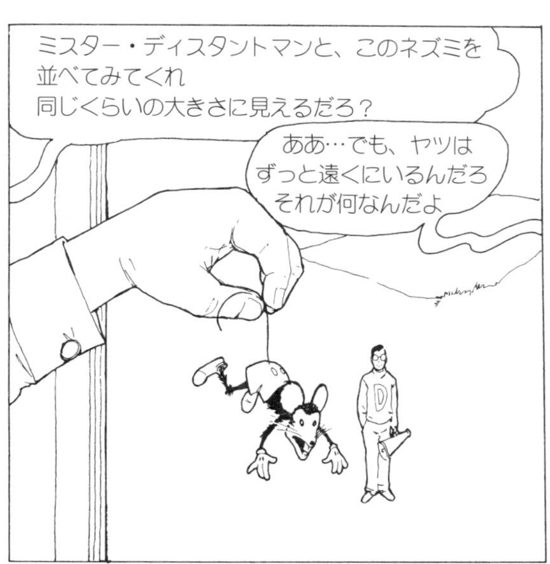
ミスター・ディスタントマンと、このネズミを並べてみてくれ
同じくらいの大きさに見えるだろ？
ああ…でも、ヤツはずっと遠くにいるんだろ
それが何なんだよ

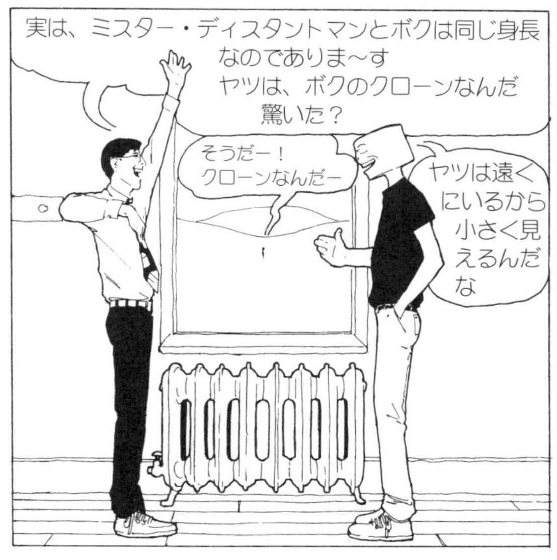
実は、ミスター・ディスタントマンとボクは同じ身長なのでありま～す
ヤツは、ボクのクローンなんだ
驚いた？
そうだー！
クローンなんだー
ヤツは遠くにいるから小さく見えるんだな

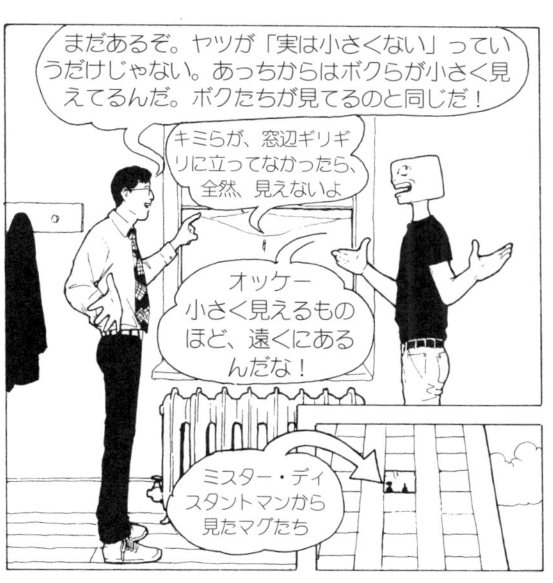
まだあるぞ。ヤツが「実は小さくない」っていうだけじゃない。あっちからはボクらが小さく見えてるんだ。ボクたちが見てるのと同じだ！
キミらが、窓辺ギリギリに立ってなかったら、全然、見えないよ
オッケー
小さく見えるものほど、遠くにあるんだな！
ミスター・ディスタントマンから見たマグたち

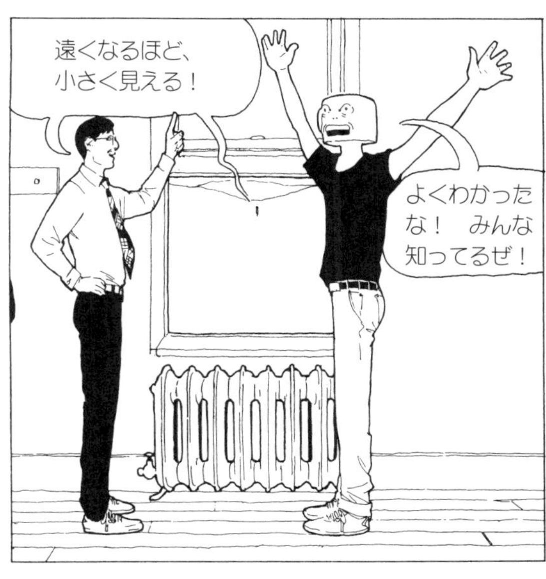
遠くなるほど、小さく見える！
よくわかったな！　みんな知ってるぜ！

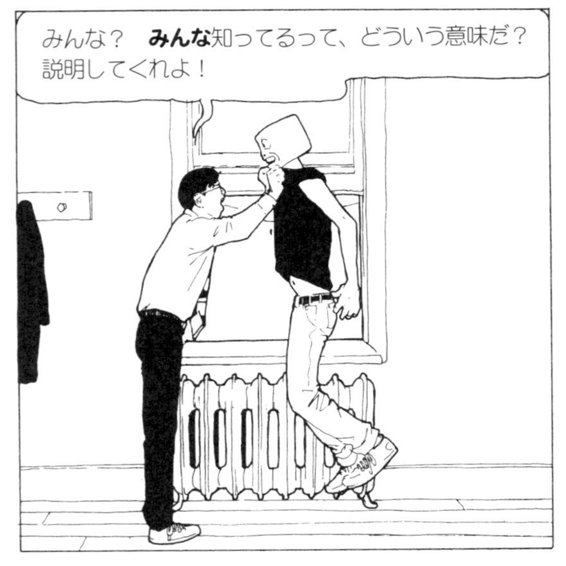
みんな？　**みんな**知ってるって、どういう意味だ？
説明してくれよ！

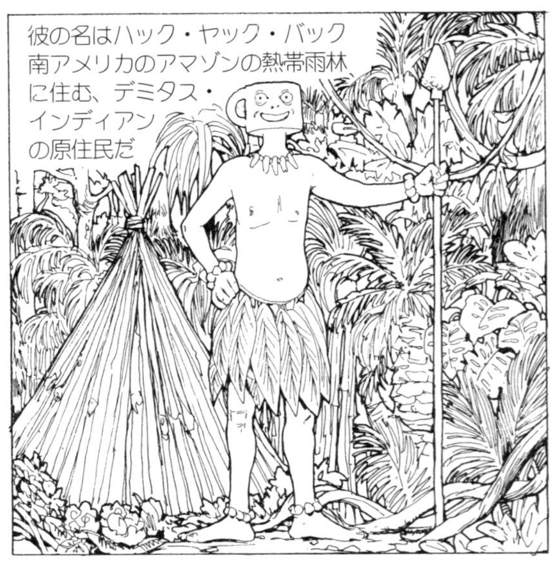
彼の名はハック・ヤック・バック
南アメリカのアマゾンの熱帯雨林
に住む、デミタス・
インディアン
の原住民だ

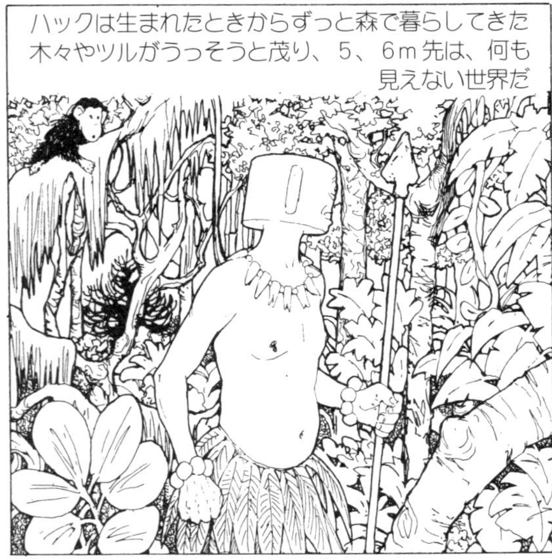
ハックは生まれたときからずっと森で暮らしてきた
木々やツルがうっそうと茂り、5、6m先は、何も
見えない世界だ

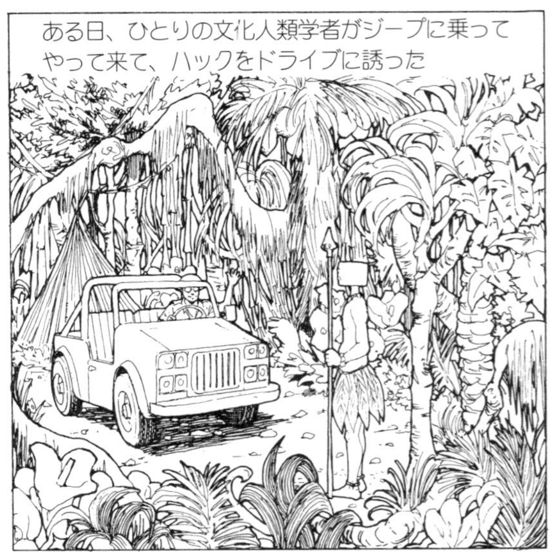
ある日、ひとりの文化人類学者がジープに乗って
やって来て、ハックをドライブに誘った

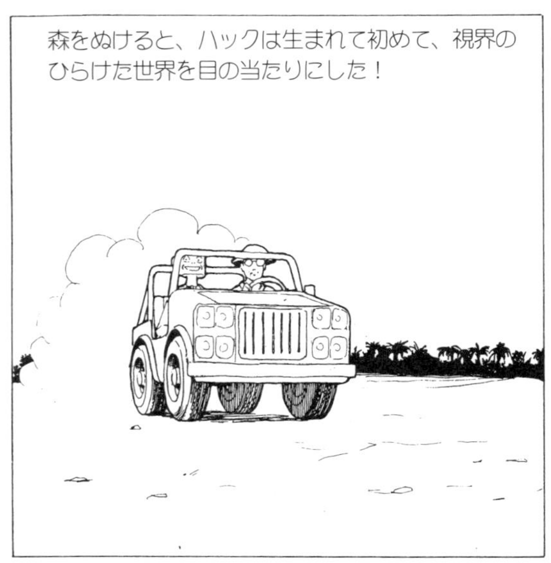
森をぬけると、ハックは生まれて初めて、視界の
ひらけた世界を目の当たりにした！

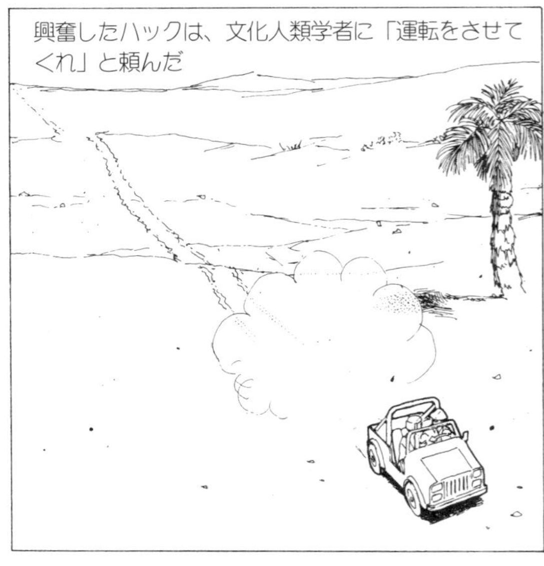
興奮したハックは、文化人類学者に「運転をさせて
くれ」と頼んだ

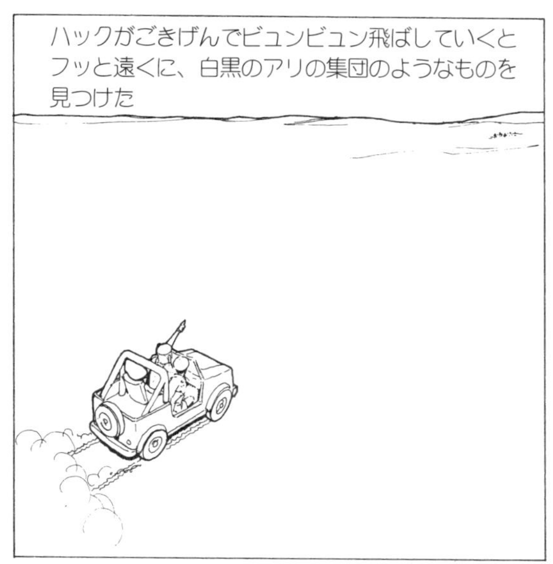
ハックがごきげんでビュンビュン飛ばしていくと
フッと遠くに、白黒のアリの集団のようなものを
見つけた

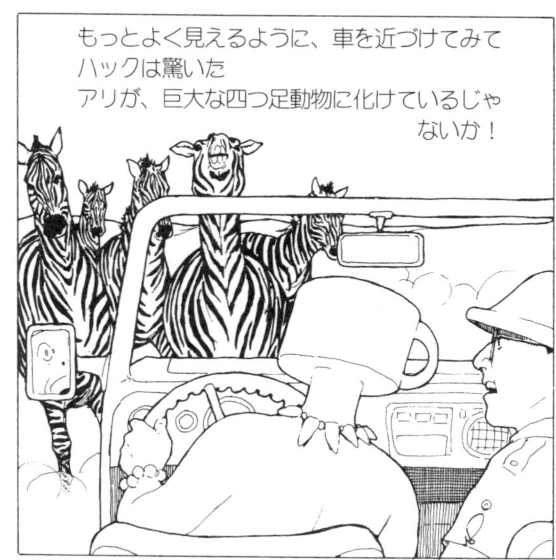
もっとよく見えるように、車を近づけてみて
ハックは驚いた
アリが、巨大な四つ足動物に化けているじゃ
ないか！

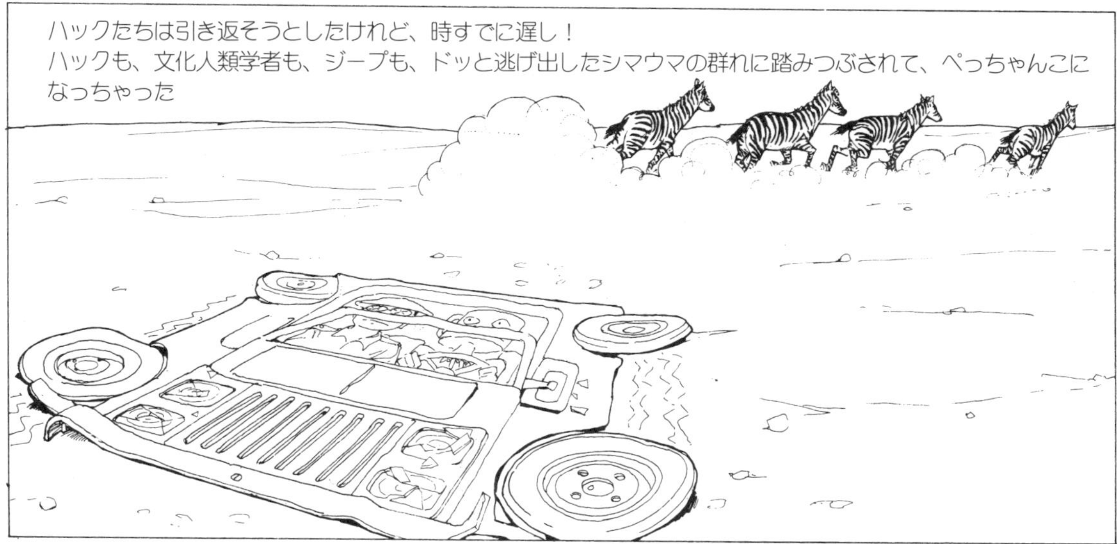
ハックたちは引き返そうとしたけれど、時すでに遅し！
ハックも、文化人類学者も、ジープも、ドッと逃げ出したシマウマの群れに踏みつぶされて、ぺっちゃんこに
なっちゃった

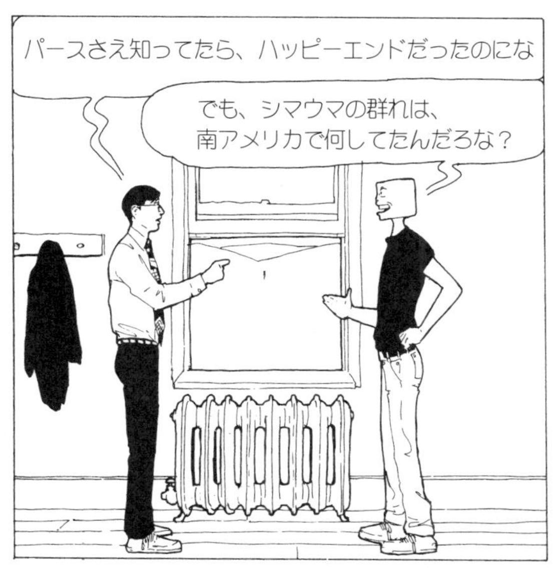
パースさえ知ってたら、ハッピーエンドだったのにな
でも、シマウマの群れは、
南アメリカで何してたんだろな？

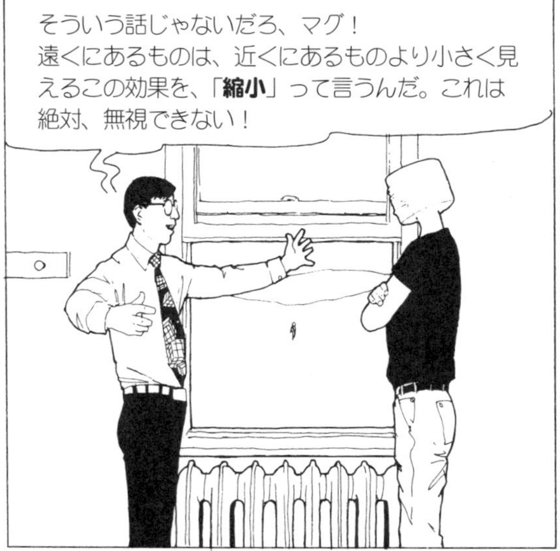
そういう話じゃないだろ、マグ！
遠くにあるものは、近くにあるものより小さく見
えるこの効果を、「**縮小**」って言うんだ。これは
絶対、無視できない！

それに、「そんなこと、とっくに知ってた」なんて、思うなよ。モノを見ることに、まだちゃんと慣れてなかったころは、ミニカーとホンモノの車の見分けがつかなかったろ！

ブーブ！
ブーブ！

縮小は、科学的にだって、昔っから解明されていたわけじゃない。人類の歴史上、ほとんどのあいだ、人々はこう思ってたんだ。「日蝕のとき、月が太陽をすっぽり覆い隠しちゃうのだから、月と太陽はぴったり同じ大きさにちがいない」って！

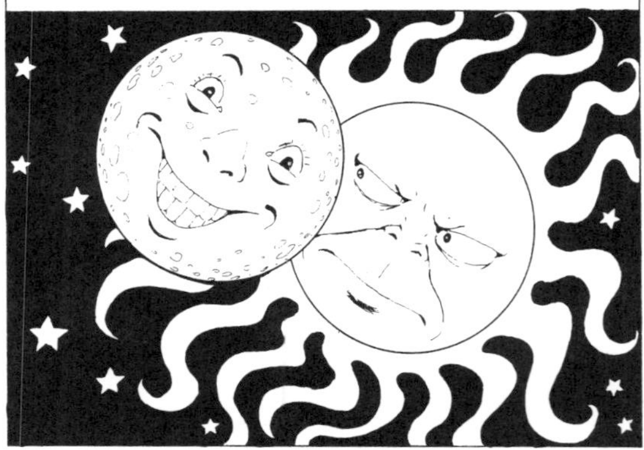

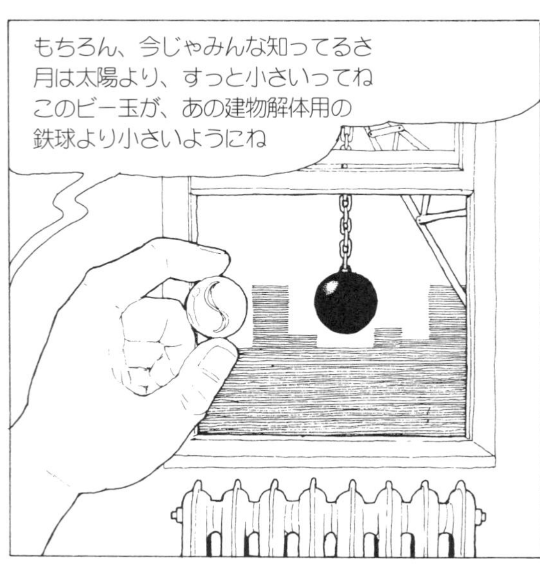

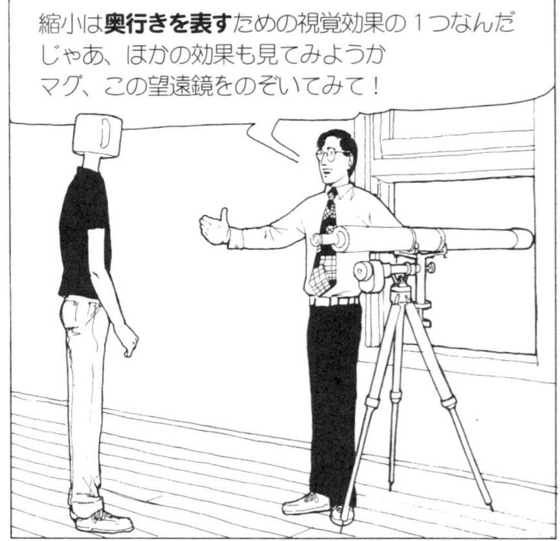

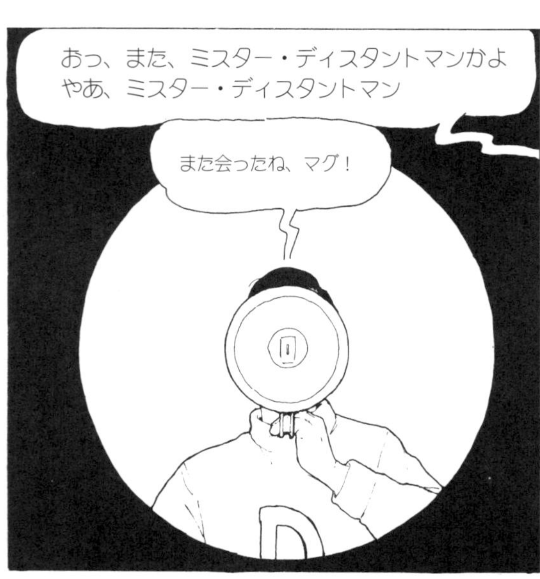

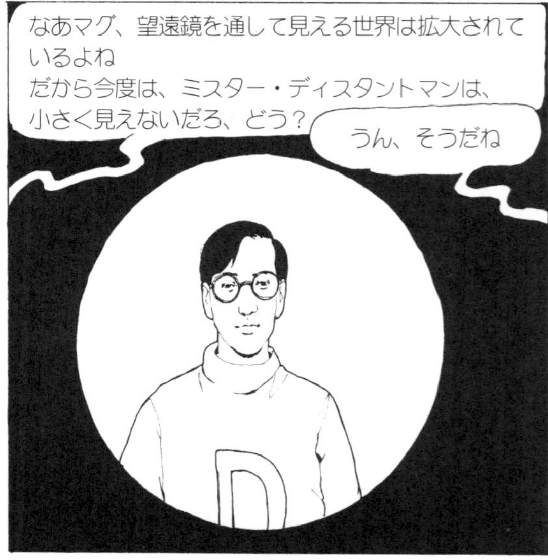

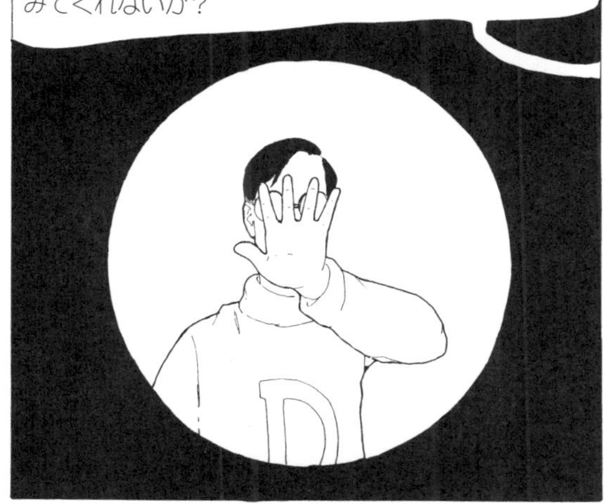

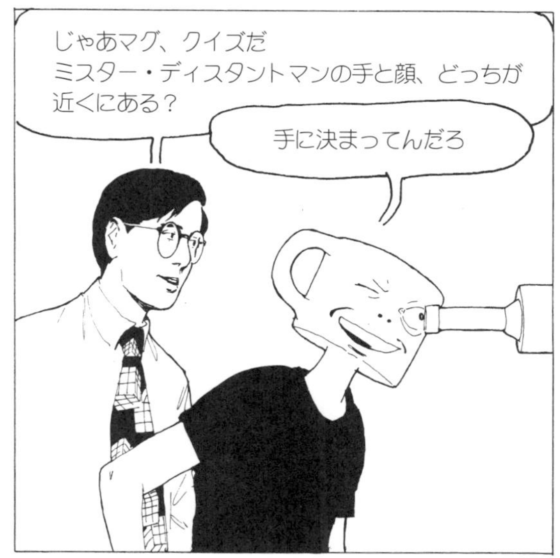

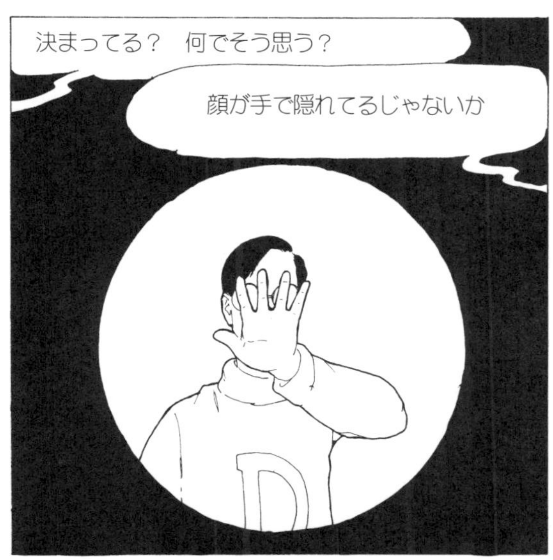

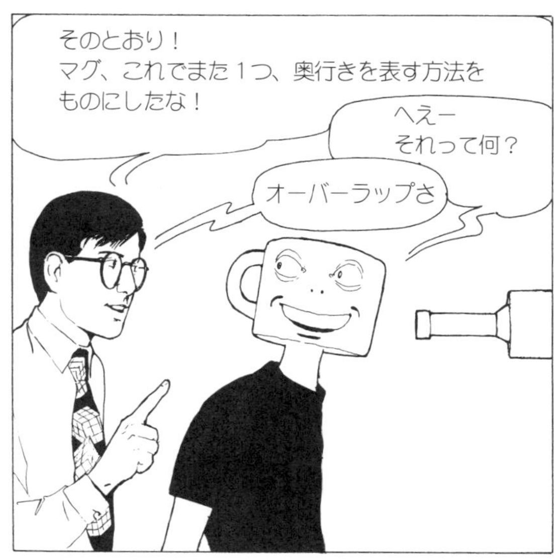

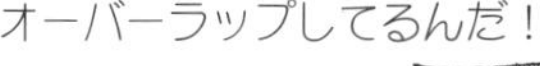
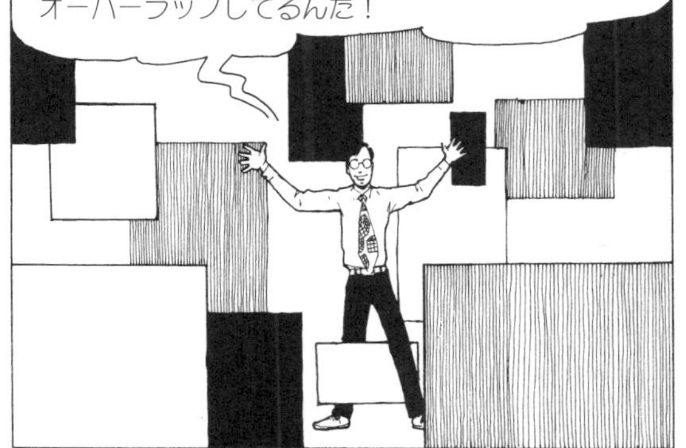

たとえば、月が太陽より近くにあるって
どうやって分かる？
そう、日蝕になると、月が重なって太陽を隠すんだ
オーバーラップするから分かるんだよね！

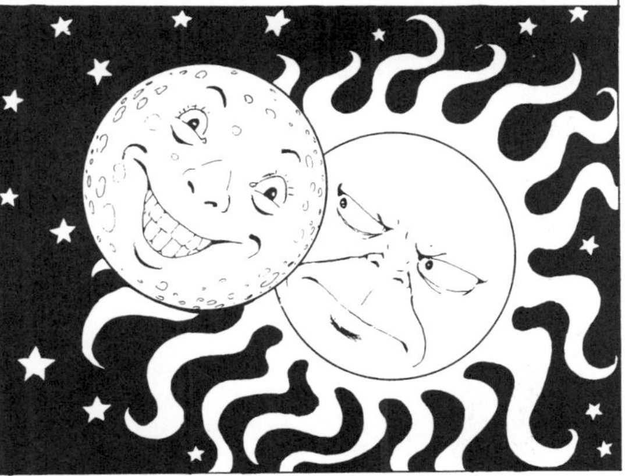

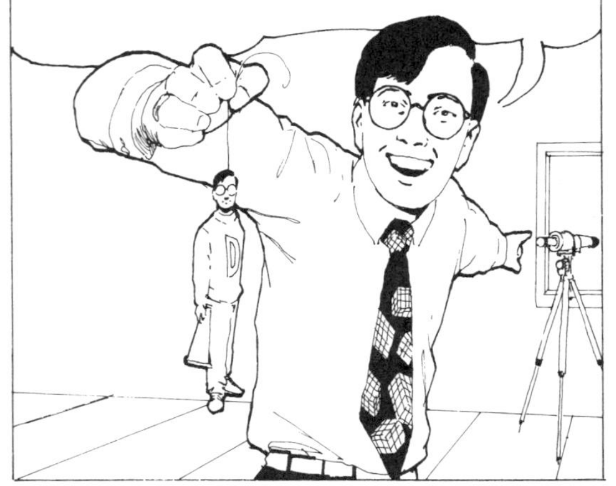
釣り糸でぶら下げた、このミスター・ディスタントマンの人形を使って、デモンストレーションするよ
マグ、これを、望遠鏡で見てごらん

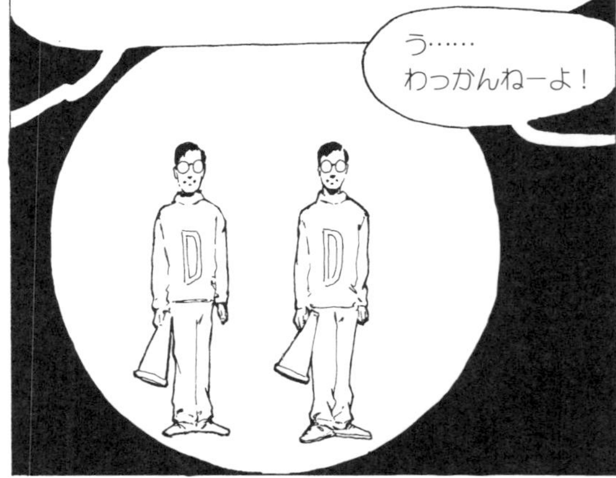
人形をちょうどいい位置にもってくると、ミスター・ディスタントマンとぴったり同じ大きさだろ？
で、どっちが人形だ？
う……
わっかんねーよ！

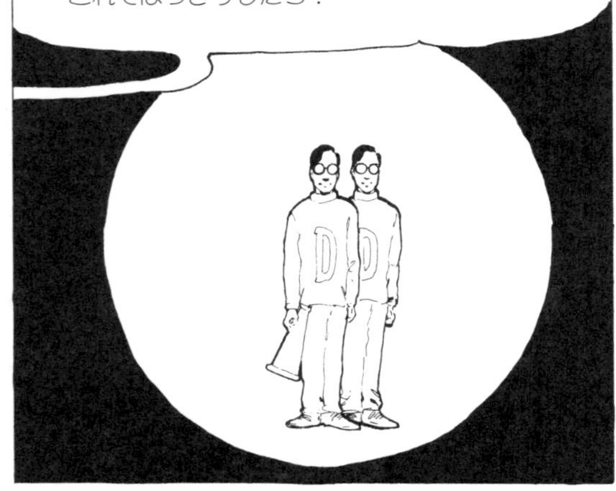
でも、こうやって人形をちょっと左にずらしてみると……ほら、オーバーラップした！
これではっきりしたろ！

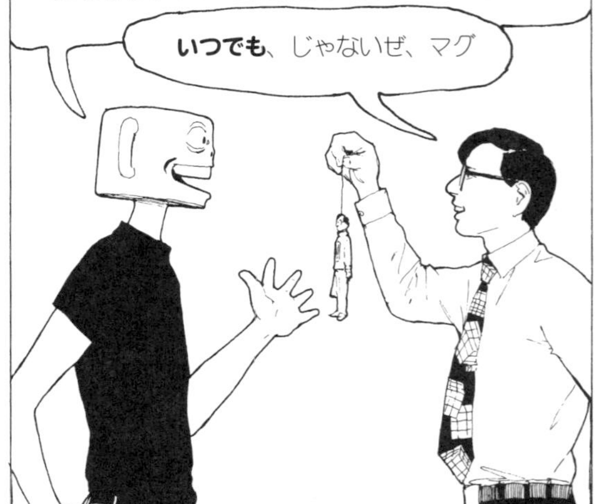
よーするに、オーバーラップは、どっちのモノが近くにあるか、いつでも教えてくれるってことか？
いつでも、じゃないぜ、マグ

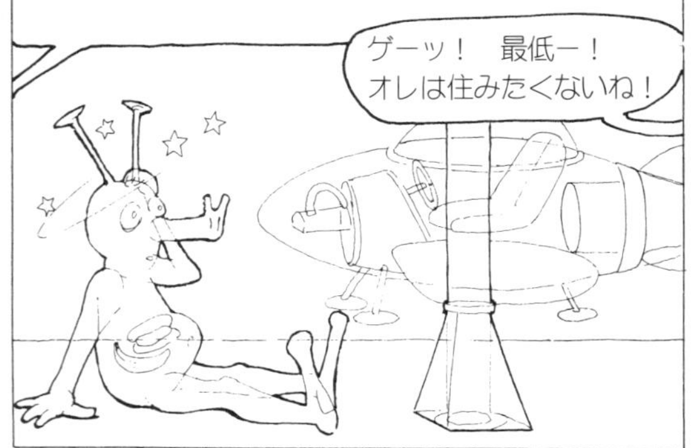
スケスケ星では、何もかもが透明だ
だから、モノがオーバーラップしてても
どっちが手前にあるか、見分けがつかない！
みんなモノにぶつかりっぱなしだし、
プライバシーも何もあったもンじゃないんだ！
ゲーッ！　最低ー！
オレは住みたくないね！

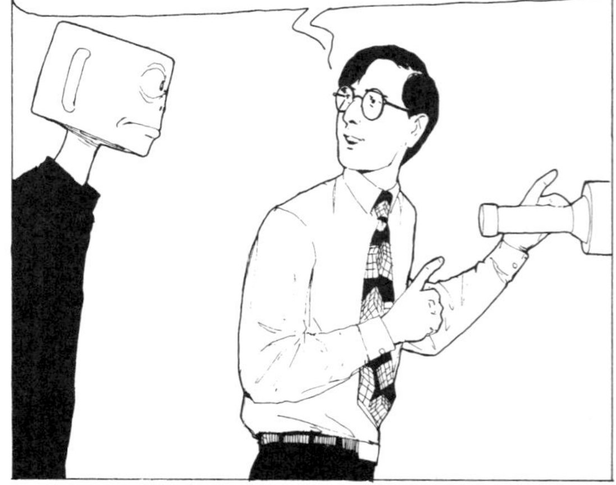
うん。でも、オーバーラップの秘密はまだあるんだ
もう１回、望遠鏡をのぞいてみて
ミスター・ディスタントマンは、何してる？

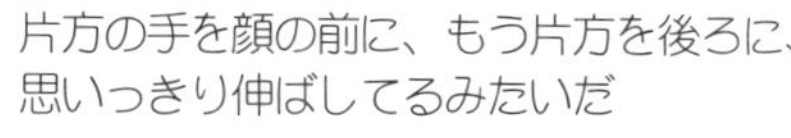
片方の手を顔の前に、もう片方を後ろに、
思いっきり伸ばしてるみたいだ

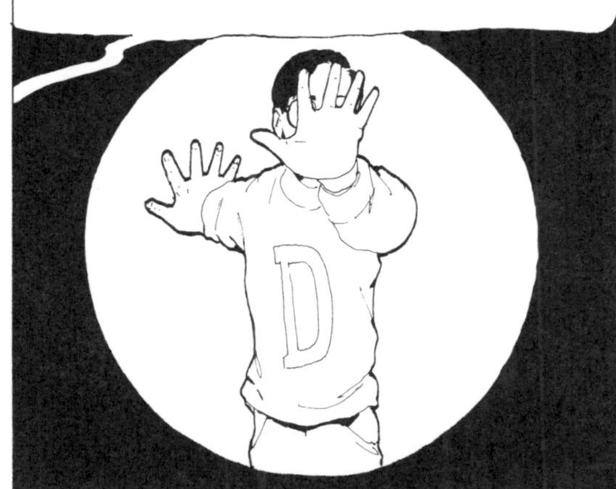

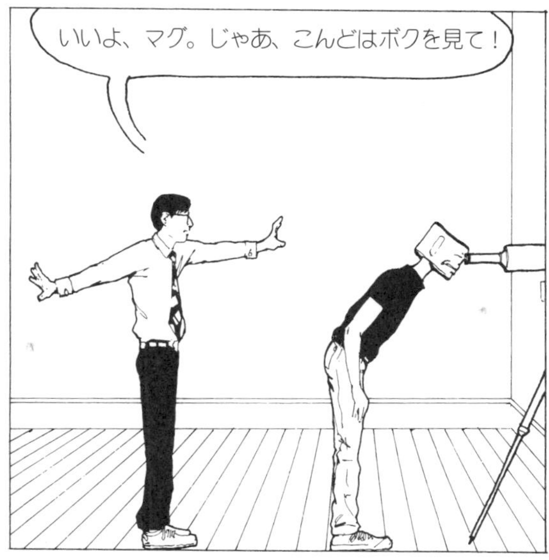
いいよ、マグ。じゃあ、こんどはボクを見て！

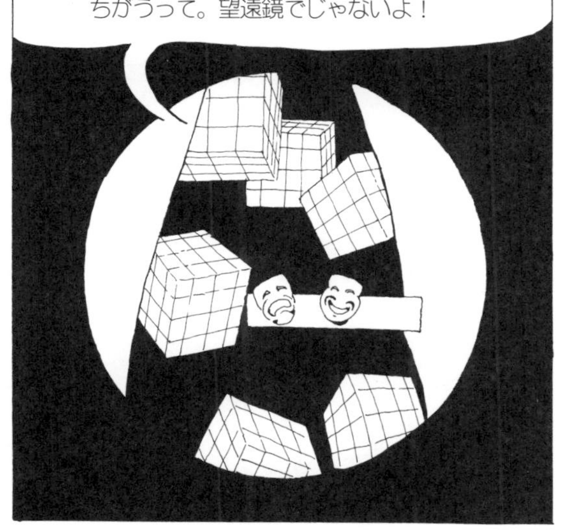
ちがうって。望遠鏡でじゃないよ！

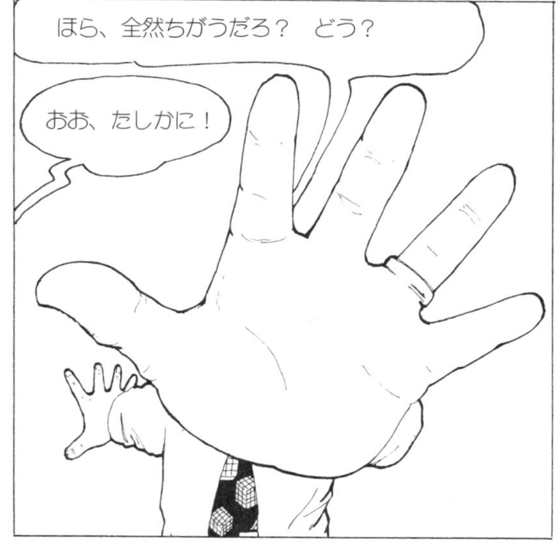
ほら、全然ちがうだろ？　どう？
おお、たしかに！

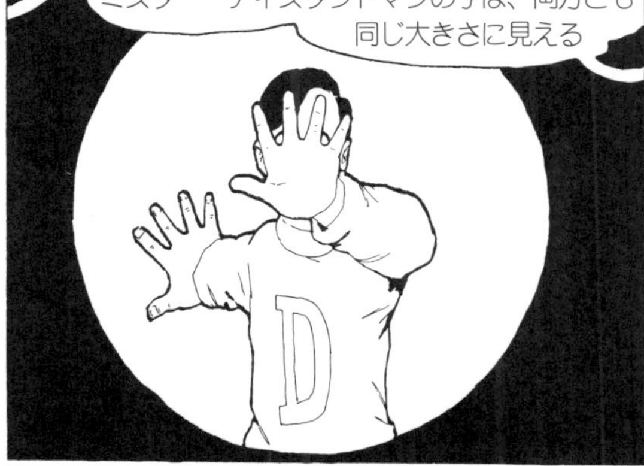
じゃあ、ミスター・ディスタントマンとは
どんなふうにちがう？
うーん、
キミの手は、片方がすごく大きい
ミスター・ディスタントマンの手は、両方とも
同じ大きさに見える

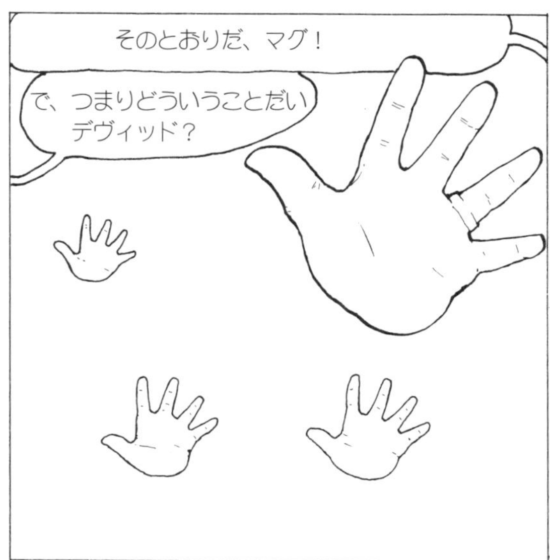
そのとおりだ、マグ！
で、つまりどういうことだい
デヴィッド？

マグ、距離っていうのはお金と同じさ
あればあるほど、意味を持たなくなる
たとえば、億万長者が道で千円見つけたとする
これで、彼はもっとお金持ちになれる？

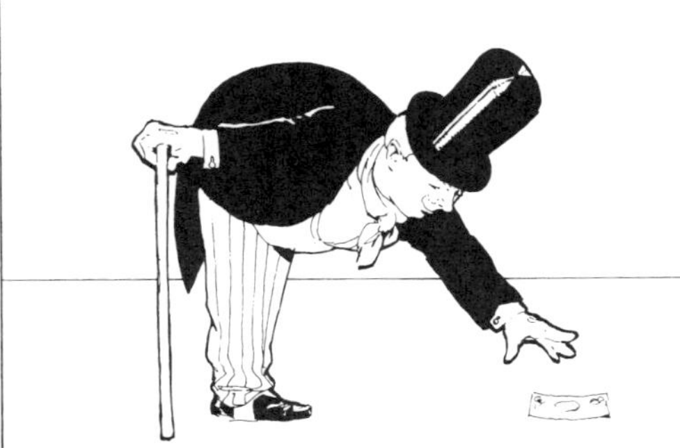

そう、こんなものは彼の全財産の0.00001％に
すぎない
おそらくこの人は、千円なんて取るに足らない
と考えて、ポイッと捨てちゃうだろうね！

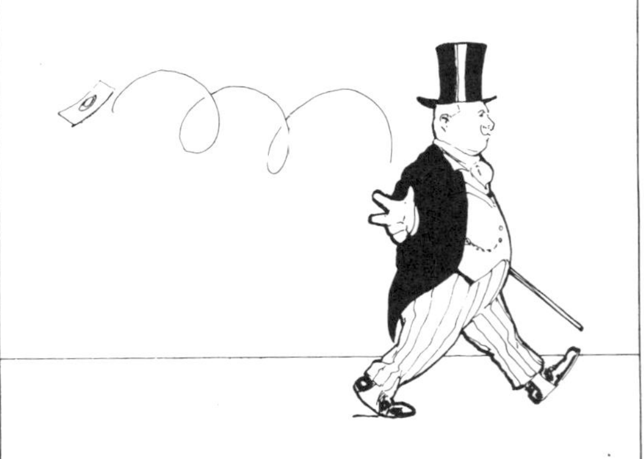

でも、たった100円玉１枚しか持ってない
ホームレスが同じ千円札を拾ったら、
彼の財産は、1,000％増えたことになるんだ！

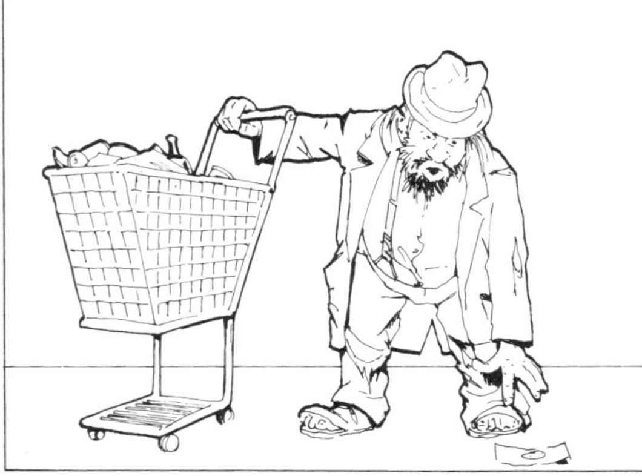

ボクの両手を広げた長さは約180cm だ
片方の手をキミから90cm 離れたところにおいて
もう片方の手を思いっきり伸ばしたら、
その手は、キミから270cm 離れたところ
つまり300％遠くにある

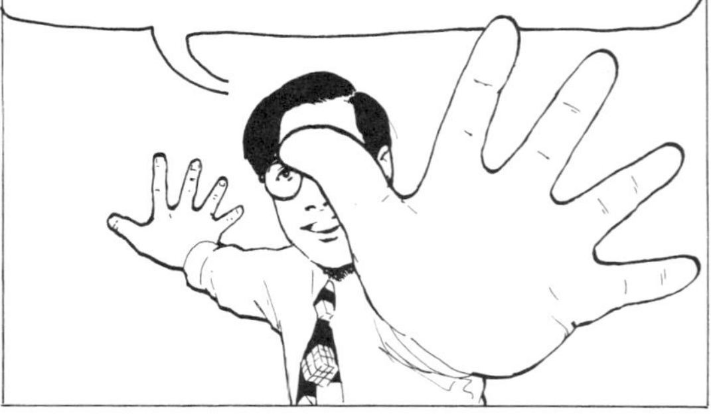

ミスター・ディスタントマンの手前の手が4.8km 離
れたところにあるとして cm に直すと480,000cm
つまり、遠い方の手は、480,180cm 離れているこ
とになる。この場合たった0.0003％の増加は、ほと
んど意味がない。だから、同じように見えたんだ！

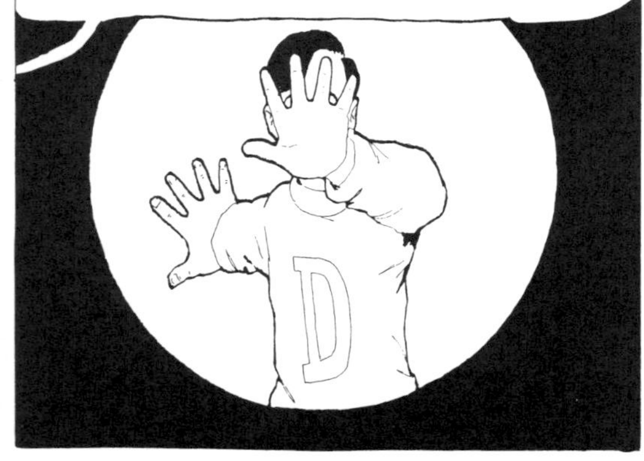

近くにあるモノは、大きさのちがいによってどち
らがより近くにあるか見分けることができる
で、奥まった空間では、オーバーラップのほうが
アテになるんだ！

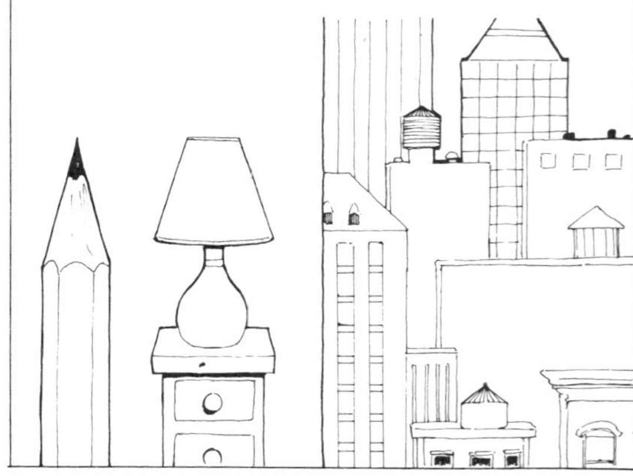

このことから、**集中点**について知ることができる
厚紙でできた同じ大きさの環を、いろんな距離の場所に置いてみる……

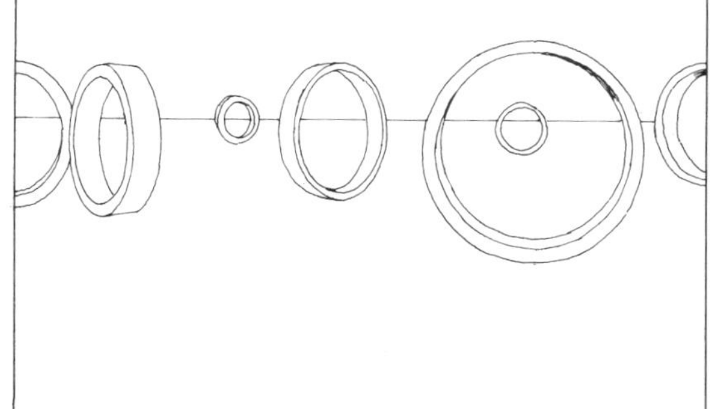

これらをつなぎ合わせると、郵送用の紙筒になるね

この筒をこうやって持つと…ほら、空間の奥にいくほど、端が細くなっているように見える
一点に集中していると言ってもいい
これが集中点なんだ！

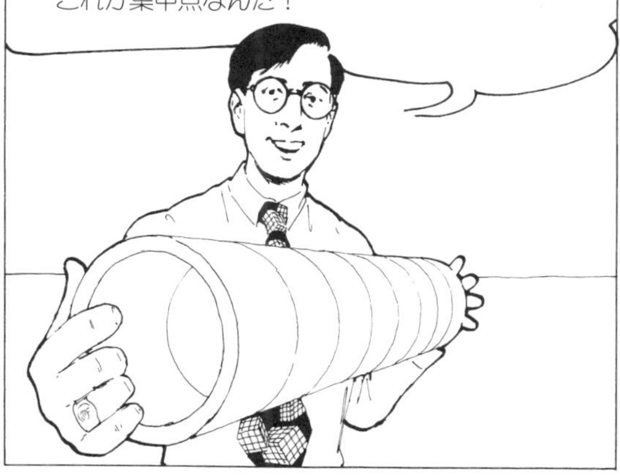

こんどは、ミスター・ディスタントマンに、同じ紙筒を持ってもらおう
集中点はどうなった？

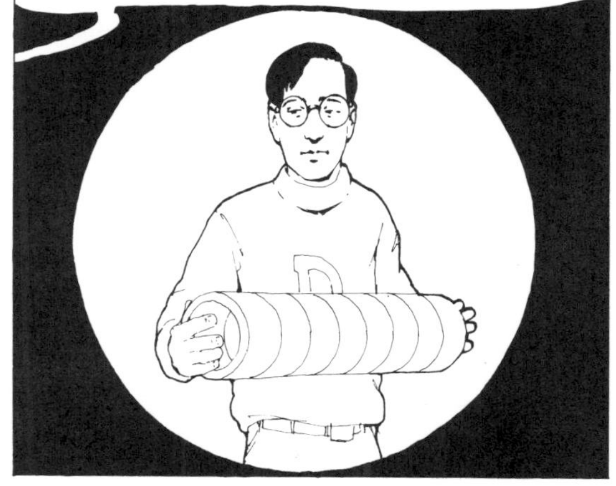

集中点がわからなくなったよね。モノは見る人から遠くなるほど、サイズが縮小されていくけど、見る人が後ろに下がると、その縮小率は小さくなる

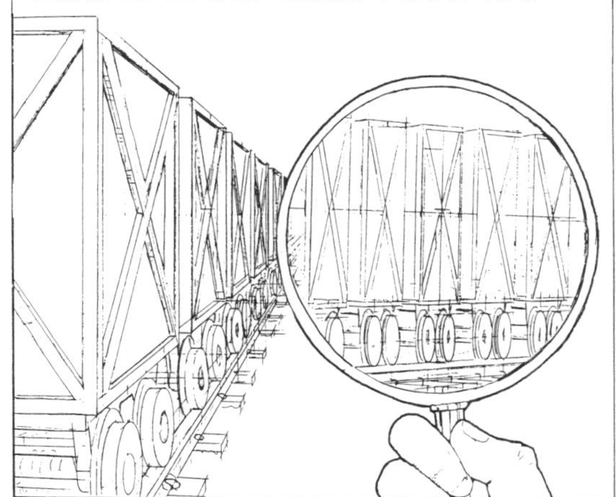

そして、思いっきり遠くなると、
モノの見かけのサイズは、縮小の度合いが
うんと小さくなるんだ
そんな訳で、モノに接して一点に集中していく線は
ずうっと彼方まで水平なのさ

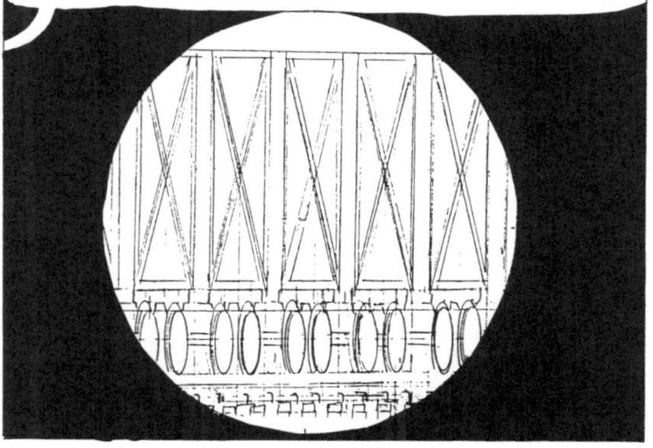

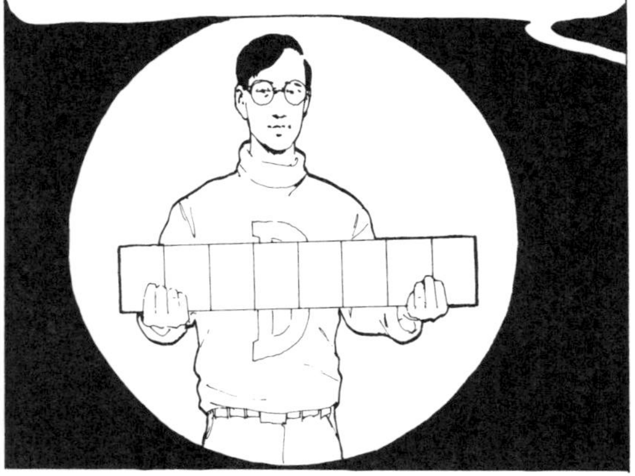
じゃあ、今度は集中点に関連する**短縮遠近法**を
見てみようか！
これは、郵送用の紙筒を真横から見たところ

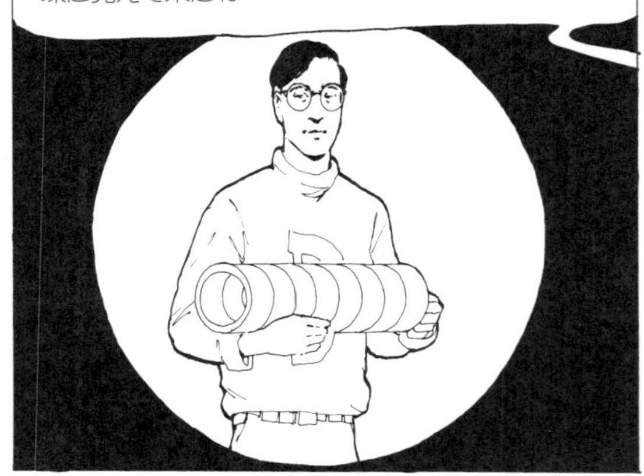
ミスター・ディスタントマンが、紙筒を回転させる
とどうなる？
紙筒の幅が狭くなって、四角に見えていたパーツが
環に見えて来たね

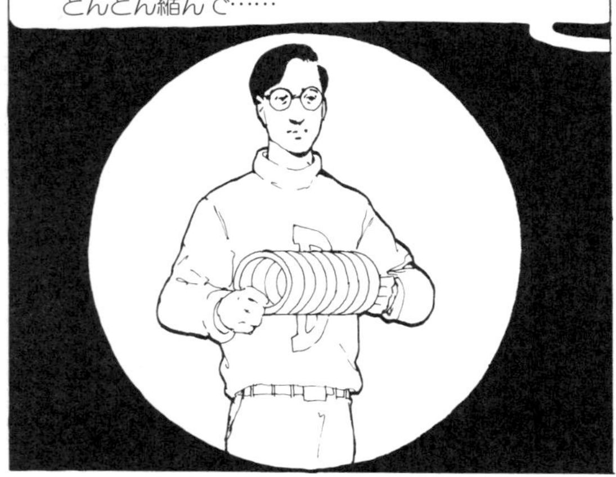
さらに紙筒を回転させると、紙筒は
いっそうペチャンコになったように見える
で、パーツの環は、幅が狭くなって
どんどん縮んで……

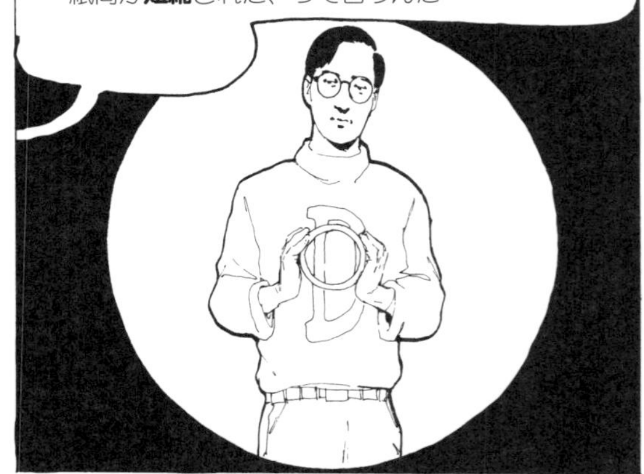
……ただの円になっちゃった
これだと、奥行きが全然感じられないだろ！
こんなふうに、紙筒の見かけの幅が縮むことを、
紙筒が**短縮**された、って言うんだ

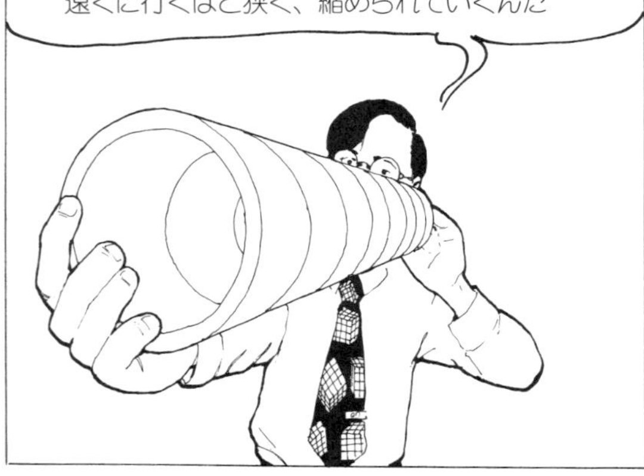
クローズアップにして見ると
紙筒は短縮されて短く見えると同時に
集中点に向かっているのがわかる
端がしだいに細くなり、短縮されたパーツは、
遠くに行くほど狭く、縮められていくんだ

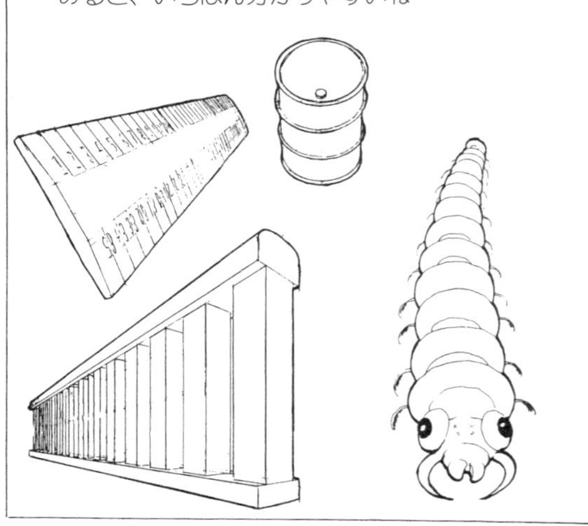
短縮遠近法は、等間隔に区切られたモノで見て
みると、いちばん分かりやすいね

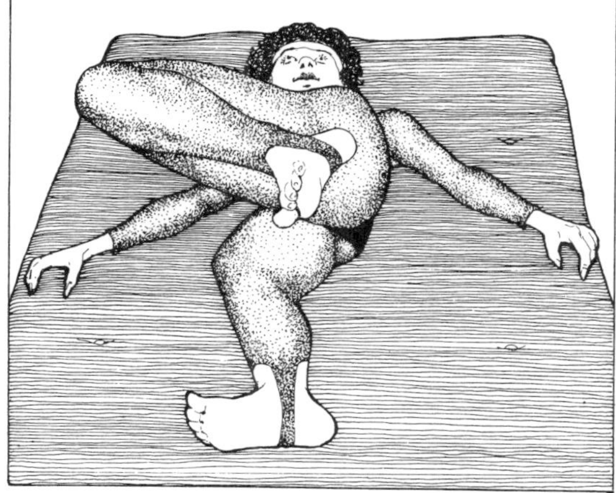
でも、もっといびつなモノでだって分かるよ
人体でもね！

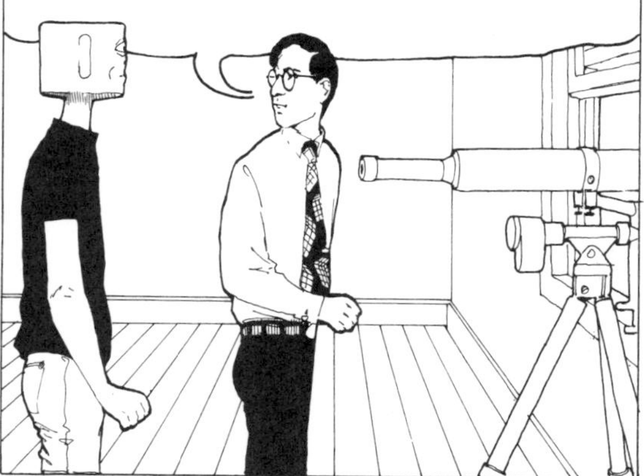
さて、さらに別の奥行きを表す方法を説明するよ
そのために、ミスター・ディスタントマンには、
山登りのかっこうをしてもらってる！

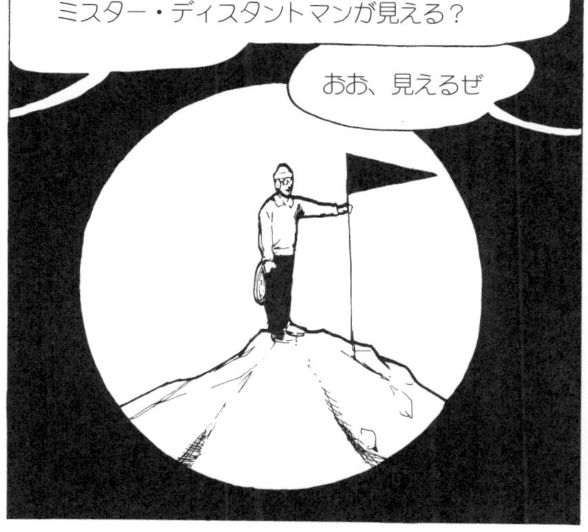
さあマグ、山を見てごらん
ミスター・ディスタントマンが見える？
おお、見えるぜ

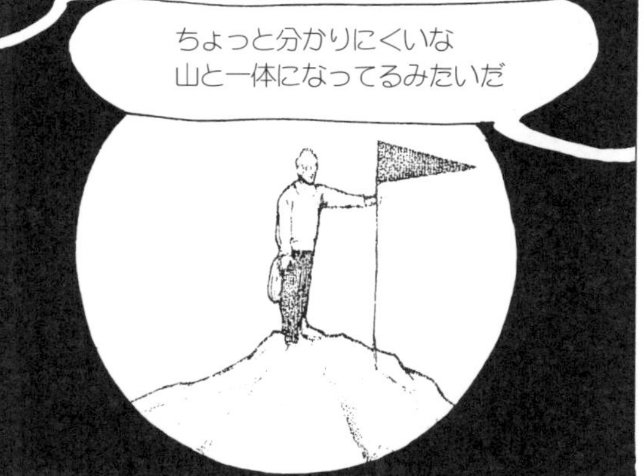
じゃあ、そのすぐ右の山を見て！
山の上に人影があるだろ？
あれは、ミスター・ディスタントマンの
ルームメイトだ
ちょっと分かりにくいな
山と一体になってるみたいだ

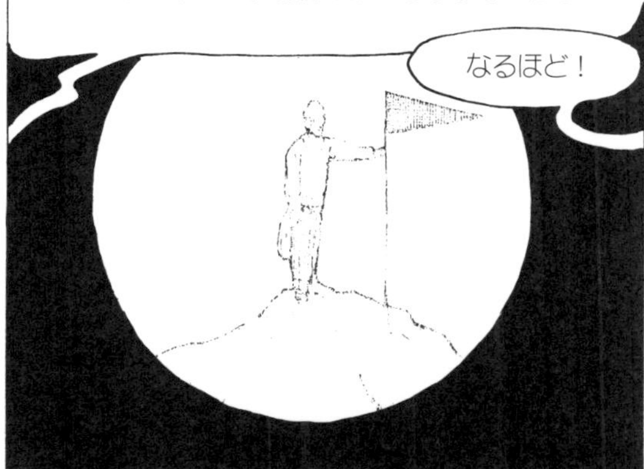
よく分からないようなら、こっちの山にいる、ミ
スター・ディスタントマンのルームメイトの義理
の兄貴を見てみろよ
ぼんやりかすんで、輪郭がはっきりしないだろ？
なるほど！

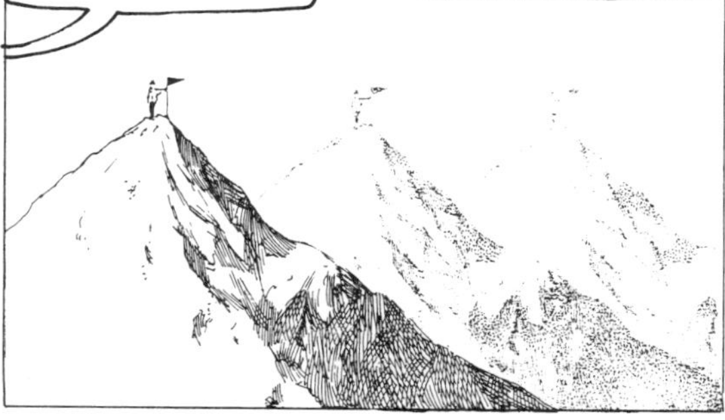
じゃあ、もう少し引いた位置から、
３人一緒に見てみて！
今、キミが目の当たりにしてるのが、**空気遠近法**だ
空気中の水蒸気やちりは、見る人の視界を曇らせる
だから、遠くにあるモノほどかすんで見えて、
色は薄く、線も細くなり、分かりにくいんだ！

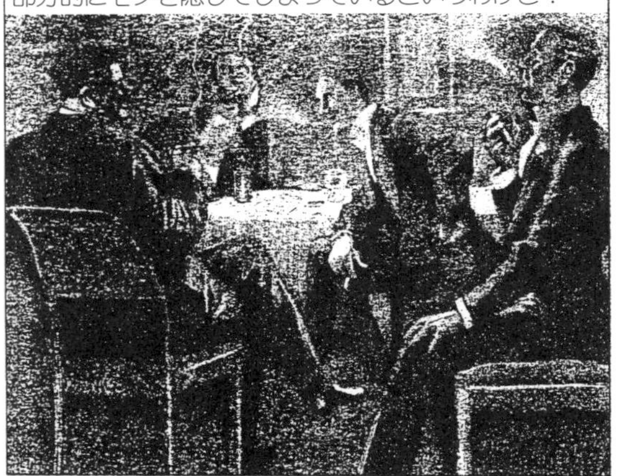
濃い霧の日や、タバコの煙がもうもうと立ちこめた部屋で見ているものは、実はオーバーラップした姿なんだ
空気中のこまかい粒子が、モノにオーバーラップして、部分的にモノを隠してしまっているというわけさ！

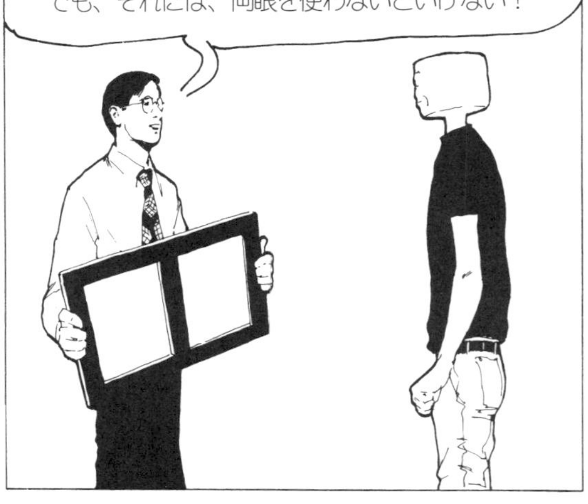
奥行きを表す方法として、キミに見せたいものがもう１つある
でも、それには、両眼を使わないといけない！

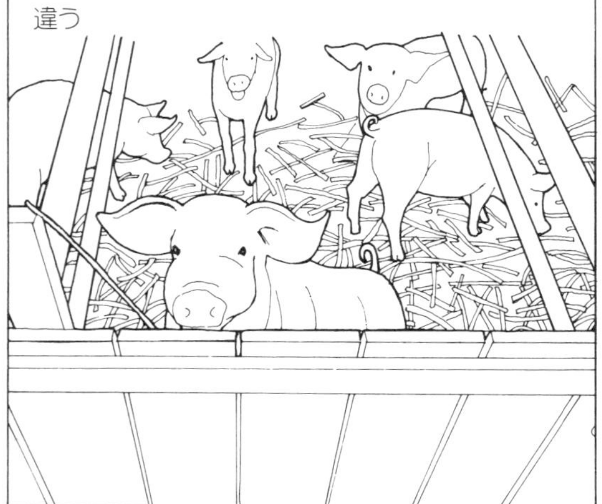
両眼視という奥行きを知るには最強の方法なんだ！目は２つあって、それぞれ微妙に見えているものが違う

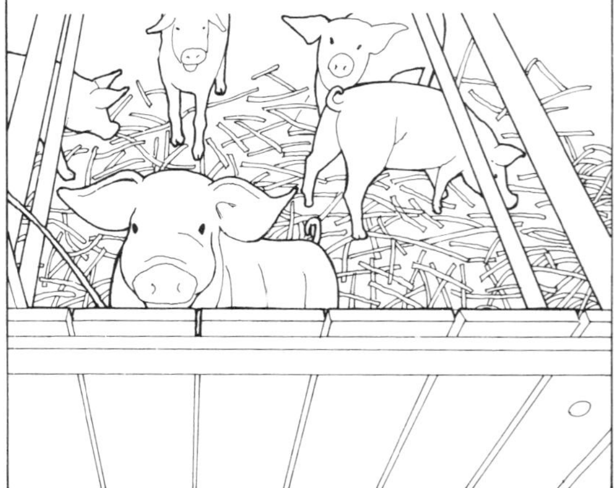
で、その２つが合わさると、あざやかな立体画面ができあがるんだ。まあ、そのしくみについては、フクザツすぎるから、ここでは触れないけどね！

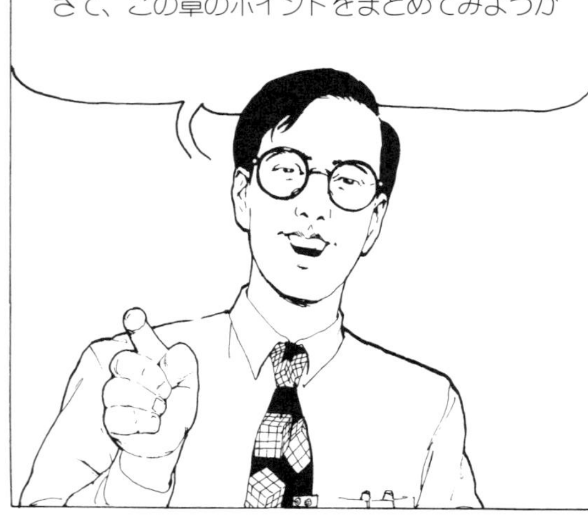
さて、この章のポイントをまとめてみようか

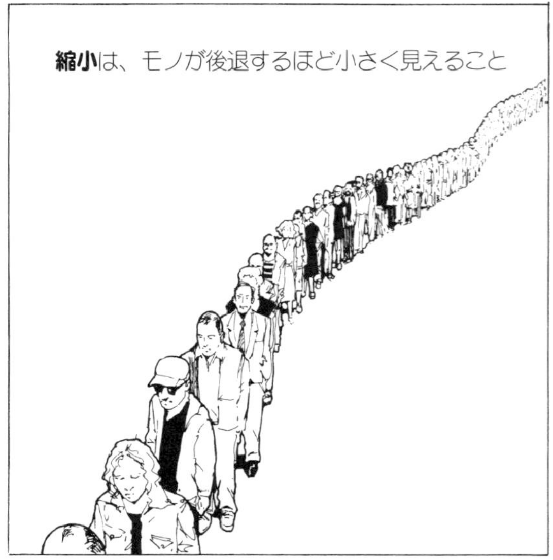
縮小は、モノが後退するほど小さく見えること

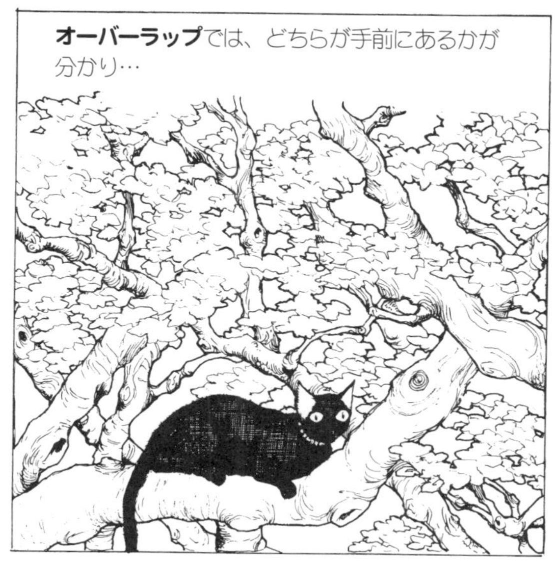
オーバーラップでは、どちらが手前にあるかが分かり…

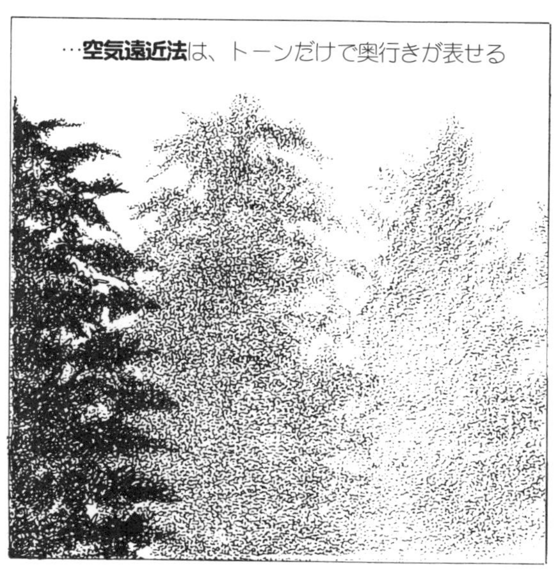
…**空気遠近法**は、トーンだけで奥行きが表せる

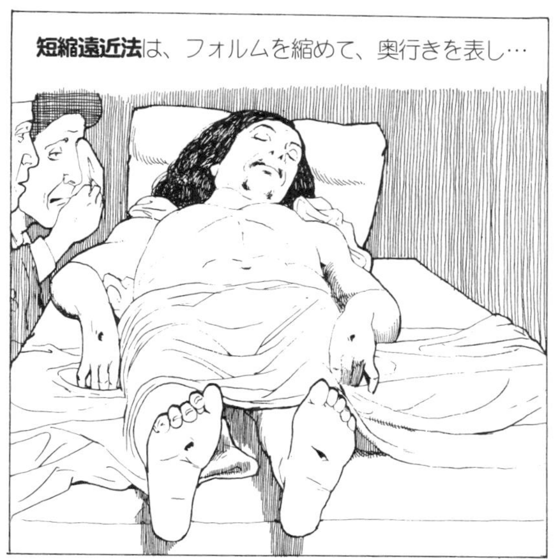
短縮遠近法は、フォルムを縮めて、奥行きを表し…

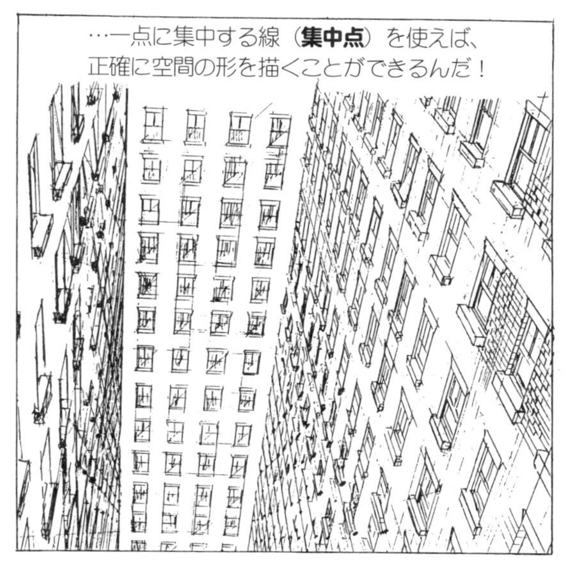
…一点に集中する線（**集中点**）を使えば、正確に空間の形を描くことができるんだ！

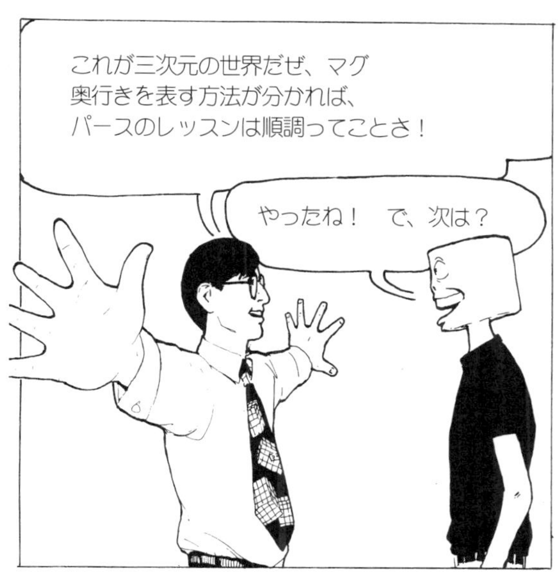
これが三次元の世界だぜ、マグ
奥行きを表す方法が分かれば、
パースのレッスンは順調ってことさ！
やったね！　で、次は？

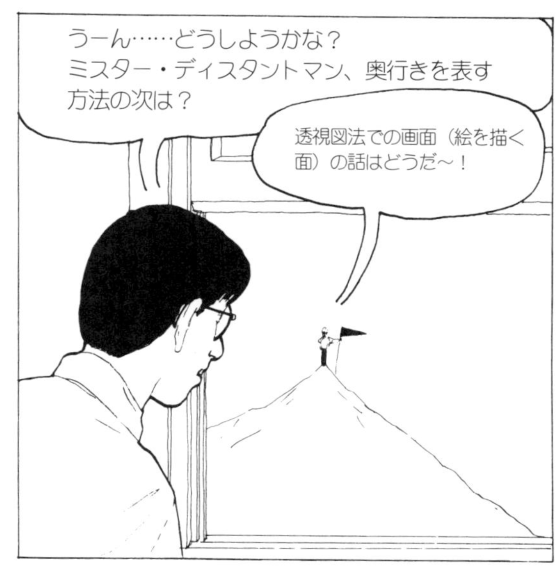
うーん……どうしようかな？
ミスター・ディスタントマン、奥行きを表す方法の次は？
透視図法での画面（絵を描く面）の話はどうだ〜！

第3章

透視図法の画面

画面っていうのは、キミが風景を見るとき、その風景を縁どってる想像上の窓のことさ。実際、窓辺に立って、フェルトペンで窓の向こうの風景をガラスの上になぞろうと思ったら、視線をしっかり固定した状態に保たないと描けない。そんなことすぐ分かるはずさ。頭を動かしたり、窓をぱっと開けたりしたら、キミが描いた窓の向こうの風景は、配置が変わってしまうからね。観音開きの窓のある部屋で試してみよう。窓の片方（半分）は、外の風景が見えるように開けはなたれている。で、もう片方の窓には、風景が描かれた絵が貼ってある。室内のどの位置から見ても、だいたいは、どちらの風景がホンモノで、どちらが平面に描かれた絵なのかはすぐわかる。でも、部屋の中のある１点だけからは、２枚の窓がピタリと並んで、どこまでがホンモノの風景で、どこからが絵なのかわからなくなってしまうんだ。

透視図法では、この状況を想像上の窓を使って、紙の上に再現することができるんだ。窓が画面なんだね。「絵をレイアウトする画用紙」と考えるとわかりやすいかもしれないね。

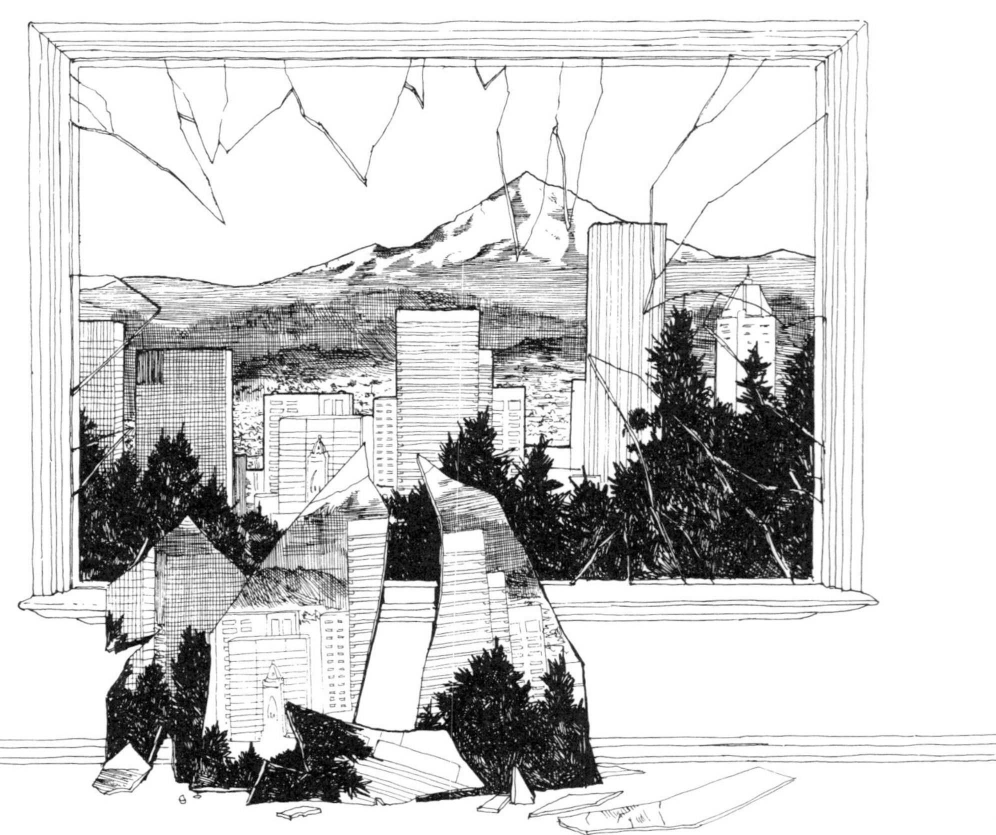

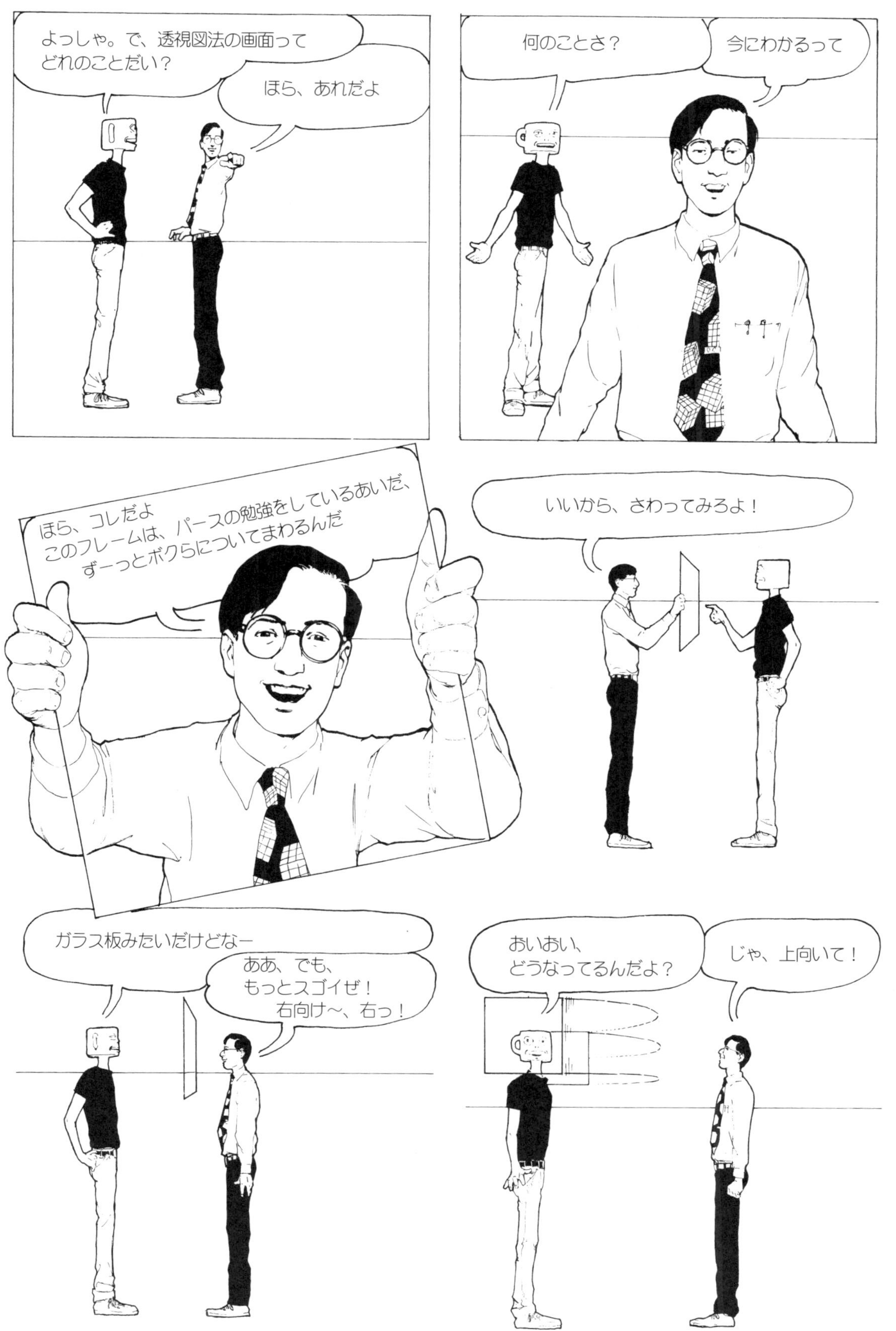

よっしゃ。で、透視図法の画面って
どれのことだい？
ほら、あれだよ
何のことさ？
今にわかるって
ほら、コレだよ
このフレームは、パースの勉強をしているあいだ、
ずーっとボクらについてまわるんだ
いいから、さわってみろよ！
ガラス板みたいだけどなー
ああ、でも、
もっとスゴイぜ！
右向け〜、右っ！
おいおい、
どうなってるんだよ？
じゃ、上向いて！

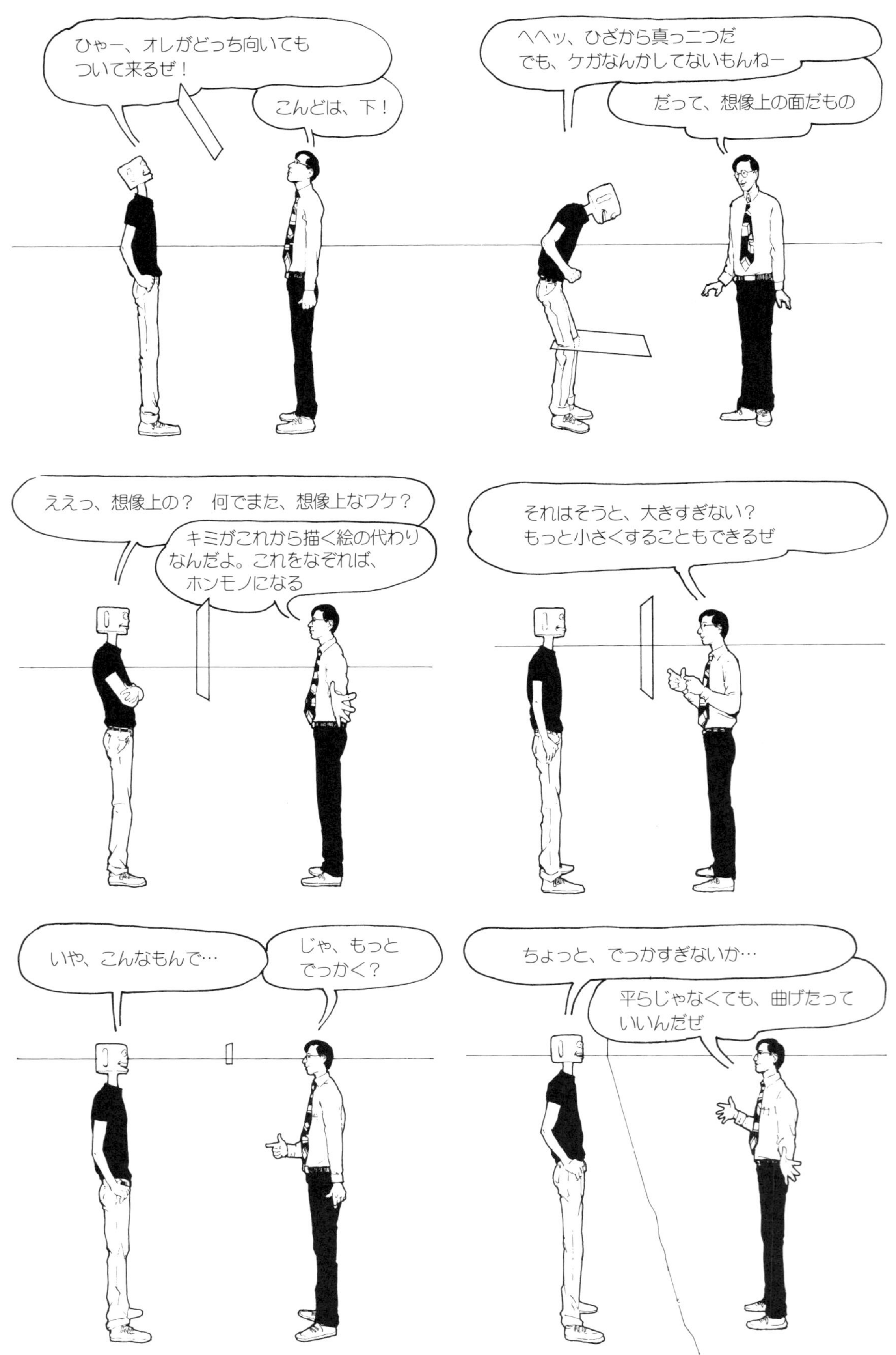
ひゃー、オレがどっち向いても
ついて来るぜ！
こんどは、下！
へヘッ、ひざから真っ二つだ
でも、ケガなんかしてないもんねー
だって、想像上の面だもの
ええっ、想像上の？　何でまた、想像上なワケ？
キミがこれから描く絵の代わり
なんだよ。これをなぞれば、
ホンモノになる
それはそうと、大きすぎない？
もっと小さくすることもできるぜ
いや、こんなもんで…
じゃ、もっと
でっかく？
ちょっと、でっかすぎないか…
平らじゃなくても、曲げたって
いいんだぜ

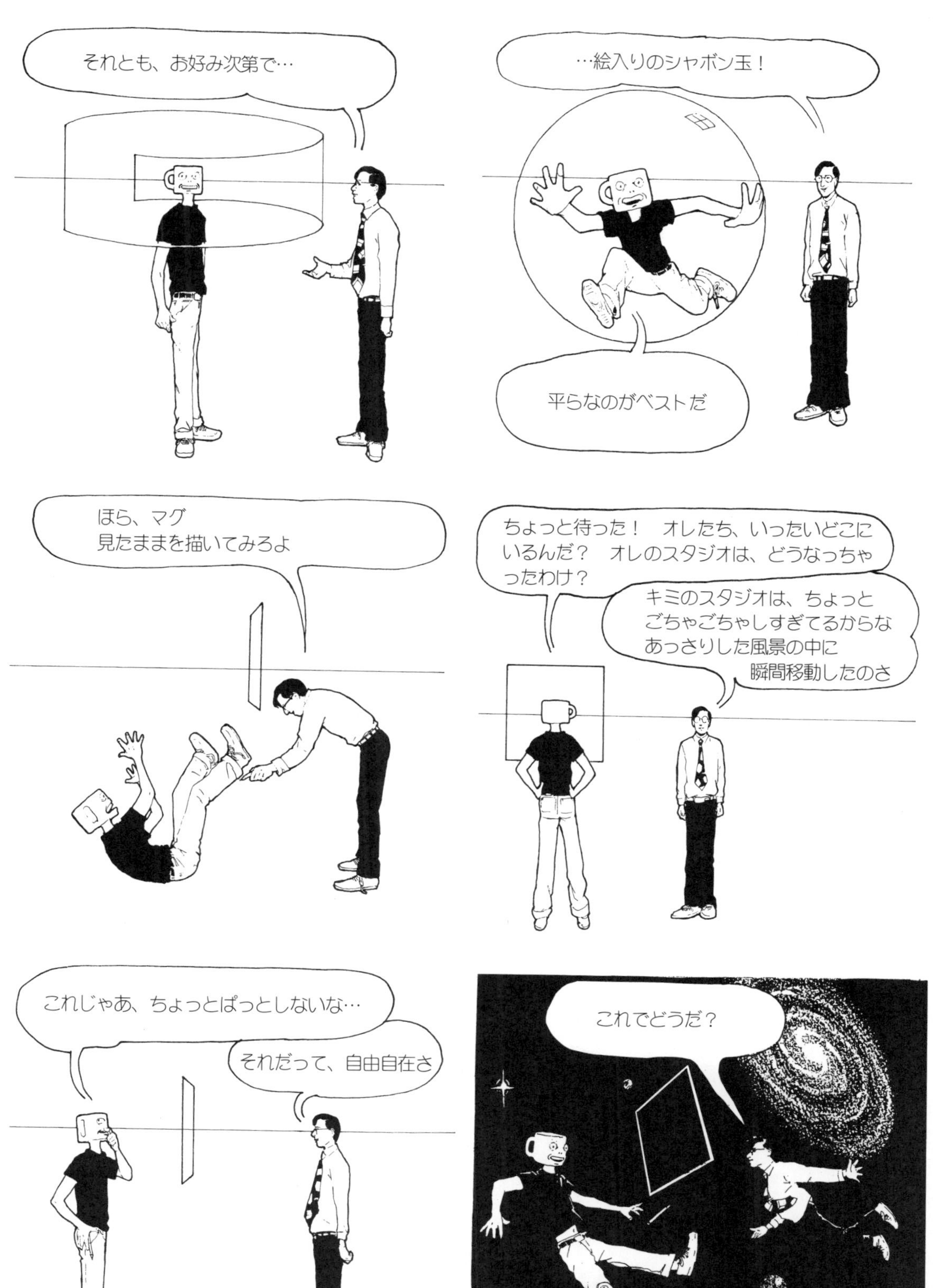
それとも、お好み次第で…
…絵入りのシャボン玉！
平らなのがベストだ
ほら、マグ
見たままを描いてみろよ
ちょっと待った！　オレたち、いったいどこにいるんだ？　オレのスタジオは、どうなっちゃったわけ？
キミのスタジオは、ちょっとごちゃごちゃしすぎてるからなあっさりした風景の中に瞬間移動したのさ
これじゃあ、ちょっとぱっとしないな…
それだって、自由自在さ
これでどうだ？

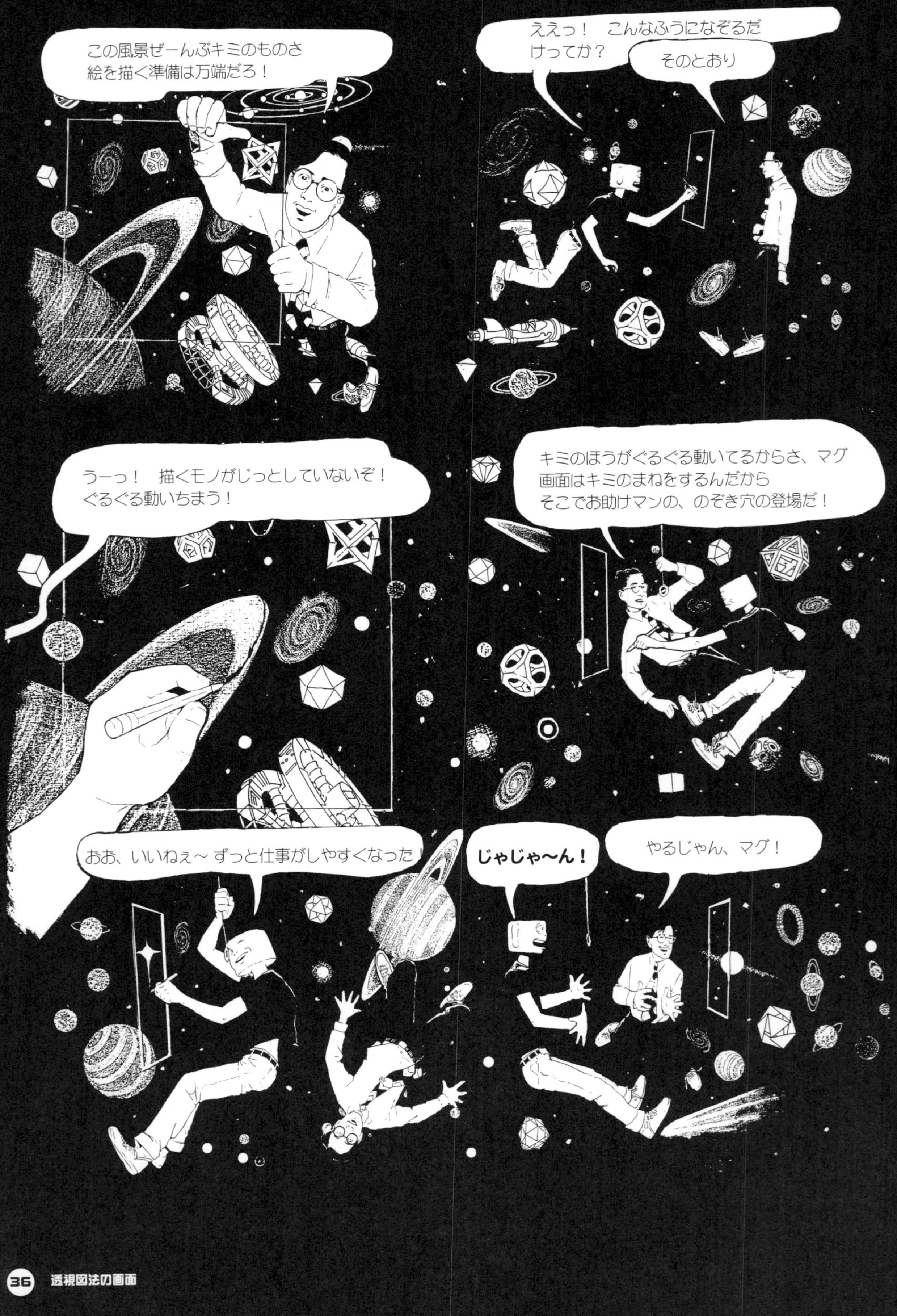

この風景ぜーんぶキミのものさ
絵を描く準備は万端だろ！

ええっ！　こんなふうになぞるだけってか？

そのとおり

うーっ！　描くモノがじっとしていないぞ！
ぐるぐる動いちまう！

キミのほうがぐるぐる動いてるからさ、マグ
画面はキミのまねをするんだから
そこでお助けマンの、のぞき穴の登場だ！

おお、いいねぇ～ ずっと仕事がしやすくなった！

じゃじゃ～ん！

やるじゃん、マグ！

おいこらっ、ちょっと待った～
何やってんだよ？

裏側が透けないように
白く塗ってるのさ
キミに見せたいものがあるんでね

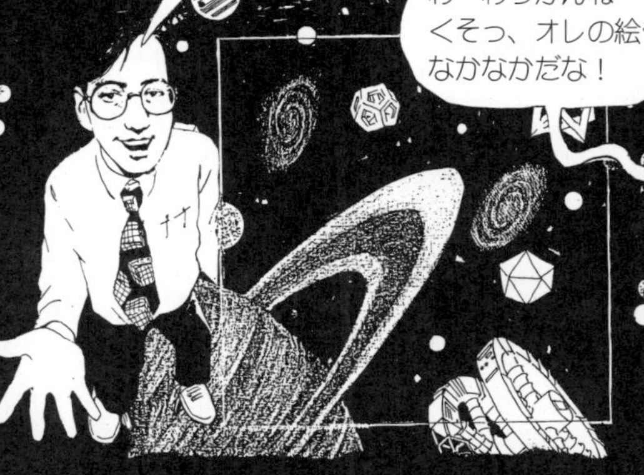

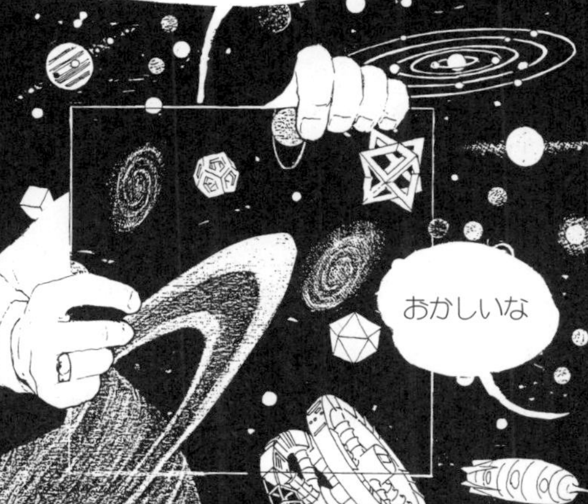

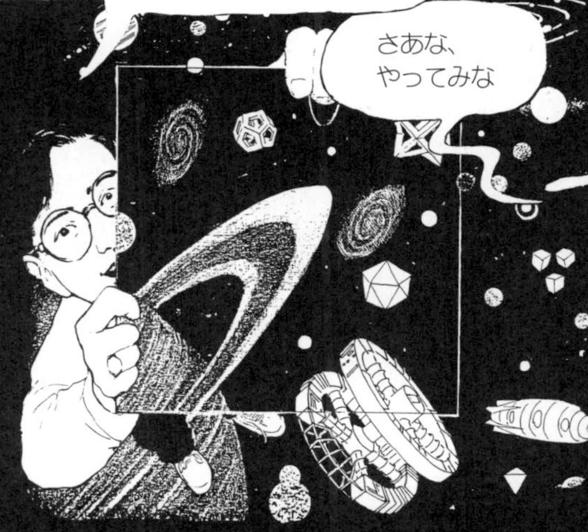

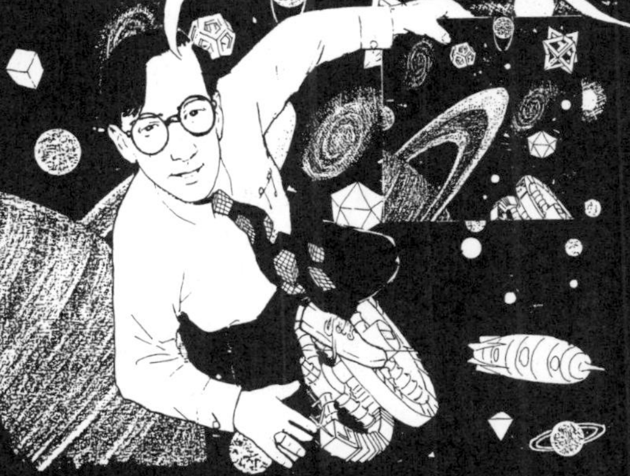

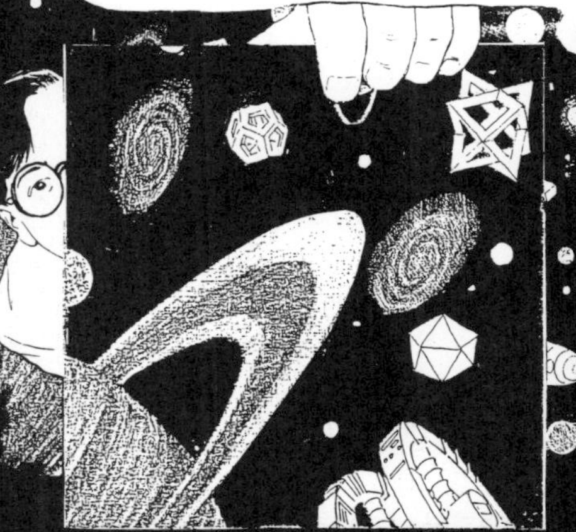

というわけで、マグ、このミニ実験から、
何がわかった？

エヘン！
画面が適切な距離のときのみ、
パースがうまくいきま〜す
ところで、適切な距離って？
メモるから、教えてくれよ

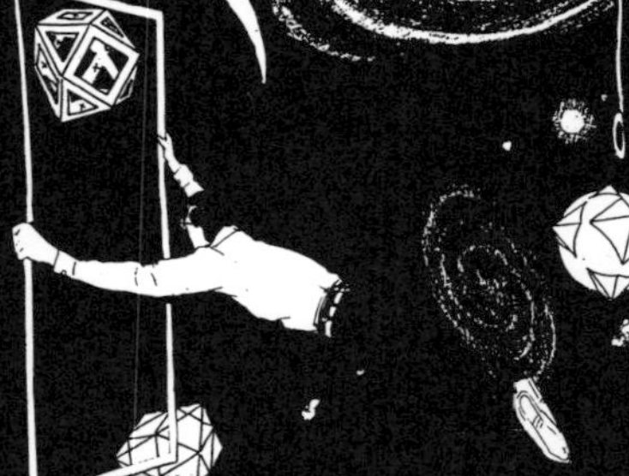

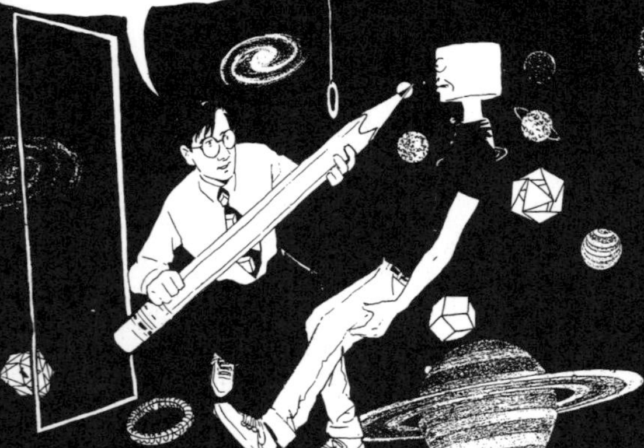

そうそう、
その調子！
その調子！

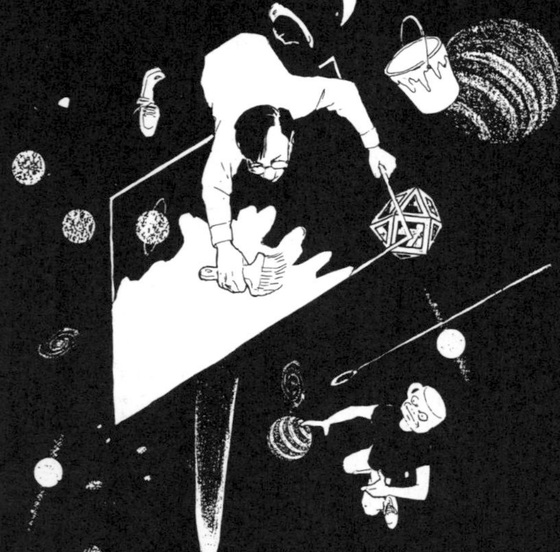

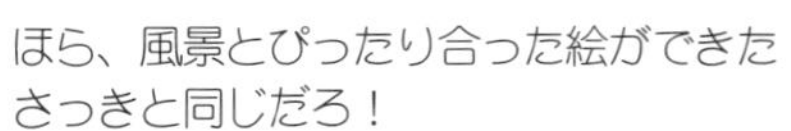
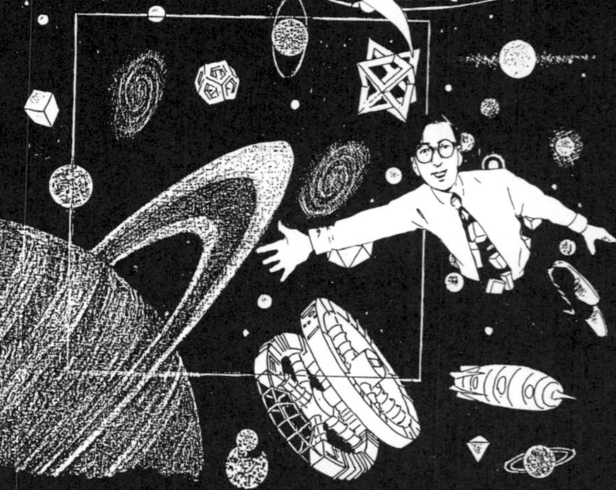

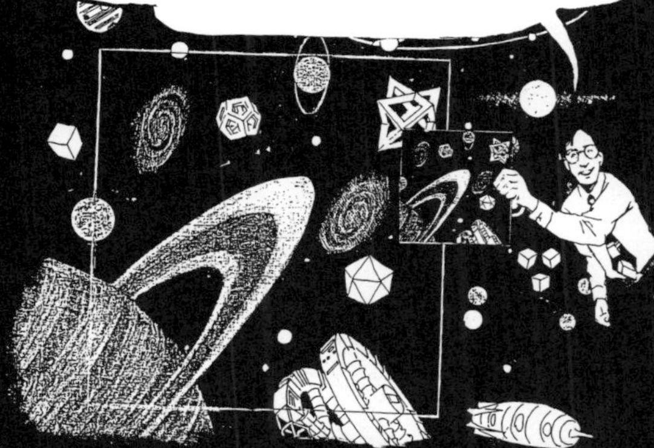

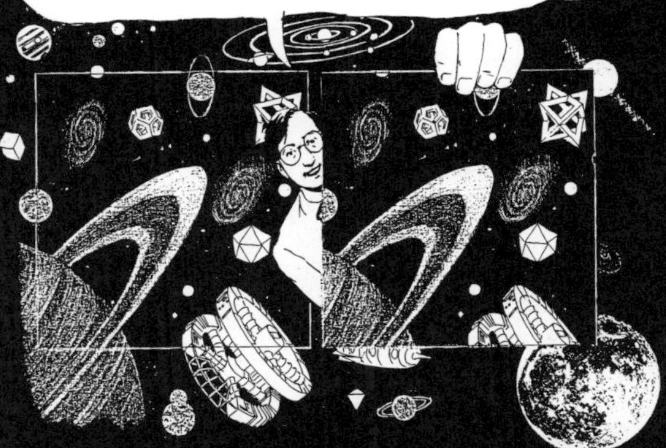

画面には「これが適切な距離です」って決まりはないんだ。目に見える範囲で、どこにしてもかまわないわけさ。目の前でもいいし、無限の果てまで、お好きなところにどうぞ
どの画面だって、同じように正しいんだからね！

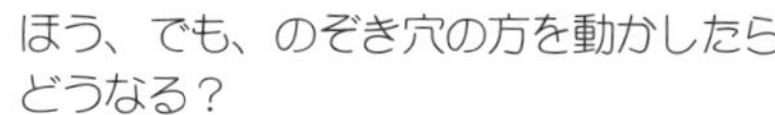

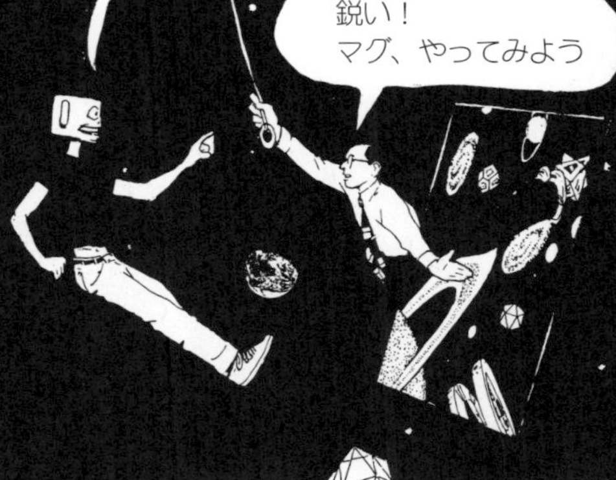

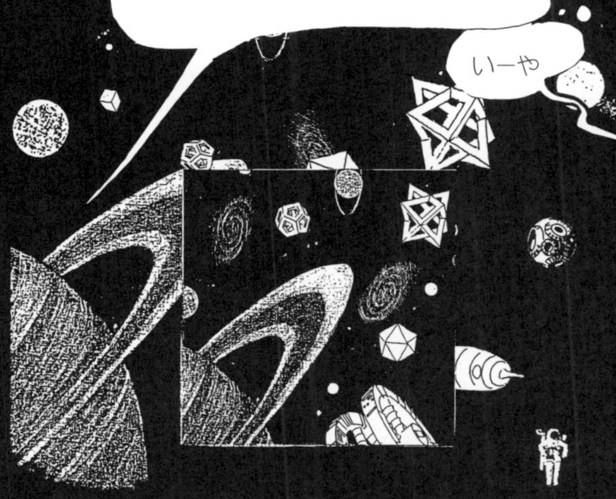

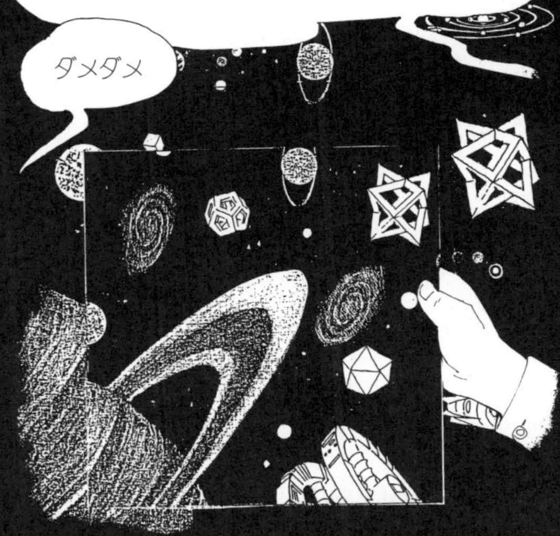

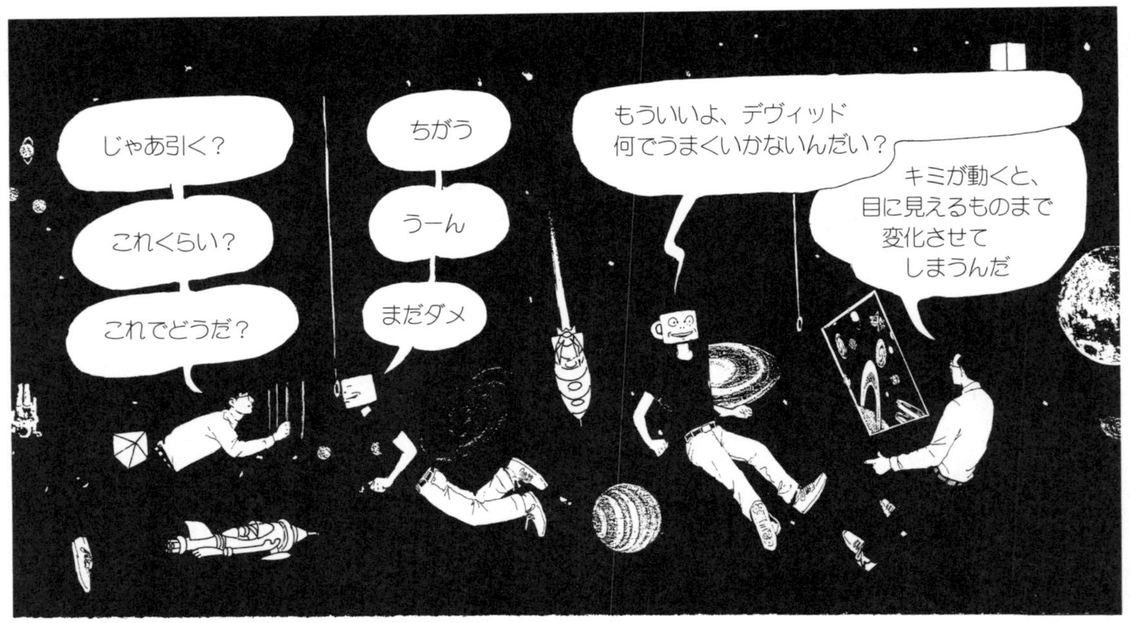

腕を伸ばした状態でフレームを持って、ちょっと遊泳してみよう
眺めはどんなふうに変化するだろう？
でも、画面に描かれた絵は動かないから、変化のしようがない！
空間のある特定の１点からの眺めと一致しているだけなのさ！

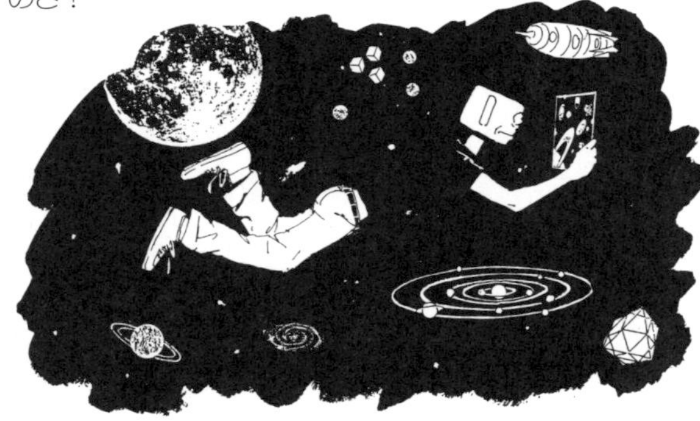

例をあげてみよう：
はらぺこライオンに追っかけられてるとする
板ガラスにパースを使った絵を描いて、ヤツをだましてみようか

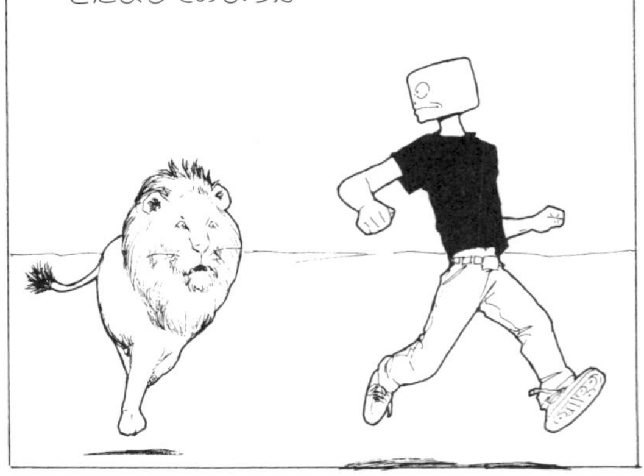

そしたらヤツは、絵に突進して、急ブレーキをかけるだろうね！　絵の裏側を白く塗るのを忘れるなよ

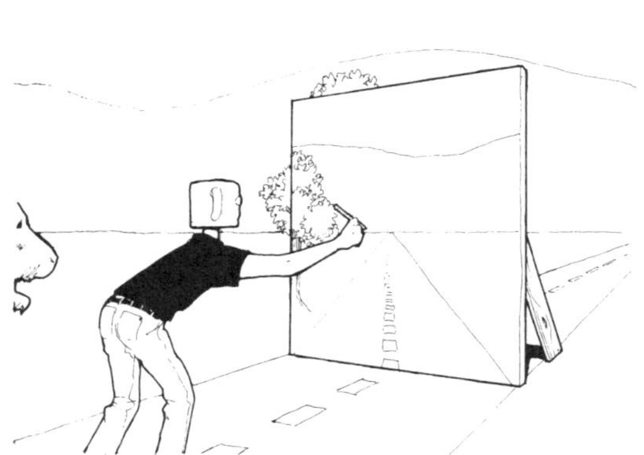

でも、ライオンの目に映る眺めは、走りながらどんどん変化していくね
うんと遠くからだと、その絵は風景とうまく合わずに、まあこんな感じになる

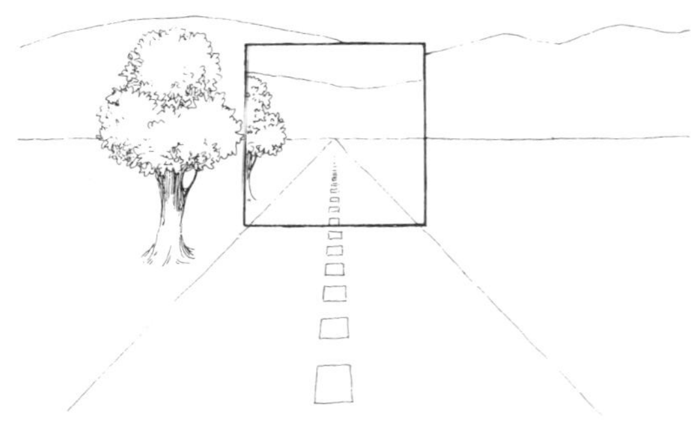

で、ヤツが近づいてくるにつれて、絵はだんだん周囲の風景と合ってきて、**ステーションポイント**（**立ち位置**／絵の正面とぴったり合う位置）とよばれる地点で、ぴたりと合う

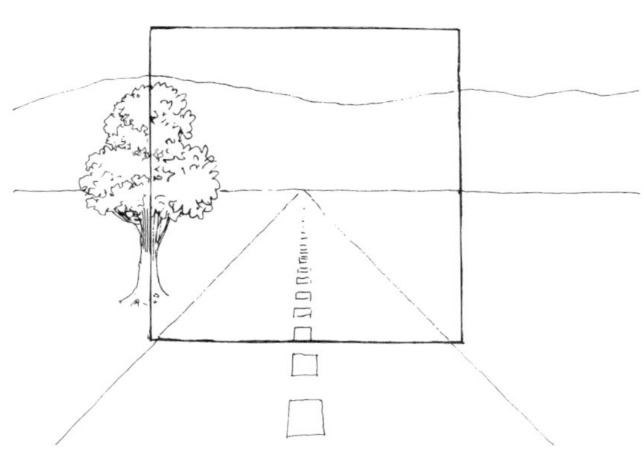

しかし、さらに近づいてくると、この絵はもっと遠くから見たものだ、ってだんだんわかってきて…

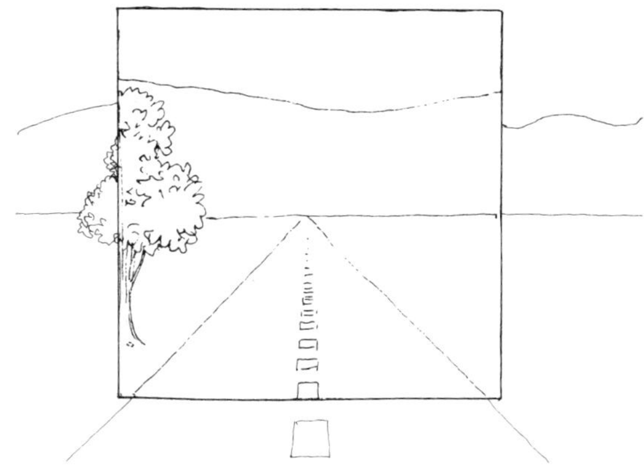

ヤツが道からそれて、斜め方向からこの光景を見たりすると、ごまかしはもうバレバレってわけ！

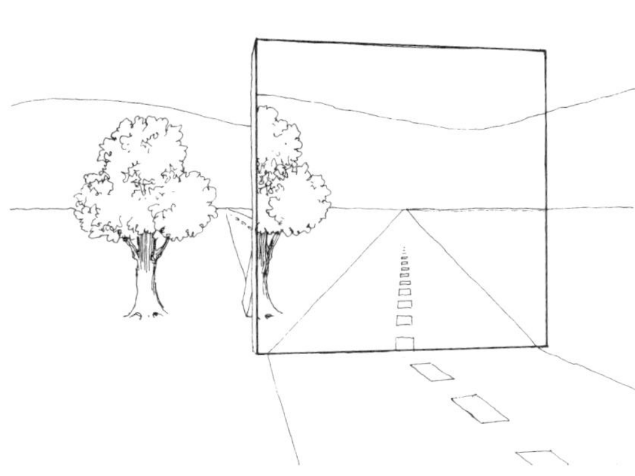

ライオンがよっぽどバカじゃないかぎり、ガラスを避けて、キミを追っかけて来るだろうな！

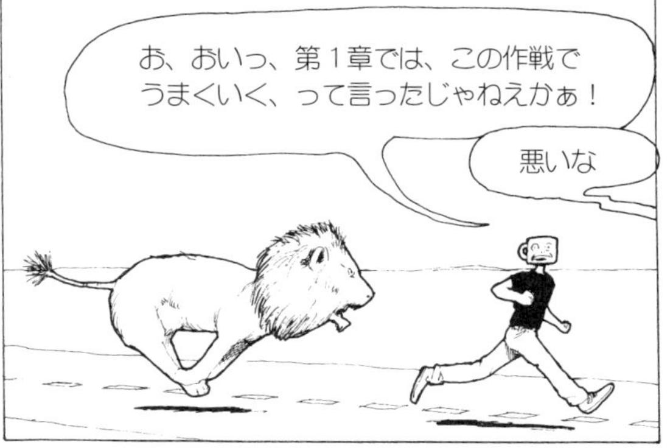

よーするに、パースを使った絵をそれらしく見せるには、かならず、ステーションポイント（立ち位置）から見なきゃいけないってこと？

でもないんだな

要は、見る人の目をあざむくことが目的かどうかによるんだ
映画撮影に使うガラスに絵を描いているんだとしたら、ばっちり正しいスポットに据えないと、風景と合わないよね

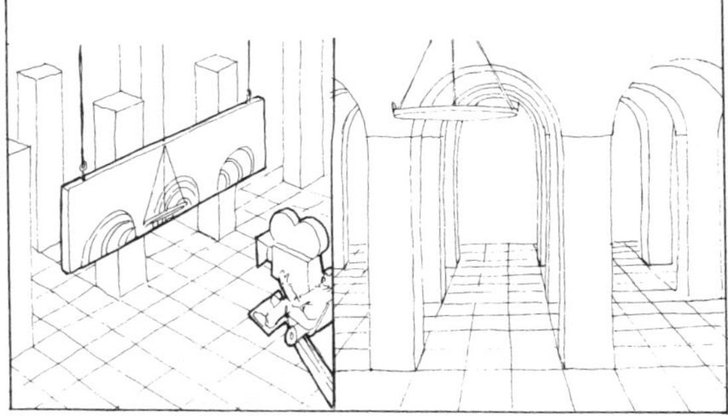

でも、舞台の背景なら、そのシーンの他の部分と合ってなくたって、だれも気にしやしないさ

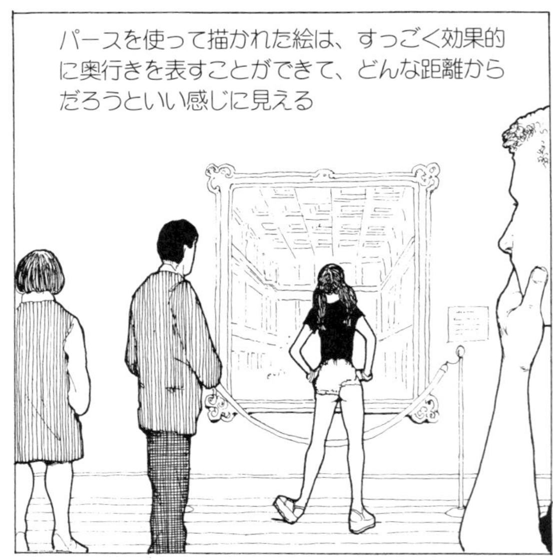

本に印刷されてる絵は、たいてい下方に縮められている
だから、ステーションポイント（立ち位置）から正しく絵を見るのは、けっこう眼精疲労の原因になったりもするね

それから、劇場で映画が上映されるときだって、ステーションポイント（立ち位置）から画面を見ることができる唯一の人物は、映写技師だけなんだ！

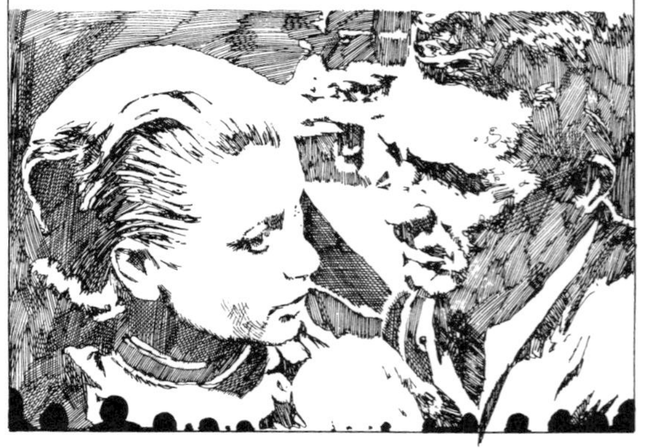

というわけで、次のレッスンへの下敷きができたぞ
こんどは「画面と絵のサイズ」についてだ

目っていうのは、反転した映写機のようなものなんだ
ただし、スクリーンに画像を映写するのとちがって、現実の世界からの画像を、画面をとおして投影する
そうして手で、輪郭をなぞるんだね

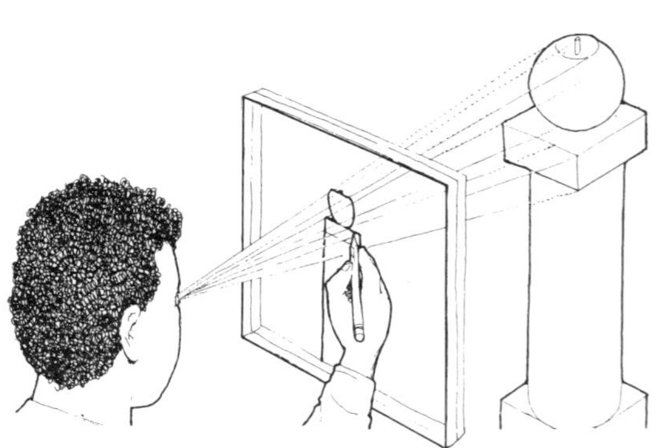

目は何かを見ると、そのものと連結して、画像を網膜の表面に写し出す
圧縮光線のように、目に近づくほど画像は小さくなってね

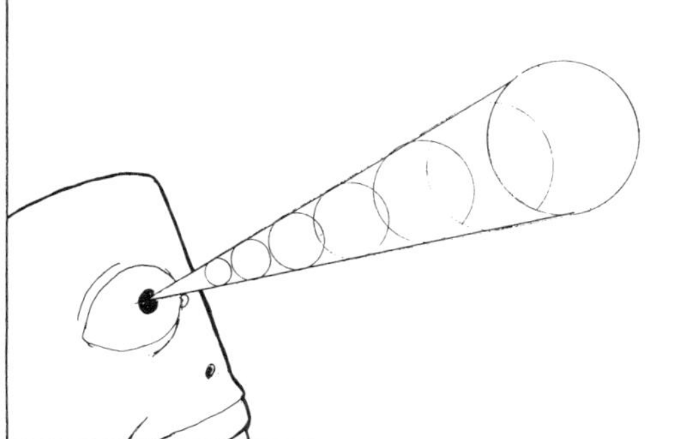

目の前に画面をもってくると、眺めをさえぎってしまうね
でも、目と画面上の絵と実物を結ぶ線が一直線になっていたら、そのちがいには気づかないはずだ！

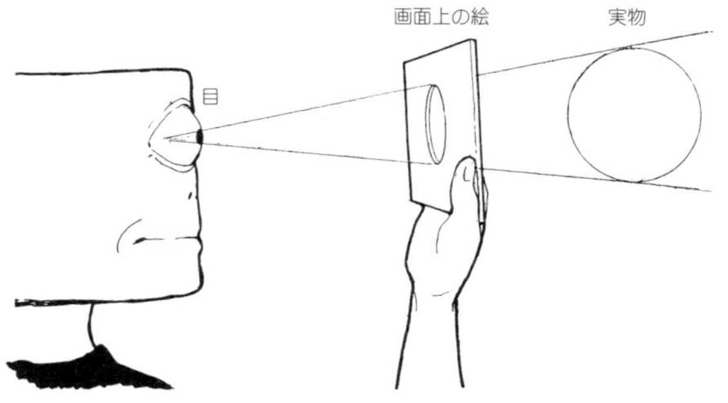

どっちのライオンが長い？

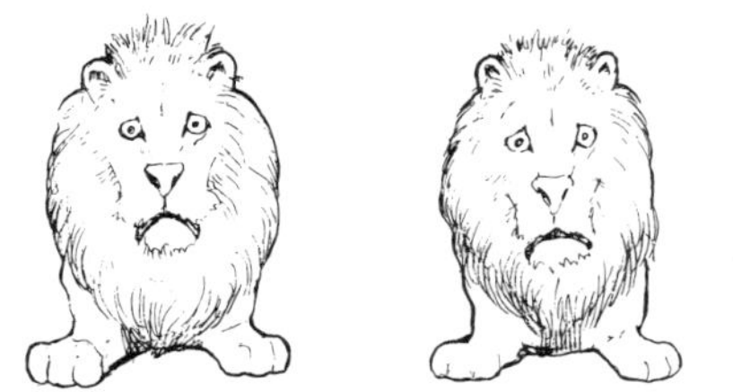

ほんのちょっぴり見方を変えたら、答えはすぐわかるね！

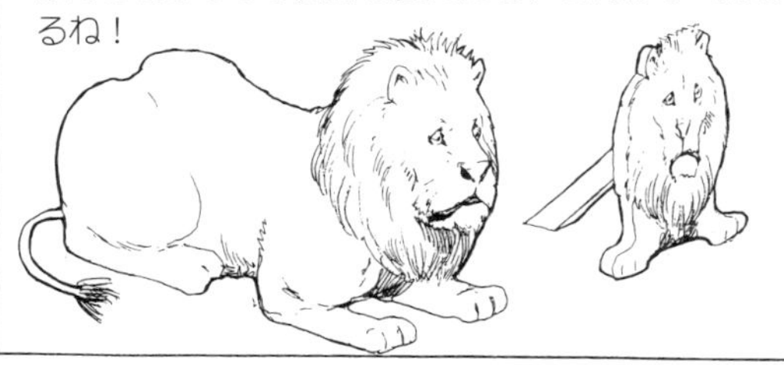

画面より後ろにあるものは、実際のサイズより小さく描かなきゃいけない
その小ささは距離によって決まるわけだけど、このことも知ってほしい！
手前のものは、大きく描かなきゃいけないんだ！

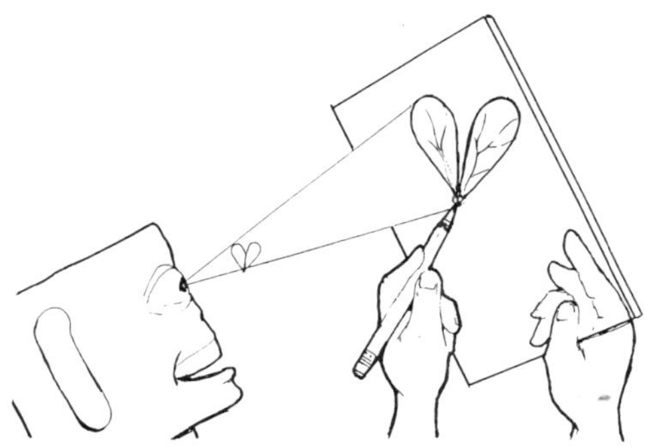

したがって、モノと画面がまったく同じ距離にあれば、絵の輪郭は、そのモノの実際のサイズとぴったり同じになるはずだ！

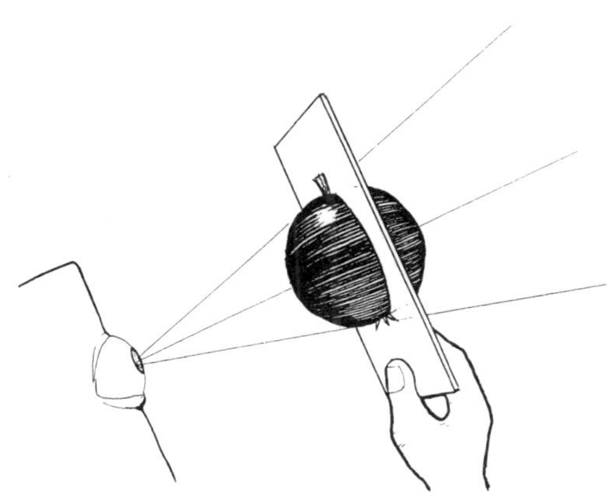

そういうモノのことを、「画面上にある」と言って、実際のサイズそのままに描くんだ
直接なぞることだって可能なのさ

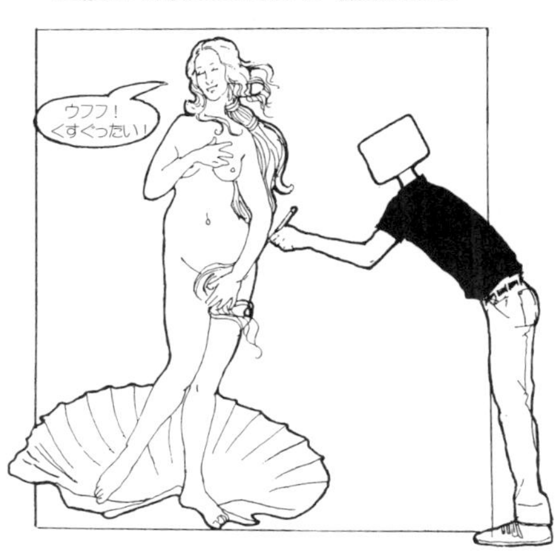

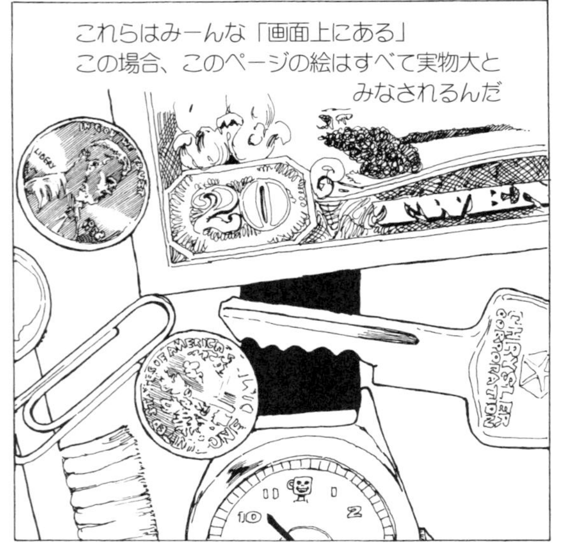

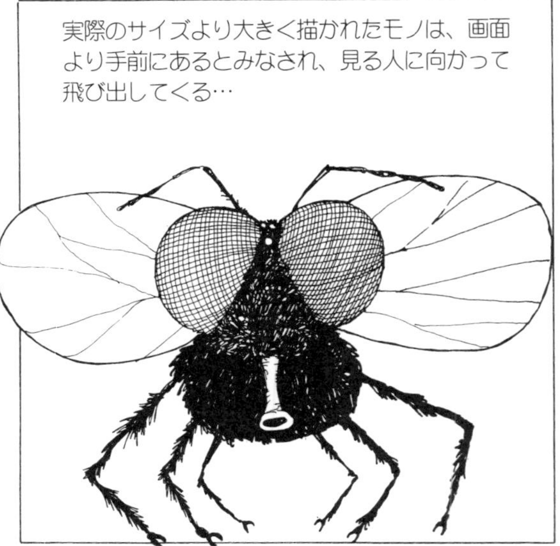

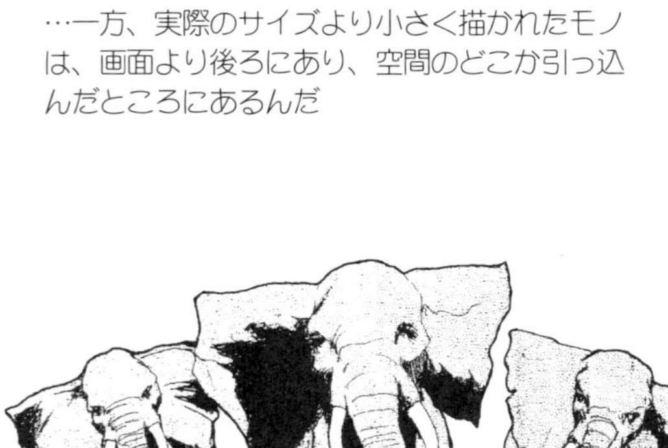

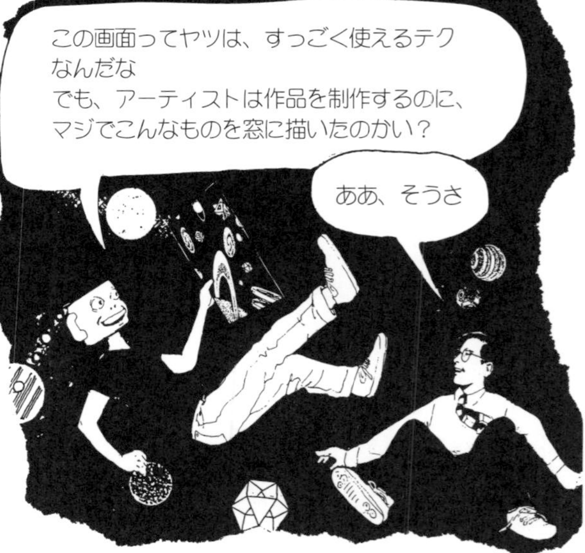

ルネサンスまでさかのぼると、このテクニックを使ってたアーティストがいるね
碁盤の目に区切られた窓ごしに対象を眺めて、その状態で見えるままを、方眼紙に写し取るんだ

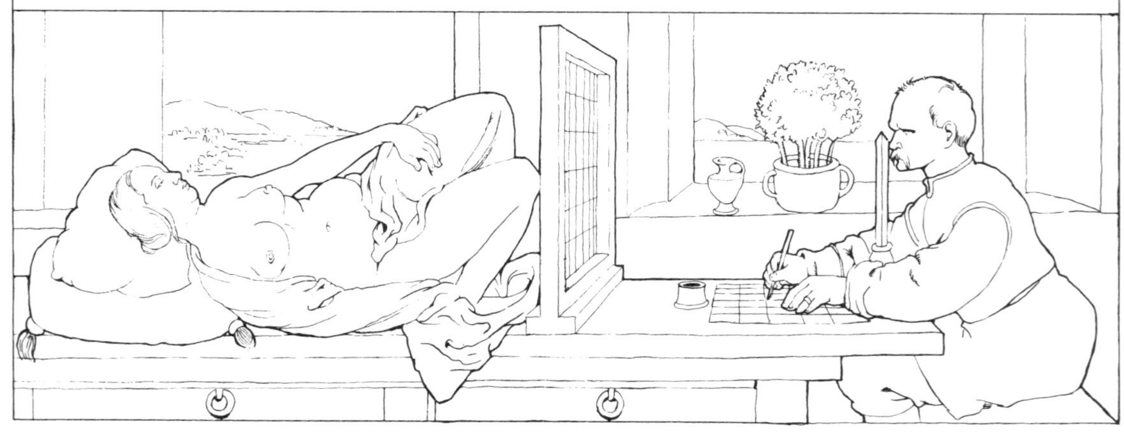

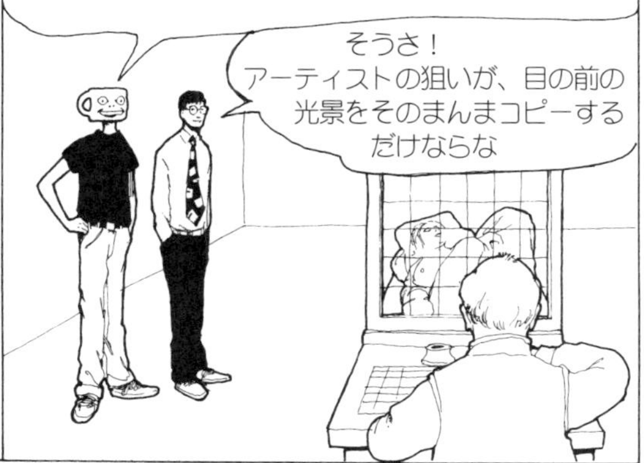
げーッ、ヤツはパースのこと、全〜然、勉強しなくていいわけ？
それじゃまるで、画面のテクが、ヤツの代わりに作品を制作してくれるみたいじゃないか！
そうさ！
アーティストの狙いが、目の前の光景をそのまんまコピーするだけならな

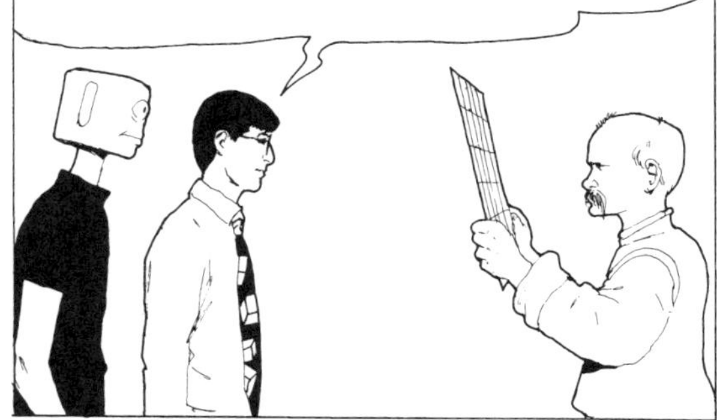
でも、何かを変えたり、建物を追加したり、もっとモチーフをふやしたくなったりしてそれをきっちり描こうと思ったときにトラブルが出てくるんだ
パースを知らなければ、描き加えたものはホンモノらしく見えないのさ

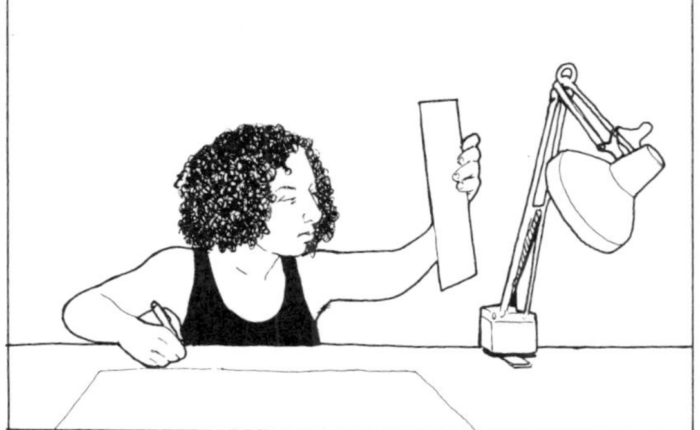
最近の、写真をコピーするアーティストも、同じような悩みを抱えてる
カメラはありのままを、完璧なパースで記録してくれるけど、モノを生みだすことはできない
それはアーティストの仕事なんだね

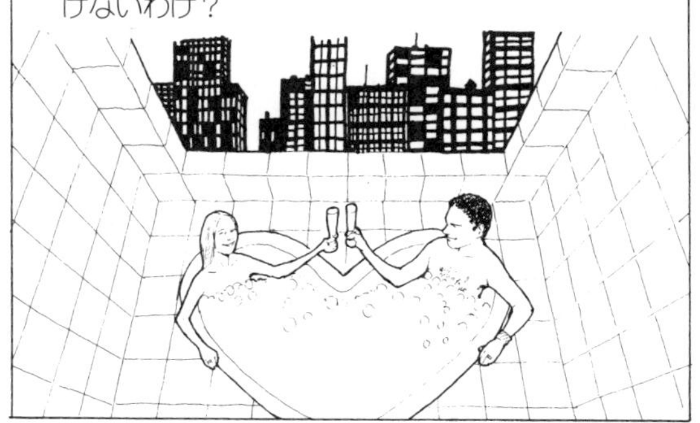
アーティストがパースをわかってないと、とんでもないことが起こっちゃうんだ
この絵を見て！
ボクたちはバスタブの中にいるカップルを見下ろしてるよね
だったら何で窓の外のビルを見上げてなきゃいけないわけ？

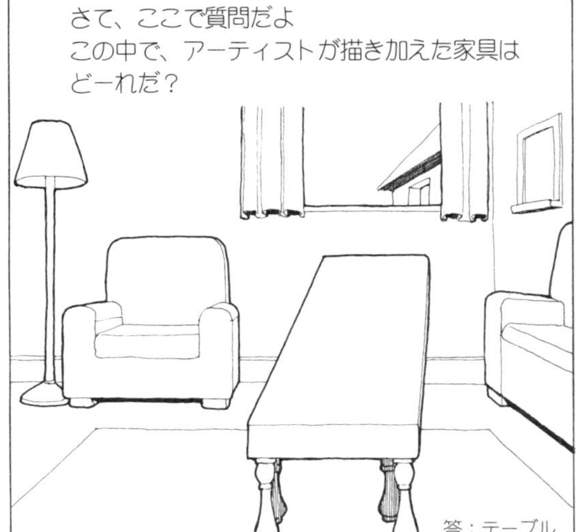
さて、ここで質問だよ
この中で、アーティストが描き加えた家具はどーれだ？
答：テーブル

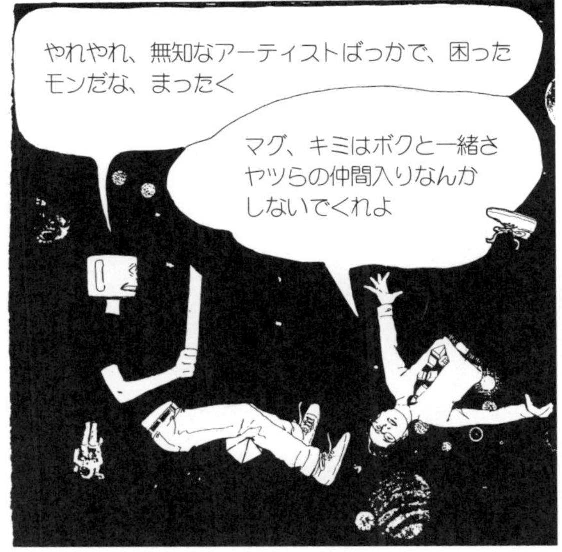
やれやれ、無知なアーティストばっかで、困ったモンだな、まったく
マグ、キミはボクと一緒さ
ヤツらの仲間入りなんかしないでくれよ

第4章

水平線と消失点

パースを語る上で基本中の基本である水平線と消失点。

キミたちの多くはもちろん、この２つのテーマについて、すでに知ってるよね。今さらそんな分かりきったことを、って思うかも知れないな。でも、過去のアーティストたちが、水平線と消失点の存在に気づくまでには、何世紀もかかったんだ。

初期の光学に関する文献によると、室内の線は床から上に向かって傾斜していて、さらに天井から下に向かって傾斜していると考えられていたんだよ。古代からルネサンス以前までにも、観察眼のすぐれたアーティストは自分の絵の中に、この効果を取り入れていたんだ。ところが、残念なことにこれらの線が水平線上の１点でかならず交わる、ってことまでは理解してなかったんだよね。ようやく、そのことが発見されたのはルネサンス期、画家で建築家でもあるブルネレスキ（1377-1446年）のお手柄だったんだ。その結果、ヨーロッパ中のアーティストがたちまち、この発見を絵画の中に活用するようになったんだ。

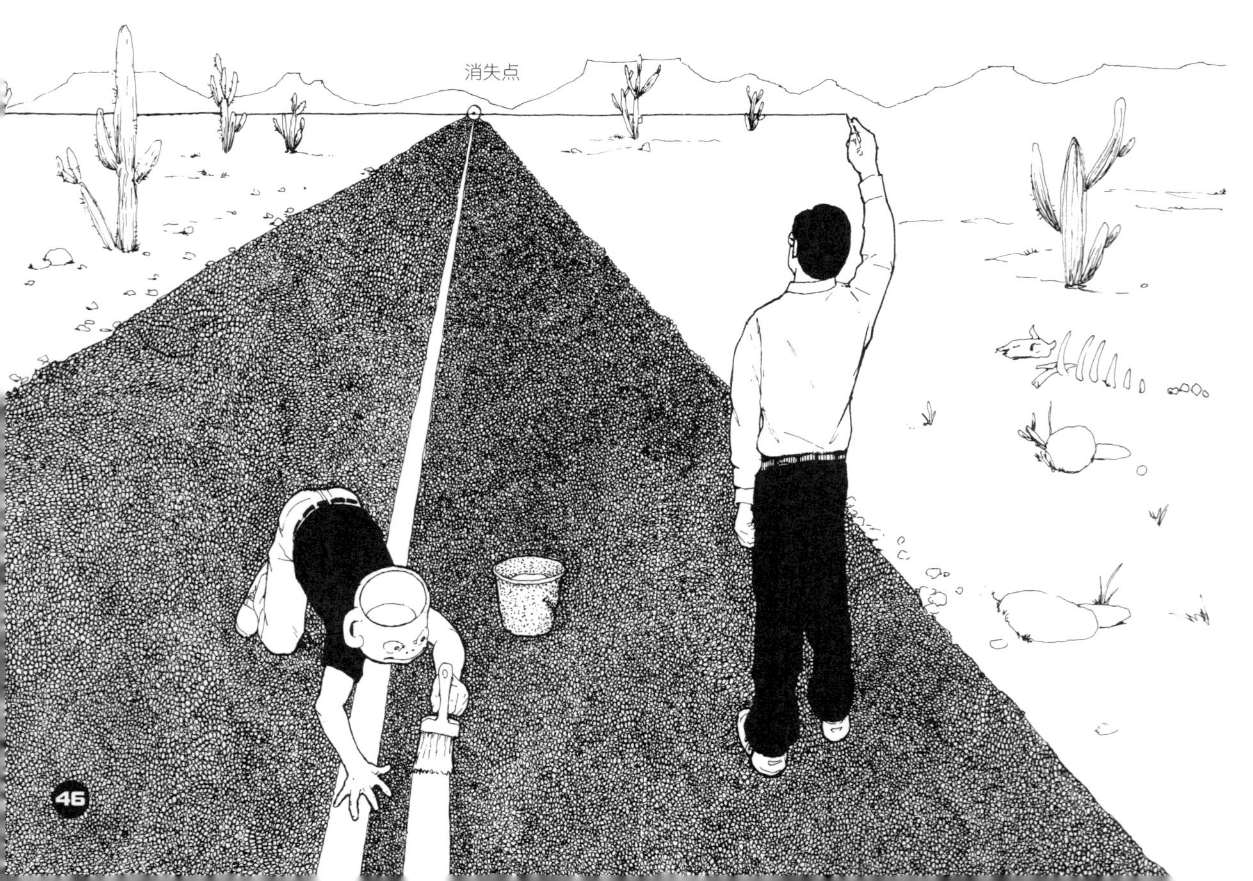

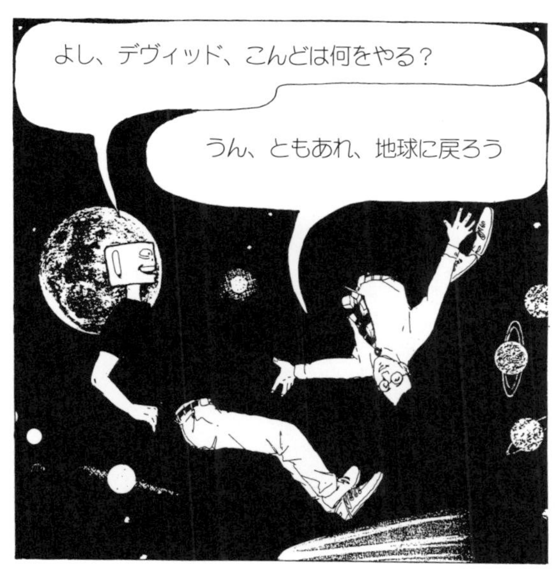
よし、デヴィッド、こんどは何をやる？
うん、ともあれ、地球に戻ろう

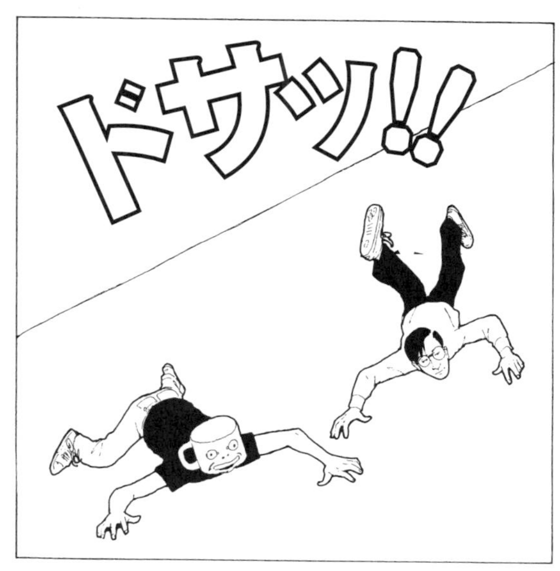
ドサッ!!

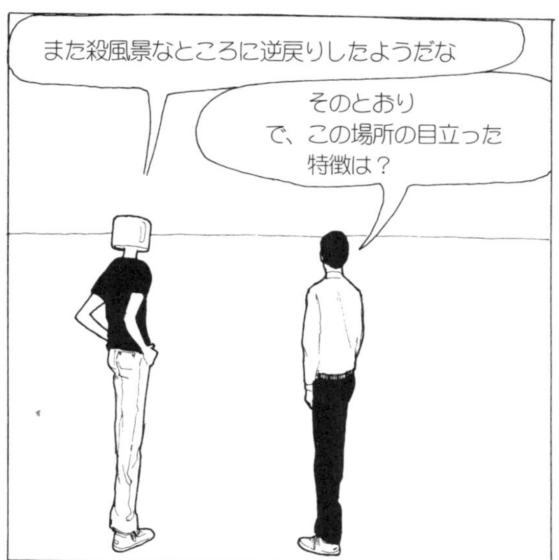
また殺風景なところに逆戻りしたようだな
そのとおり
で、この場所の目立った
特徴は？

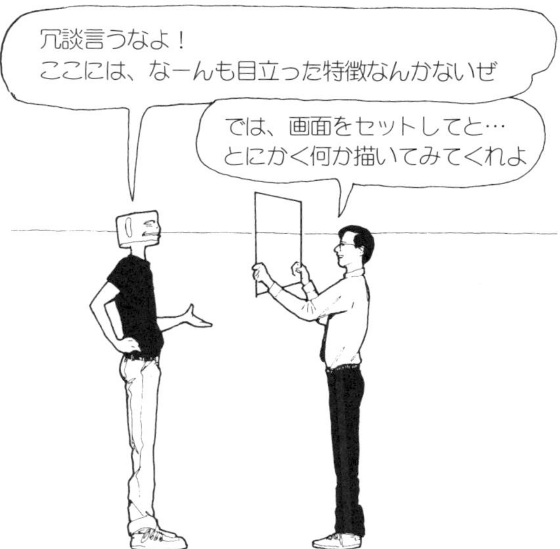
冗談言うなよ！
ここには、なーんも目立った特徴なんかないぜ
では、画面をセットしてと…
とにかく何か描いてみてくれよ

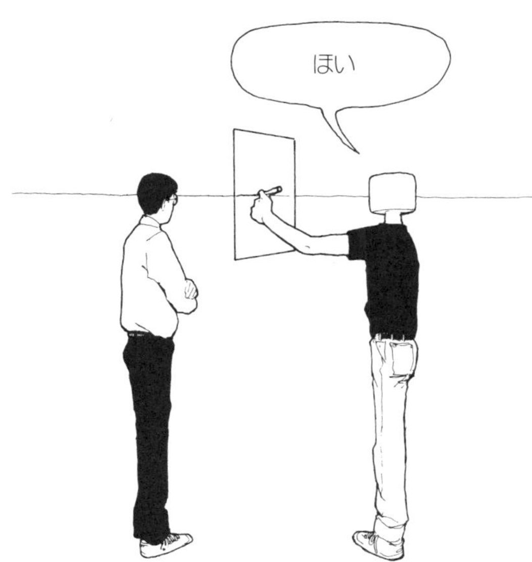
ほい

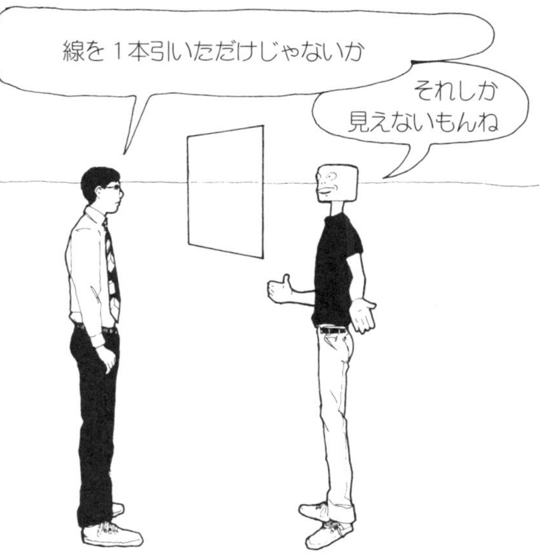
線を１本引いただけじゃないか
それしか
見えないもんね

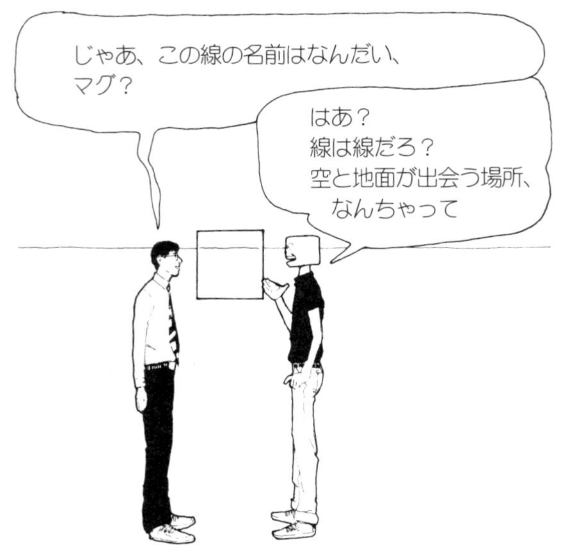
じゃあ、この線の名前はなんだい、
マグ？
はあ？
線は線だろ？
空と地面が出会う場所、
なんちゃって

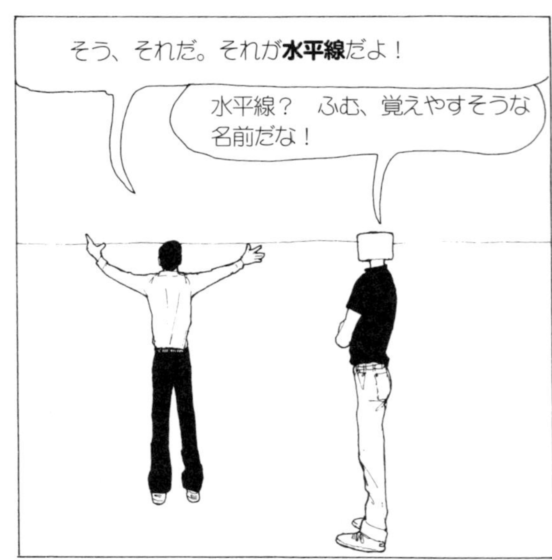
そう、それだ。それが**水平線**だよ！
水平線？　ふむ、覚えやすそうな
名前だな！

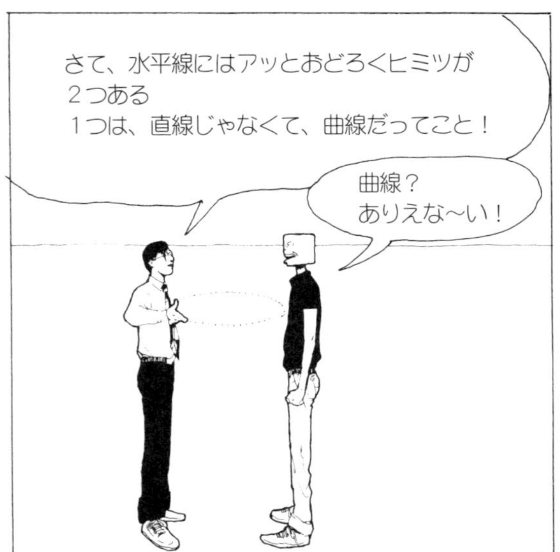
さて、水平線にはアッとおどろくヒミツが
２つある
１つは、直線じゃなくて、曲線だってこと！
曲線？
ありえな～い！

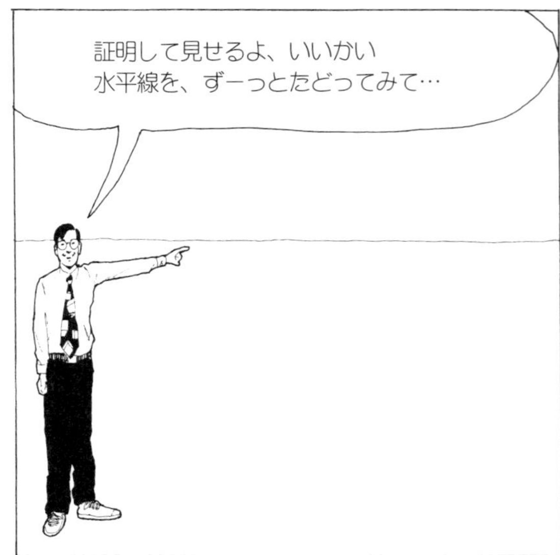
証明して見せるよ、いいかい
水平線を、ずーっとたどってみて…

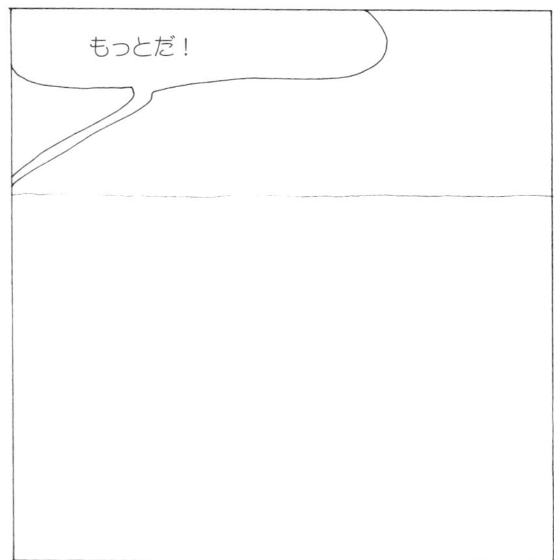
もっとだ！

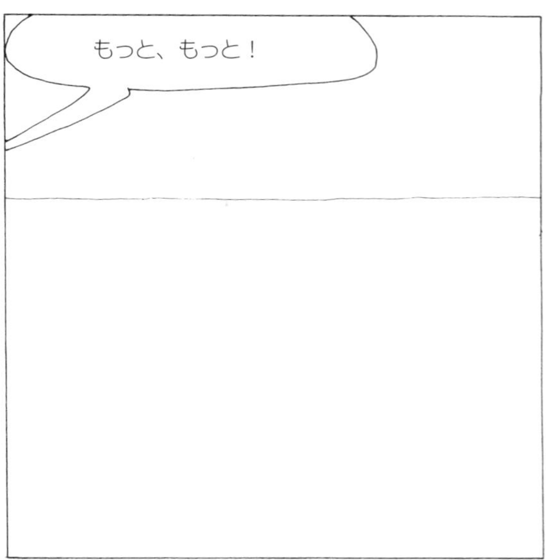
もっと、もっと！

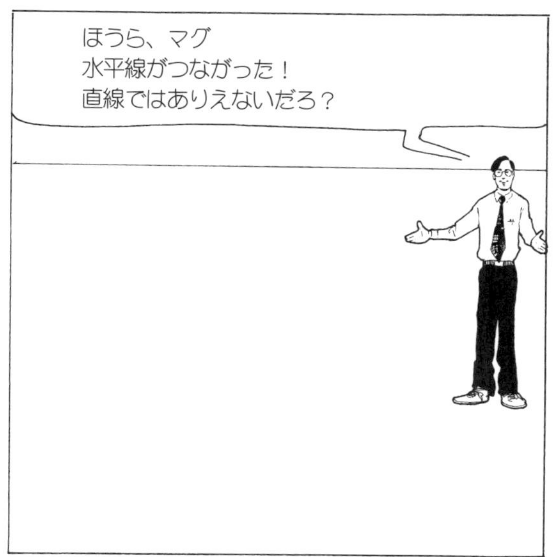
ほうら、マグ
水平線がつながった！
直線ではありえないだろ？

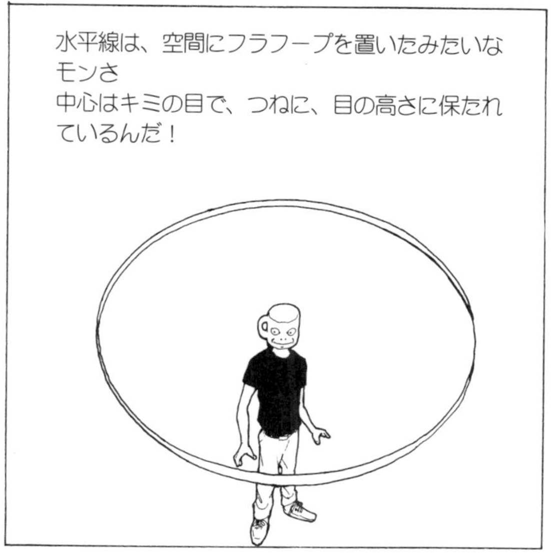
水平線は、空間にフラフープを置いたみたいなモンさ
中心はキミの目で、つねに、目の高さに保たれているんだ！

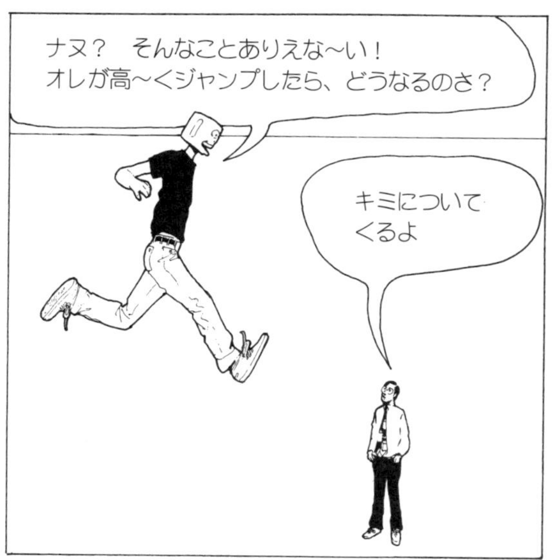
ナヌ？　そんなことありえな〜い！
オレが高〜くジャンプしたら、どうなるのさ？
キミについてくるよ

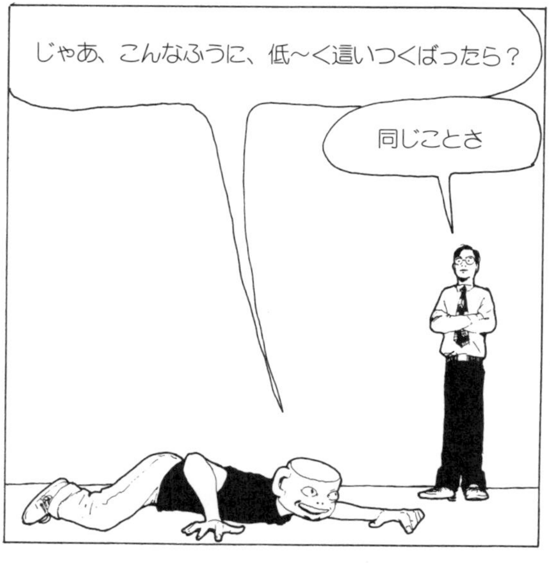
じゃあ、こんなふうに、低〜く這いつくばったら？
同じことさ

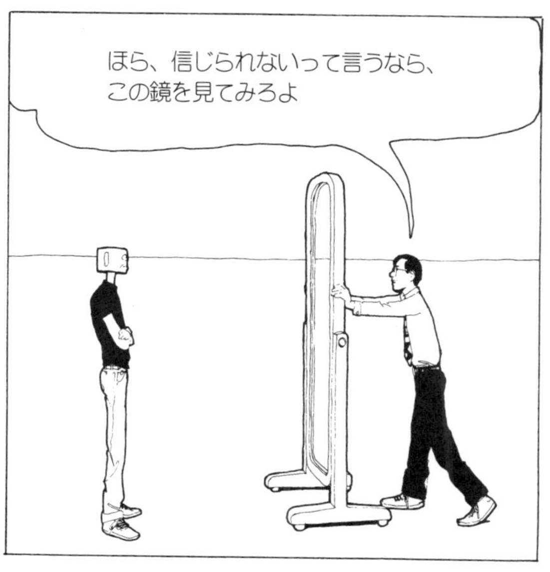
ほら、信じられないって言うなら、
この鏡を見てみろよ

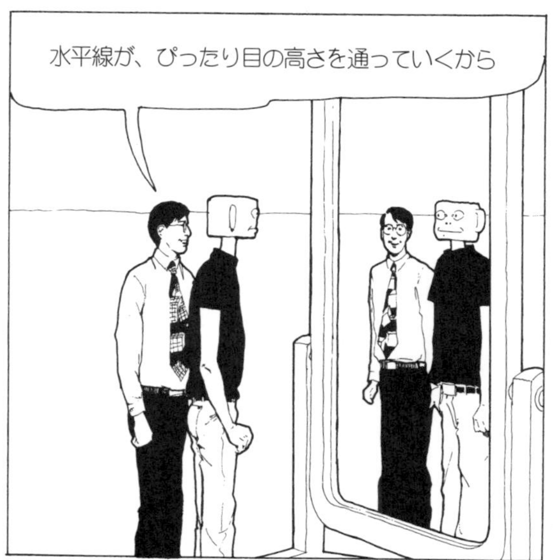
水平線が、ぴったり目の高さを通っていくから

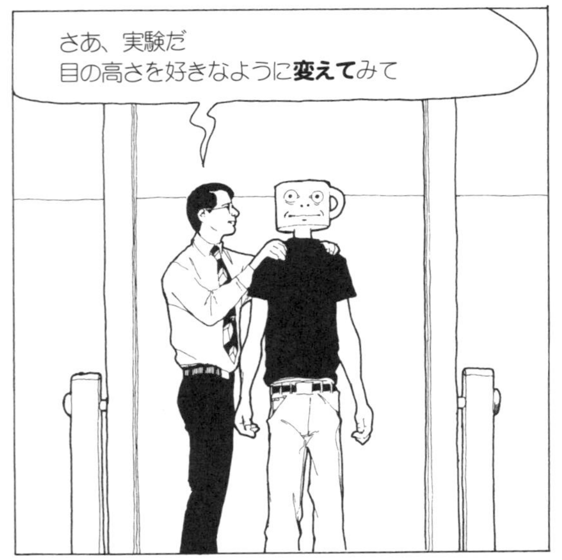
さあ、実験だ
目の高さを好きなように**変えて**みて

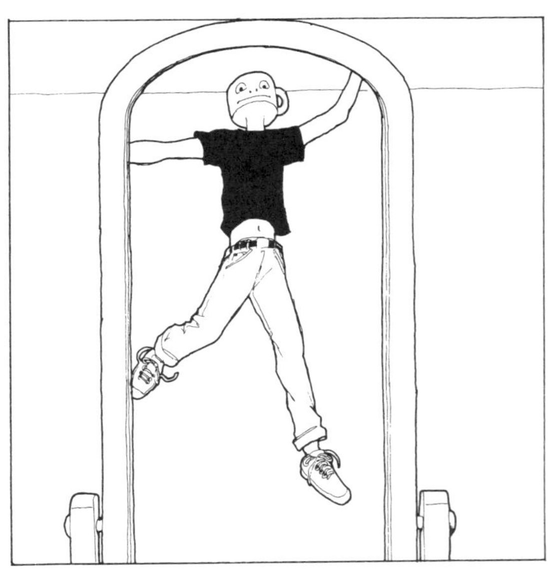

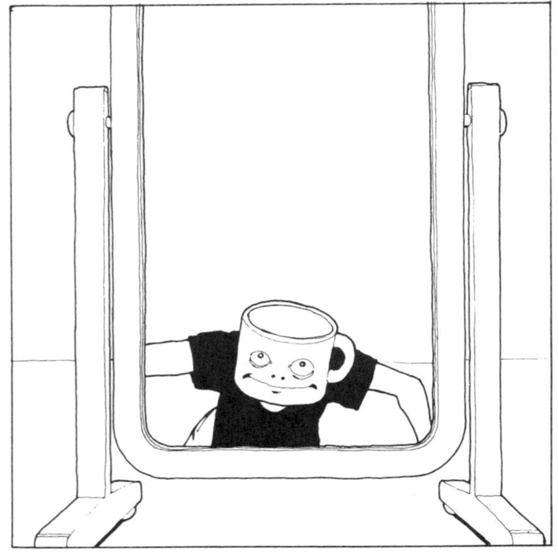

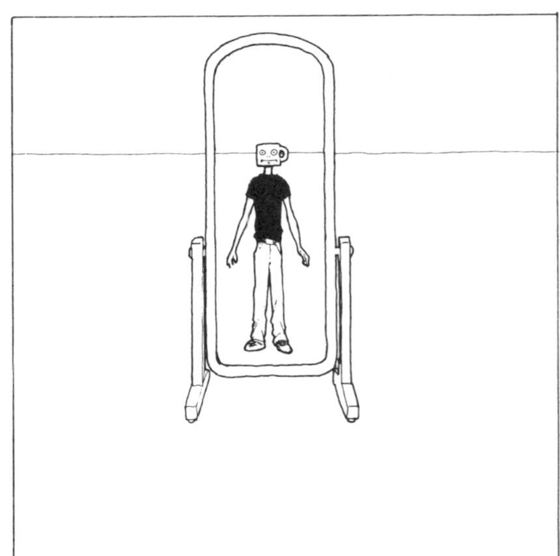

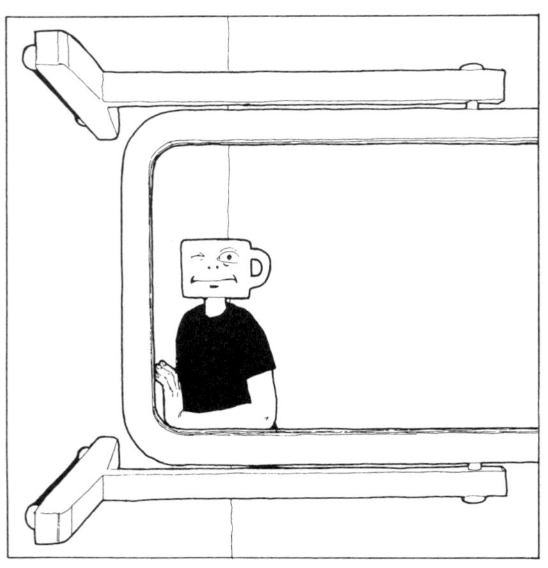

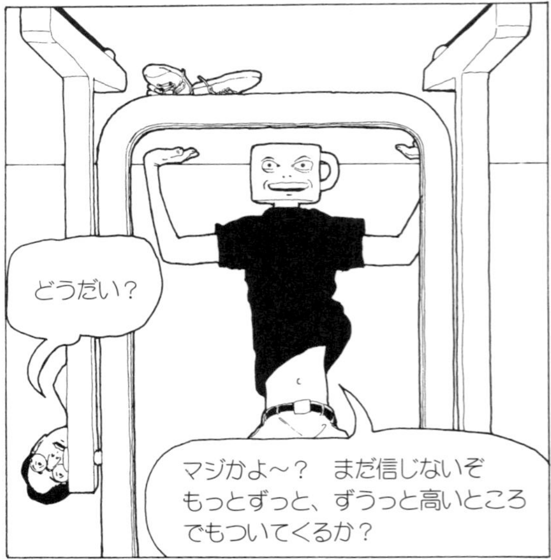
どうだい？
マジかよ～？　まだ信じないぞ
もっとずっと、ずうっと高いところ
でもついてくるか？

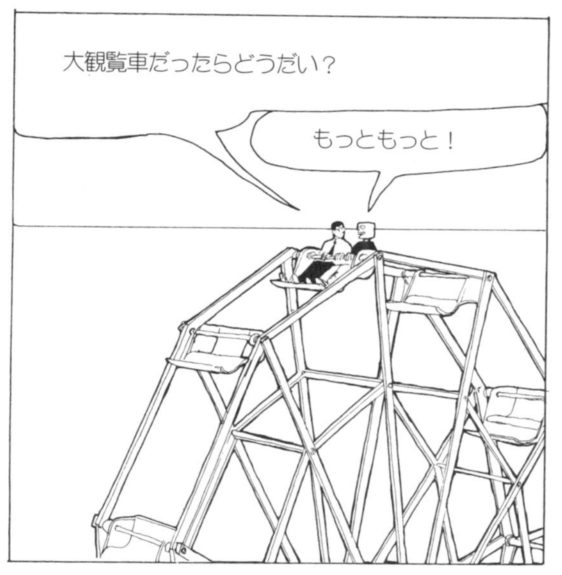
大観覧車だったらどうだい？
もっともっと！
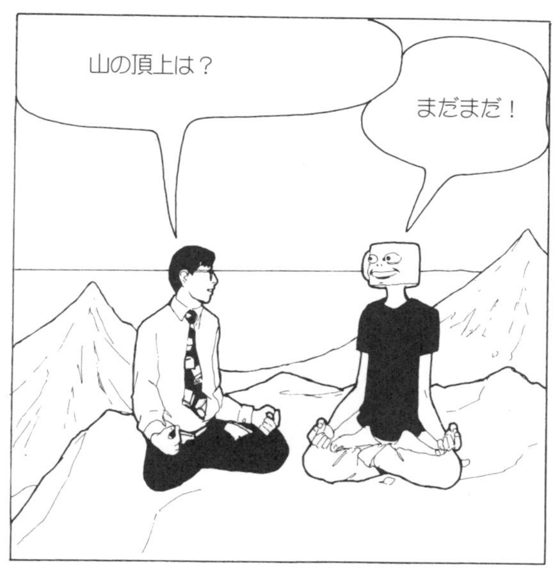
山の頂上は？
まだまだ！
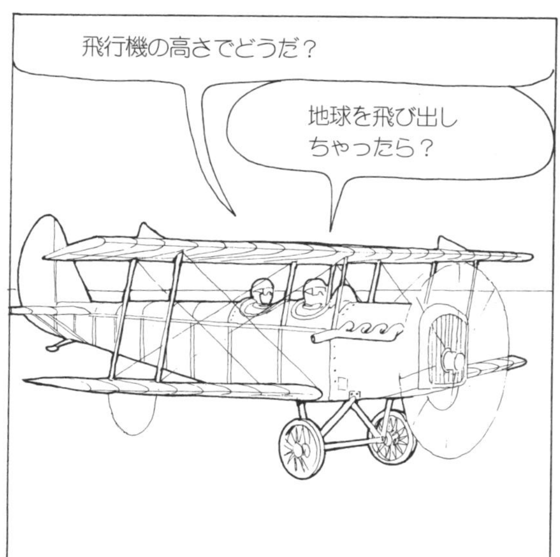
飛行機の高さでどうだ？
地球を飛び出し
ちゃったら？
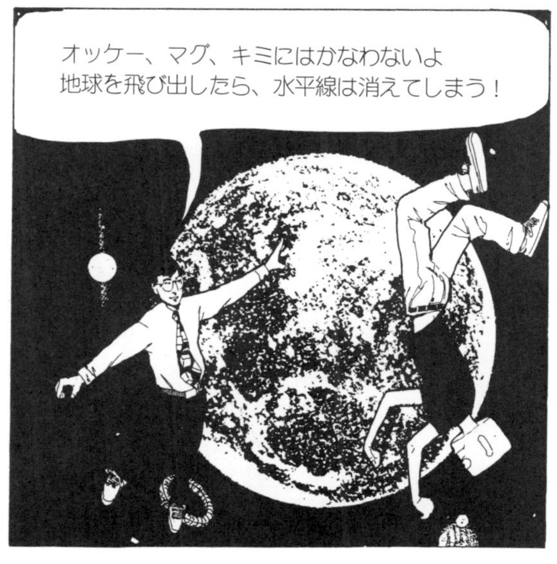
オッケー、マグ、キミにはかなわないよ
地球を飛び出したら、水平線は消えてしまう！
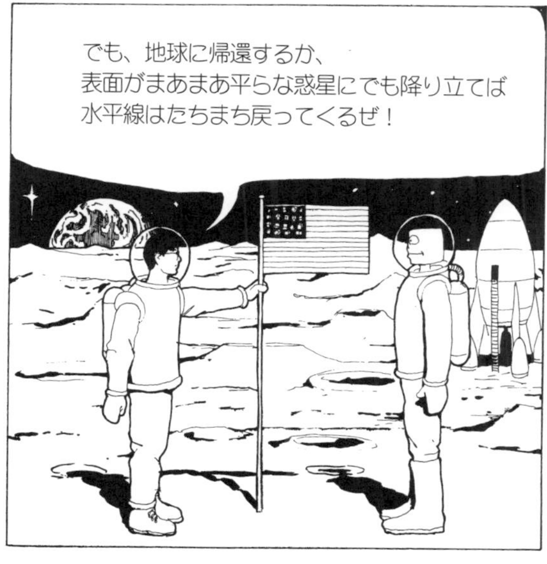
でも、地球に帰還するか、
表面がまあまあ平らな惑星にでも降り立てば
水平線はたちまち戻ってくるぜ！
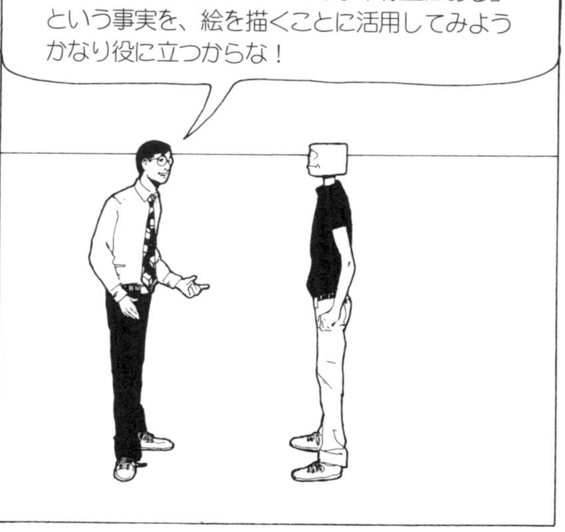
そこで「目の高さはいつでも水平線上にある」
という事実を、絵を描くことに活用してみよう
かなり役に立つからな！

絵の中の人物がみんな、ほとんど同じ背の高さ
だったら、水平線を目の高さの目印として、
利用することができる

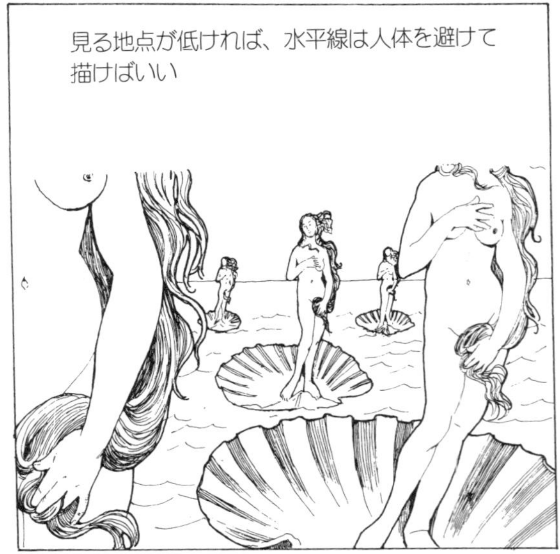

見る地点が高ければ、あと頭いくつ足せば
水平線と同じ高さになるかを考えて、つね
にそれを当てはめる

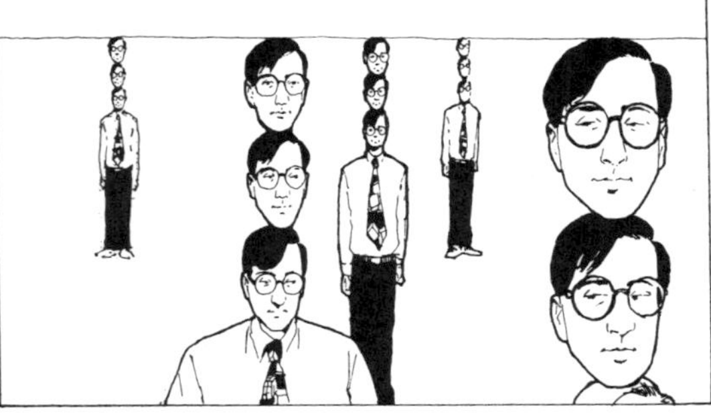

絵の中の人物の背の高さがまちまちでも、
水平線がそれぞれの人物のどこを通るかは
分かるから、それに沿って人物を配置すれ
ばいいんだ

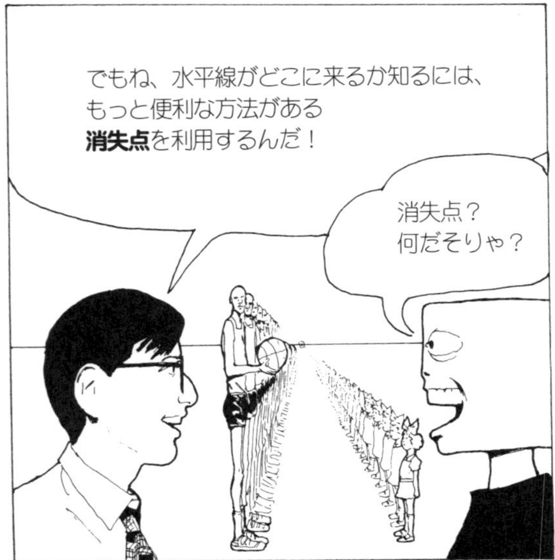

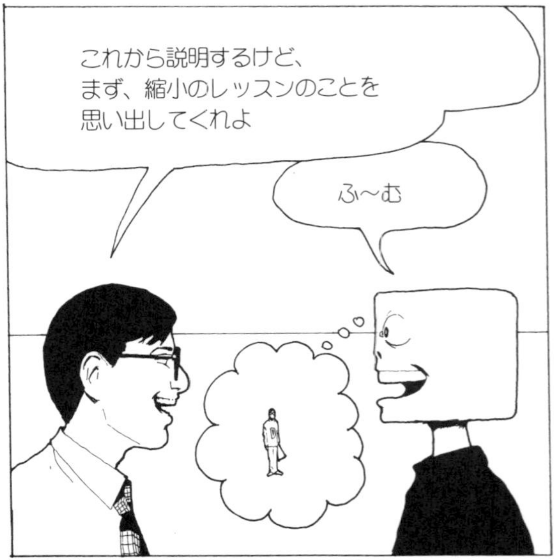

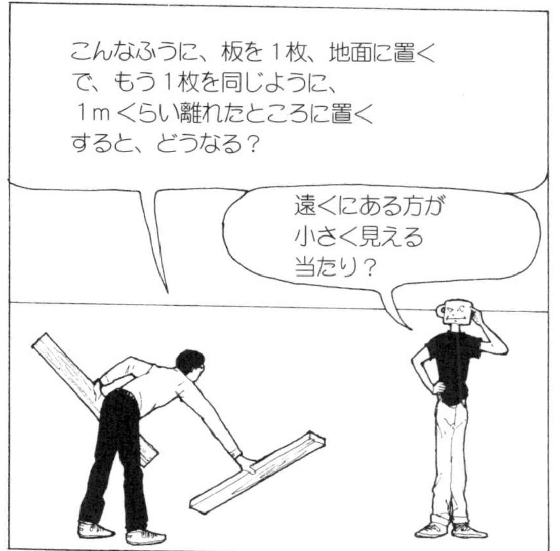
こんなふうに、板を１枚、地面に置く
で、もう１枚を同じように、
１ｍくらい離れたところに置く
すると、どうなる？
遠くにある方が
小さく見える
当たり？

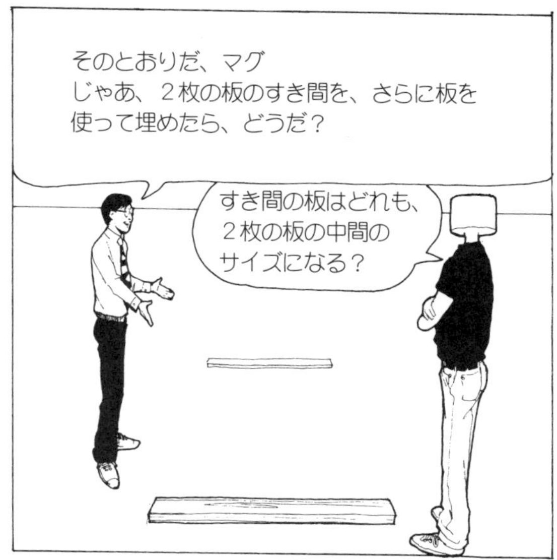
そのとおりだ、マグ
じゃあ、２枚の板のすき間を、さらに板を
使って埋めたら、どうだ？
すき間の板はどれも、
２枚の板の中間の
サイズになる？

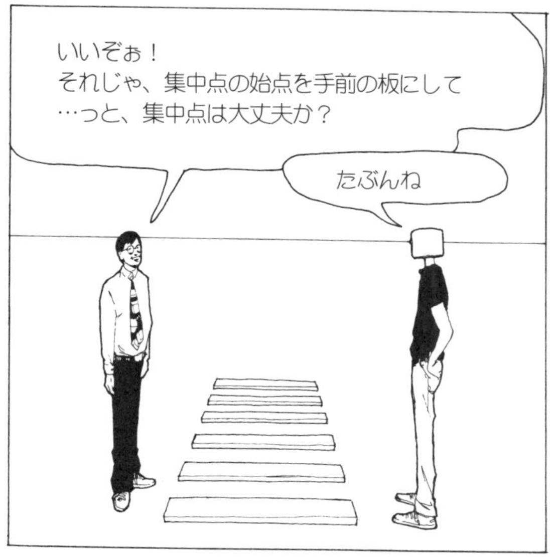
いいぞぉ！
それじゃ、集中点の始点を手前の板にして
…っと、集中点は大丈夫か？
たぶんね

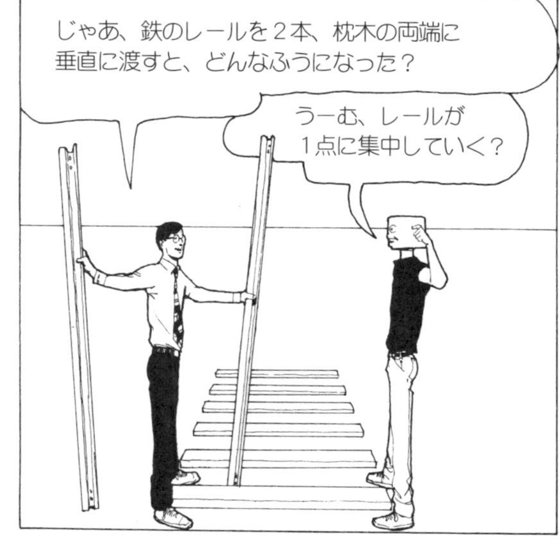
じゃあ、鉄のレールを２本、枕木の両端に
垂直に渡すと、どんなふうになった？
うーむ、レールが
１点に集中していく？

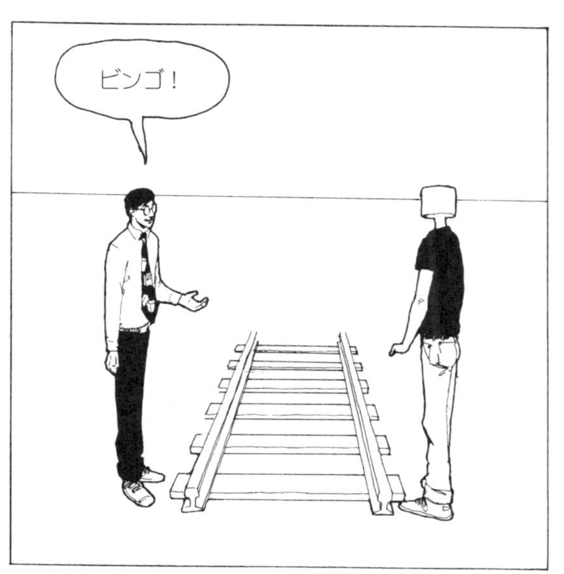
ビンゴ！

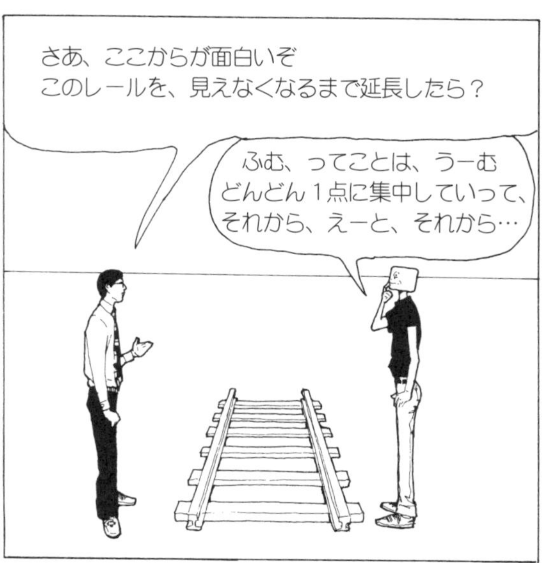
さあ、ここからが面白いぞ
このレールを、見えなくなるまで延長したら？
ふむ、ってことは、うーむ
どんどん１点に集中していって、
それから、えーと、それから…

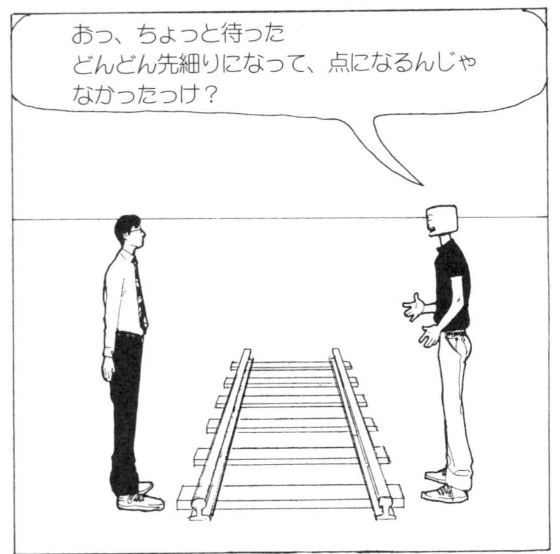
おっ、ちょっと待った
どんどん先細りになって、点になるんじゃ
なかったっけ？

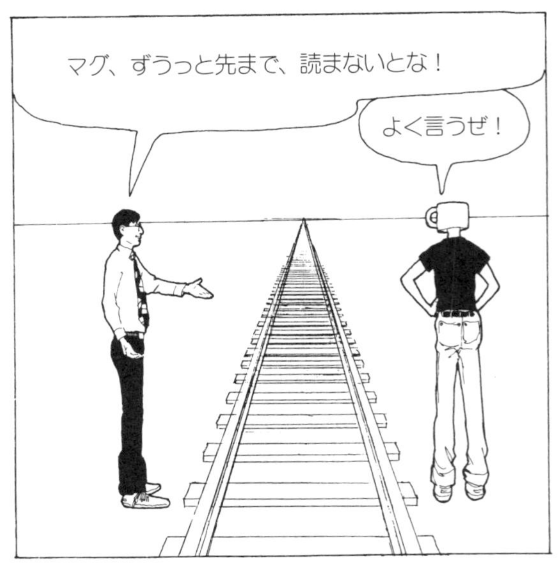
マグ、ずうっと先まで、読まないとな！
よく言うぜ！

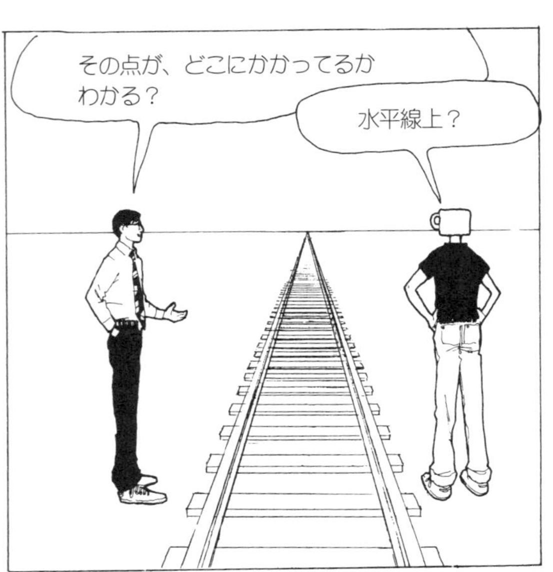
その点が、どこにかかってるか
わかる？
水平線上？

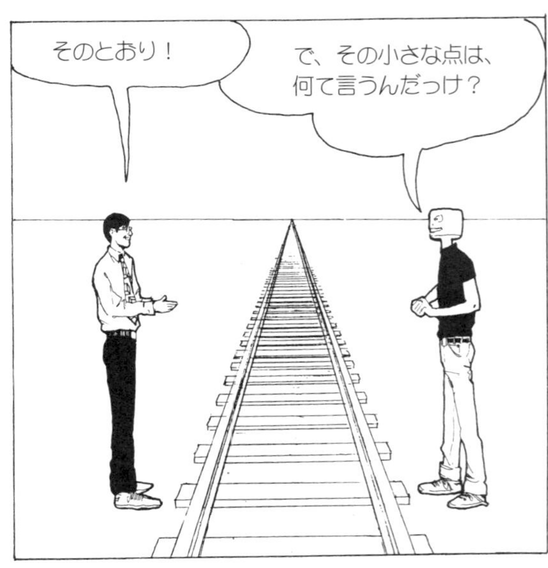
そのとおり！
で、その小さな点は、
何て言うんだっけ？

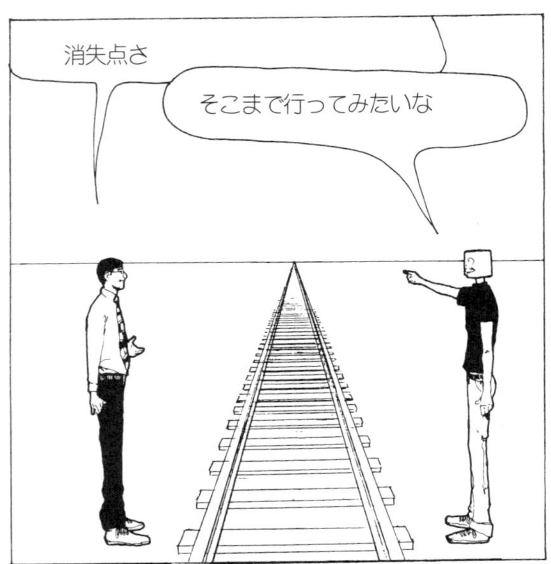
消失点さ
そこまで行ってみたいな

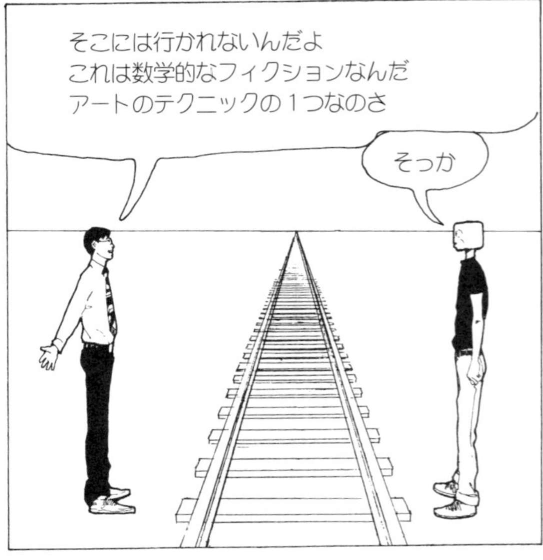
そこには行かれないんだよ
これは数学的なフィクションなんだ
アートのテクニックの１つなのさ
そっか

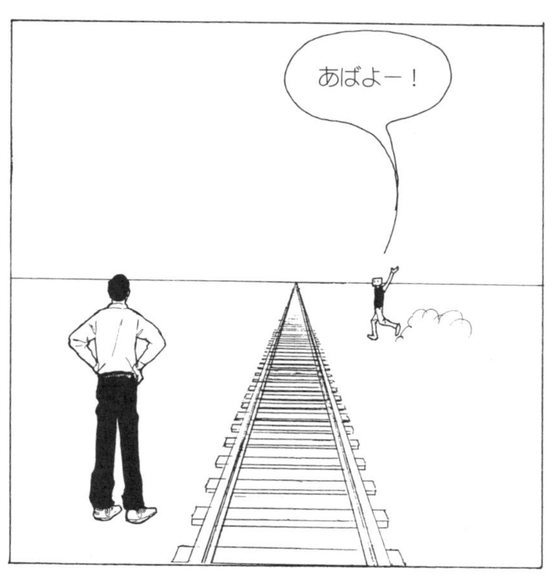
あばよー！

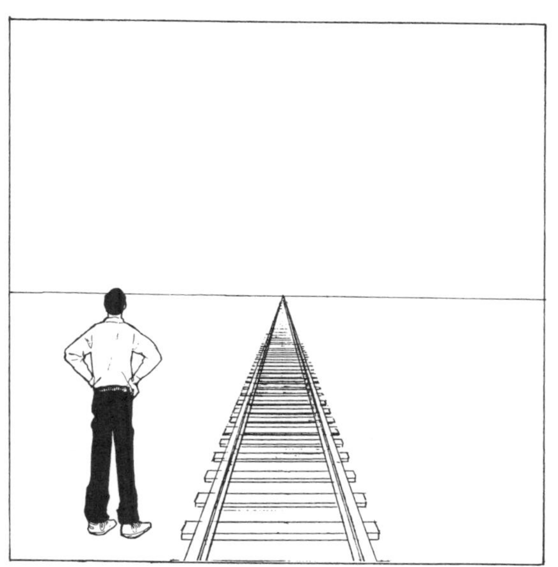

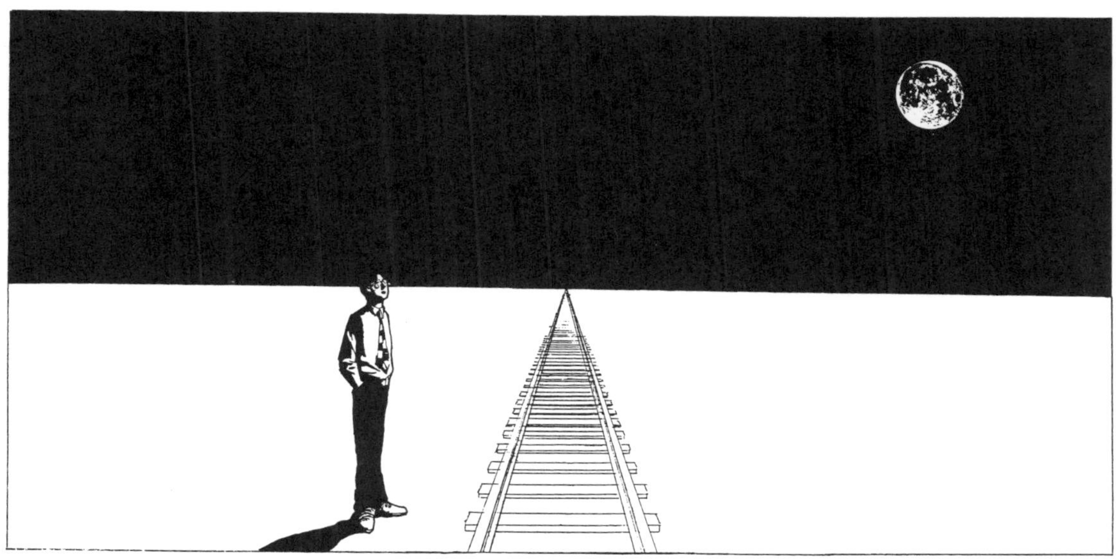

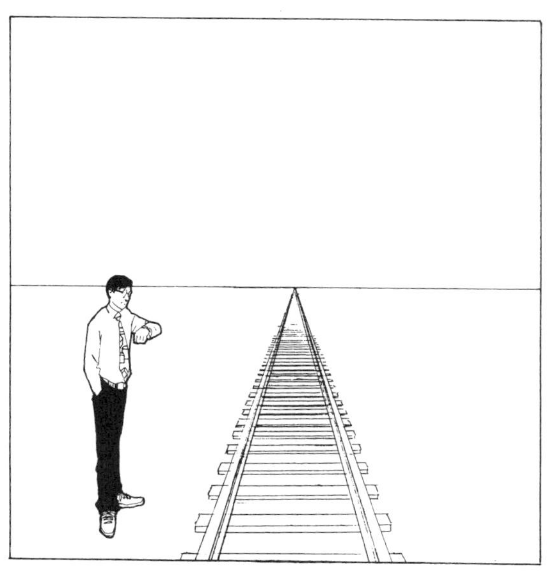

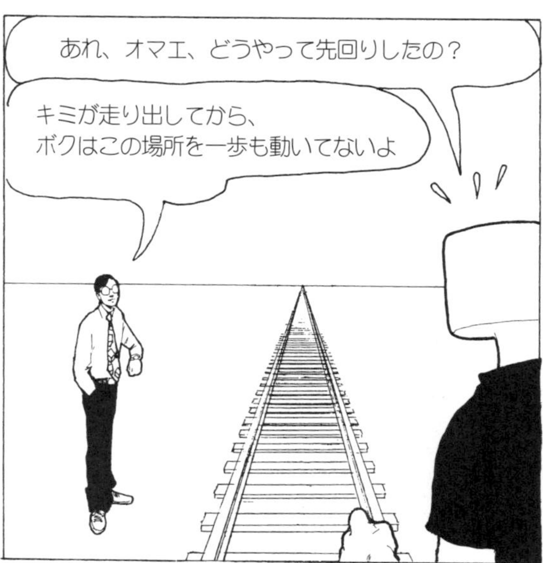
あれ、オマエ、どうやって先回りしたの？
キミが走り出してから、
ボクはこの場所を一歩も動いてないよ

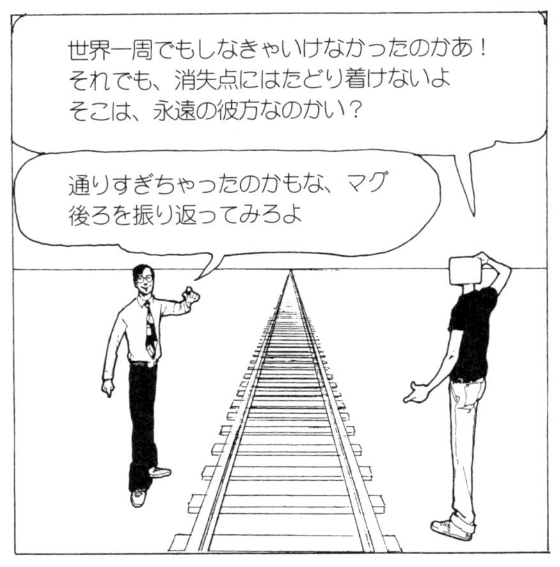
世界一周でもしなきゃいけなかったのかあ！
それでも、消失点にはたどり着けないよ
そこは、永遠の彼方なのかい？
通りすぎちゃったのかもな、マグ
後ろを振り返ってみろよ

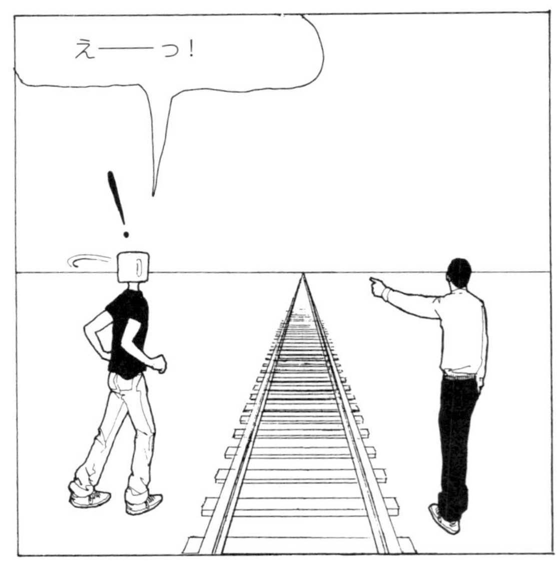
え――っ！
！

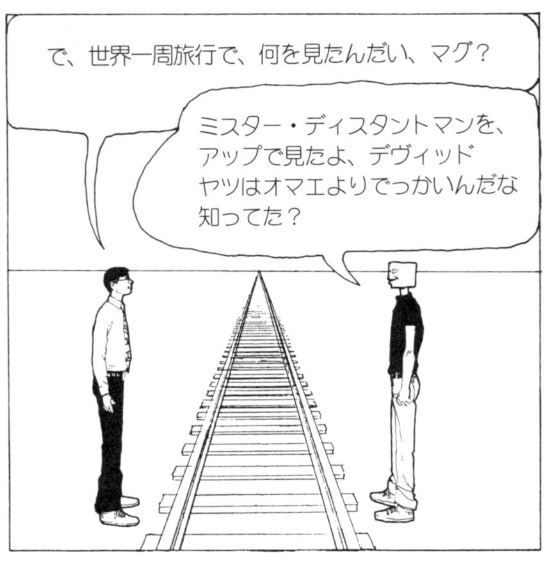
で、世界一周旅行で、何を見たんだい、マグ？
ミスター・ディスタントマンを、
アップで見たよ、デヴィッド
ヤツはオマエよりでっかいんだな
知ってた？

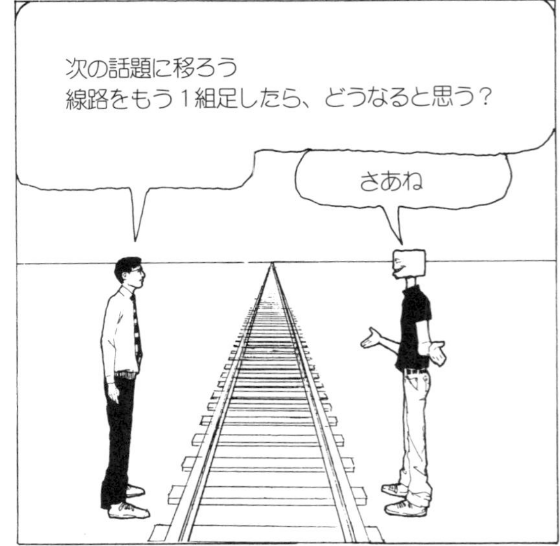
次の話題に移ろう
線路をもう１組足したら、どうなると思う？
さあね

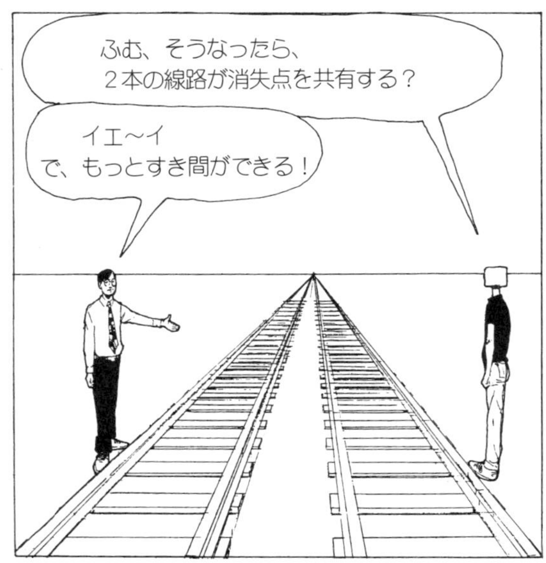
ふむ、そうなったら、
２本の線路が消失点を共有する？
イエ〜イ
で、もっとすき間ができる！

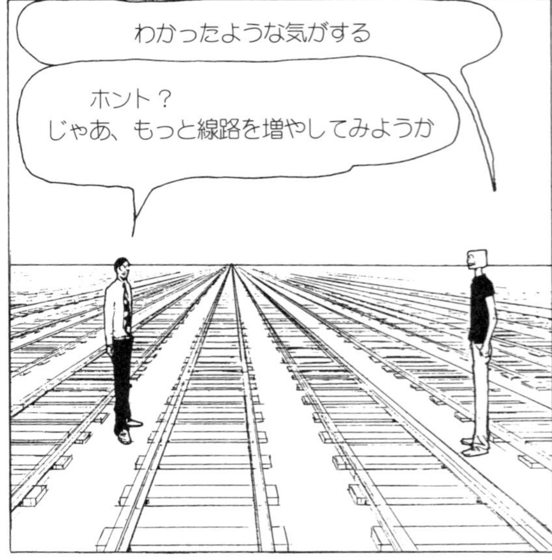
わかったような気がする
ホント？
じゃあ、もっと線路を増やしてみようか

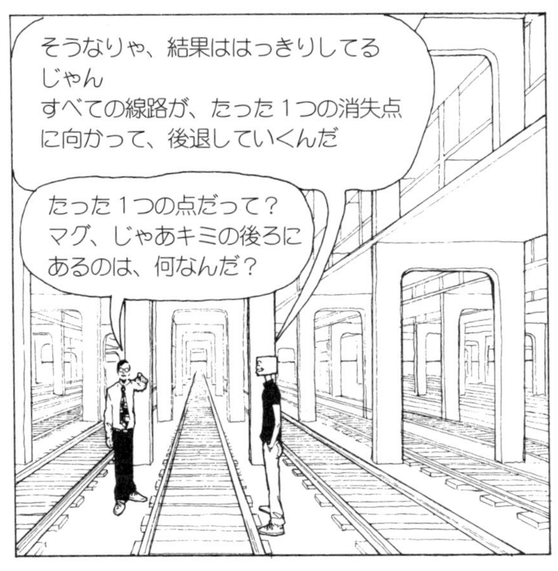
そうなりゃ、結果ははっきりしてる
じゃん
すべての線路が、たった１つの消失点
に向かって、後退していくんだ
たった１つの点だって？
マグ、じゃあキミの後ろに
あるのは、何なんだ？

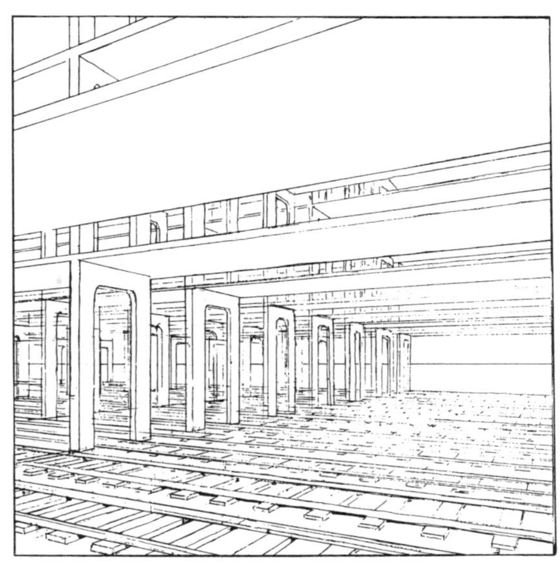

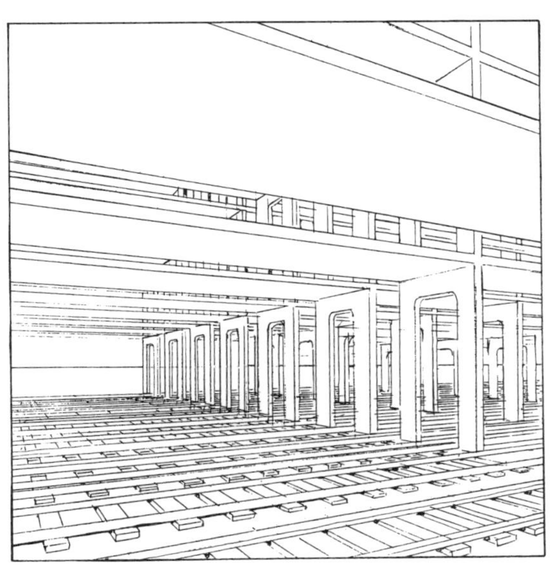

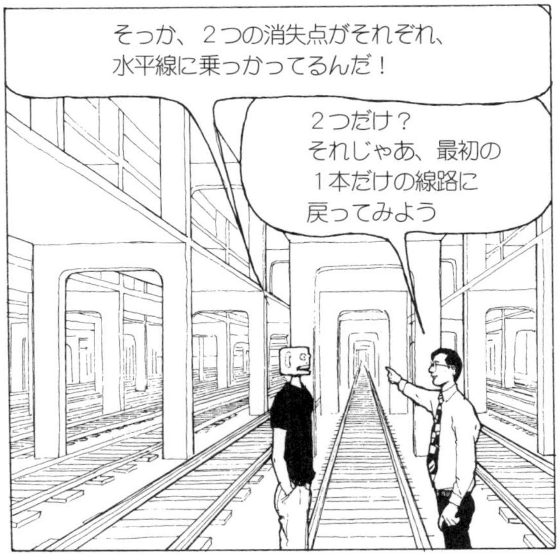
そっか、２つの消失点がそれぞれ、
水平線に乗っかってるんだ！
２つだけ？
それじゃあ、最初の
１本だけの線路に
戻ってみよう

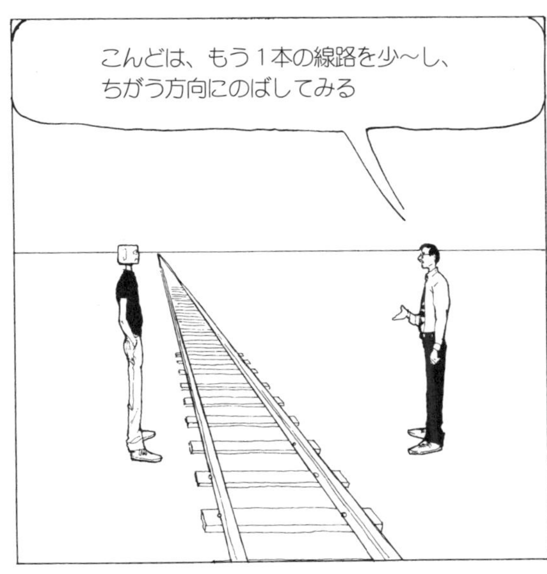
こんどは、もう１本の線路を少～し、
ちがう方向にのばしてみる

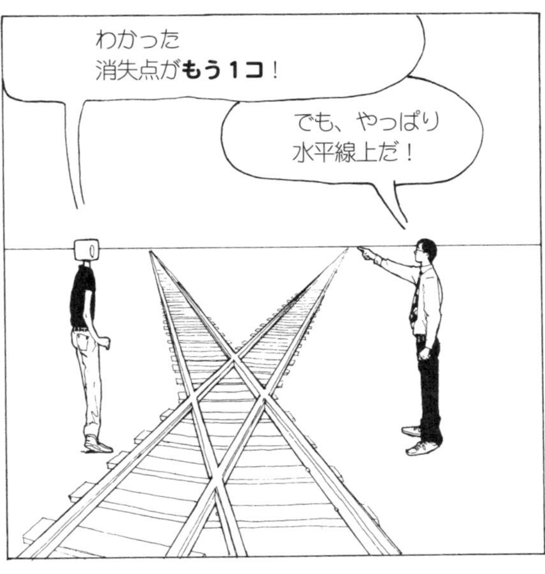
わかった
消失点が**もう１コ**！
でも、やっぱり
水平線上だ！

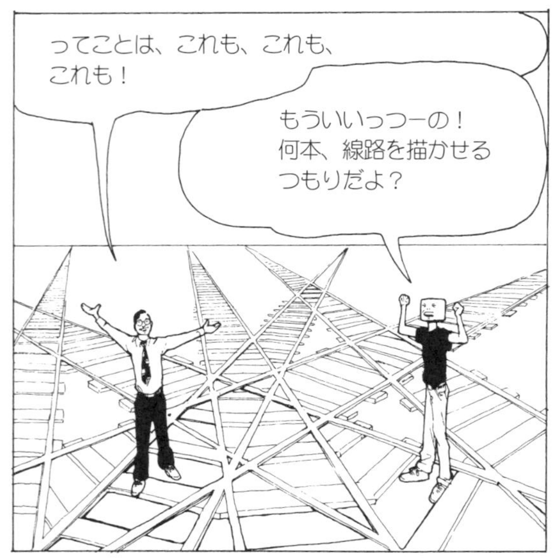
ってことは、これも、これも、
これも！
もういいっつーの！
何本、線路を描かせる
つもりだよ？

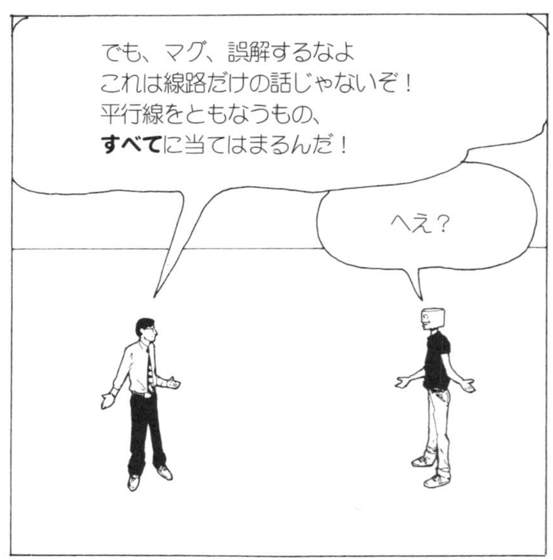
でも、マグ、誤解するなよ
これは線路だけの話じゃないぞ！
平行線をともなうもの、
すべてに当てはまるんだ！
へえ？

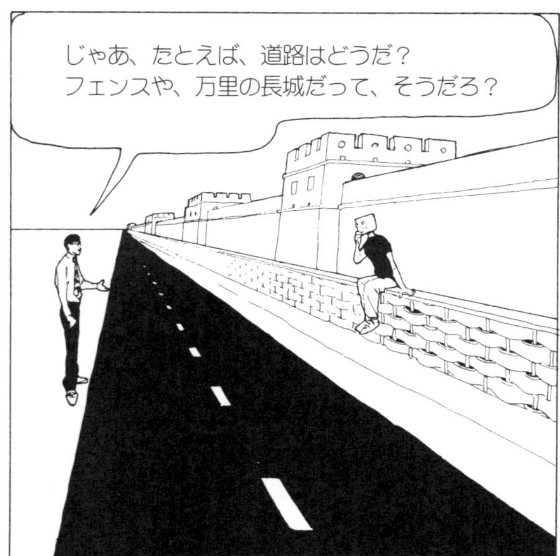
じゃあ、たとえば、道路はどうだ？
フェンスや、万里の長城だって、そうだろ？

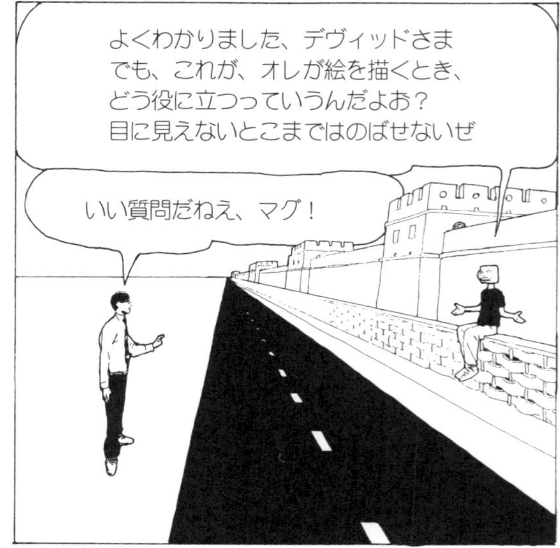
よくわかりました、デヴィッドさま
でも、これが、オレが絵を描くとき、
どう役に立つっていうんだよお？
目に見えないとこまではのばせないぜ
いい質問だねえ、マグ！

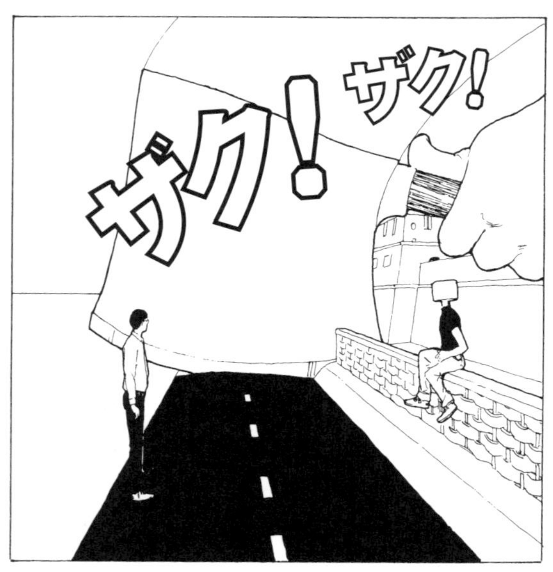
ザク！
ザク！

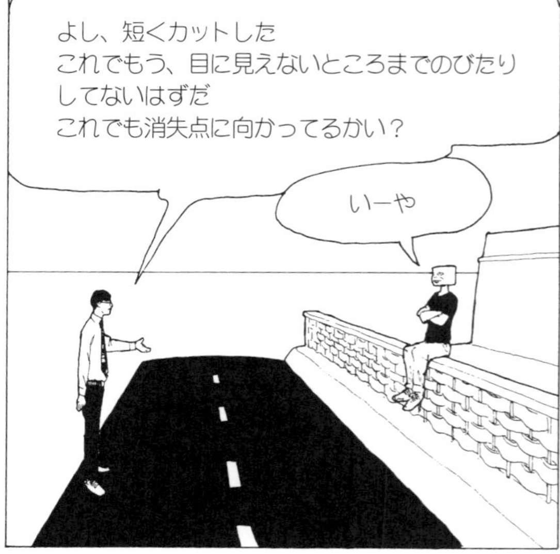
よし、短くカットした
これでもう、目に見えないところまでのびたり
してないはずだ
これでも消失点に向かってるかい？
いーや

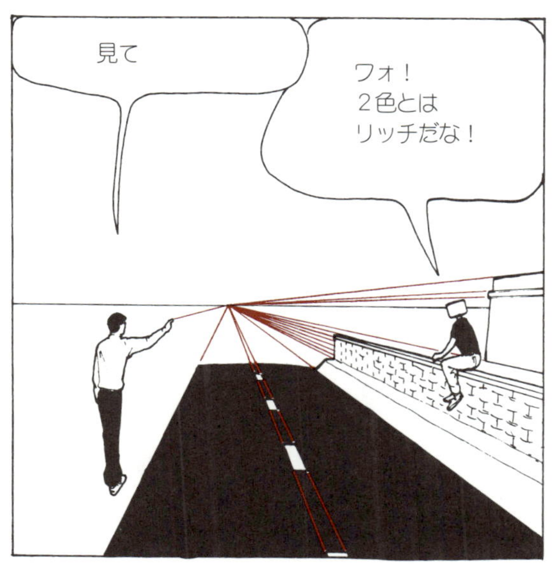

そうさ、高くついたんだぞ
でも、総論において正しいことは、各論においても
正しいってことを、キミに知ってもらいたいからね
こんなふうに後退していく線は、
かならず消失点に向かって集中していく
それが、目的地までたどり着いても、
たどり着かなくてもだ！

同じように、これは平行線をともなう、どんなも
のにも当てはまる
平行線が後退していくときは、かならず消失点に
向かっていくんだ！

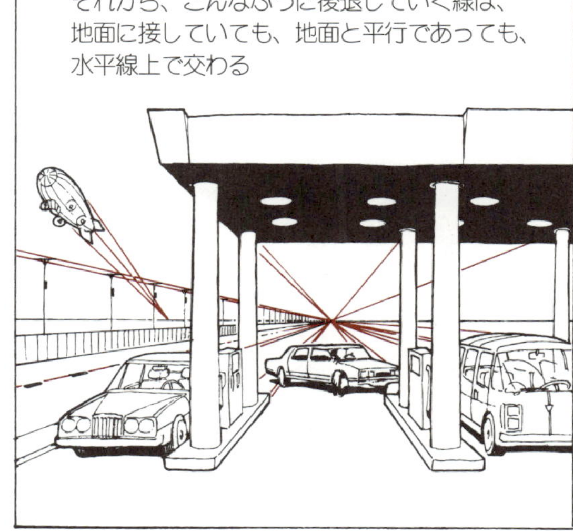

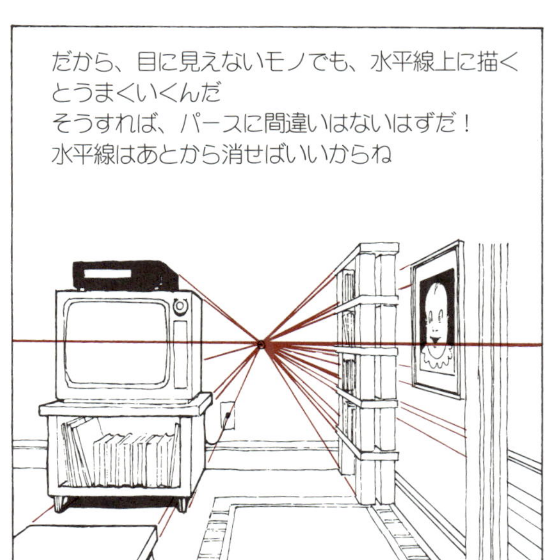

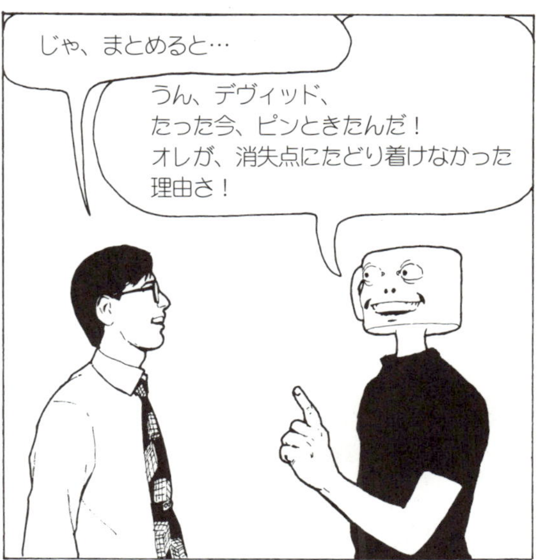

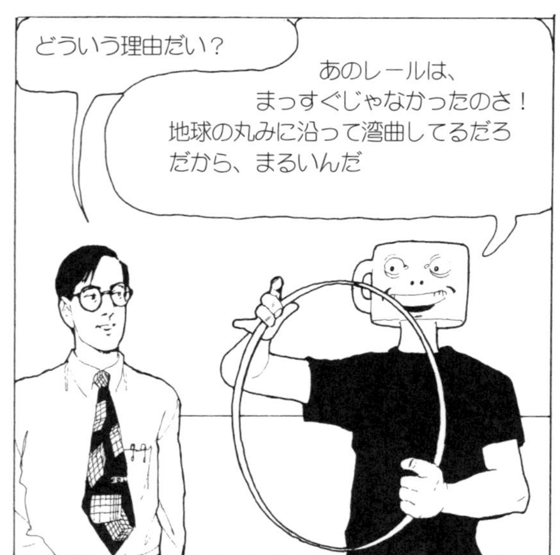
どういう理由だい？
あのレールは、
まっすぐじゃなかったのさ！
地球の丸みに沿って湾曲してるだろ
だから、まるいんだ

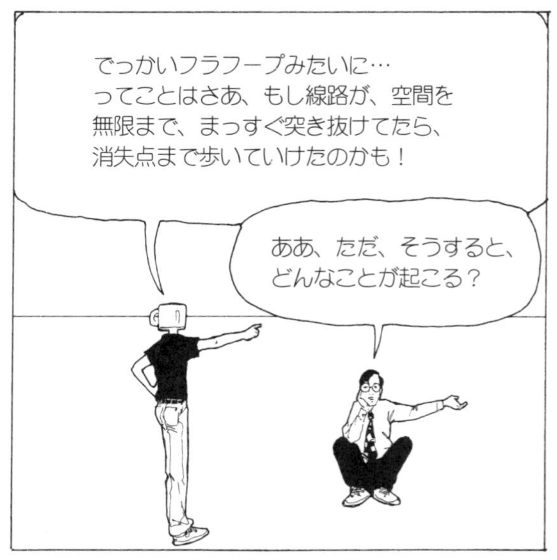
でっかいフラフープみたいに…
ってことはさあ、もし線路が、空間を
無限まで、まっすぐ突き抜けてたら、
消失点まで歩いていけたのかも！
ああ、ただ、そうすると、
どんなことが起こる？

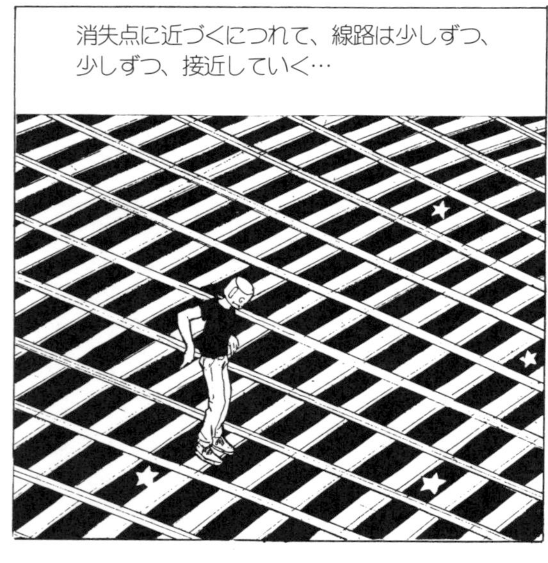
消失点に近づくにつれて、線路は少しずつ、
少しずつ、接近していく…

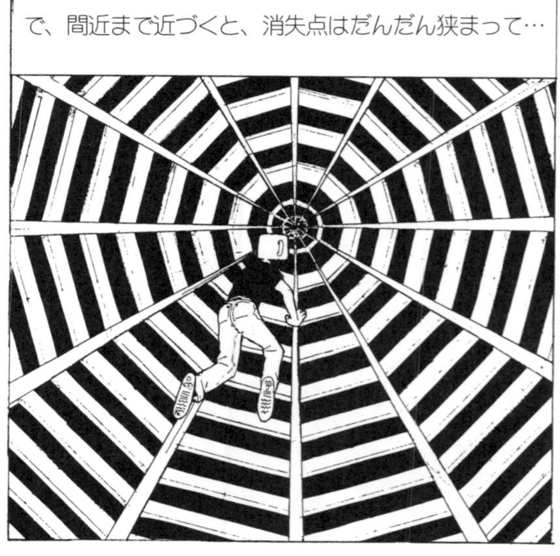
で、間近まで近づくと、消失点はだんだん狭まって…

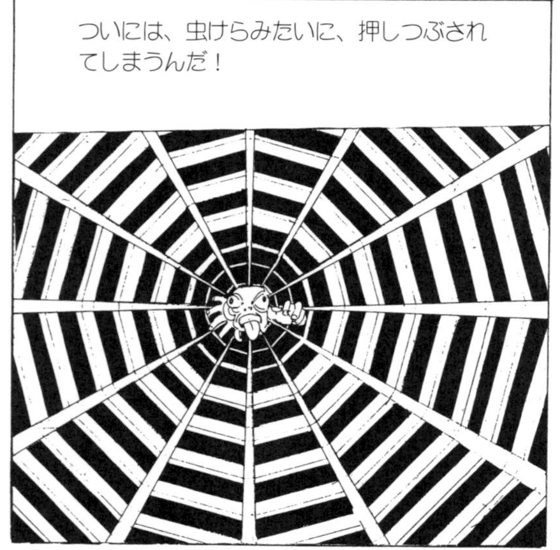
ついには、虫けらみたいに、押しつぶされ
てしまうんだ！

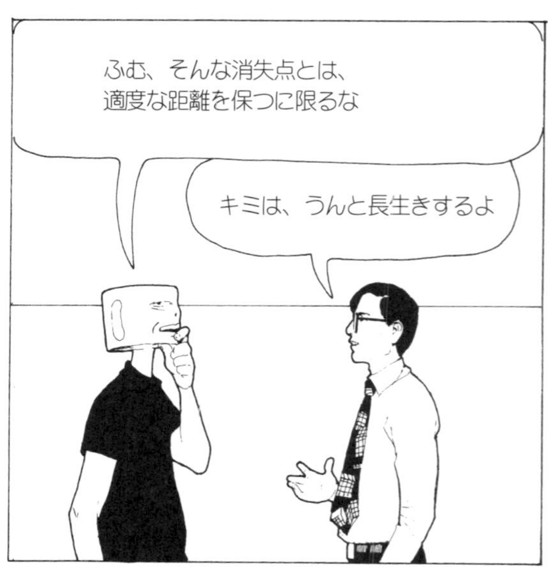
ふむ、そんな消失点とは、
適度な距離を保つに限るな
キミは、うんと長生きするよ

第５章

立方体の立体効果！

この章では、パースの科学を解明する手助けになる、基本事項をおさえておこう。

ボクらは箱形の世界に住んでいる。人間が作り上げた環境の中では、みんなの住んでる家からサイコロまで、ほとんどのモノの基本形は、箱形か立方体のバリエーションだ。もしウソだって言うなら、パースはすっかりちがった見え方をするはずだし、パースを発見することすらできなかったかも知れないよ。

マンガ家のバーン・ホガースは、ドローイングと解剖学に関するすばらしい著書を何冊も書いているけど、パースに関する本は書いていない。おそらくターザンを描くのに、キャリアの大半を費やしたからだろうね。どういう意味かって？　ターザンの舞台になったジャングルは、文明世界の箱形の建物や、それらの立方体の遠近感とは無縁だったから、パースなんか必要なかったのさ。

巻末におまけとして、パースのショートカット集を１章もうけてある。でも、ここでもヒントを１つ伝授しよう。もし、完璧なパースの補助線を引く時間がなければ、どんなものを描くときでもまず、想像上のジャングルジムを鉛筆でラフに描くこと。もし、ジャングルジムがちゃんと描けてれば、ジャングルジム上に描かれたものも、すべてオッケーのはずだからね。

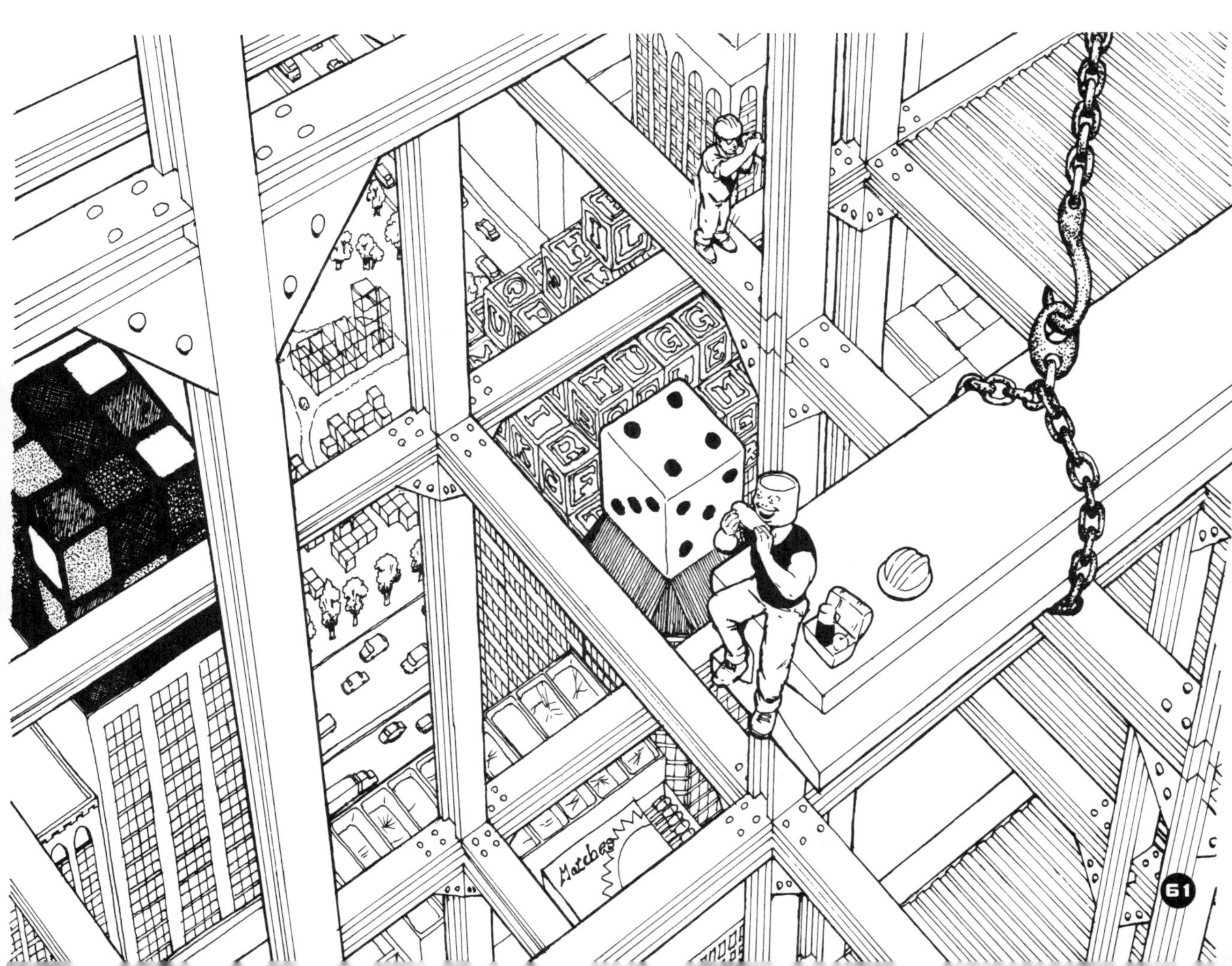

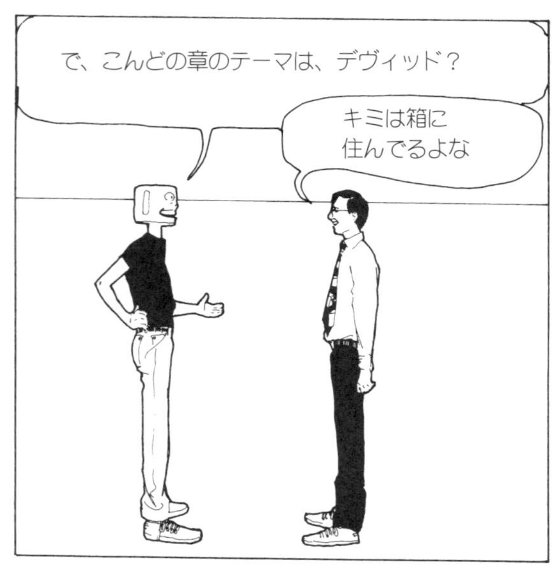
で、こんどの章のテーマは、デヴィッド？
キミは箱に
住んでるよな

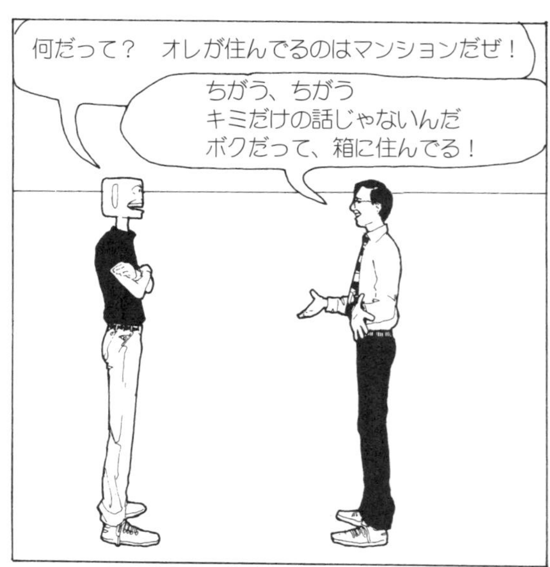
何だって？　オレが住んでるのはマンションだぜ！
ちがう、ちがう
キミだけの話じゃないんだ
ボクだって、箱に住んでる！

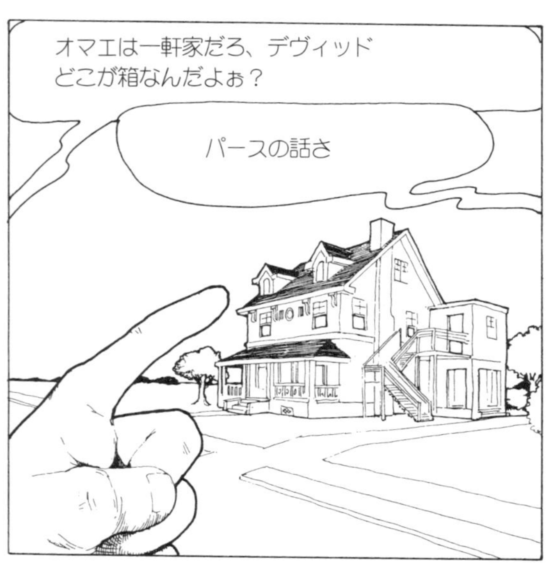
オマエは一軒家だろ、デヴィッド
どこが箱なんだよぉ？
パースの話さ

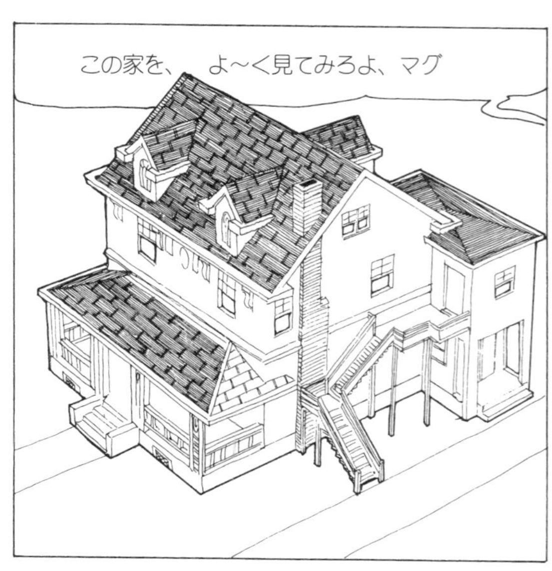
この家を、　よ〜く見てみろよ、マグ

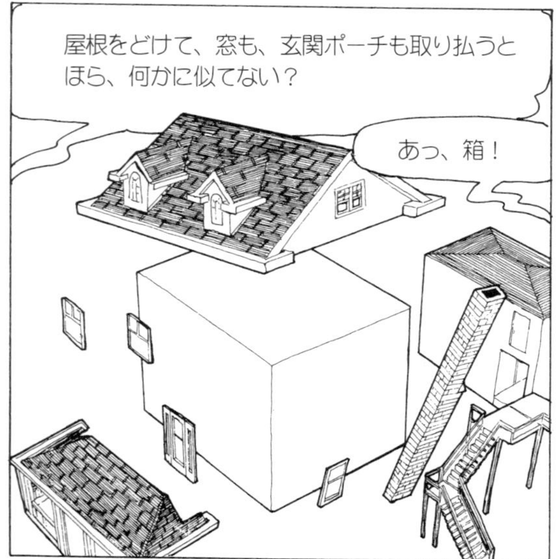
屋根をどけて、窓も、玄関ポーチも取り払うと
ほら、何かに似てない？
あっ、箱！

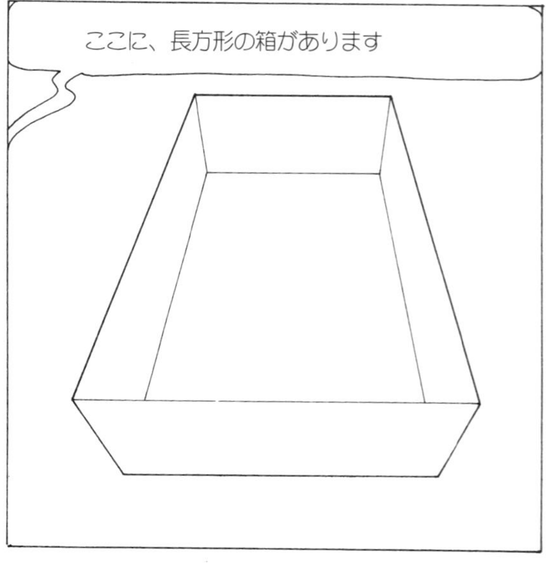
ここに、長方形の箱があります

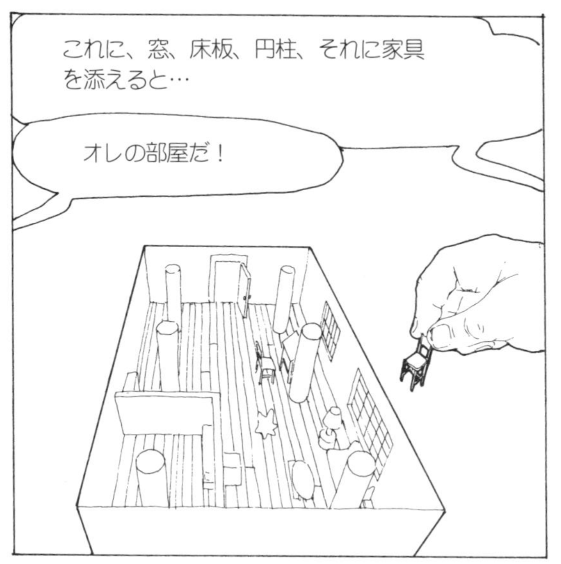
これに、窓、床板、円柱、それに家具
を添えると…
オレの部屋だ！

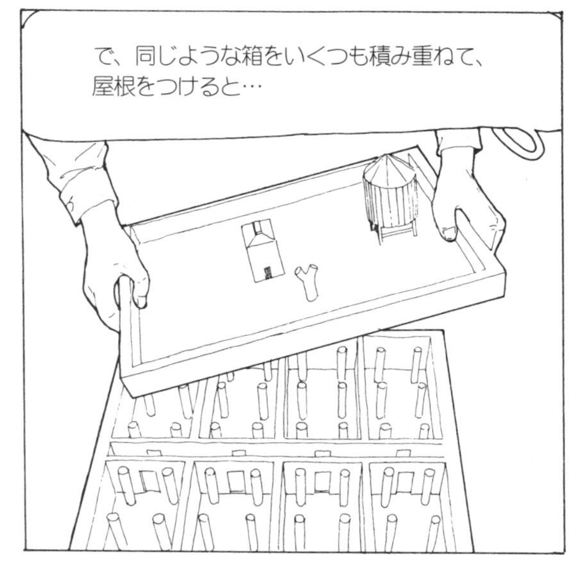
で、同じような箱をいくつも積み重ねて、
屋根をつけると…

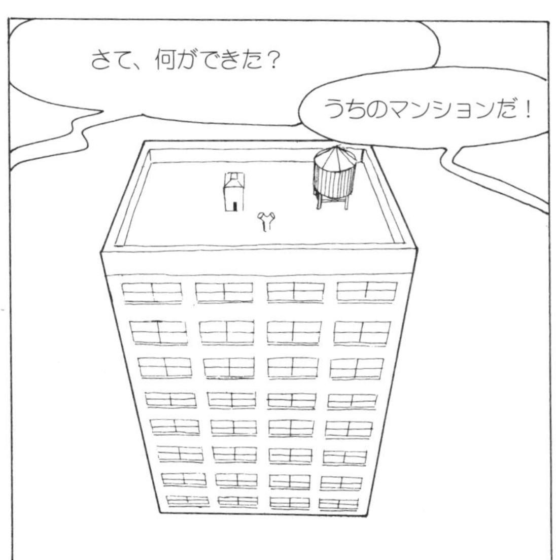
さて、何ができた？
うちのマンションだ！

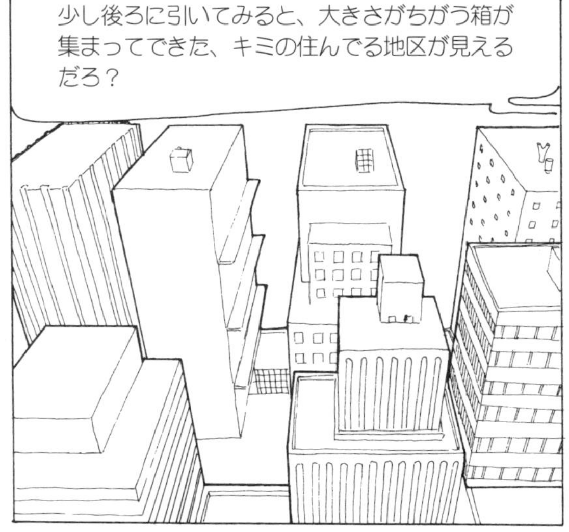
少し後ろに引いてみると、大きさがちがう箱が
集まってできた、キミの住んでる地区が見える
だろ？

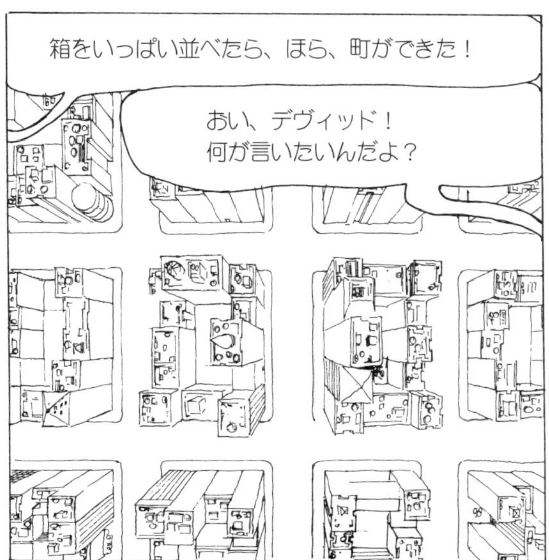
箱をいっぱい並べたら、ほら、町ができた！
おい、デヴィッド！
何が言いたいんだよ？

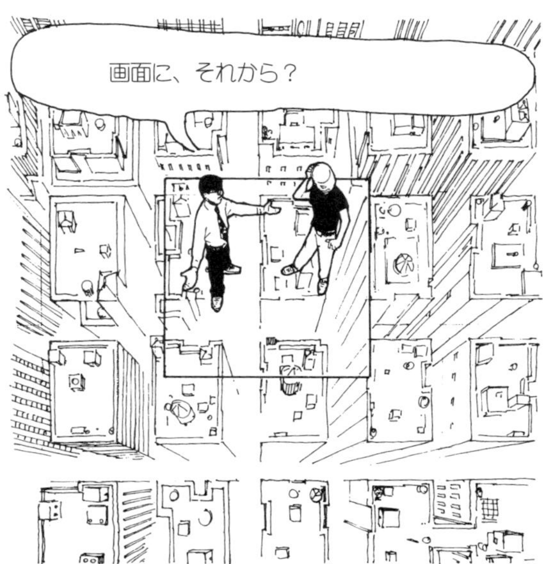
画面に、それから？

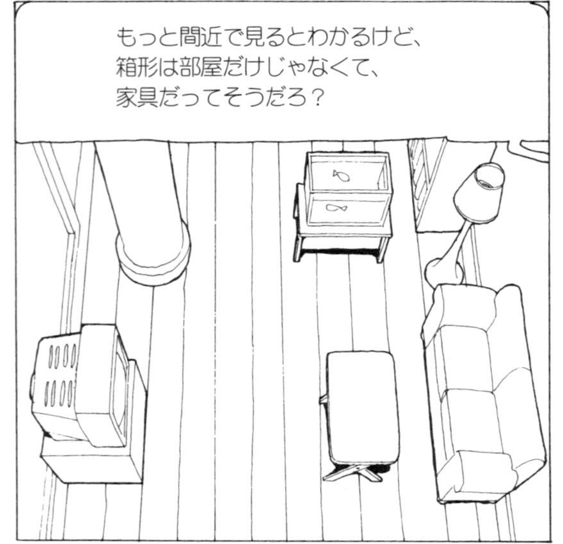
もっと間近で見るとわかるけど、
箱形は部屋だけじゃなくて、
家具だってそうだろ？

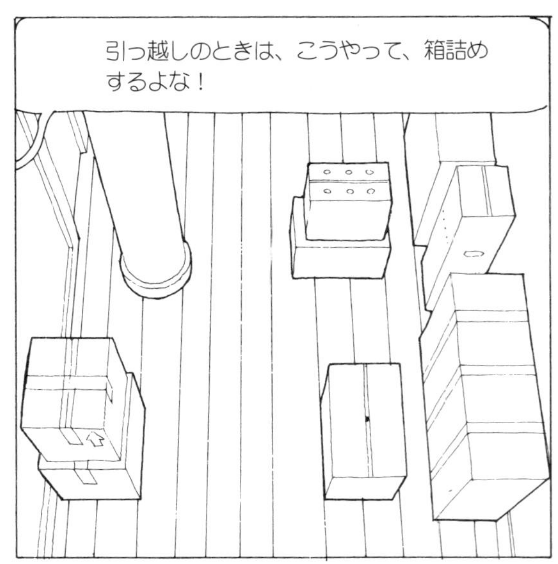
引っ越しのときは、こうやって、箱詰め
するよな！

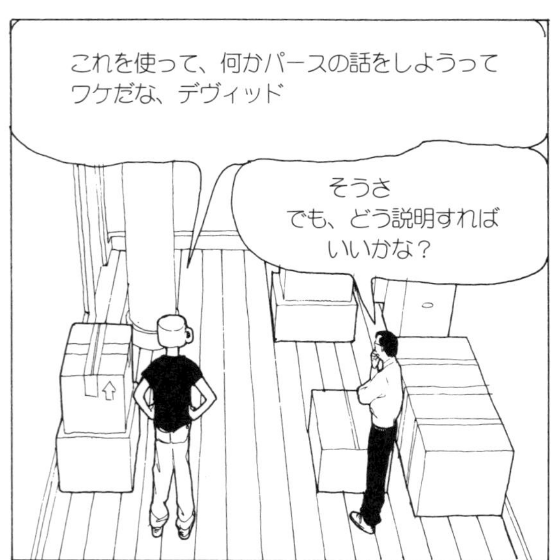
これを使って、何かパースの話をしようって
ワケだな、デヴィッド
そうさ
でも、どう説明すれば
いいかな？

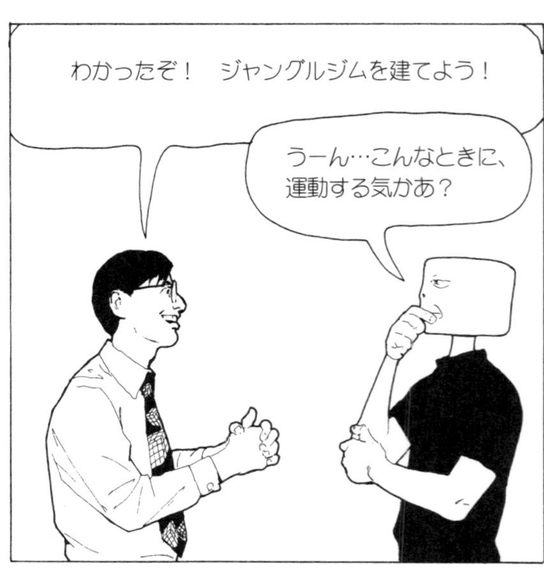
わかったぞ！　ジャングルジムを建てよう！
うーん…こんなときに、
運動する気かあ？

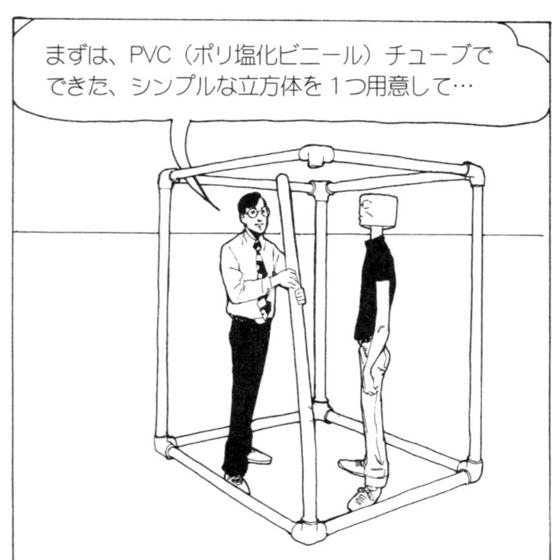
まずは、PVC（ポリ塩化ビニール）チューブで
できた、シンプルな立方体を１つ用意して…

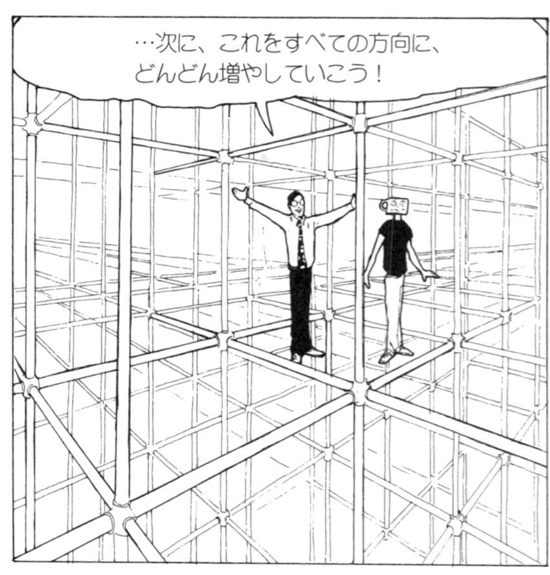
…次に、これをすべての方向に、
どんどん増やしていこう！

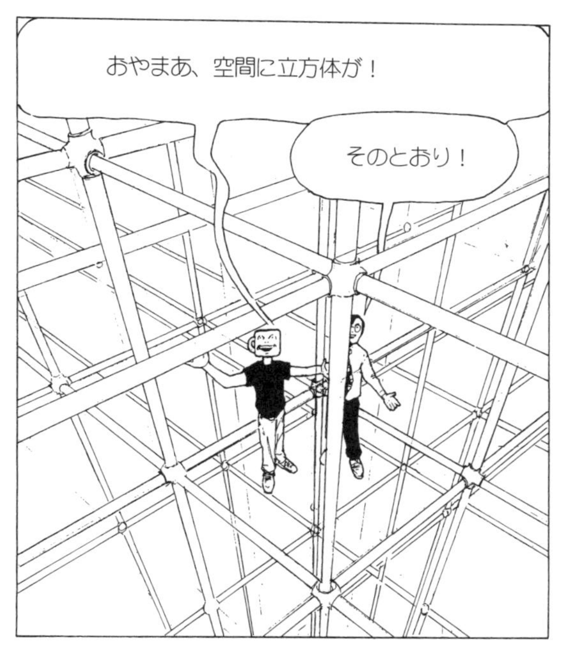
おやまあ、空間に立方体が！
そのとおり！

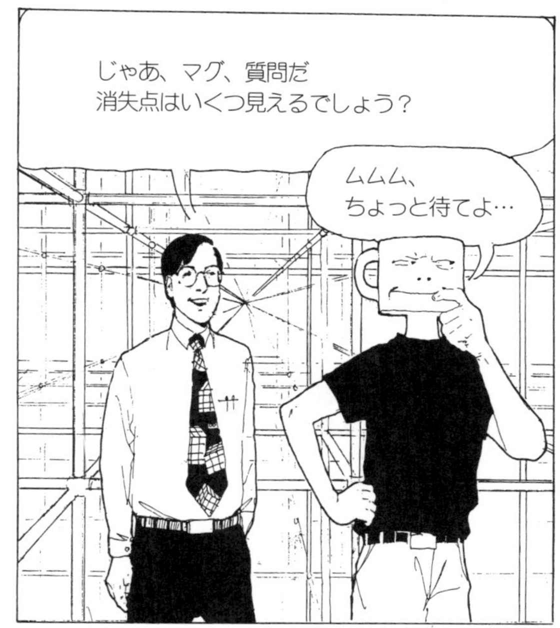
じゃあ、マグ、質問だ
消失点はいくつ見えるでしょう？
ムムム、
ちょっと待てよ…

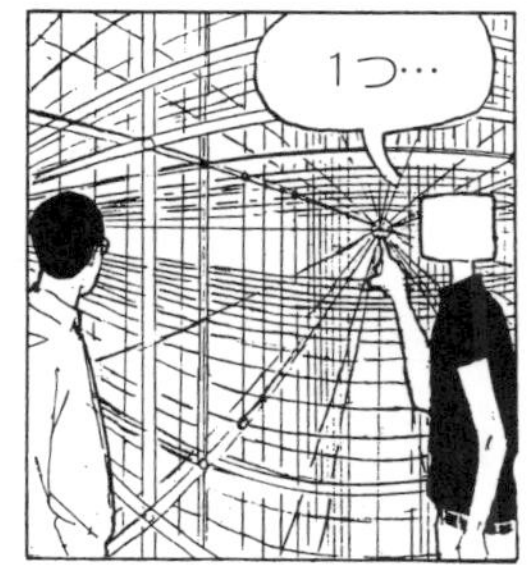
1つ…

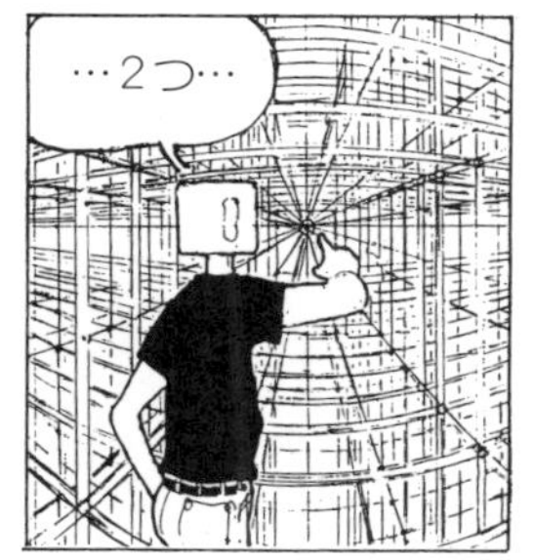
…2つ…

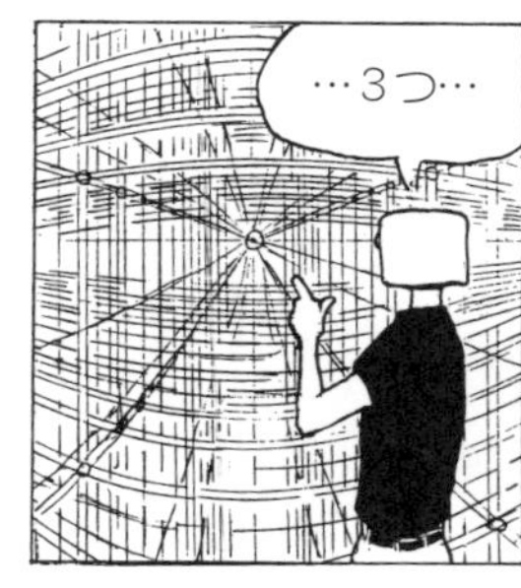
…3つ…

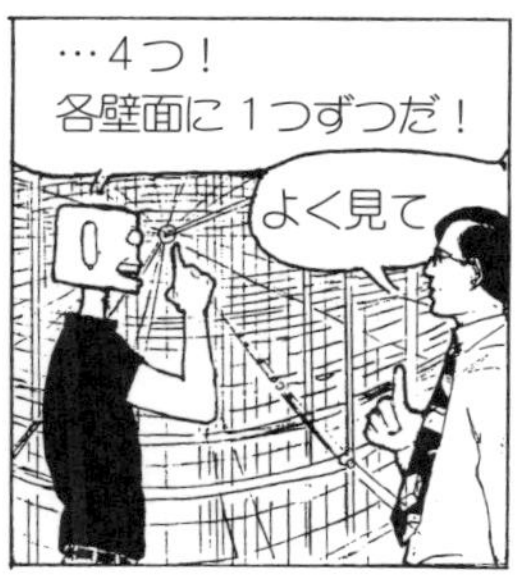
…4つ！
各壁面に1つずつだ！
よく見て

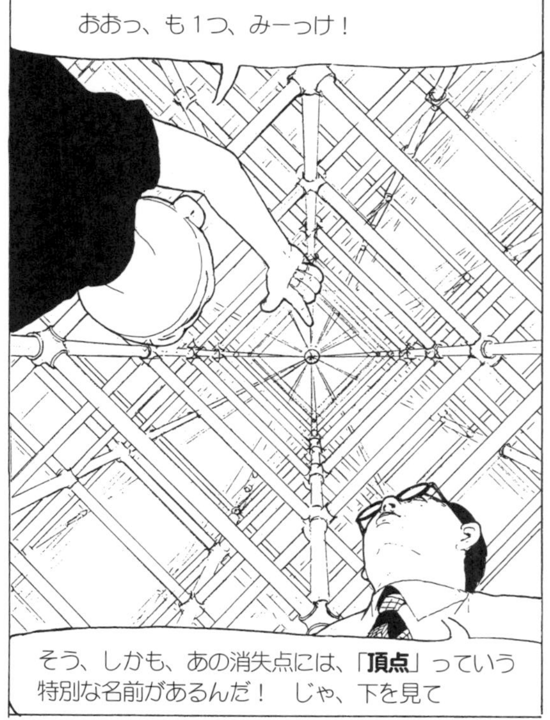
おおっ、も1つ、みーっけ！
そう、しかも、あの消失点には、「**頂点**」っていう
特別な名前があるんだ！　じゃ、下を見て

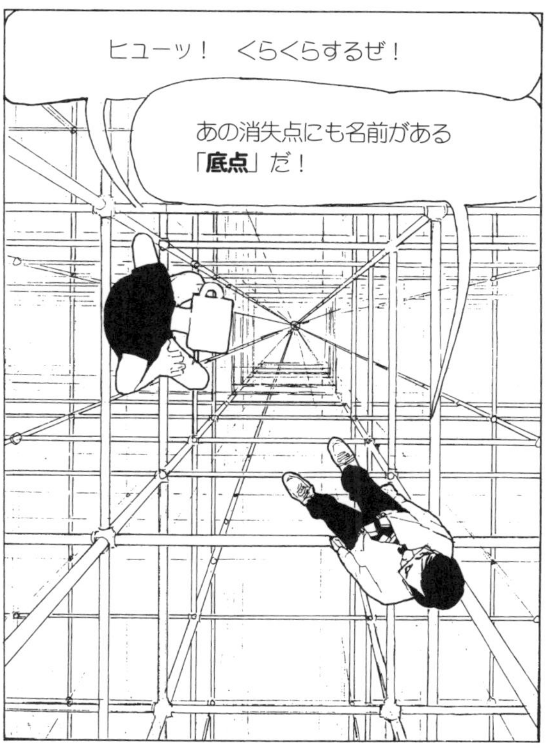
ヒューッ！　くらくらするぜ！
あの消失点にも名前がある
「**底点**」だ！

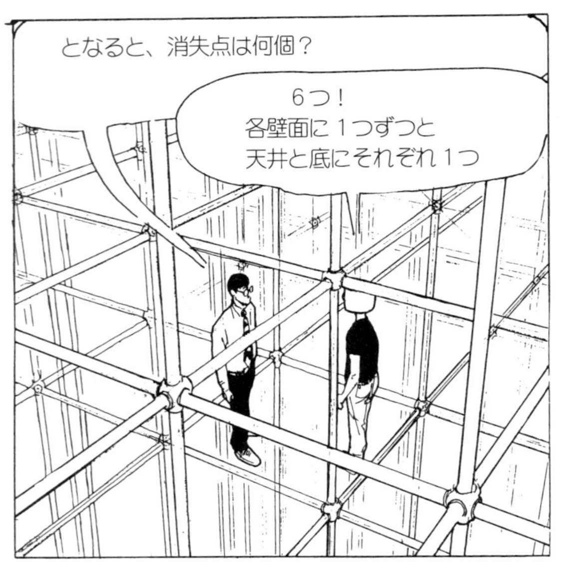
となると、消失点は何個？
6つ！
各壁面に１つずつと
天井と底にそれぞれ１つ

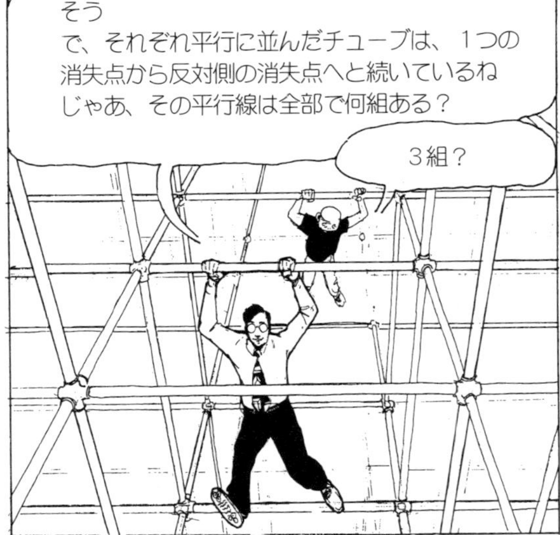
そう
で、それぞれ平行に並んだチューブは、１つの
消失点から反対側の消失点へと続いているね
じゃあ、その平行線は全部で何組ある？
３組？

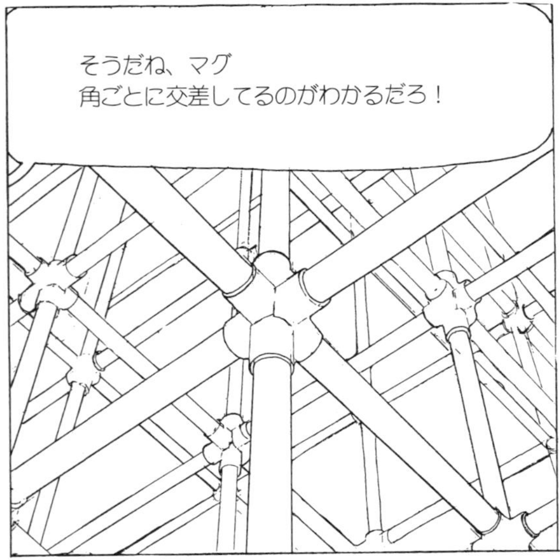
そうだね、マグ
角ごとに交差してるのがわかるだろ！

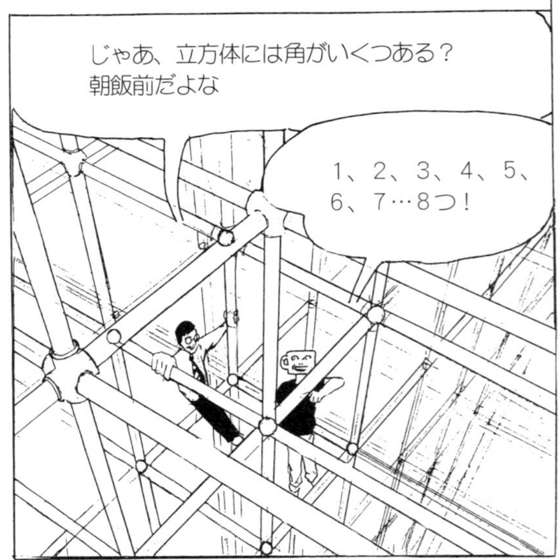
じゃあ、立方体には角がいくつある？
朝飯前だよな
1、2、3、4、5、
6、7…8つ！

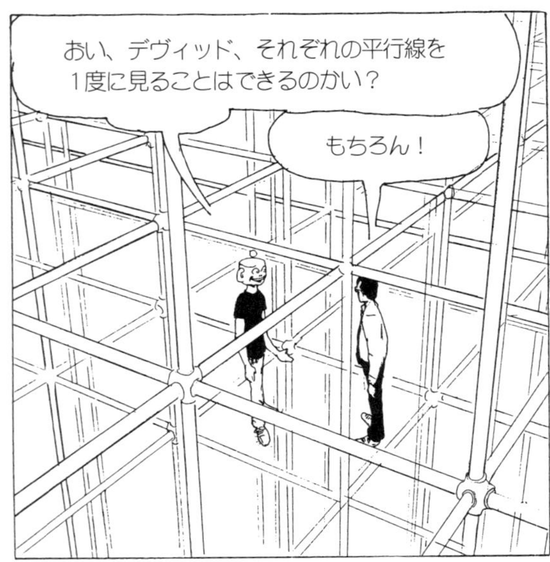
おい、デヴィッド、それぞれの平行線を
１度に見ることはできるのかい？
もちろん！

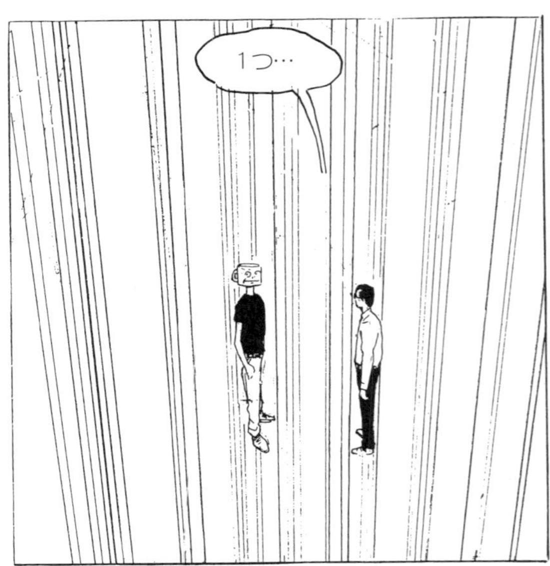
1つ…

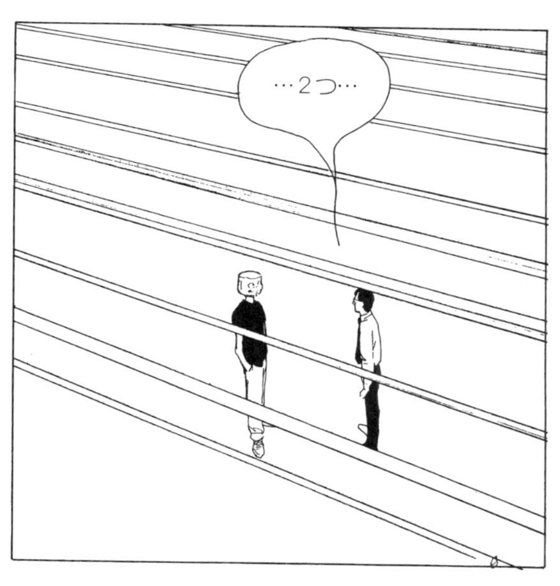
…2つ…

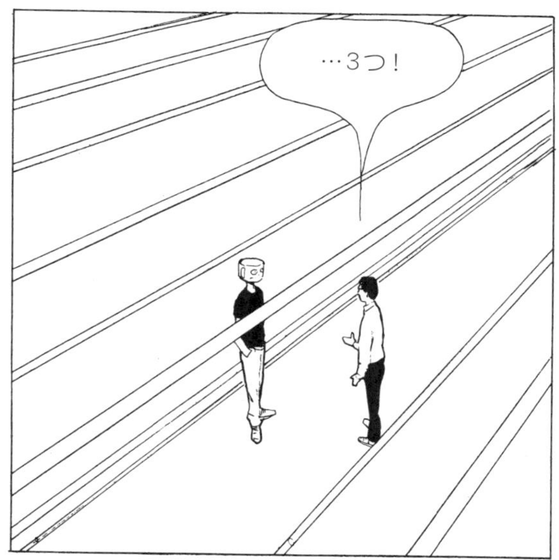
…3つ！

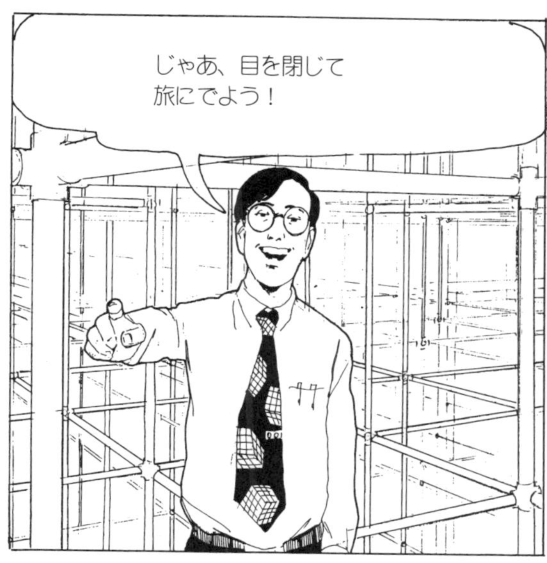
じゃあ、目を閉じて
旅にでよう！

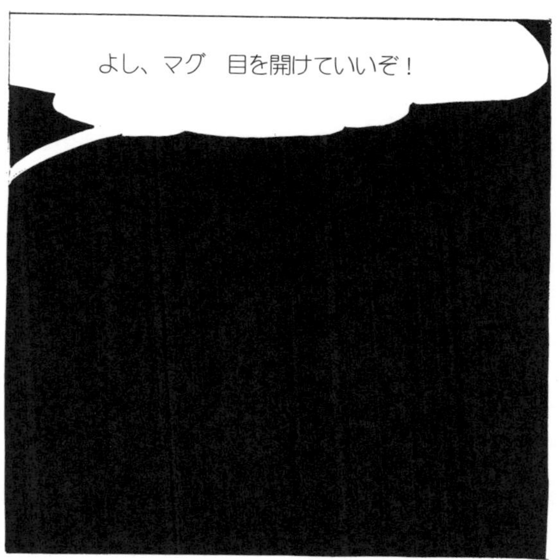
よし、マグ　目を開けていいぞ！

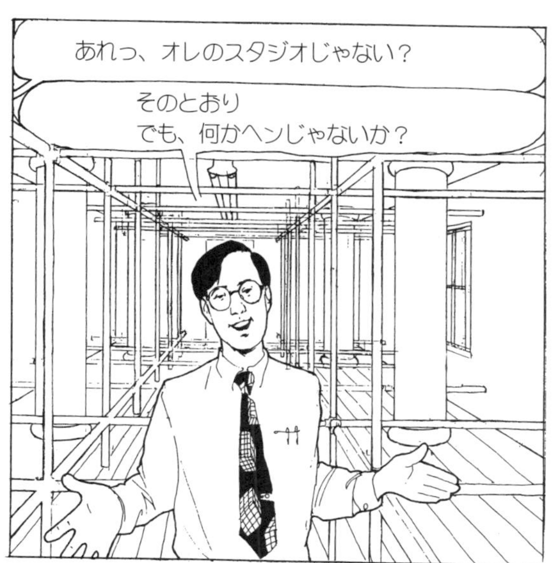
あれっ、オレのスタジオじゃない？
そのとおり
でも、何かヘンじゃないか？

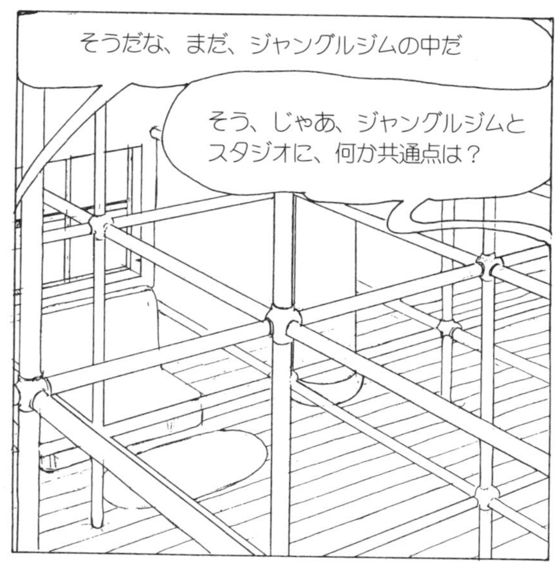
そうだな、まだ、ジャングルジムの中だ
そう、じゃあ、ジャングルジムと
スタジオに、何か共通点は？

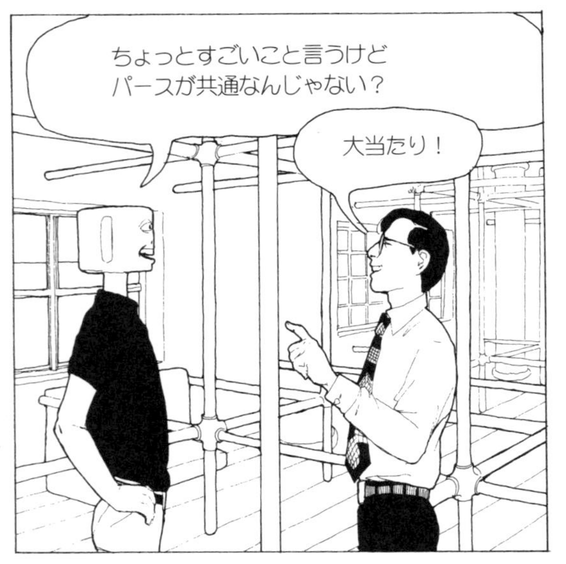
ちょっとすごいこと言うけど
パースが共通なんじゃない？
大当たり！

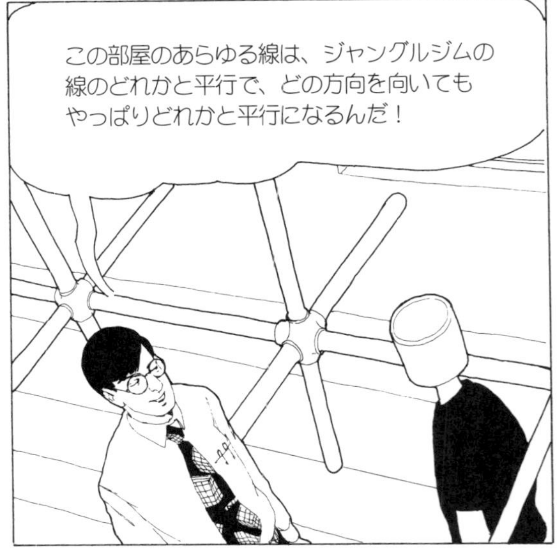
この部屋のあらゆる線は、ジャングルジムの
線のどれかと平行で、どの方向を向いても
やっぱりどれかと平行になるんだ！

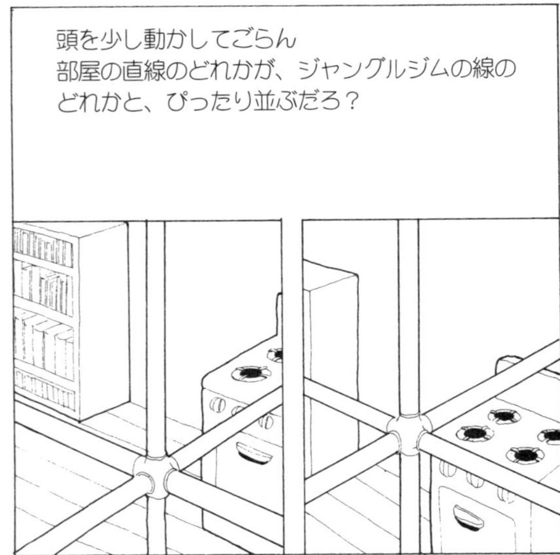
頭を少し動かしてごらん
部屋の直線のどれかが、ジャングルジムの線の
どれかと、ぴったり並ぶだろ？

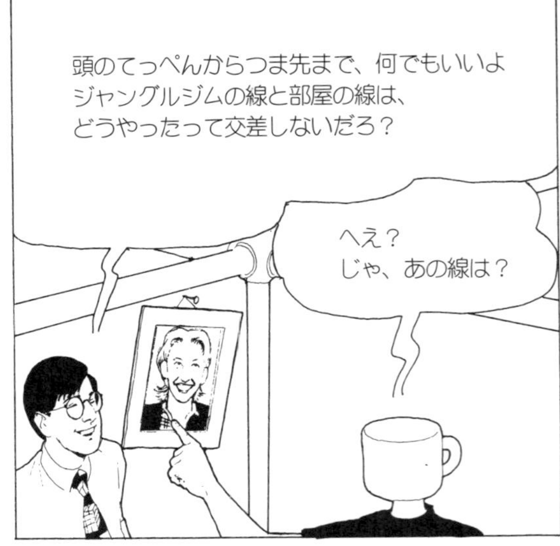
頭のてっぺんからつま先まで、何でもいいよ
ジャングルジムの線と部屋の線は、
どうやったって交差しないだろ？
へえ？
じゃ、あの線は？

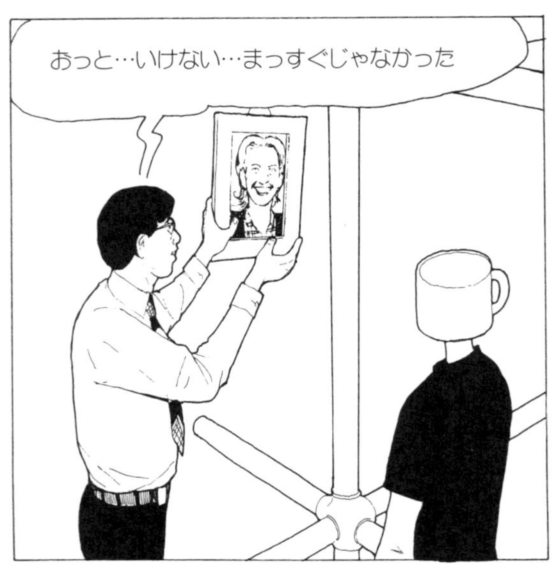
おっと…いけない…まっすぐじゃなかった

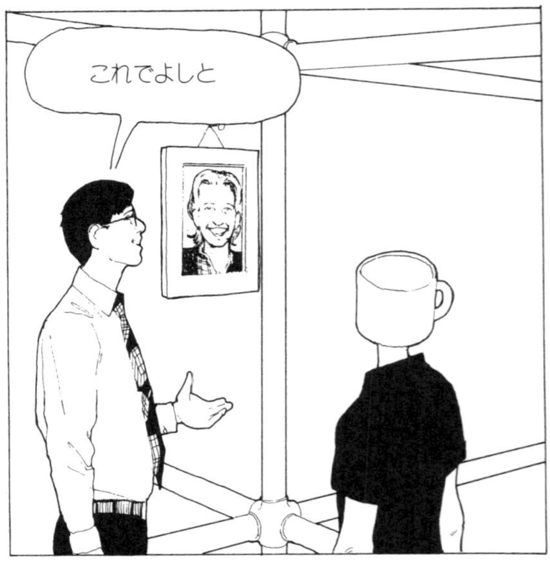
これでよしと

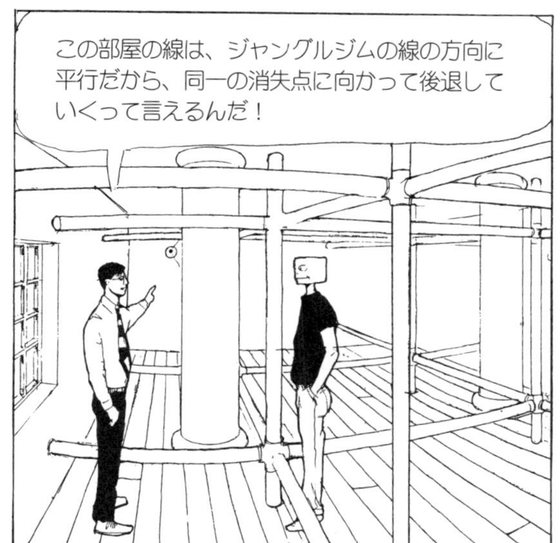
この部屋の線は、ジャングルジムの線の方向に
平行だから、同一の消失点に向かって後退して
いくって言えるんだ！

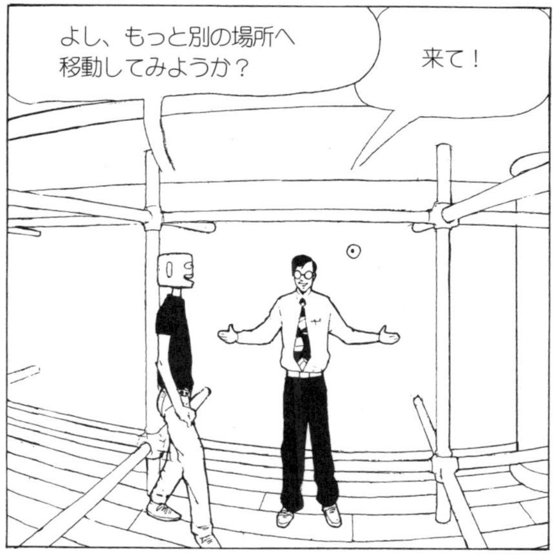
よし、もっと別の場所へ
移動してみようか？
来て！

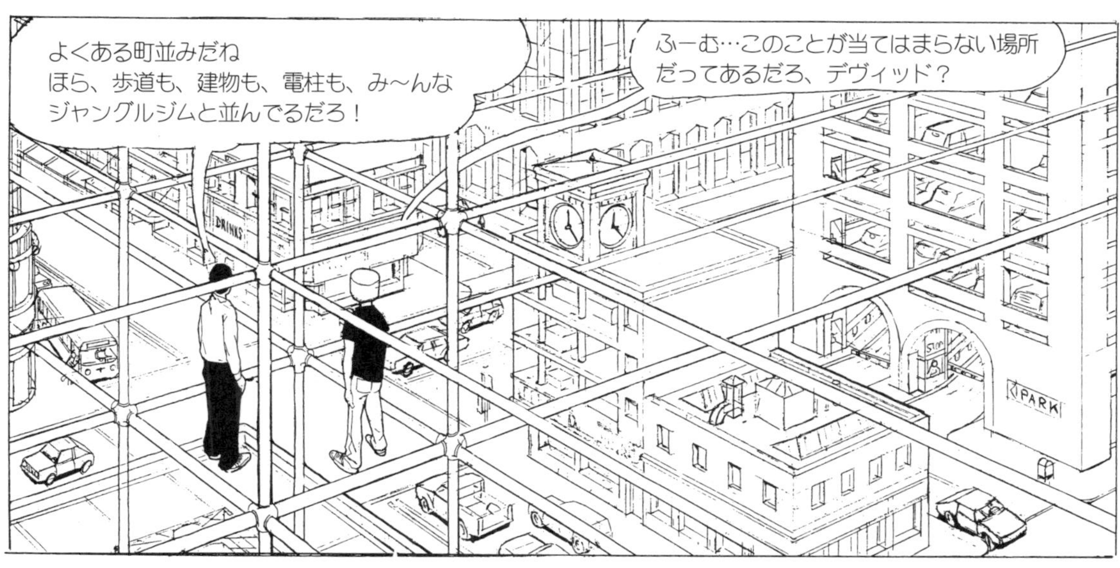
よくある町並みだね
ほら、歩道も、建物も、電柱も、み～んな
ジャングルジムと並んでるだろ！
ふーむ…このことが当てはまらない場所
だってあるだろ、デヴィッド？
DRINKS
PARK

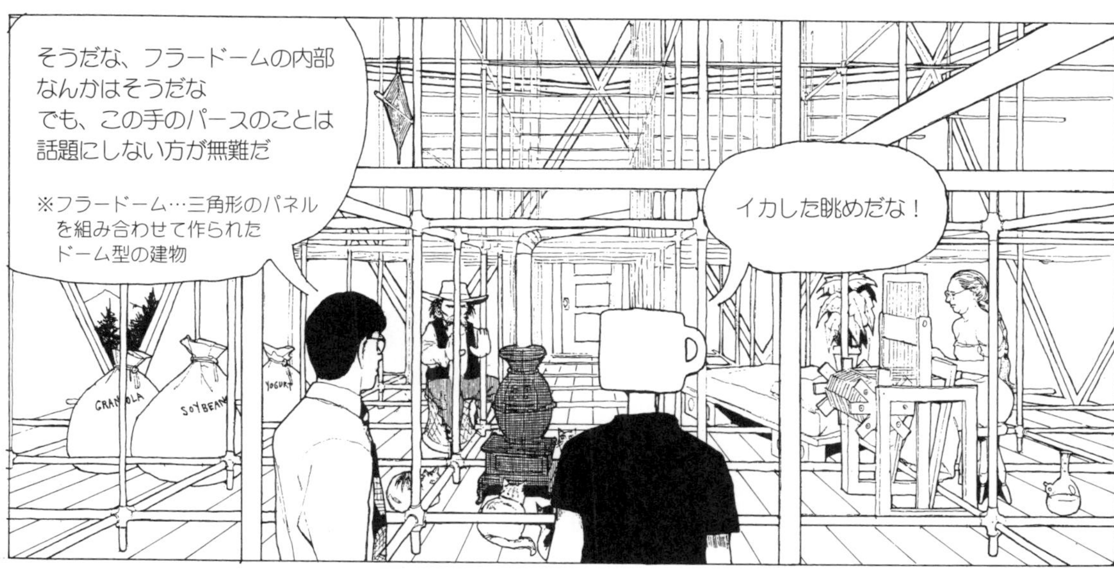
そうだな、フラードームの内部
なんかはそうだな
でも、この手のパースのことは
話題にしない方が無難だ
※フラードーム…三角形のパネル
を組み合わせて作られた
ドーム型の建物
イカした眺めだな！
GRANOLA
SOYBEAN
YOGURT

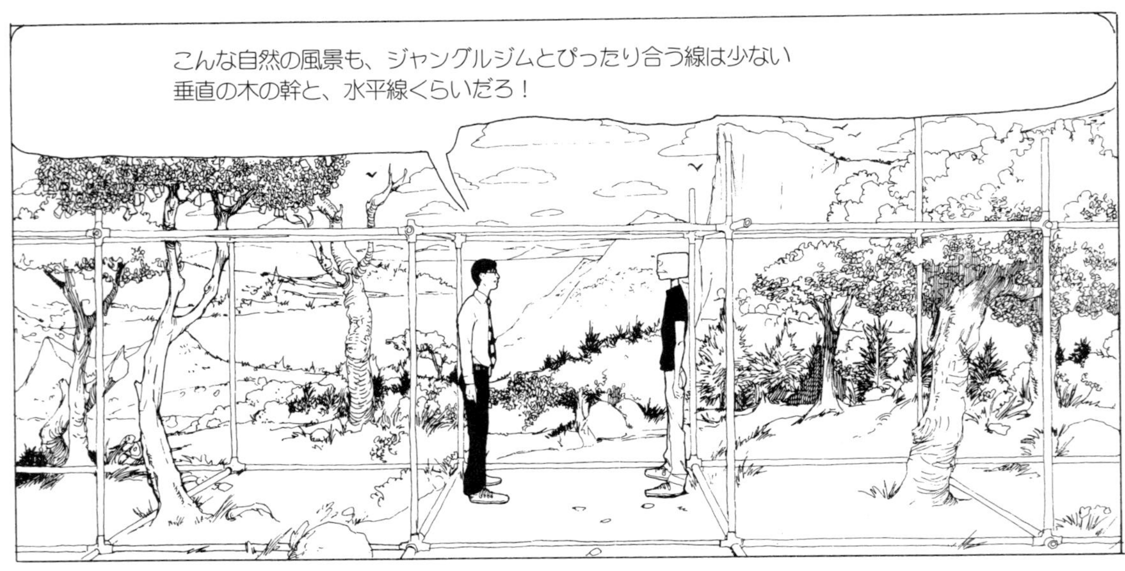
こんな自然の風景も、ジャングルジムとぴったり合う線は少ない
垂直の木の幹と、水平線くらいだろ！

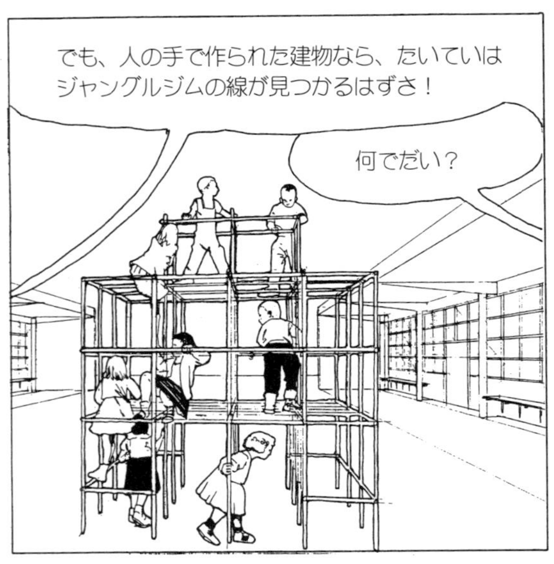
でも、人の手で作られた建物なら、たいていは
ジャングルジムの線が見つかるはずさ！
何でだい？

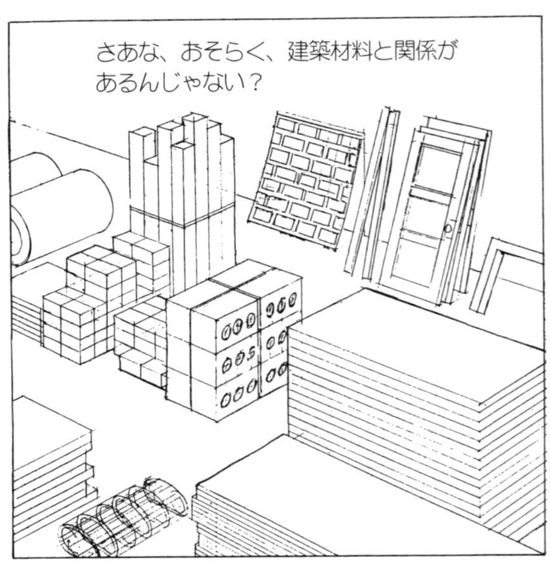
さあな、おそらく、建築材料と関係が
あるんじゃない？

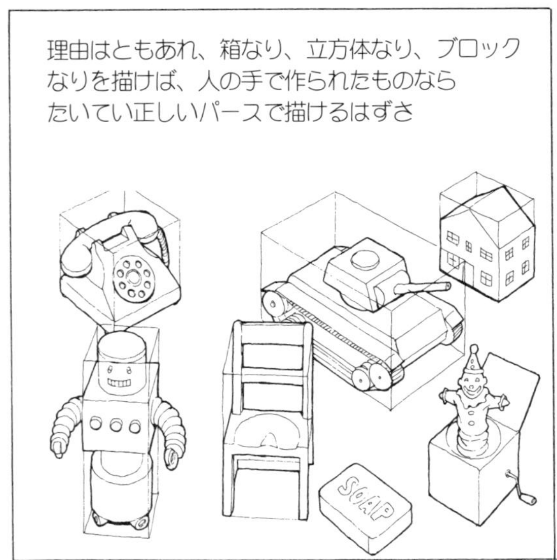
理由はともあれ、箱なり、立方体なり、ブロック
なりを描けば、人の手で作られたものなら
たいてい正しいパースで描けるはずさ
SOAP

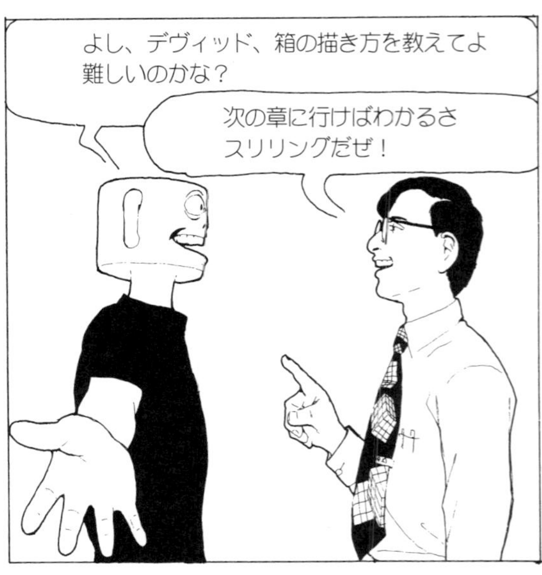
よし、デヴィッド、箱の描き方を教えてよ
難しいのかな？
次の章に行けばわかるさ
スリリングだぜ！

第6章

一点透視図法

一点透視図法は、パースの描き方の中でも、もっとも簡単な方法だ。みんながこの方法を使いたがるのも、無理ないよな。後退する線の方向を示すだけなら、ざっくりしたやり方もあるけど、この章ではきっちり、厳密な使い方を紹介しよう。空間を対角線の消失点によって、四角く分割する方法でね。

この章ではさらに、視円錐（しえんすい）（視野を円錐の形として考える）のコンセプトについても話しちゃうゾ。

ふつう視野は広くって言うけど、ここでは逆に、せまい円錐の中にとどめる方がうまくいくんだ。

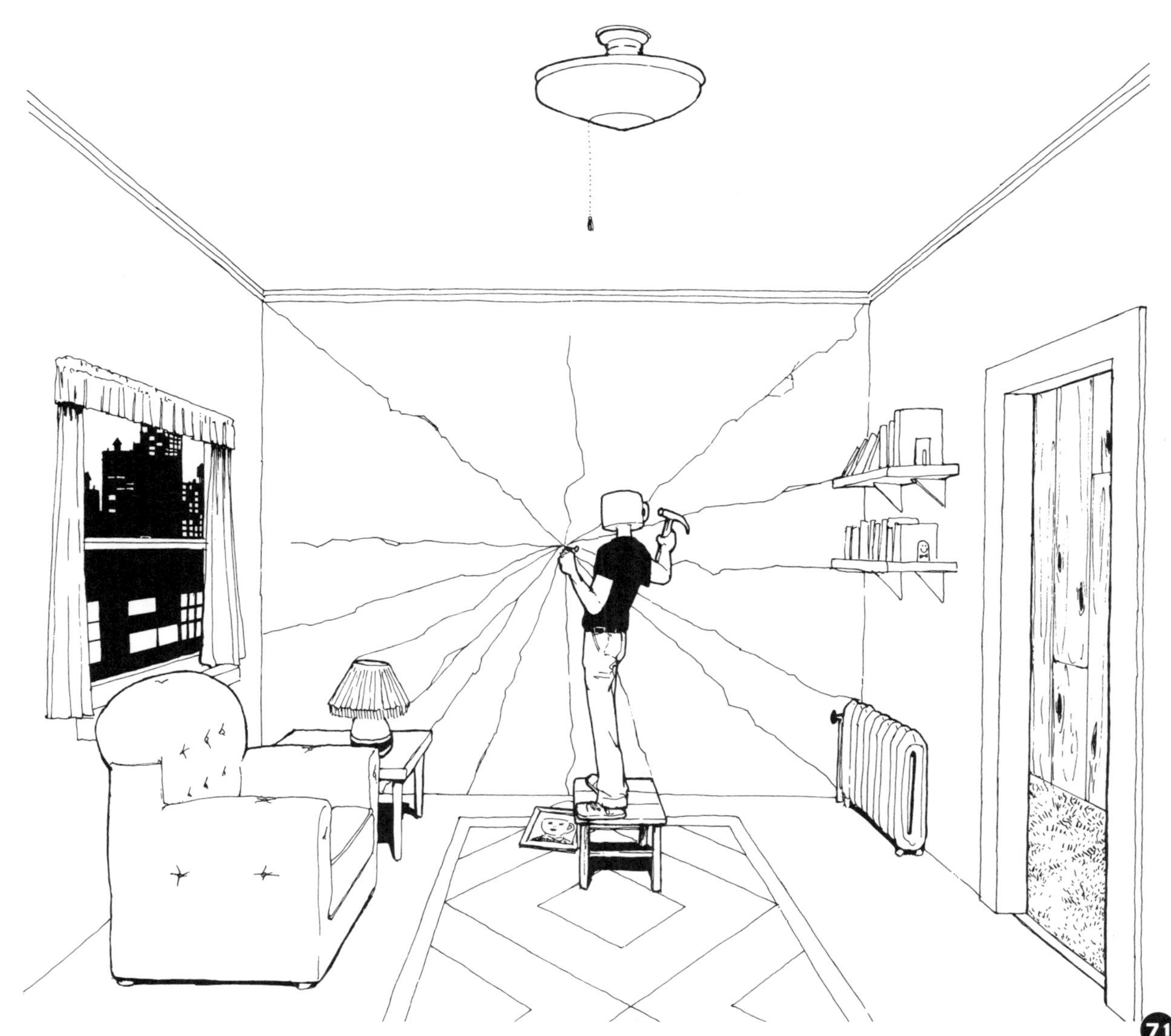

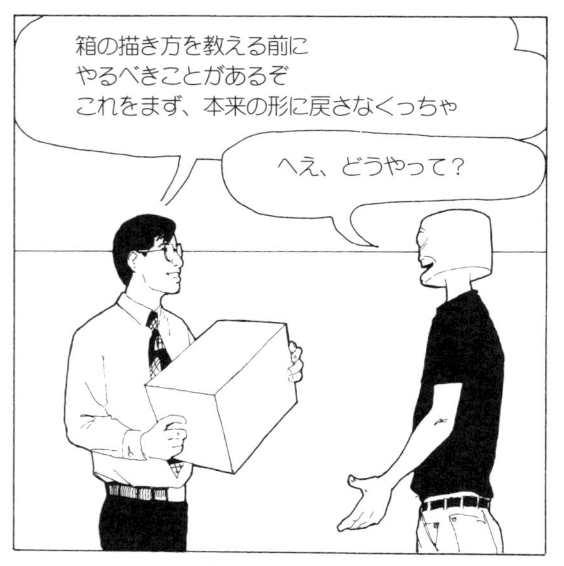
箱の描き方を教える前に
やるべきことがあるぞ
これをまず、本来の形に戻さなくっちゃ
へえ、どうやって？

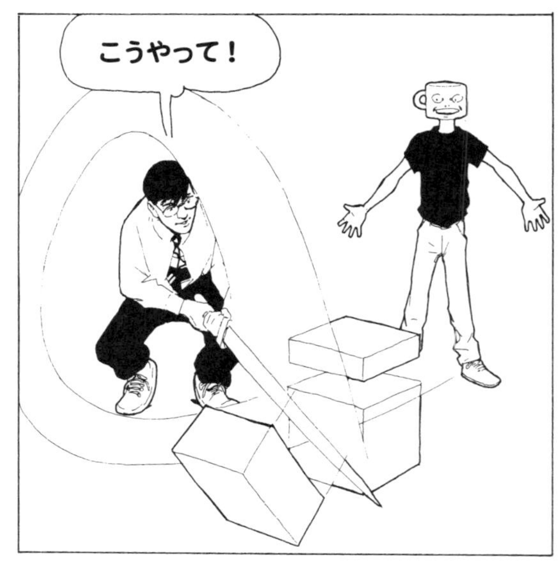
こうやって！

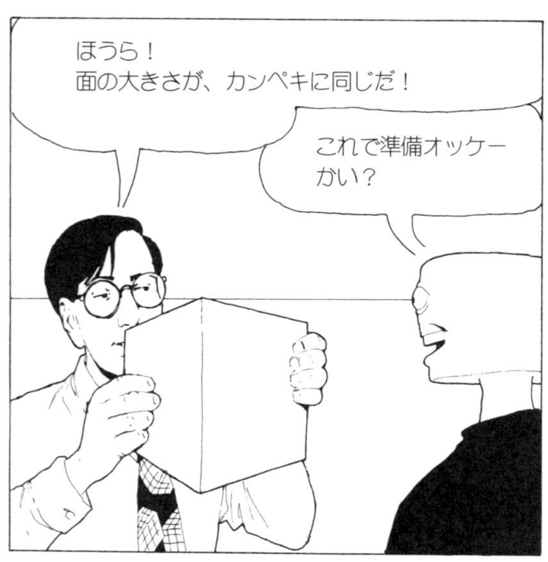
ほうら！
面の大きさが、カンペキに同じだ！
これで準備オッケー
かい？

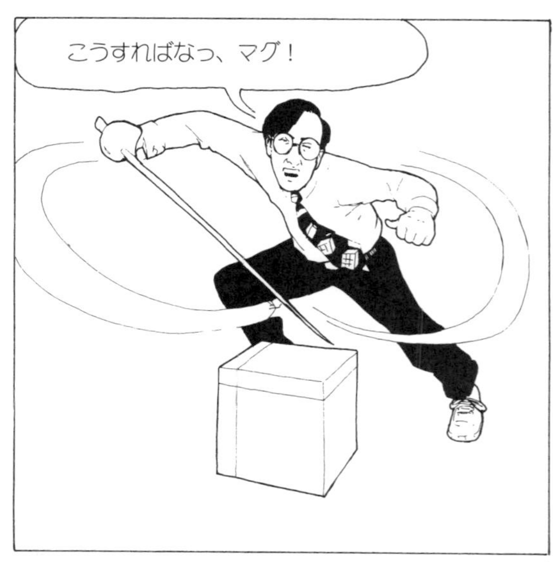
こうすればなっ、マグ！

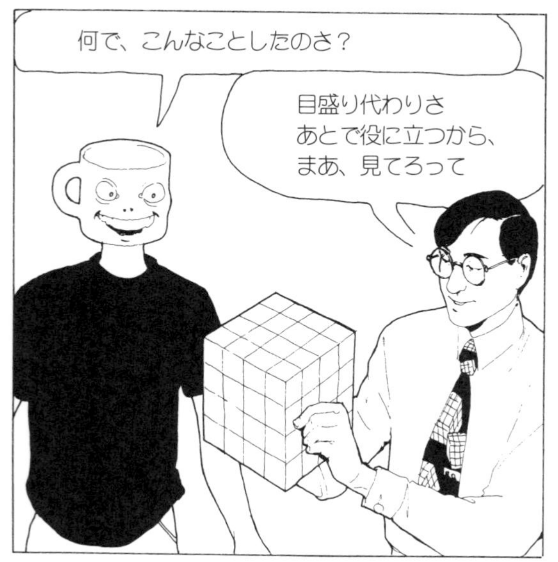
何で、こんなことしたのさ？
目盛り代わりさ
あとで役に立つから、
まあ、見てろって

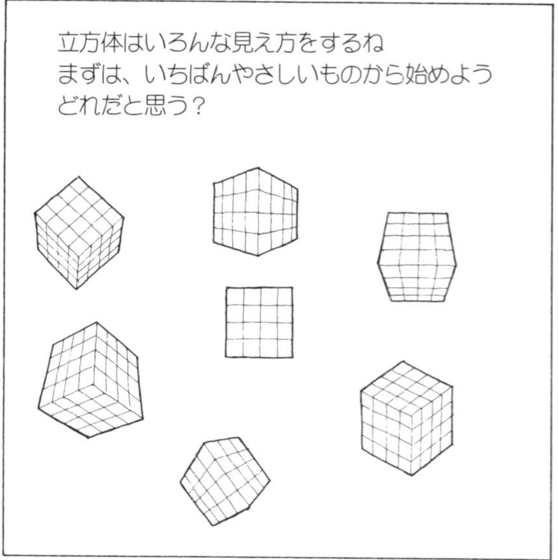
立方体はいろんな見え方をするね
まずは、いちばんやさしいものから始めよう
どれだと思う？

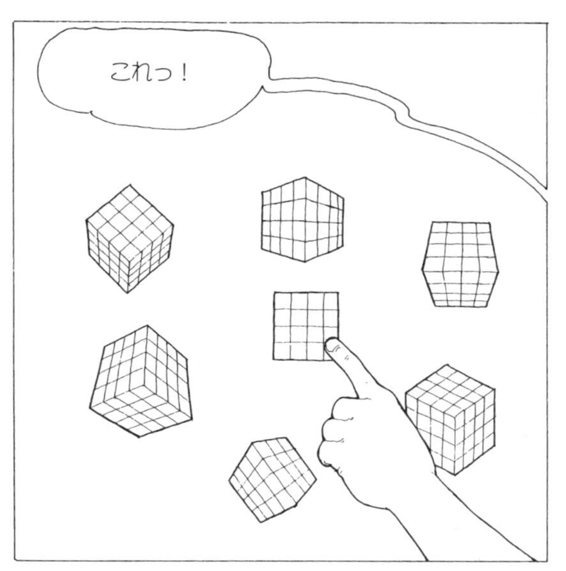
これっ！

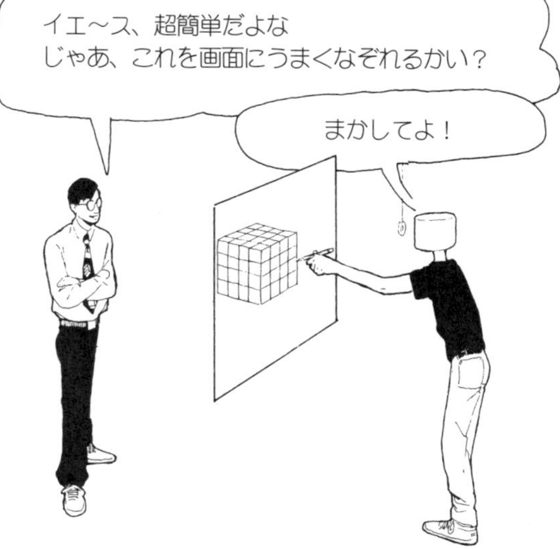
イエ〜ス、超簡単だよな
じゃあ、これを画面にうまくなぞれるかい？
まかしてよ！

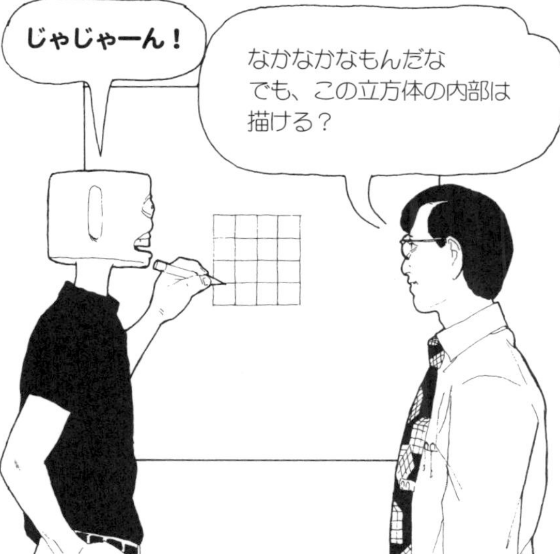
じゃじゃーん！
なかなかなもんだな
でも、この立方体の内部は
描ける？

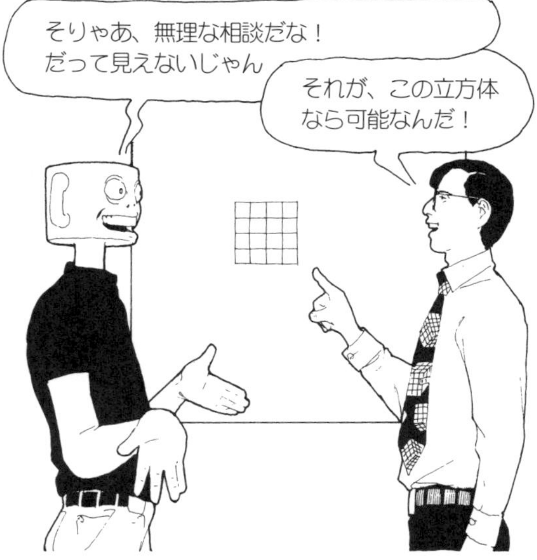
そりゃあ、無理な相談だな！
だって見えないじゃん
それが、この立方体
なら可能なんだ！

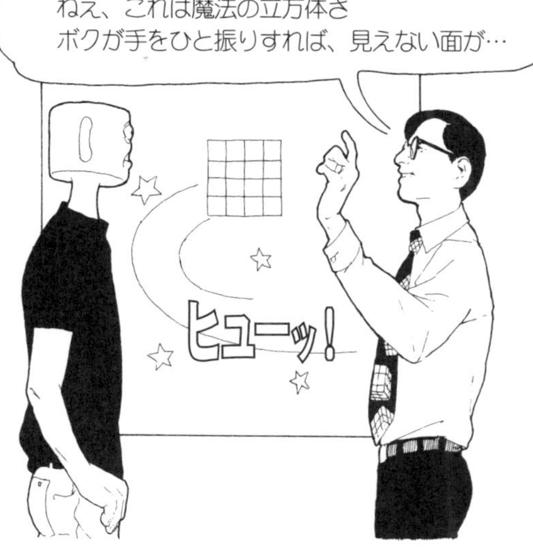
ねえ、これは魔法の立方体さ
ボクが手をひと振りすれば、見えない面が…
ヒューッ！

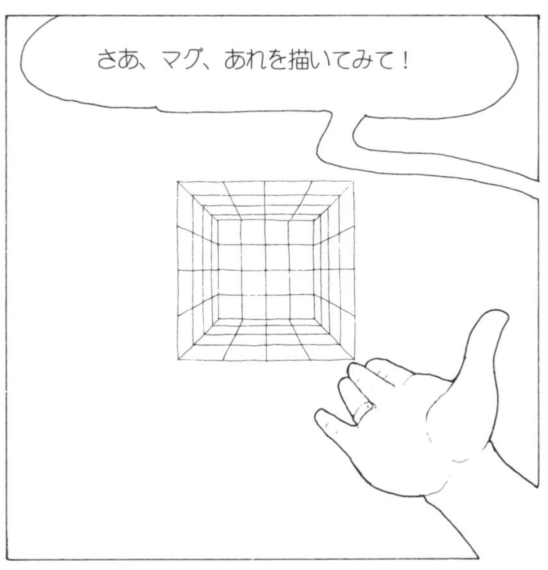
さあ、マグ、あれを描いてみて！

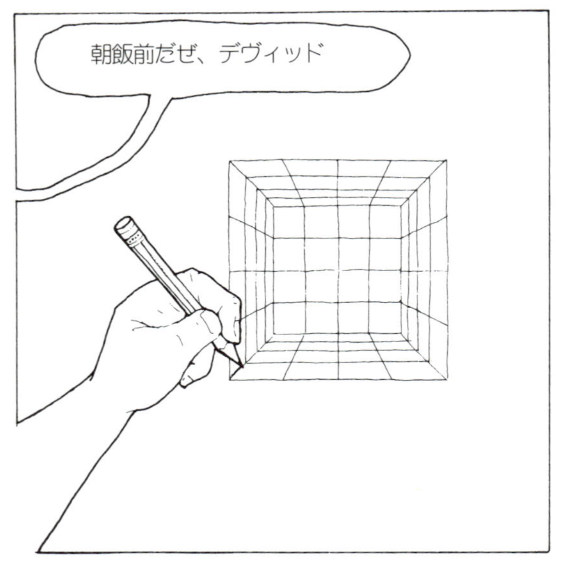
朝飯前だぜ、デヴィッド

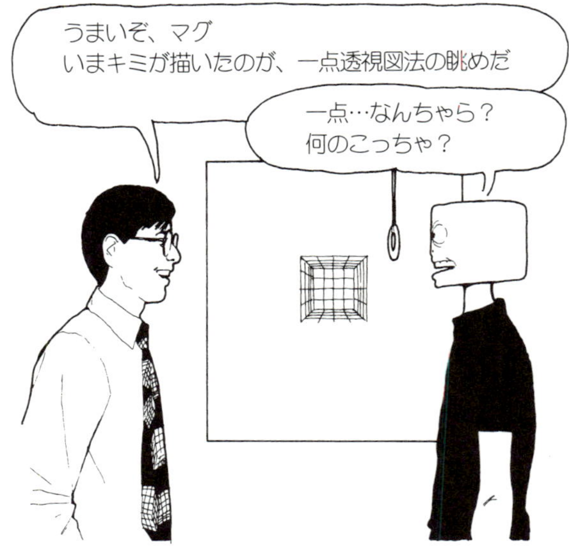
うまいぞ、マグ
いまキミが描いたのが、一点透視図法の眺めだ
一点…なんちゃら？
何のこっちゃ？

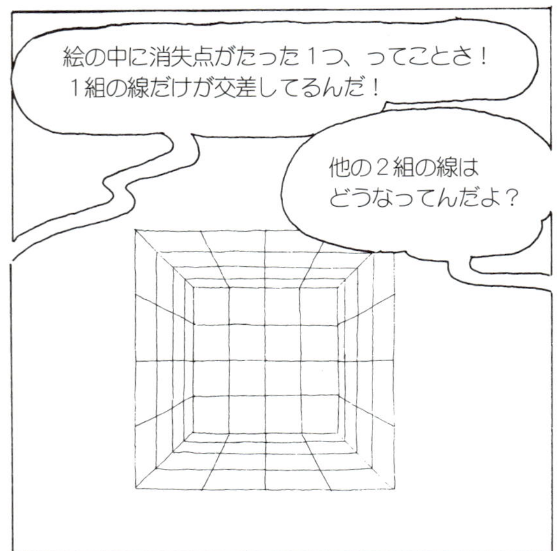
絵の中に消失点がたった１つ、ってことさ！
１組の線だけが交差してるんだ！
他の２組の線は
どうなってんだよ？

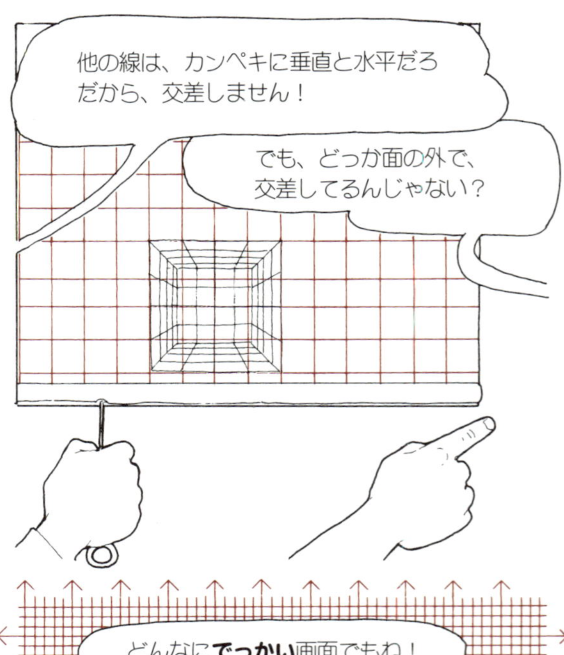
他の線は、カンペキに垂直と水平だろ
だから、交差しません！
でも、どっか面の外で、
交差してるんじゃない？

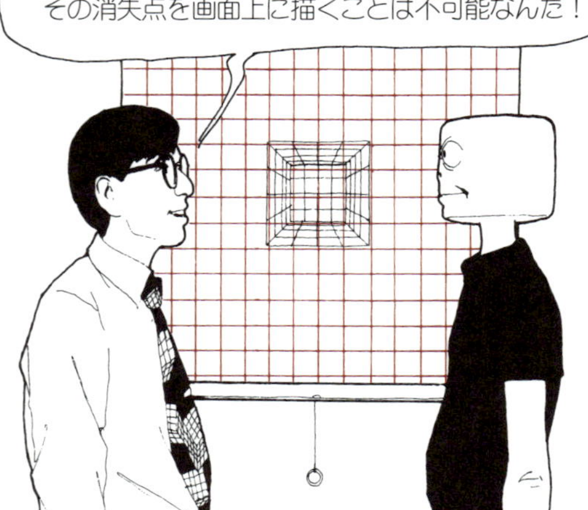
そうだな
でも、他の線は画面に対して平行だから、
その消失点を画面上に描くことは不可能なんだ！

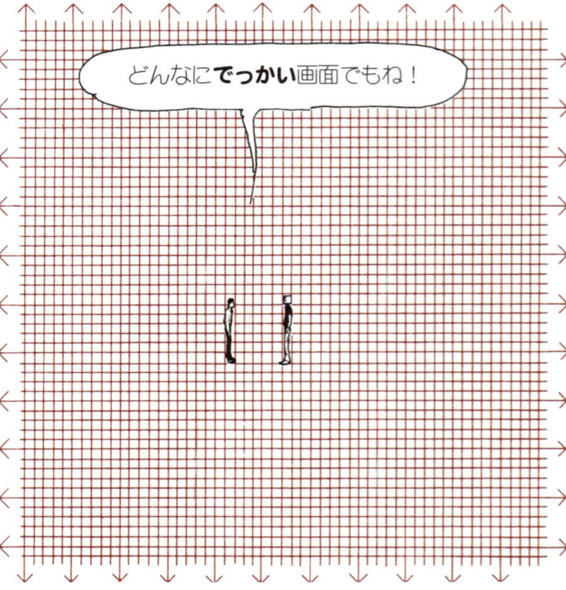
どんなに**でっかい**画面でもね！

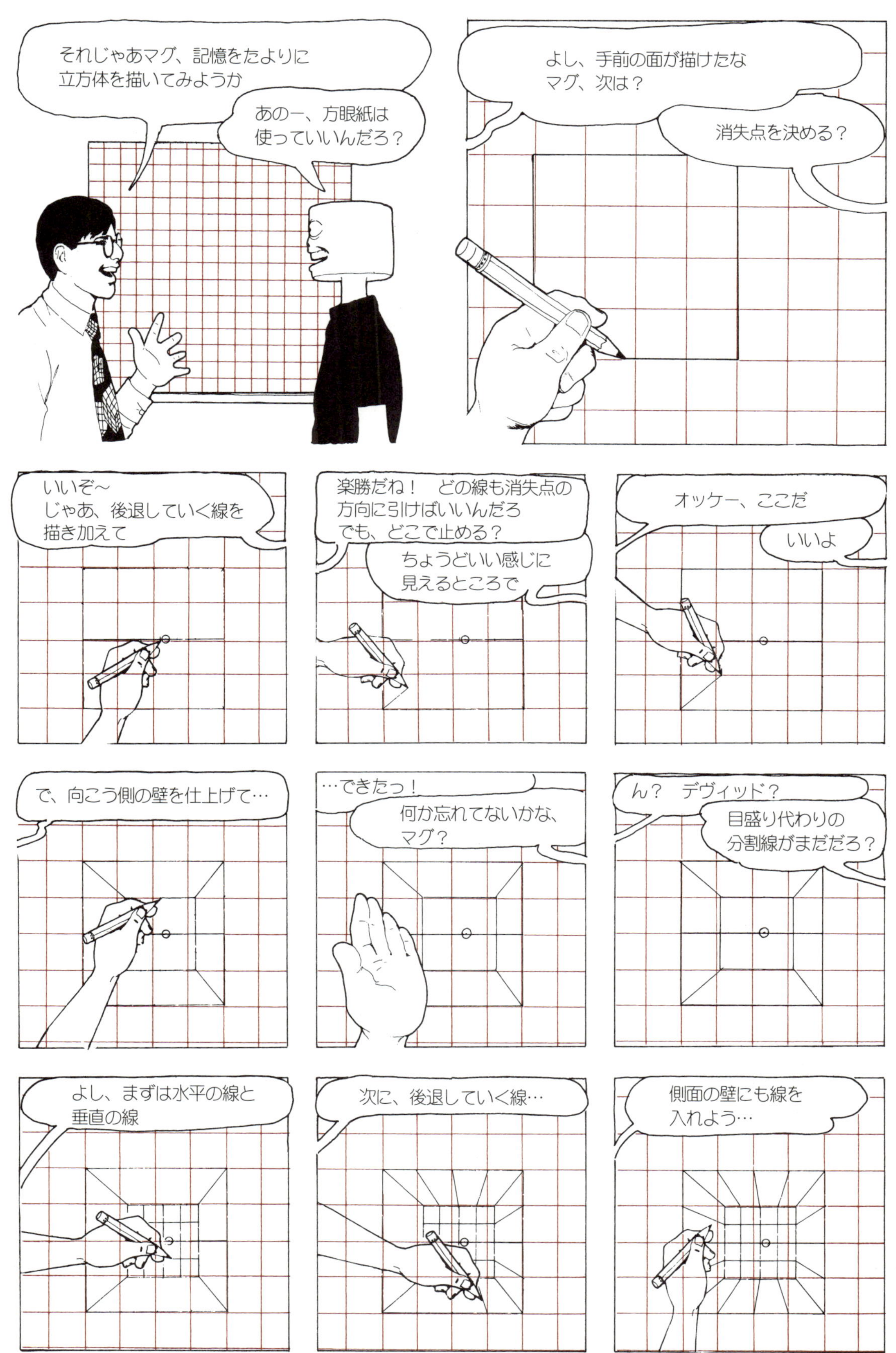
それじゃあマグ、記憶をたよりに
立方体を描いてみようか
あの一、方眼紙は
使っていいんだろ？
よし、手前の面が描けたな
マグ、次は？
消失点を決める？
いいぞ～
じゃあ、後退していく線を
描き加えて
楽勝だね！　どの線も消失点の
方向に引けばいいんだろ
でも、どこで止める？
ちょうどいい感じに
見えるところで
オッケー、ここだ
いいよ
で、向こう側の壁を仕上げて…
…できたっ！
何か忘れてないかな、
マグ？
ん？　デヴィッド？
目盛り代わりの
分割線がまだだろ？
よし、まずは水平の線と
垂直の線
次に、後退していく線…
側面の壁にも線を
入れよう…

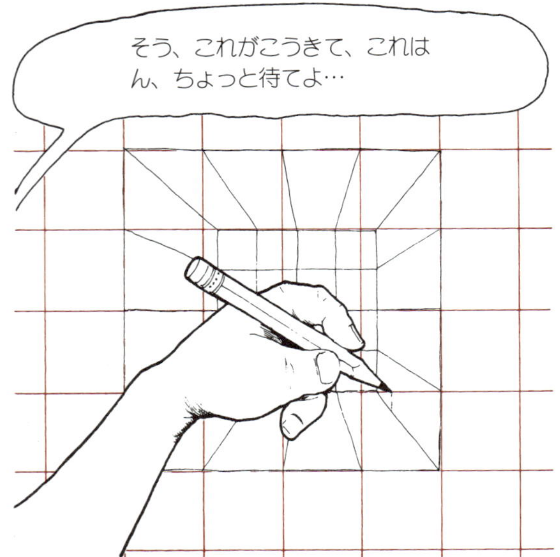
そう、これがこうきて、これは
ん、ちょっと待てよ…

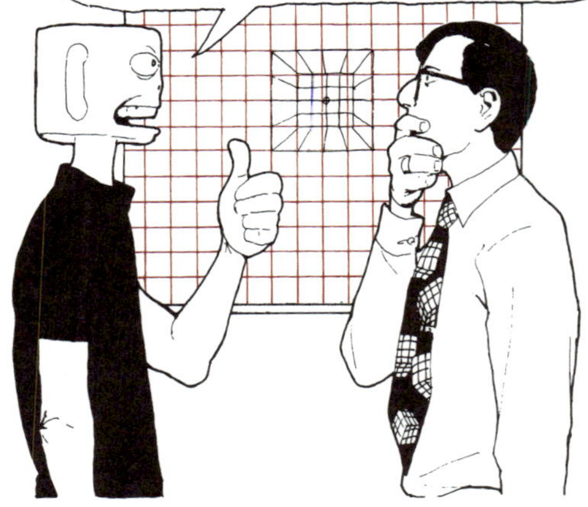
そっか、デヴィッド、どうやったら
線を等間隔にできるんだあ？

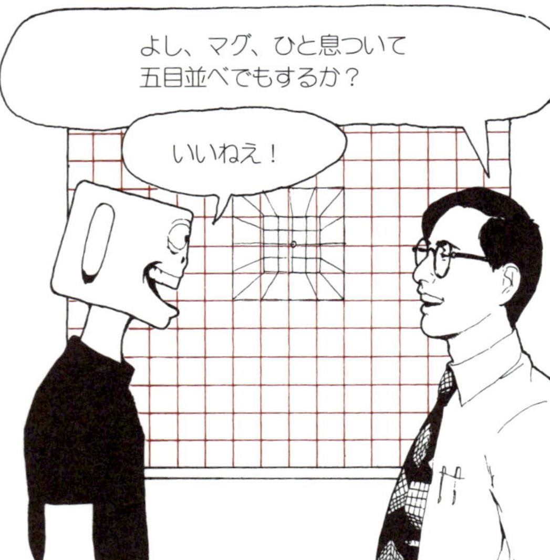
よし、マグ、ひと息ついて
五目並べでもするか？
いいねえ！

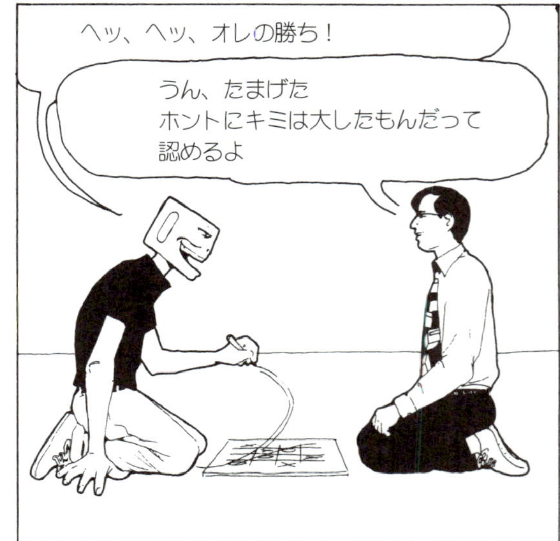
ヘッ、ヘッ、オレの勝ち！
うん、たまげた
ホントにキミは大したもんだって
認めるよ

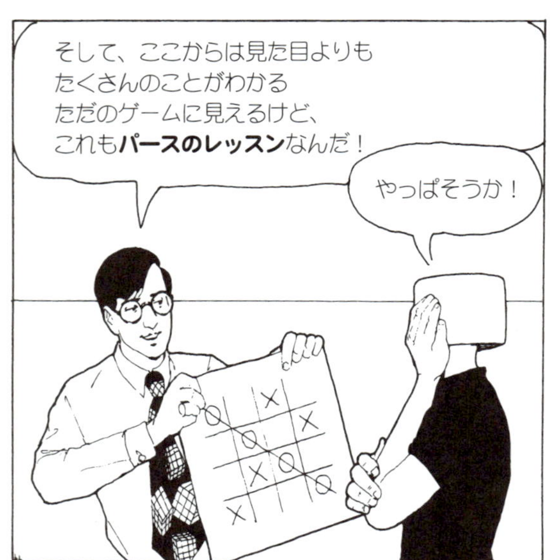
そして、ここからは見た目よりも
たくさんのことがわかる
ただのゲームに見えるけど、
これも**パースのレッスン**なんだ！
やっぱそうか！

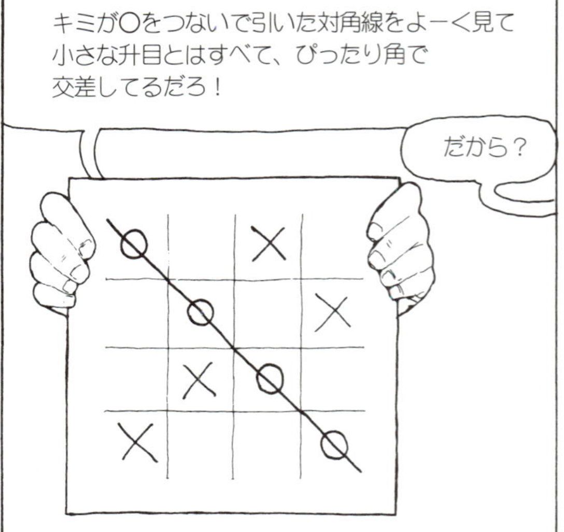
キミが○をつないで引いた対角線をよーく見て
小さな升目とはすべて、ぴったり角で
交差してるだろ！
だから？

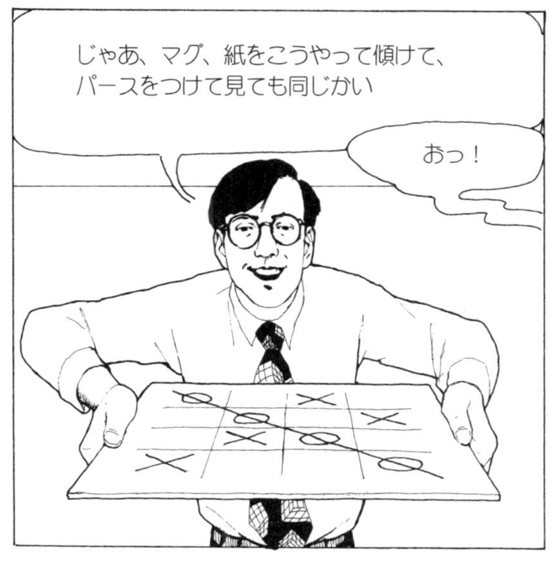
じゃあ、マグ、紙をこうやって傾けて、
パースをつけて見ても同じかい
おっ！

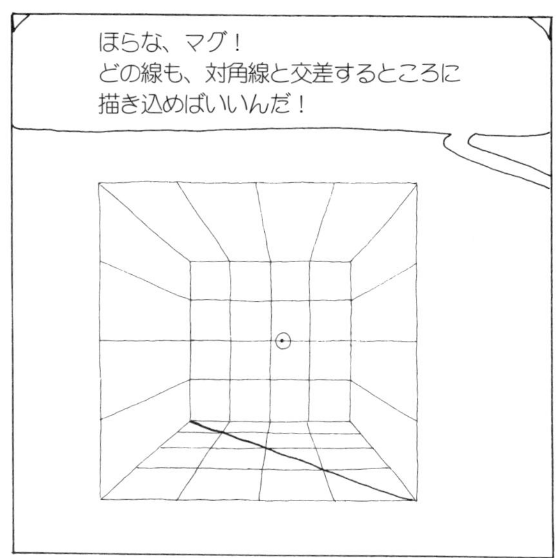
ほらな、マグ！
どの線も、対角線と交差するところに
描き込めばいいんだ！

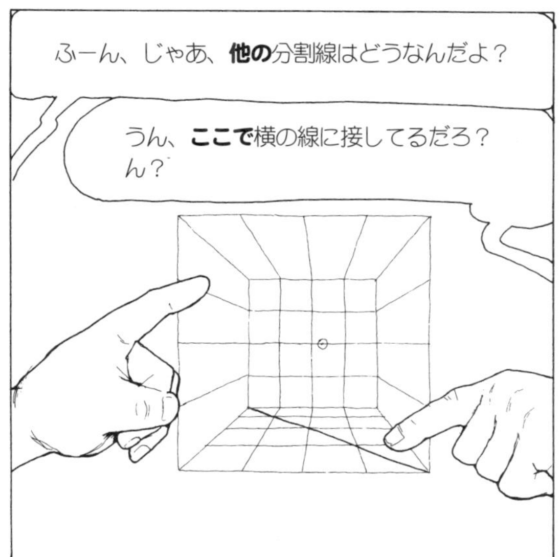
ふーん、じゃあ、**他の**分割線はどうなんだよ？
うん、**ここで**横の線に接してるだろ？
ん？

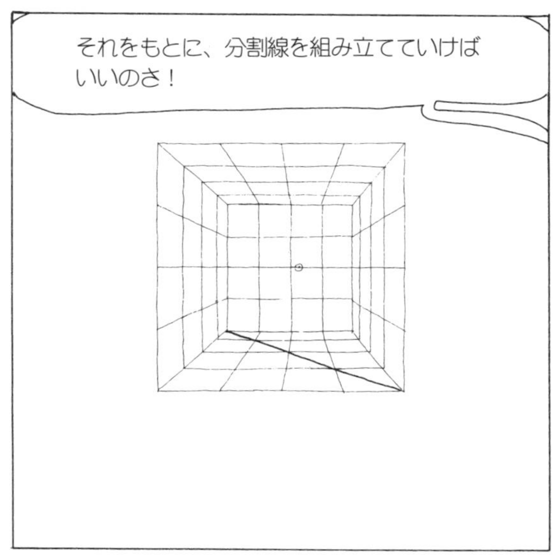
それをもとに、分割線を組み立てていけば
いいのさ！

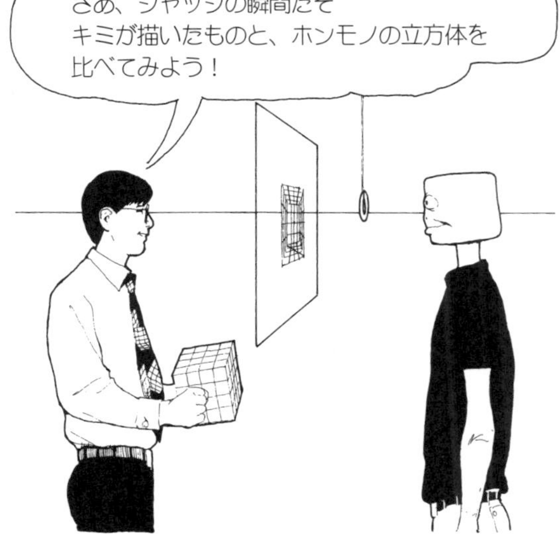
さあ、ジャッジの瞬間だぞ
キミが描いたものと、ホンモノの立方体を
比べてみよう！

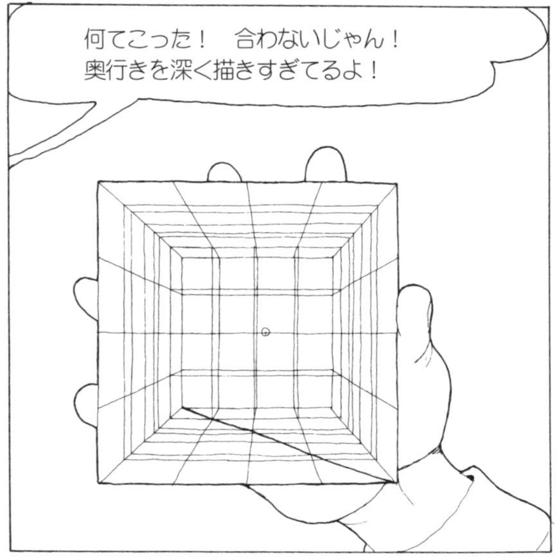
何てこった！　合わないじゃん！
奥行きを深く描きすぎてるよ！

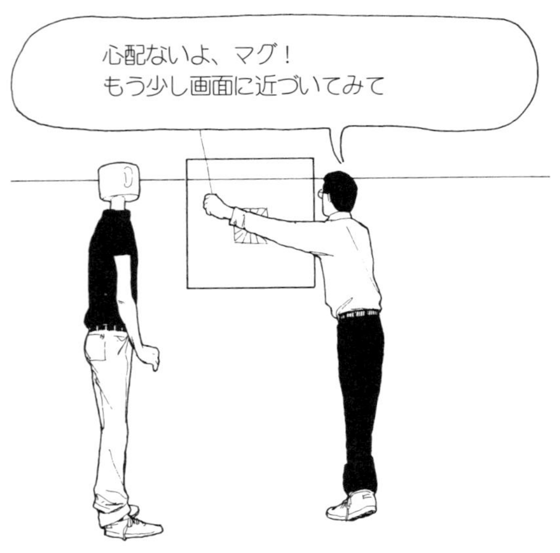
心配ないよ、マグ！
もう少し画面に近づいてみて

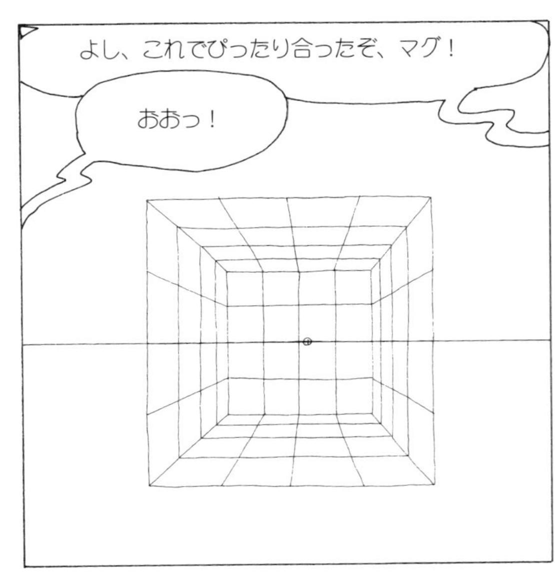
よし、これでぴったり合ったぞ、マグ！
おおっ！

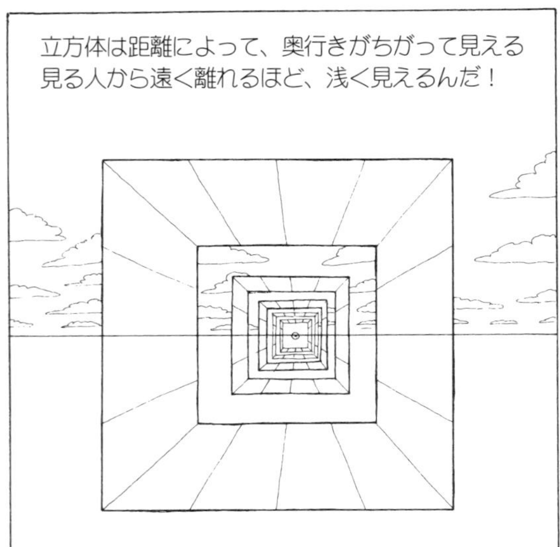
立方体は距離によって、奥行きがちがって見える
見る人から遠く離れるほど、浅く見えるんだ！

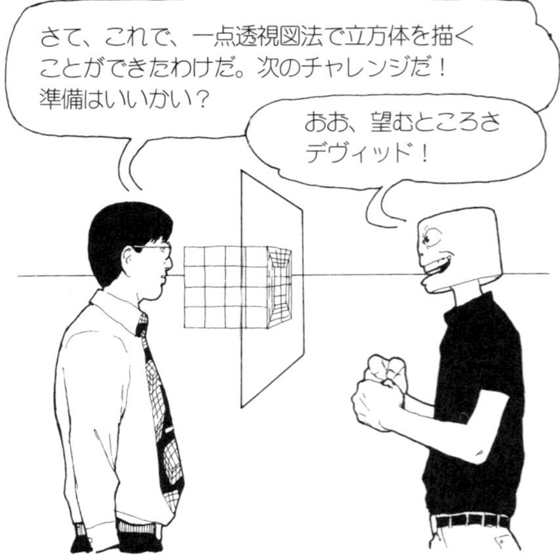
さて、これで、一点透視図法で立方体を描くことができたわけだ。次のチャレンジだ！
準備はいいかい？
おお、望むところさ
デヴィッド！

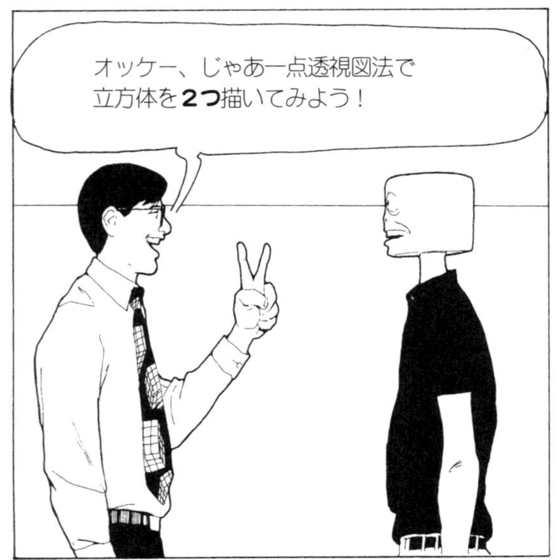
オッケー、じゃあ一点透視図法で
立方体を**2つ**描いてみよう！

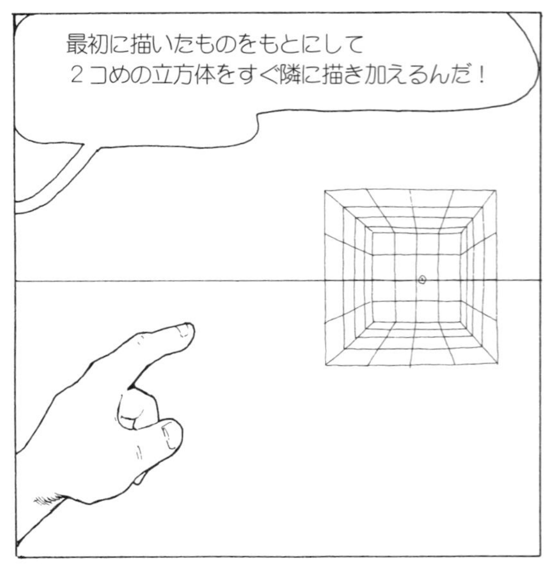
最初に描いたものをもとにして
２コめの立方体をすぐ隣に描き加えるんだ！

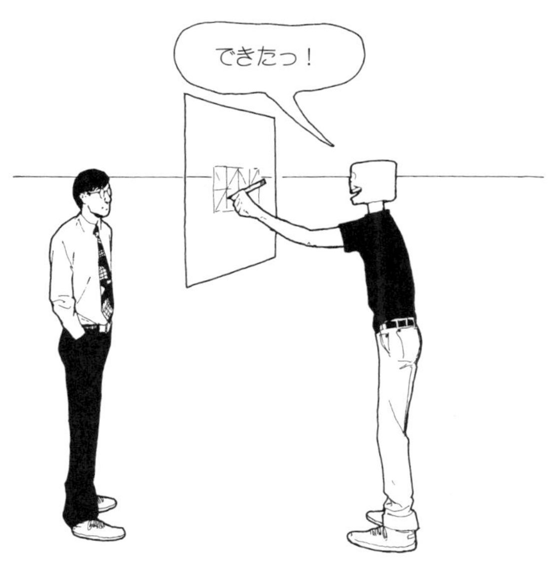
できたっ！

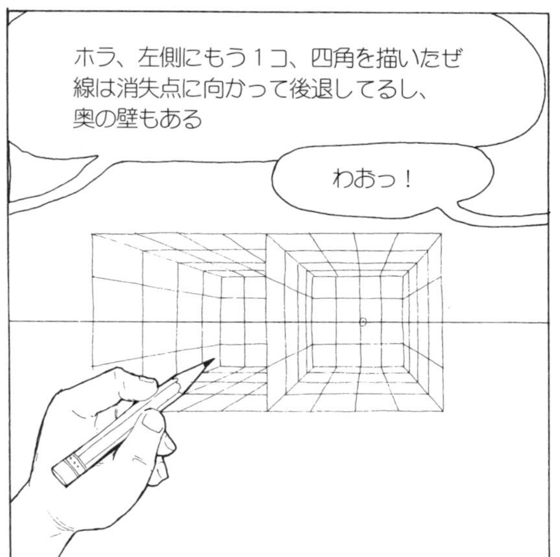
ホラ、左側にもう１コ、四角を描いたぜ
線は消失点に向かって後退してるし、
奥の壁もある
わおっ！

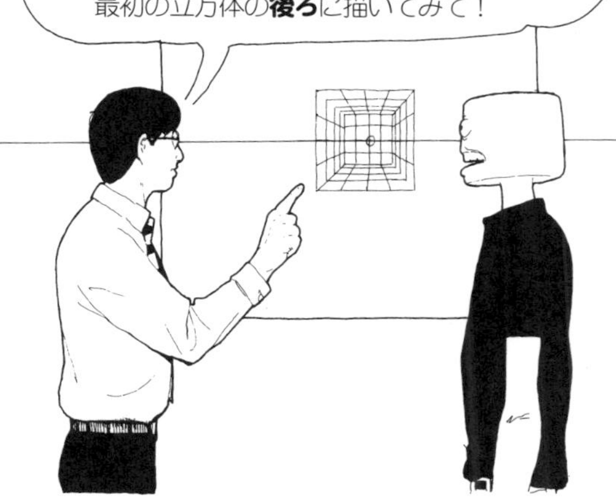
たぶん、次の課題は
もっとやりがいがあるぞ、マグ！
こんどは、２つめの立方体を
最初の立方体の**後ろ**に描いてみて！

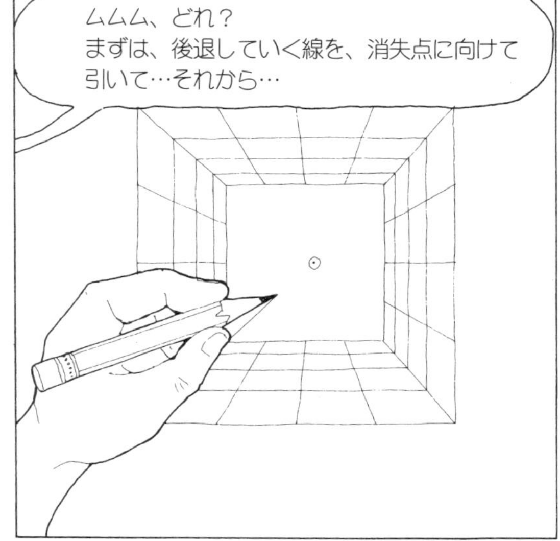
ムムム、どれ？
まずは、後退していく線を、消失点に向けて
引いて…それから…

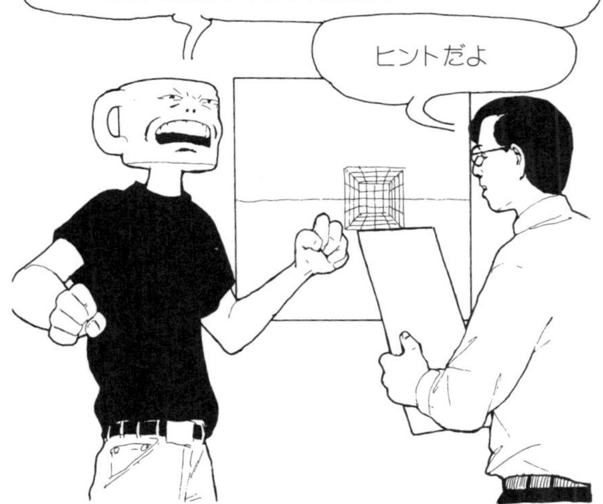
くそっ、また同じところでつまずいた
どこで止めりゃいいんだよ！
ヒントだよ

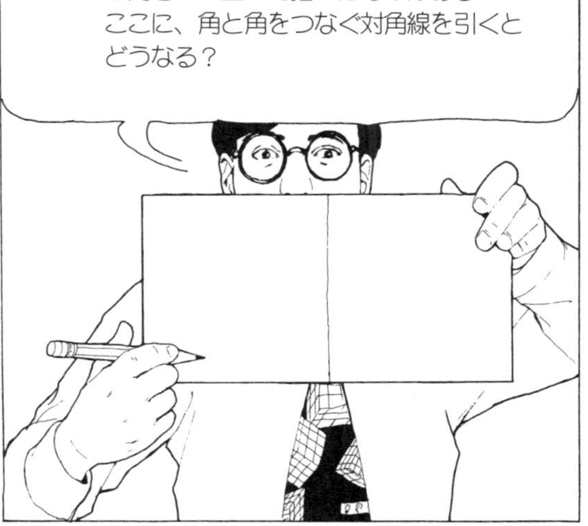
四角を２つ並べて描いたものがある
ここに、角と角をつなぐ対角線を引くと
どうなる？

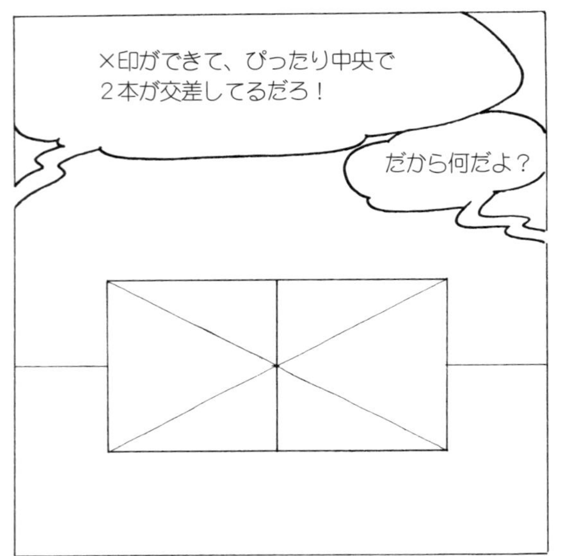

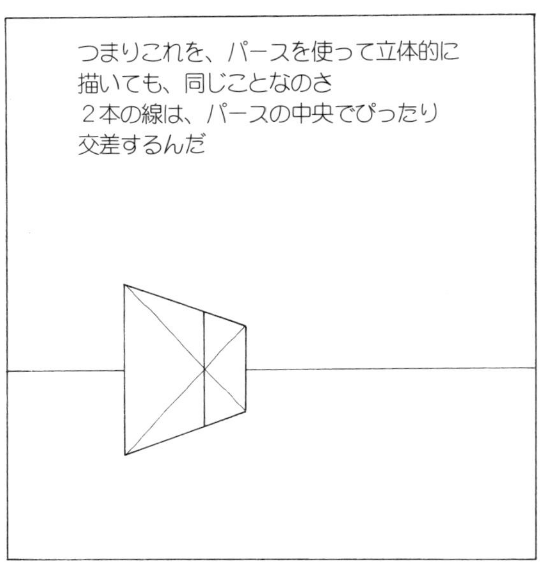

ってことは、パースで描いた四角に
もう１つ描き加えたいと思ったら、
四角を二等分する線を見つけて
その線の中心点を通る対角線を
下の角から上の角に向かって引けばいい
そこが長方形の終点になるわけさ！

1/2

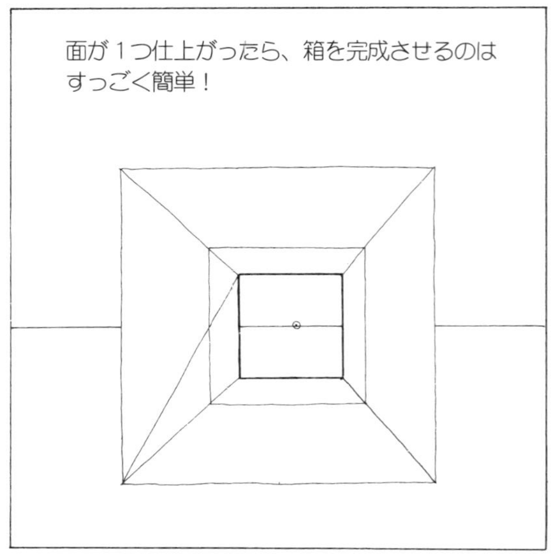

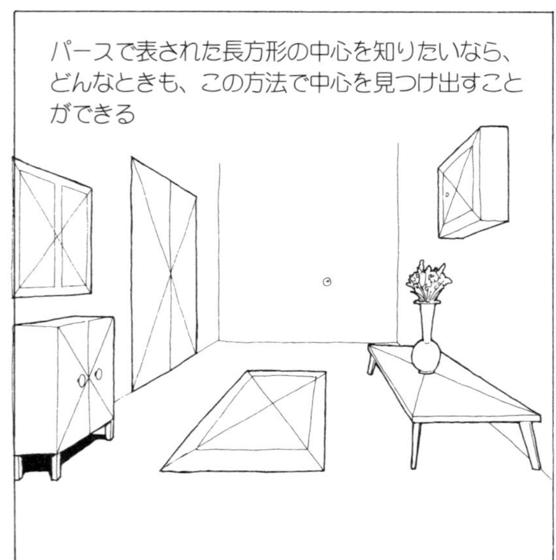

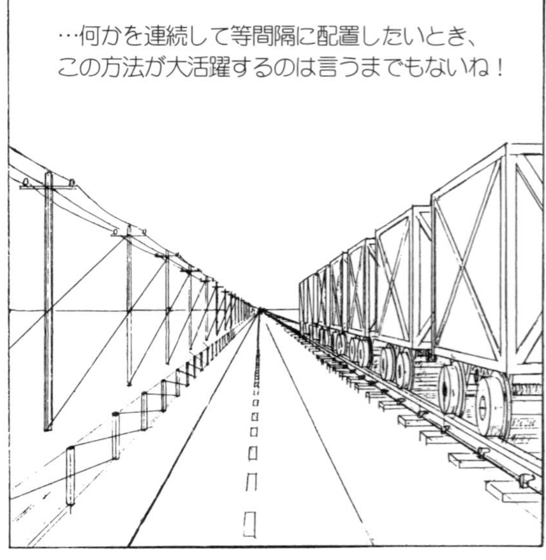

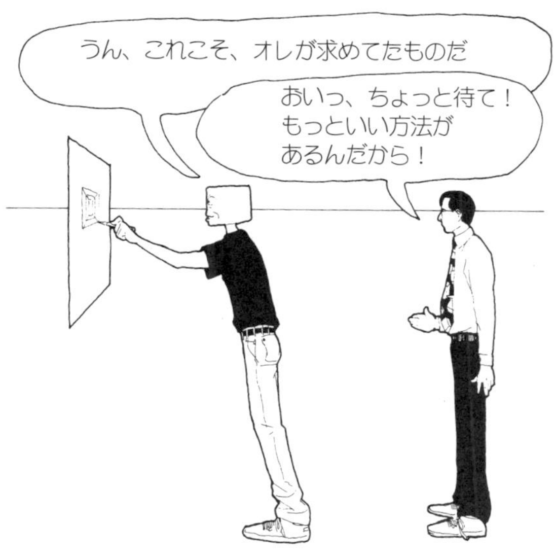
うん、これこそ、オレが求めてたものだ
おいっ、ちょっと待て！
もっといい方法が
あるんだから！

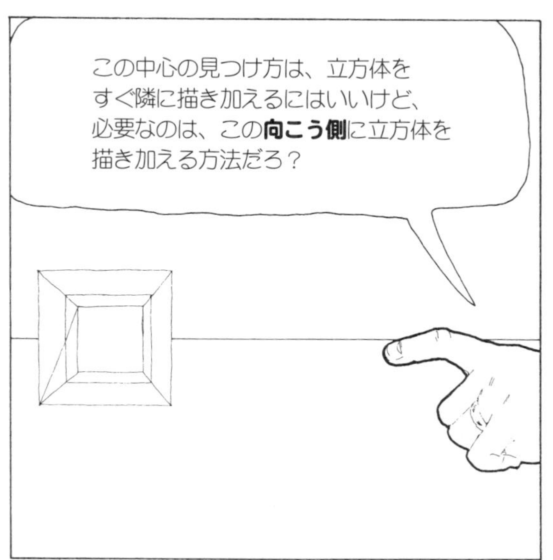
この中心の見つけ方は、立方体を
すぐ隣に描き加えるにはいいけど、
必要なのは、この**向こう側**に立方体を
描き加える方法だろ？

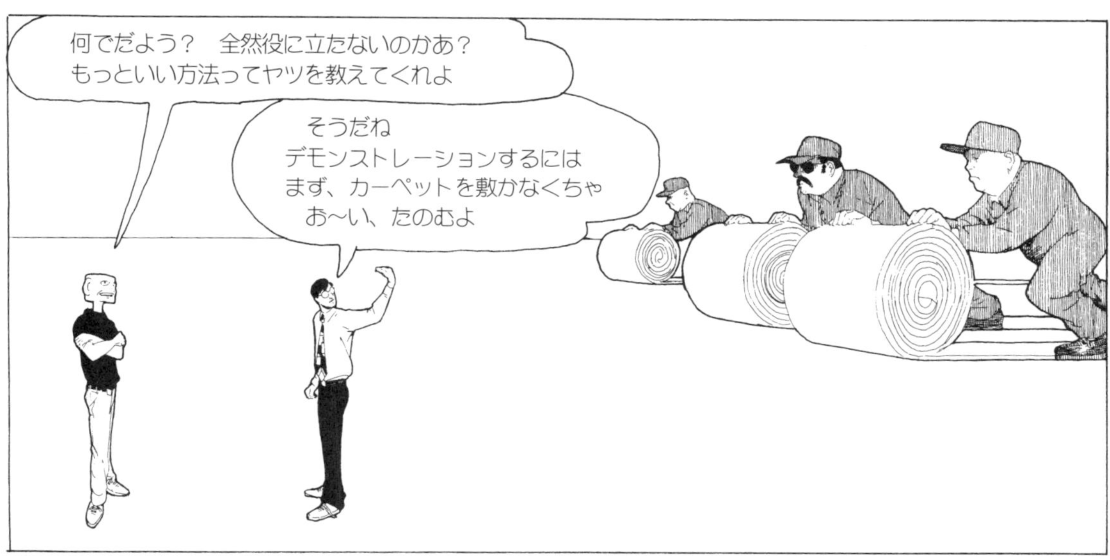
何でだよう？　全然役に立たないのかあ？
もっといい方法ってヤツを教えてくれよ
そうだね
デモンストレーションするには
まず、カーペットを敷かなくちゃ
お〜い、たのむよ

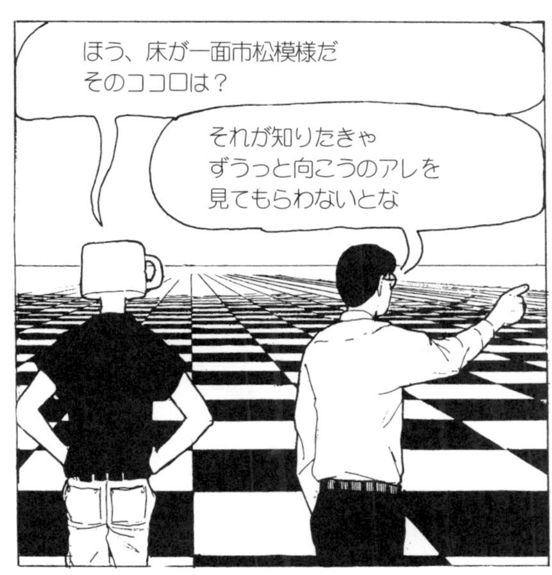
ほう、床が一面市松模様だ
そのココロは？
それが知りたきゃ
ずうっと向こうのアレを
見てもらわないとな

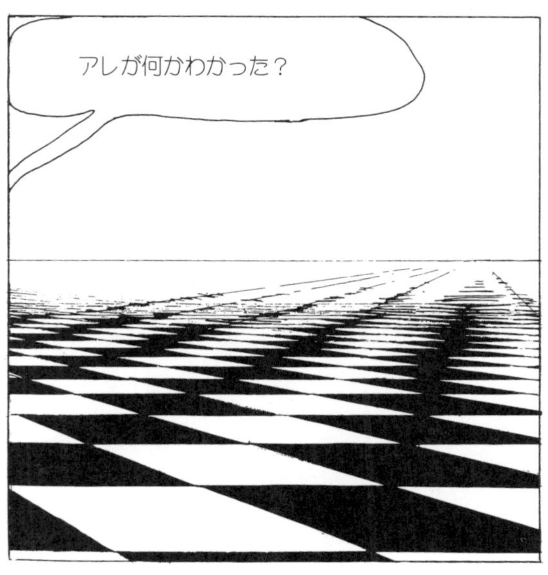
アレが何かわかった？

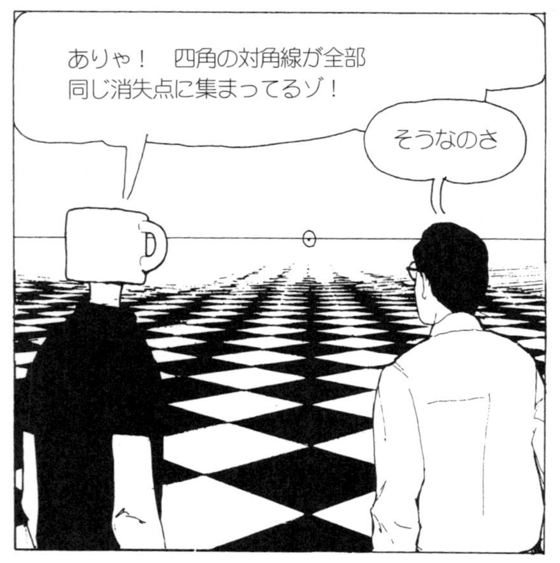

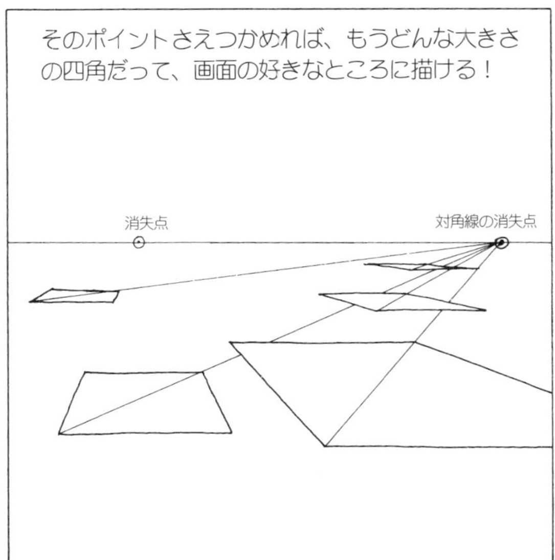

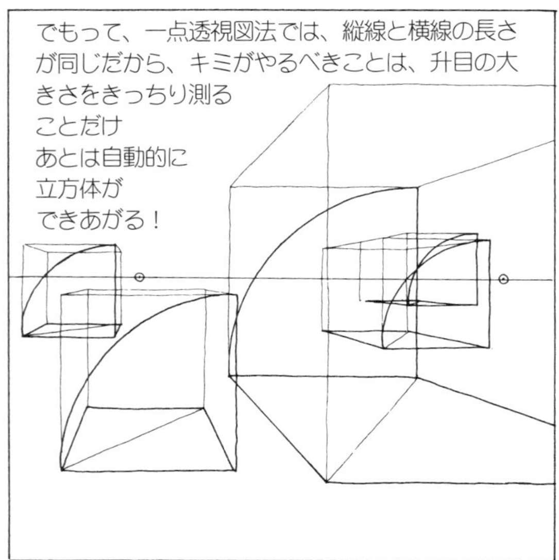

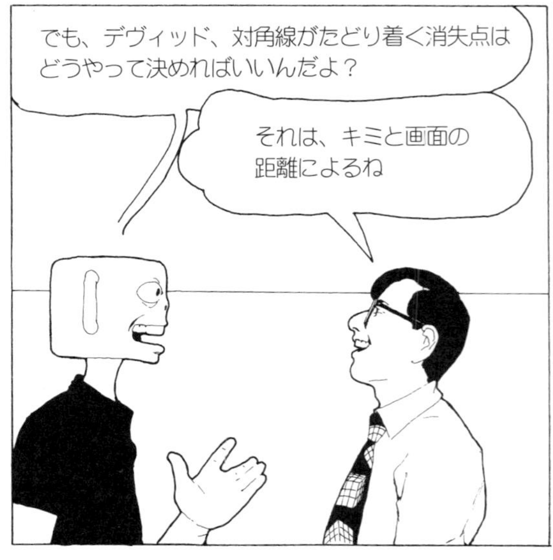

正確に描く必要があるときは、まず、ステーションポイント、つまりキミの立ち位置を決めるんだね
それから、画面の下端も決めておこう

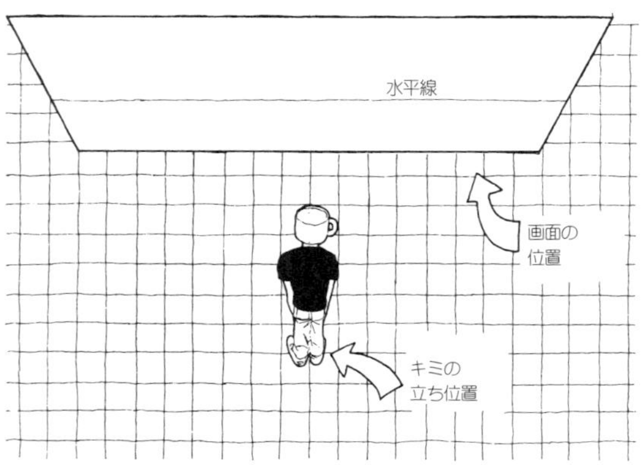

で、キミの立ち位置から画面に向かって斜めの線を引き、交差する箇所に印をつける

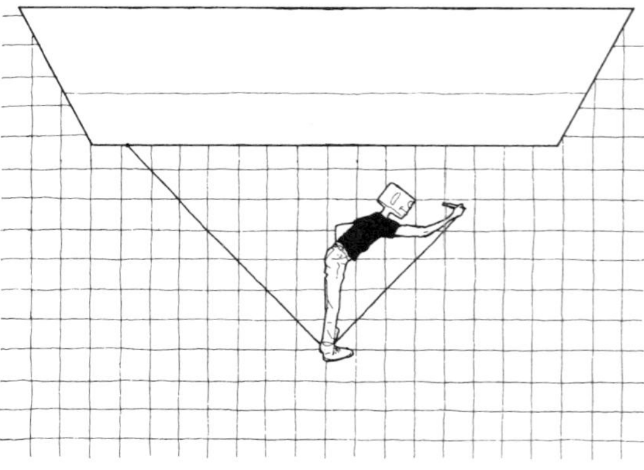

この対角線の消失点は水平線上にあって、対角線が画面に接した箇所から真上に上がったところに来るはずだ

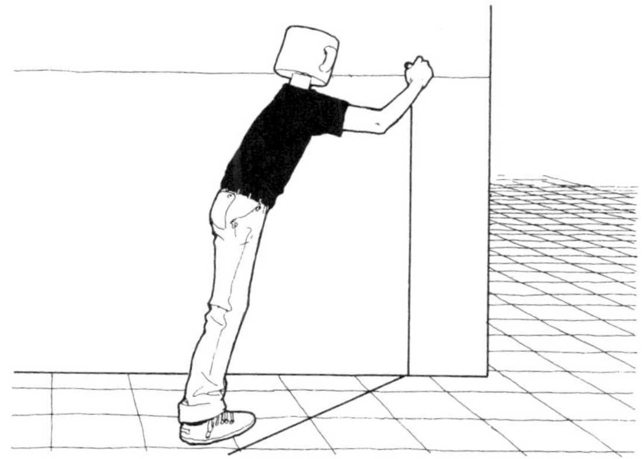

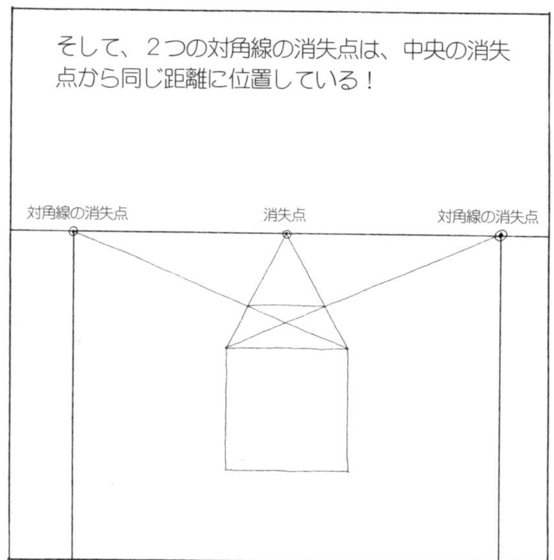

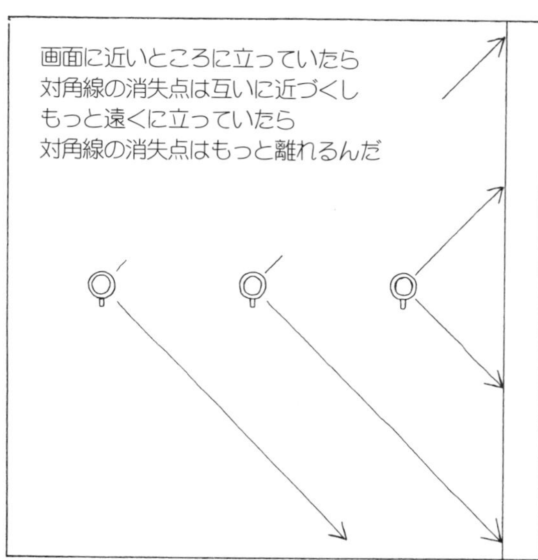

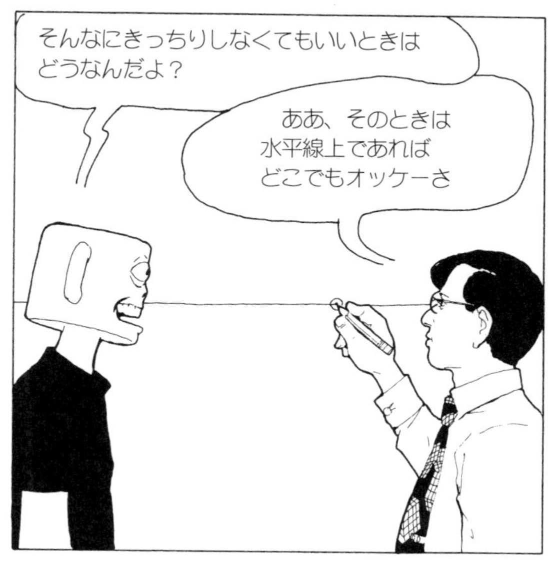

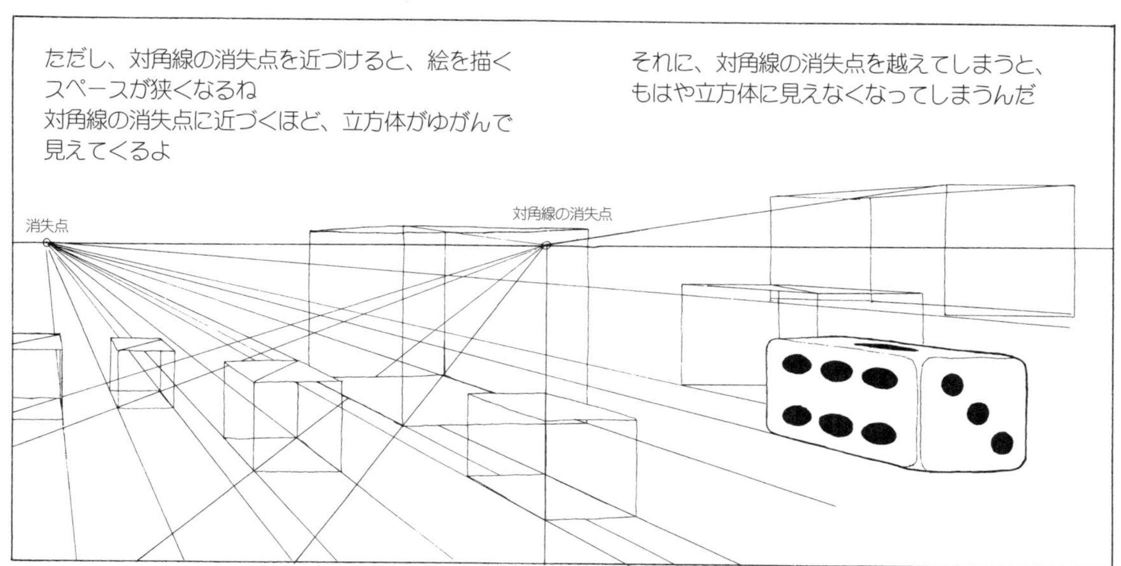

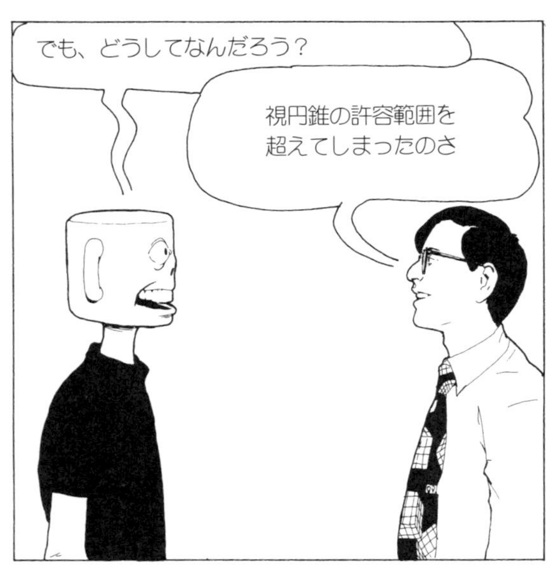
でも、どうしてなんだろう？
視円錐の許容範囲を
超えてしまったのさ

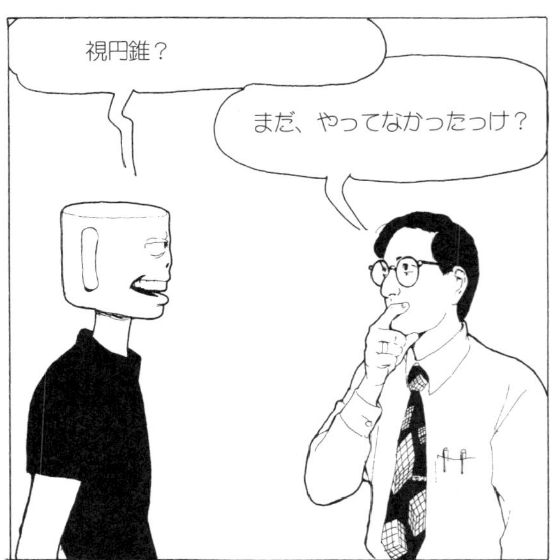
視円錐？
まだ、やってなかったっけ？

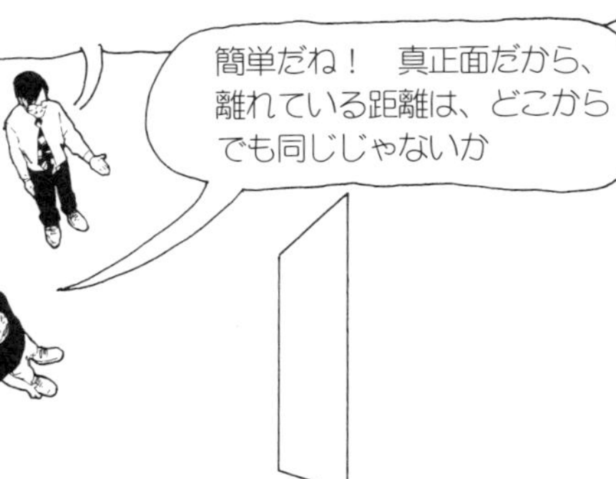
オッケー、マグ、画面のことを思い出して！
画面に向って立ったとき、
キミにいちばん近い部分はどこ？
簡単だね！　真正面だから、
離れている距離は、どこから
でも同じじゃないか

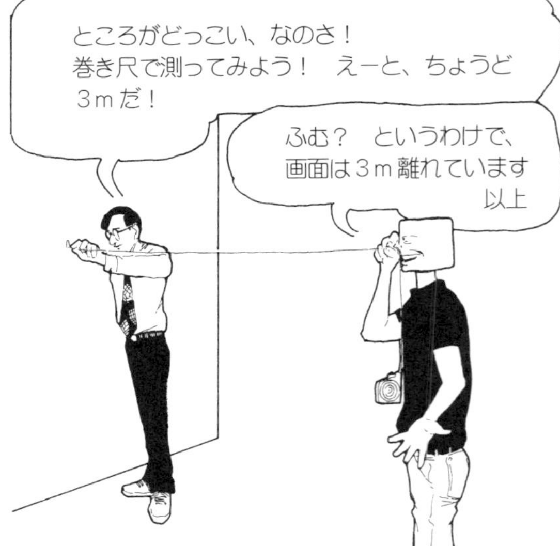
ところがどっこい、なのさ！
巻き尺で測ってみよう！　えーと、ちょうど
３ｍだ！
ふむ？　というわけで、
画面は３ｍ離れています
以上

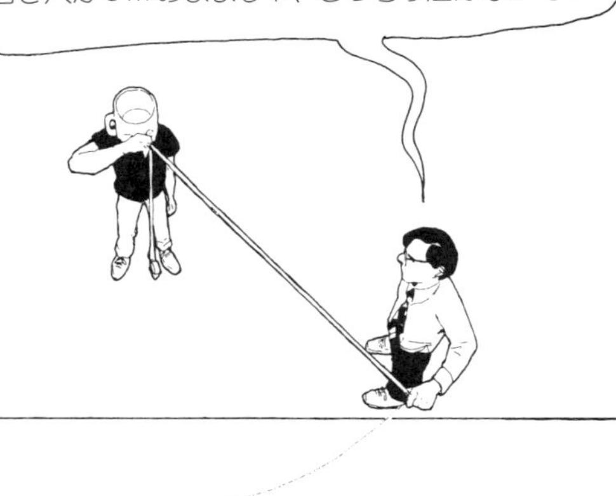
ああ、だけど、もうちょっと左の、この位置で
見てみよう！
巻き尺が３ｍのままじゃ、きっちり届かないぞ！

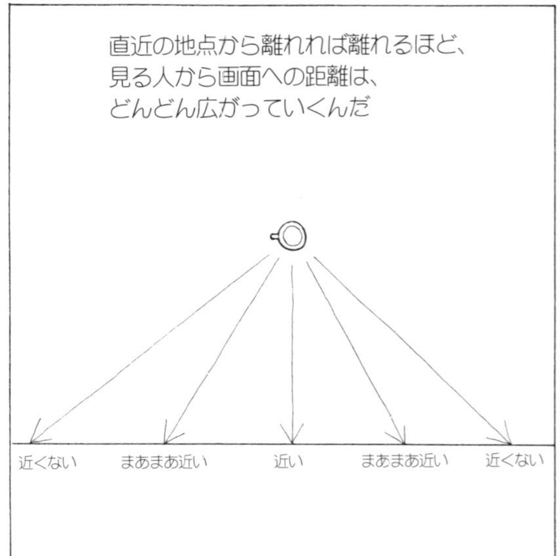
直近の地点から離れれば離れるほど、
見る人から画面への距離は、
どんどん広がっていくんだ
近くない
まあまあ近い
近い
まあまあ近い
近くない

等距離のエリアに印をつけていくと、いちばん近い地点を中心とする、同心円ができるはずだ

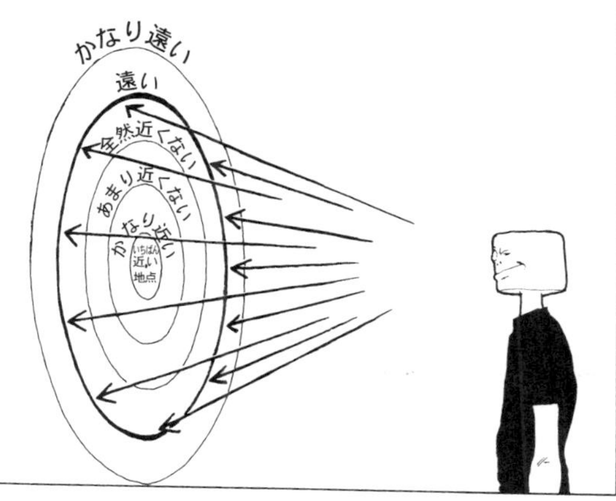

そのいちばん近い地点のことを、**視心**（視界の中心）って言うんだ
その地点が一点透視図法では、消失点と一致してる！

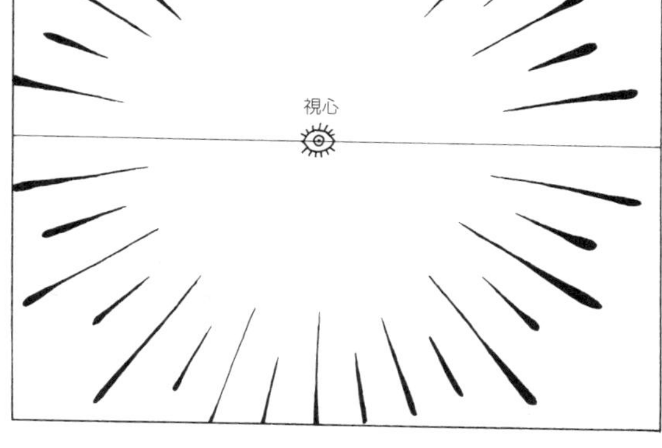

この同心円は、キミの目を頂点とした、同じ軸の円錐が何重にも重なったものとも言える
内側は細長い円錐で、外側に行くにつれてだんだん幅広になっていくんだ

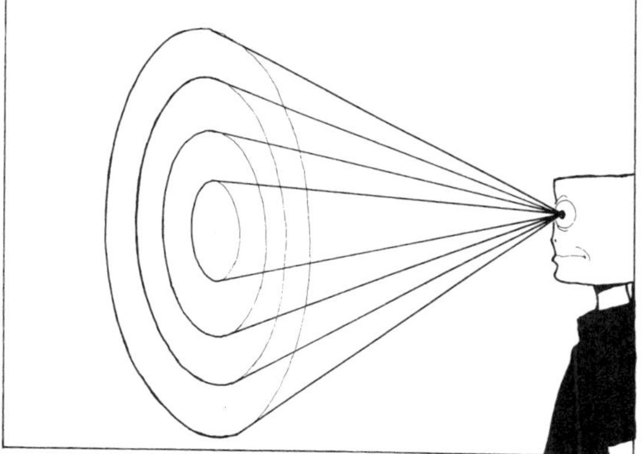

学校で数学を習ったろ？
「円は360°、もしくは360の部分に分割できる」って覚えてる？
これが、この重なった円錐を分けるのに役立つんだ！

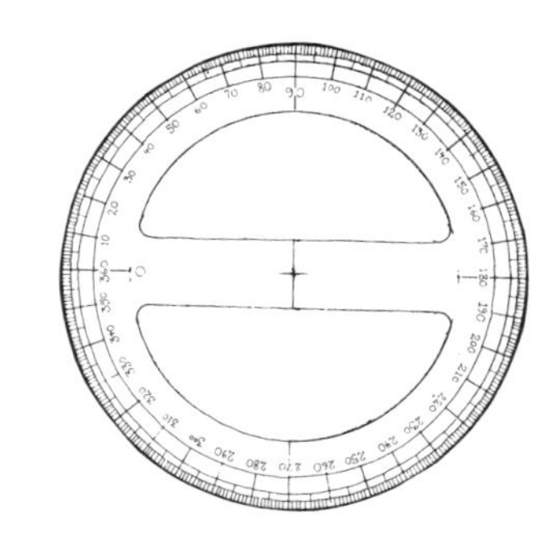

分度器を用意して、定規で円の角度を測るときと同じようにセットする
中心は目の位置で、視心の角度は0°だ

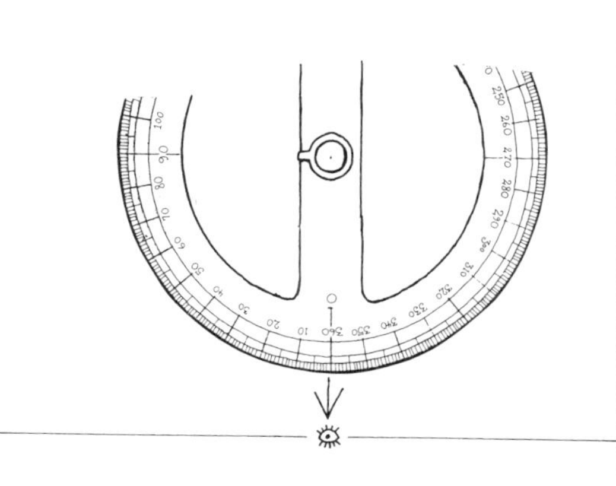

角度ごとに線を引いていけば、すべての円錐の縁の位置を、水平線上に記すことができる
そのとき、数値を２倍すること
円錐の底の部分の直径は、中心から縁までの距離の２倍だからね

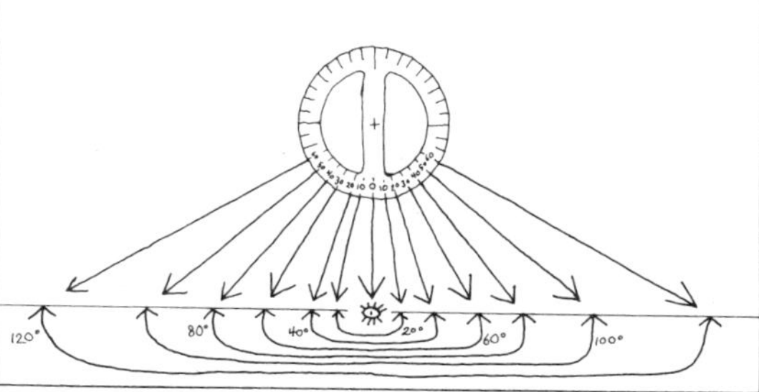

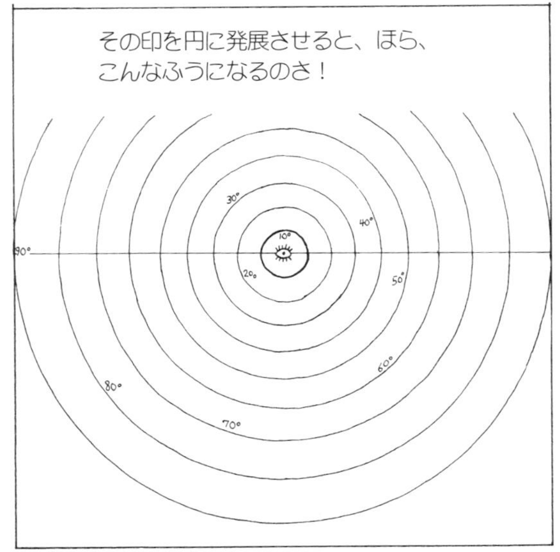
その印を円に発展させると、ほら、
こんなふうになるのさ！
10°
20°
30°
40°
50°
60°
70°
80°
90°

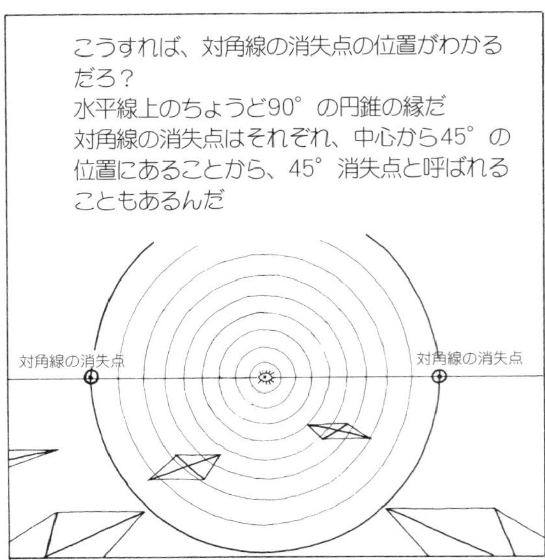
こうすれば、対角線の消失点の位置がわかる
だろ？
水平線上のちょうど90°の円錐の縁だ
対角線の消失点はそれぞれ、中心から45°の
位置にあることから、45°消失点と呼ばれる
こともあるんだ
対角線の消失点
対角線の消失点

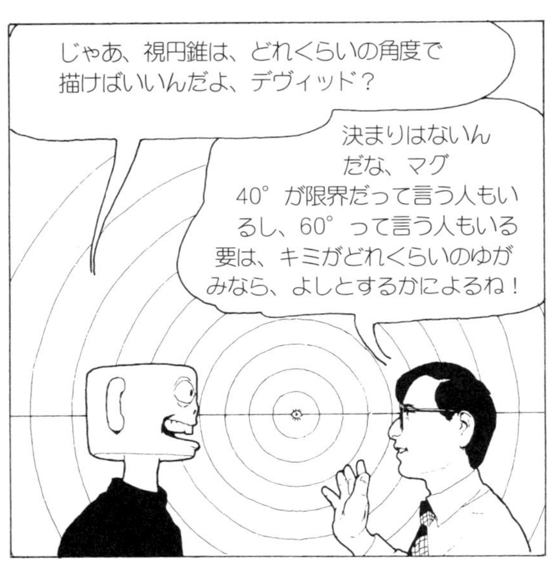
じゃあ、視円錐は、どれくらいの角度で
描けばいいんだよ、デヴィッド？
決まりはないん
だな、マグ
40°が限界だって言う人もい
るし、60°って言う人もいる
要は、キミがどれくらいのゆが
みなら、よしとするかによるね！

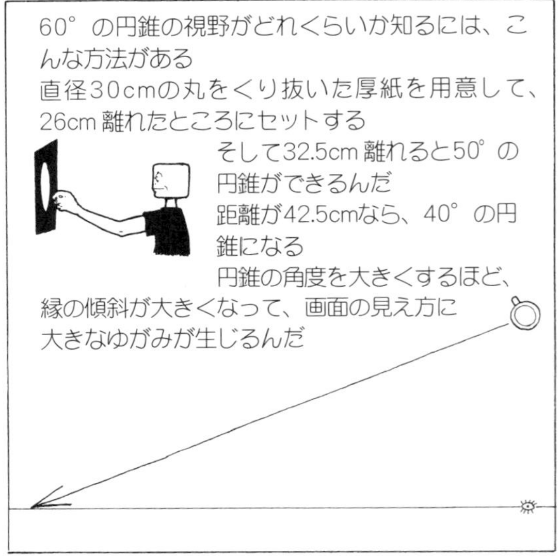
60°の円錐の視野がどれくらいか知るには、こ
んな方法がある
直径30cmの丸をくり抜いた厚紙を用意して、
26cm離れたところにセットする
そして32.5cm離れると50°の
円錐ができるんだ
距離が42.5cmなら、40°の円
錐になる
円錐の角度を大きくするほど、
縁の傾斜が大きくなって、画面の見え方に
大きなゆがみが生じるんだ

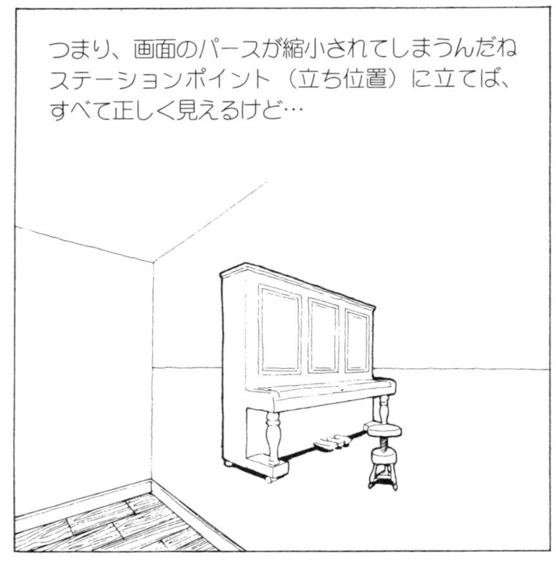
つまり、画面のパースが縮小されてしまうんだね
ステーションポイント（立ち位置）に立てば、
すべて正しく見えるけど…

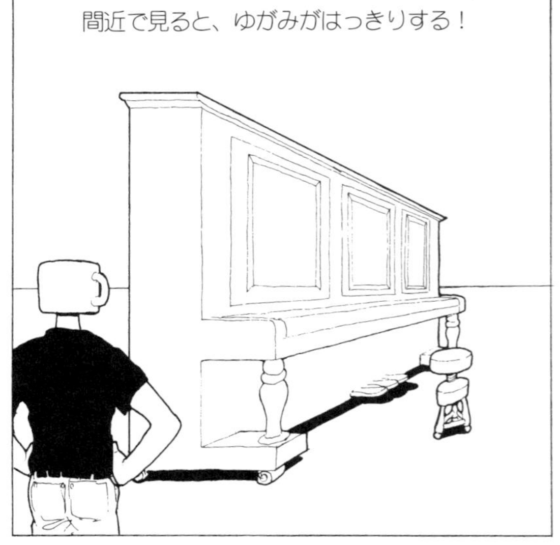
間近で見ると、ゆがみがはっきりする！

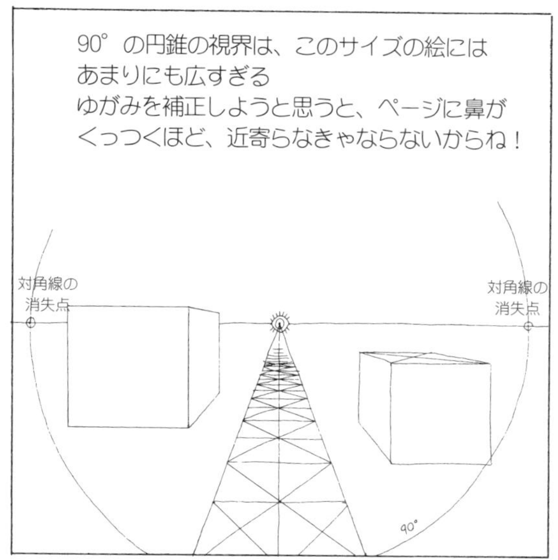
90°の円錐の視界は、このサイズの絵にはあまりにも広すぎる
ゆがみを補正しようと思うと、ページに鼻がくっつくほど、近寄らなきゃならないからね！
対角線の消失点
対角線の消失点
90°

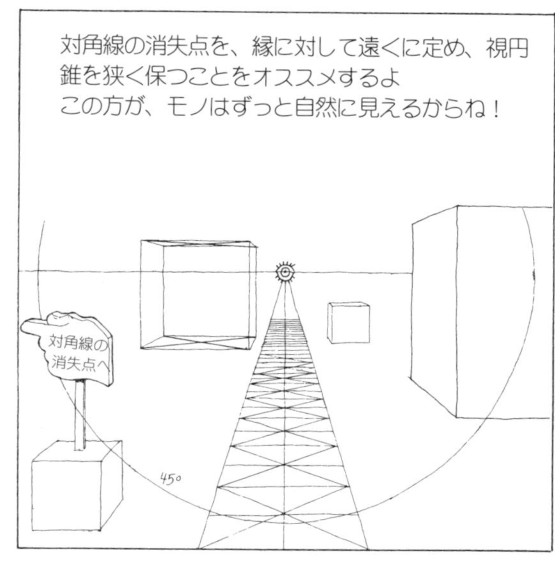
対角線の消失点を、縁に対して遠くに定め、視円錐を狭く保つことをオススメするよ
この方が、モノはずっと自然に見えるからね！
対角線の消失点へ
45°

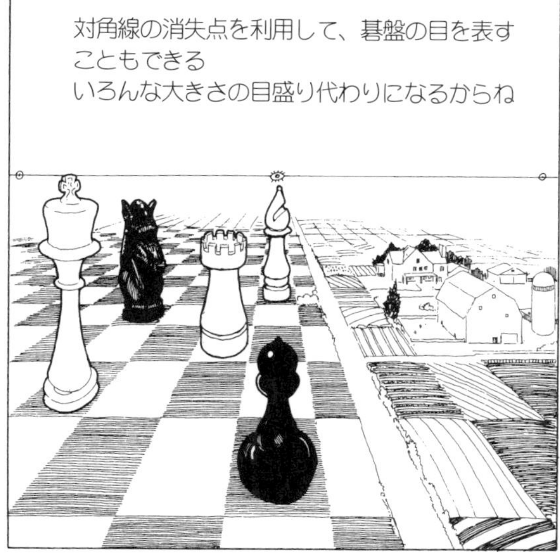
対角線の消失点を利用して、碁盤の目を表すこともできる
いろんな大きさの目盛り代わりになるからね

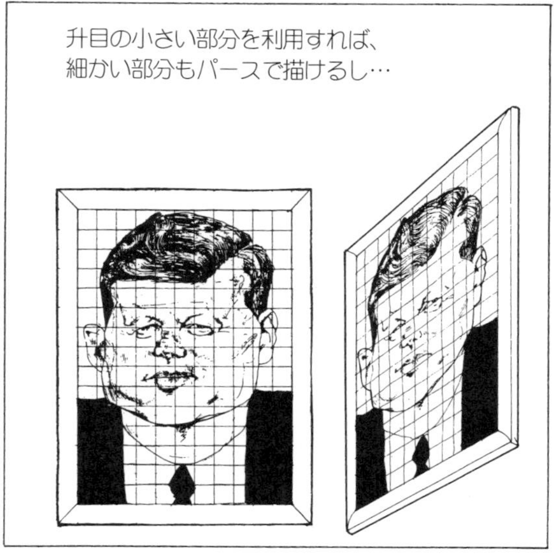
升目の小さい部分を利用すれば、細かい部分もパースで描けるし…

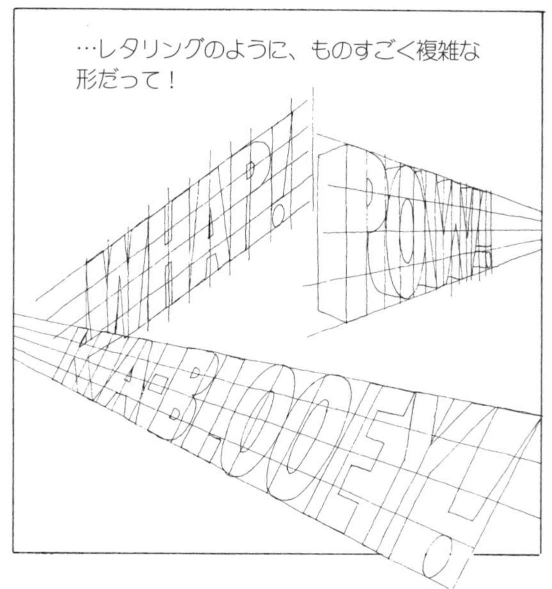
…レタリングのように、ものすごく複雑な形だって！

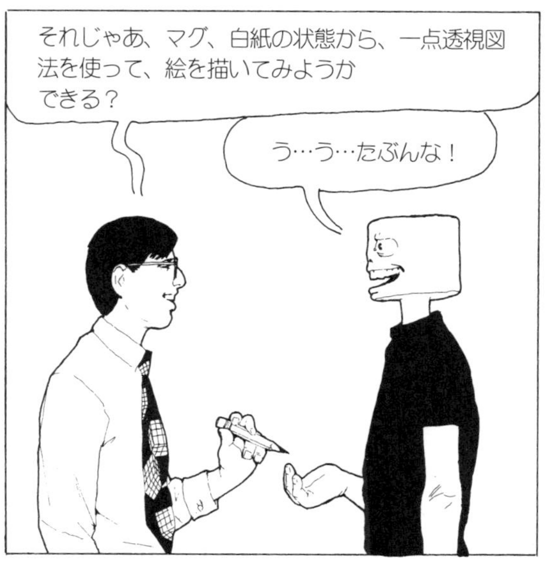
それじゃあ、マグ、白紙の状態から、一点透視図法を使って、絵を描いてみようかできる？
う…う…たぶんな！

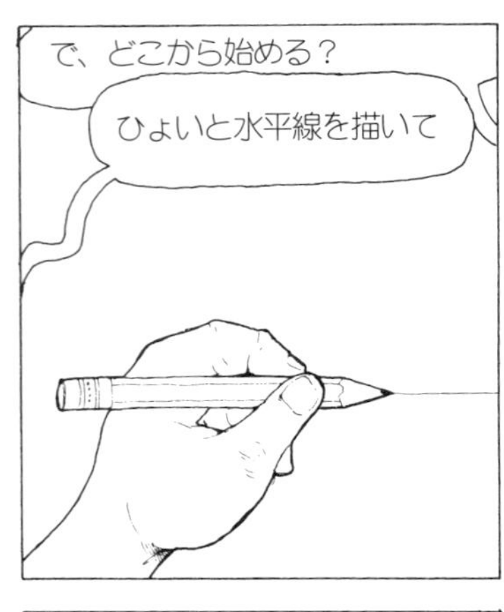
で、どこから始める？
ひょいと水平線を描いて

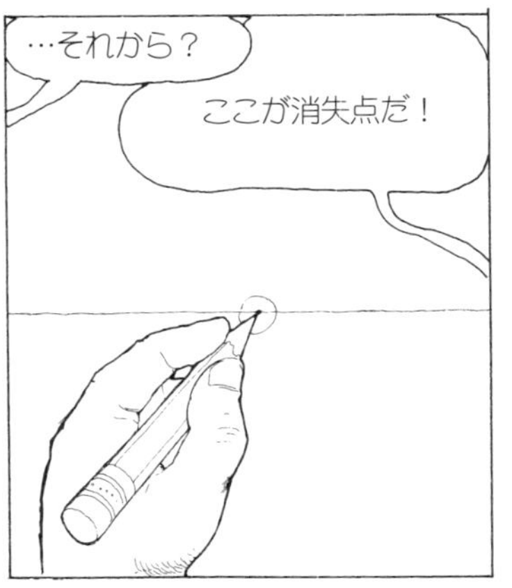
…それから？
ここが消失点だ！

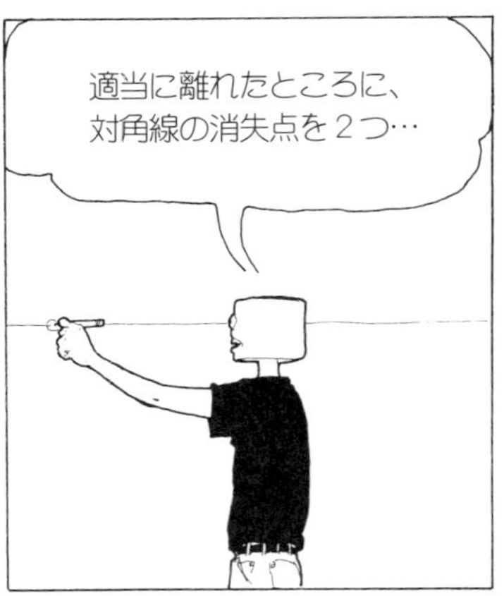
適当に離れたところに、
対角線の消失点を２つ…

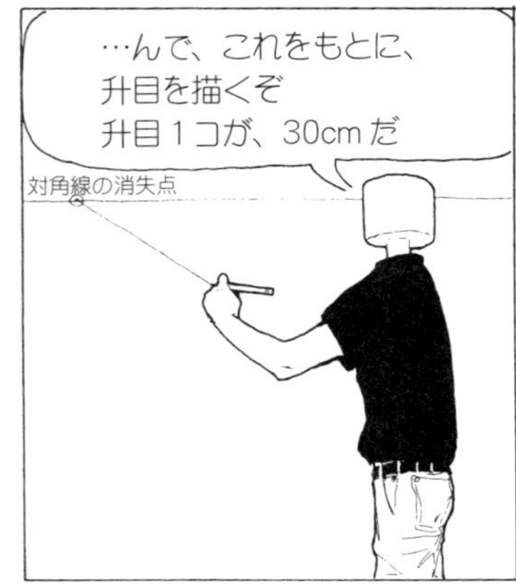
…んで、これをもとに、
升目を描くぞ
升目１コが、30cm だ
対角線の消失点

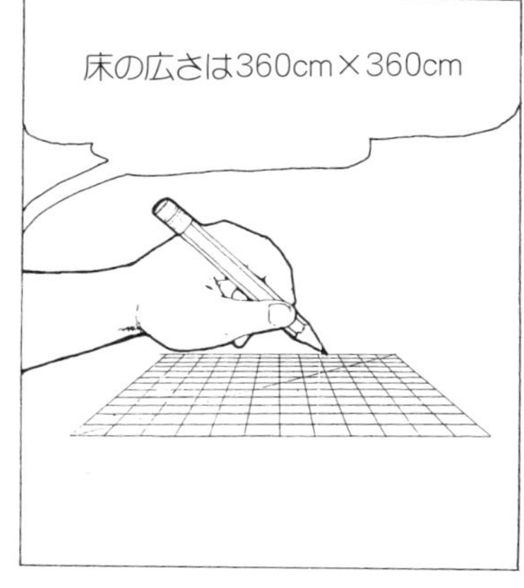
床の広さは360cm×360cm

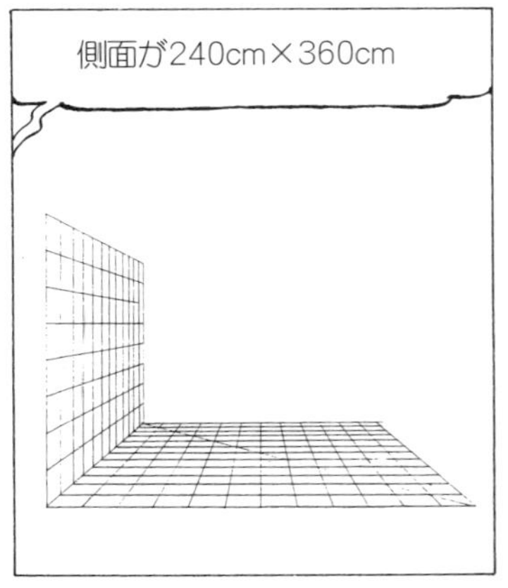
側面が240cm×360cm

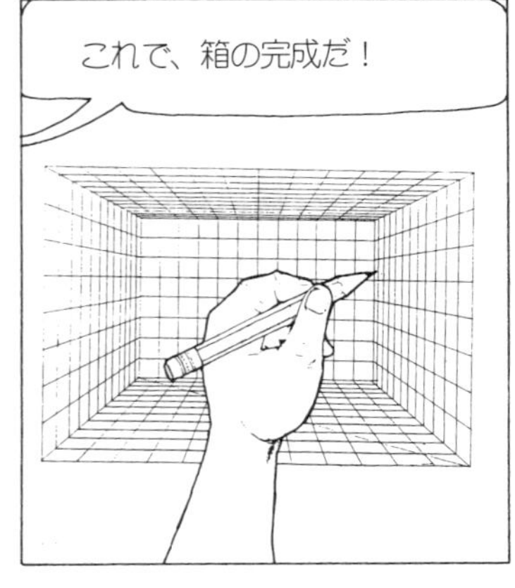
これで、箱の完成だ！

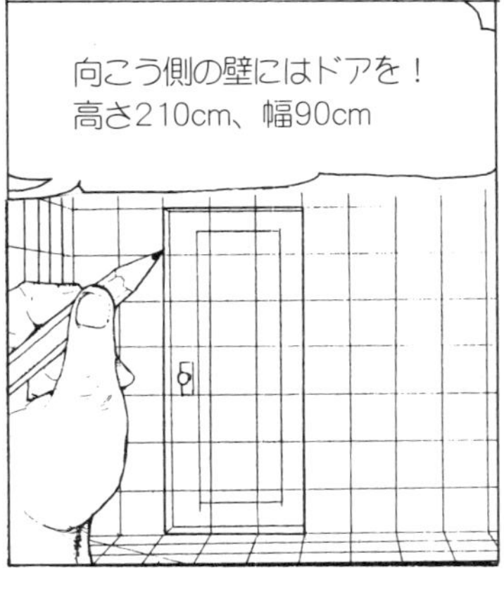
向こう側の壁にはドアを！
高さ210cm、幅90cm

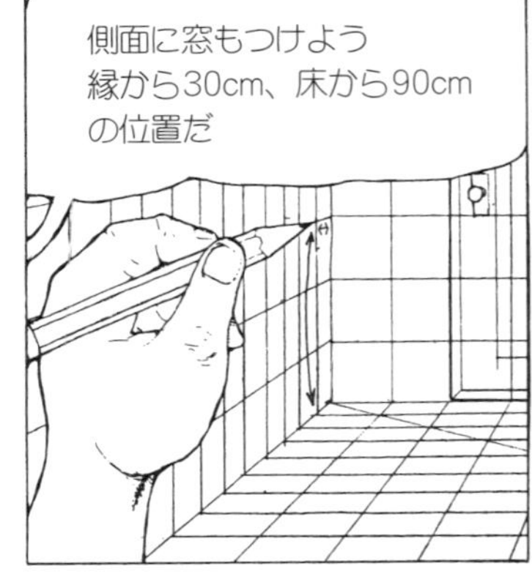
側面に窓もつけよう
縁から30cm、床から90cm
の位置だ

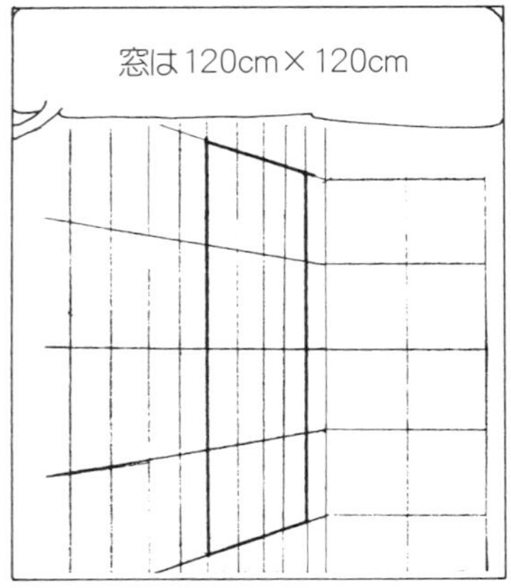
窓は120cm×120cm

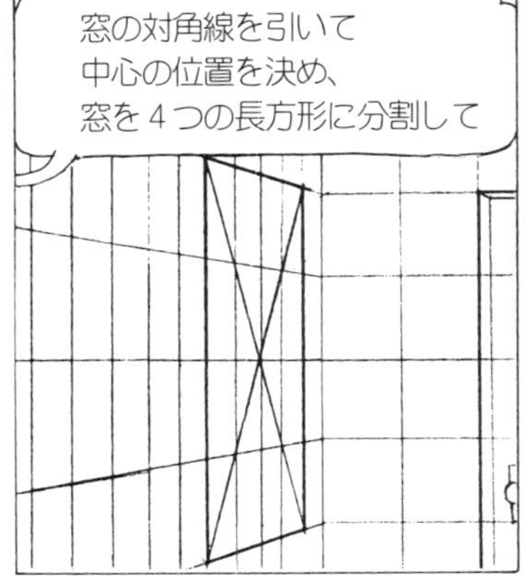
窓の対角線を引いて
中心の位置を決め、
窓を４つの長方形に分割して

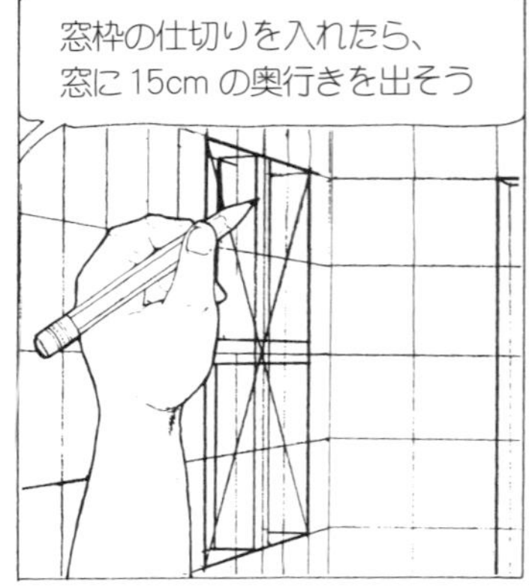
窓枠の仕切りを入れたら、
窓に15cm の奥行きを出そう

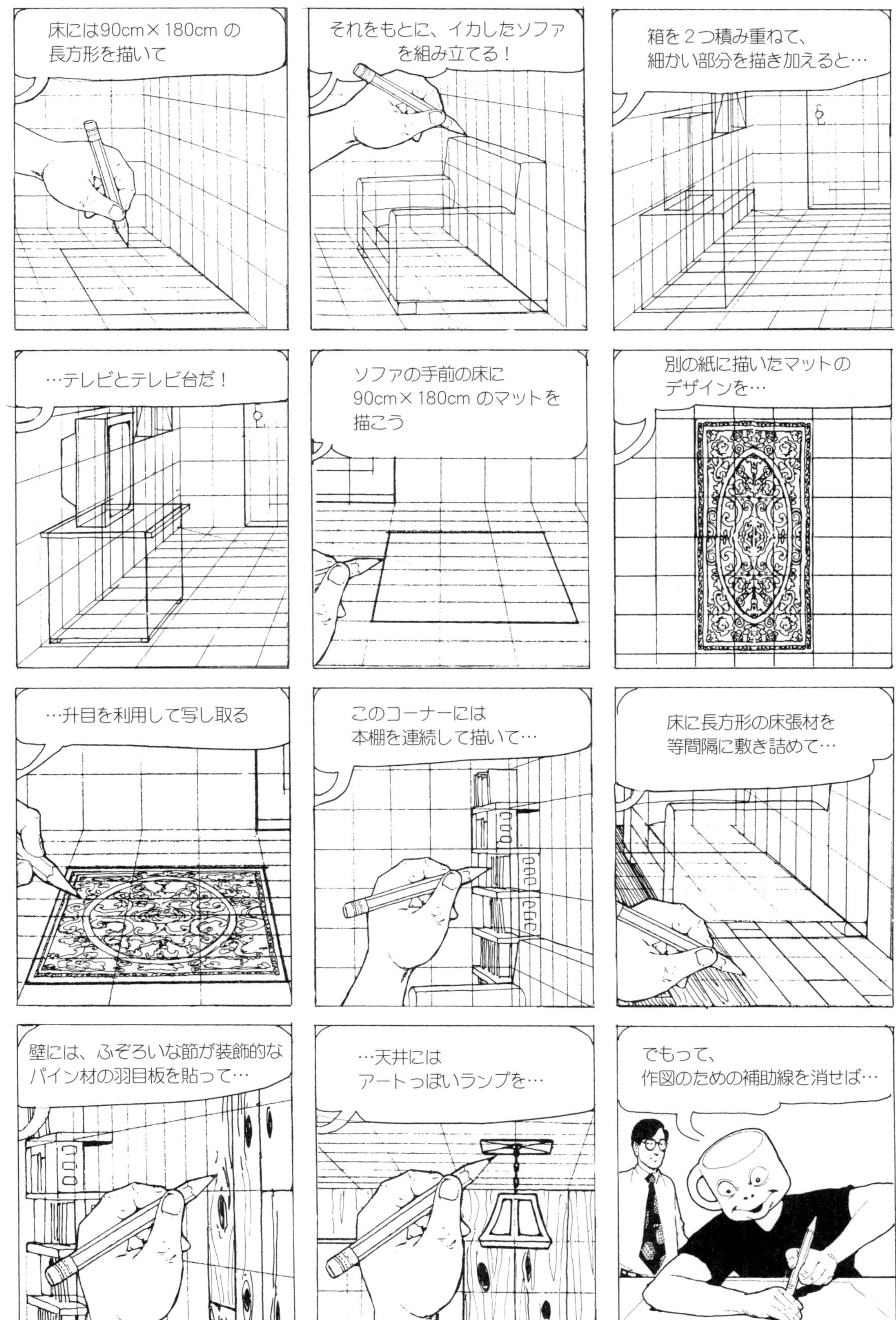
床には90cm×180cm の
長方形を描いて
それをもとに、イカしたソファ
を組み立てる！
箱を２つ積み重ねて、
細かい部分を描き加えると…
…テレビとテレビ台だ！
ソファの手前の床に
90cm×180cm のマットを
描こう
別の紙に描いたマットの
デザインを…
…升目を利用して写し取る
このコーナーには
本棚を連続して描いて…
床に長方形の床張材を
等間隔に敷き詰めて…
壁には、ふぞろいな節が装飾的な
パイン材の羽目板を貼って…
…天井には
アートっぽいランプを…
でもって、
作図のための補助線を消せば…

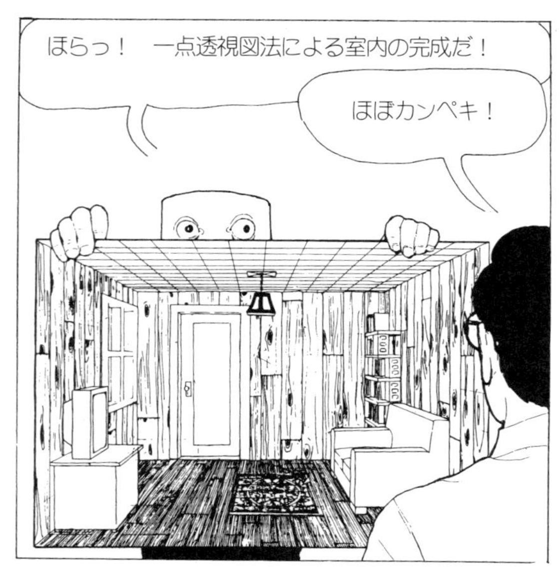
ほらっ！　一点透視図法による室内の完成だ！
ほぼカンペキ！

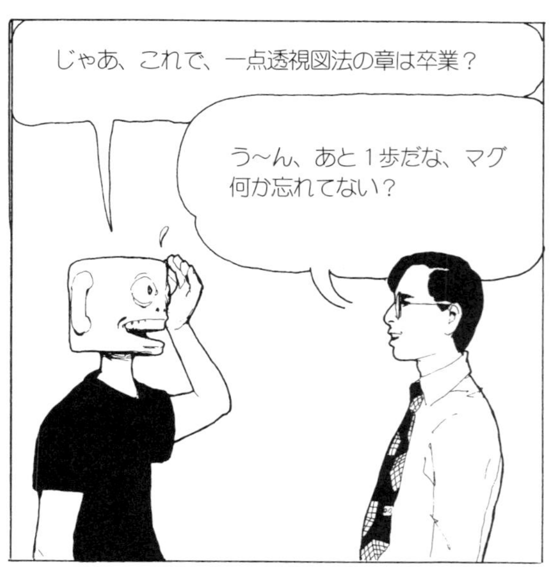
じゃあ、これで、一点透視図法の章は卒業？
う～ん、あと１歩だな、マグ
何か忘れてない？

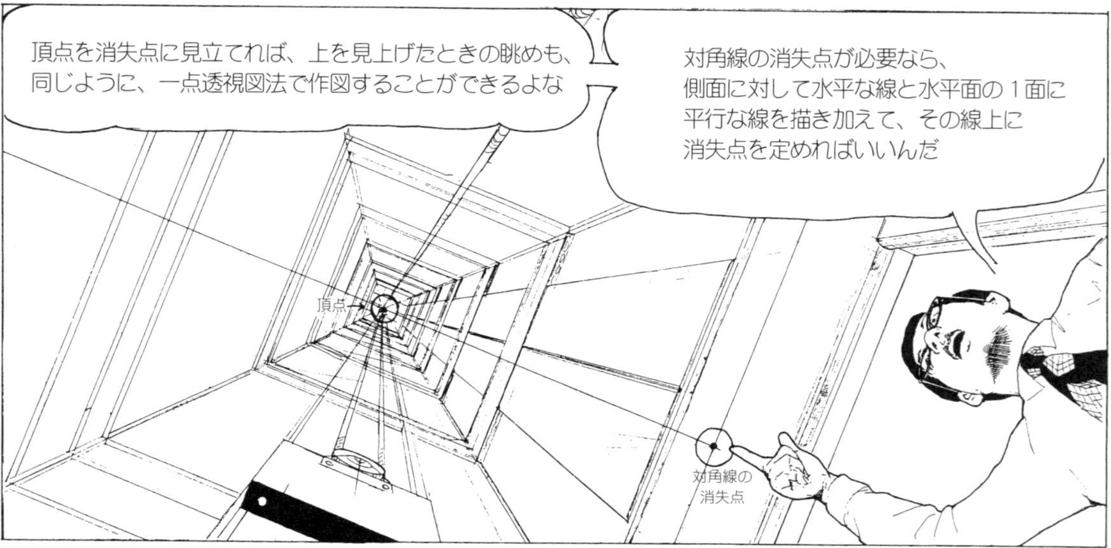
頂点を消失点に見立てれば、上を見上げたときの眺めも、
同じように、一点透視図法で作図することができるよな
対角線の消失点が必要なら、
側面に対して水平な線と水平面の１面に
平行な線を描き加えて、その線上に
消失点を定めればいいんだ
頂点
対角線の
消失点

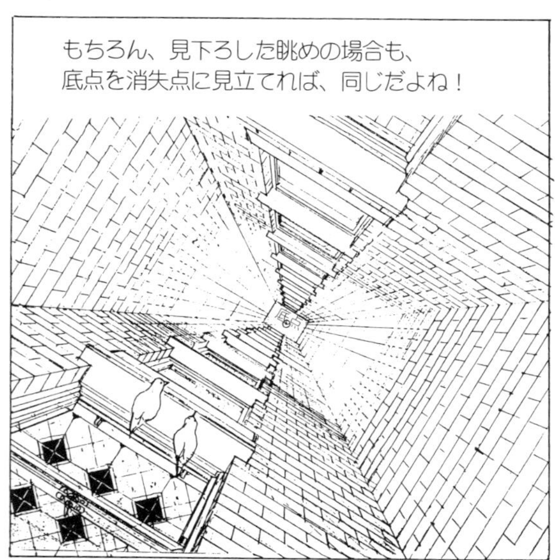
もちろん、見下ろした眺めの場合も、
底点を消失点に見立てれば、同じだよね！

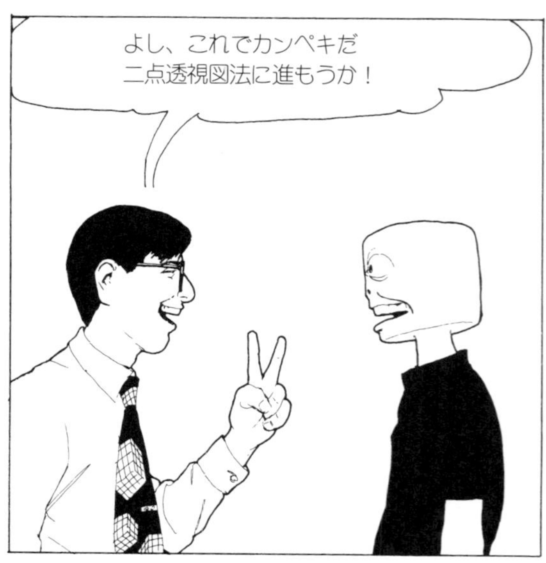
よし、これでカンペキだ
二点透視図法に進もうか！

第７章
二点透視図法

パースなんて”まがいもの”だって考える人もいるらしいね。迫力を出すために、昔のヨーロッパのおじさんたちがでっちあげた、堅苦しくて、数学的で、人を惑わせるシステムだって！　もちろんボクは、そんな考え方には反対さ。そういう人がそんなことを言うとき、頭にあるのは一点透視図法のことなんだ。ぶっちゃけた話、ボクだって、ちょっとマトモすぎるとは思うけどね。

二点透視図法は、箱形のモノを回転させて斜めに見るときに使うんだけど、これだと絵がもっとずっとダイナミックに見えるんだ。だから、冒険好きなアーティストたちは、消失点をもう１つ取り入れるという難しさをものともせず、長いあいだ、この二点透視図法に魅せられてきたんだね。

二点透視図法は、一点透視図法にくらべると描くのは面倒だけど、ラフというか甘い部分もある。２組の線が短縮されてるから、空間の奥に後退していく度合いが、一点透視図法で１組だけの線が鋭い角度で後退していくのにくらべて、ゆるやかなんだね。だから、厳密に計算しなくても、簡単に奥行きを目測でイメージできて、しかも、それらしい仕上がりになるんだ。マグがこの章の最後で、デモンストレーションしてみせるよ。

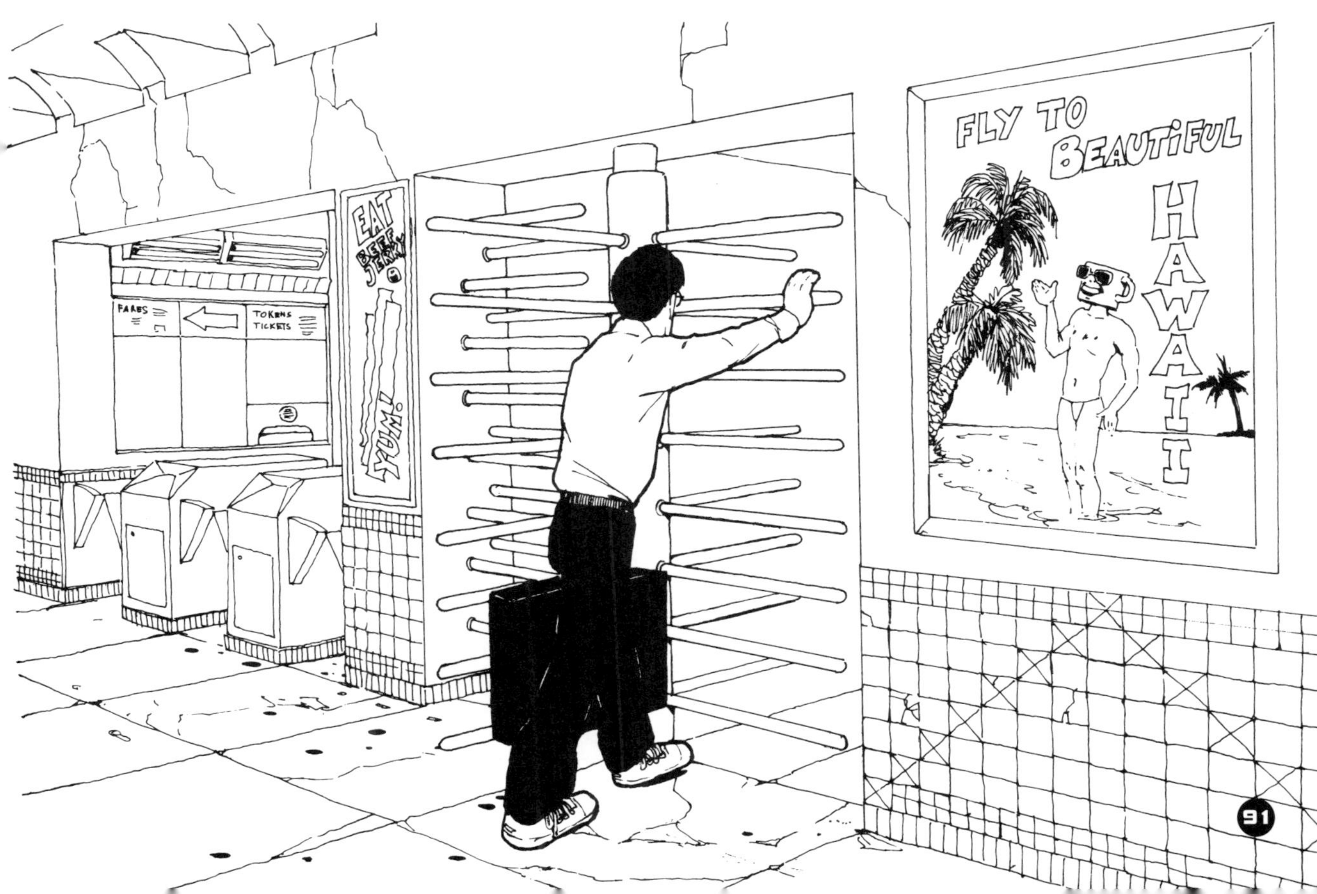

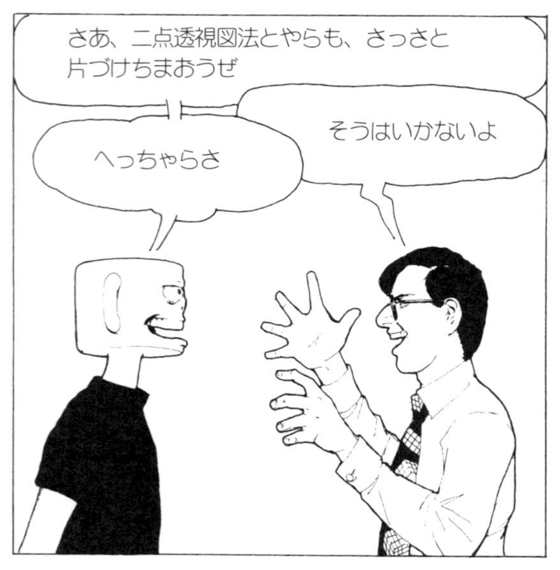
さあ、二点透視図法とやらも、さっさと
片づけちまおうぜ
へっちゃらさ
そうはいかないよ

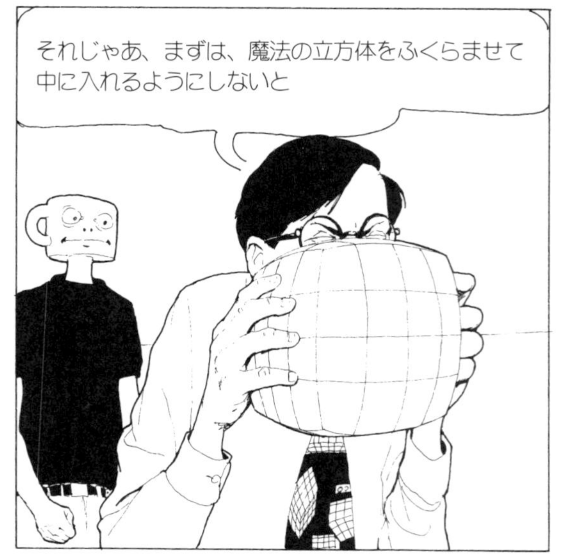
それじゃあ、まずは、魔法の立方体をふくらませて
中に入れるようにしないと

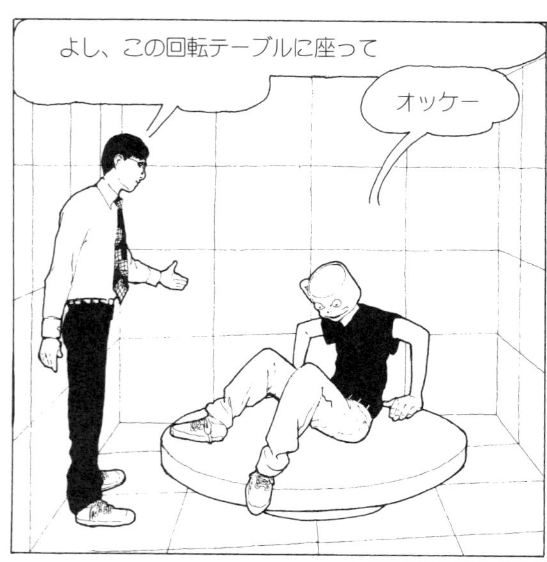
よし、この回転テーブルに座って
オッケー

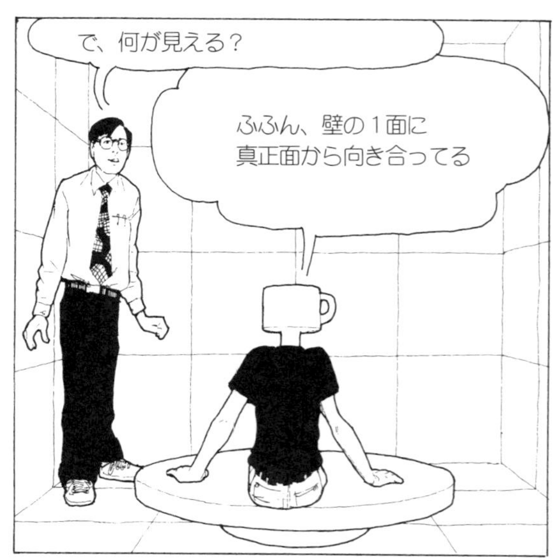
で、何が見える？
ふふん、壁の１面に
真正面から向き合ってる

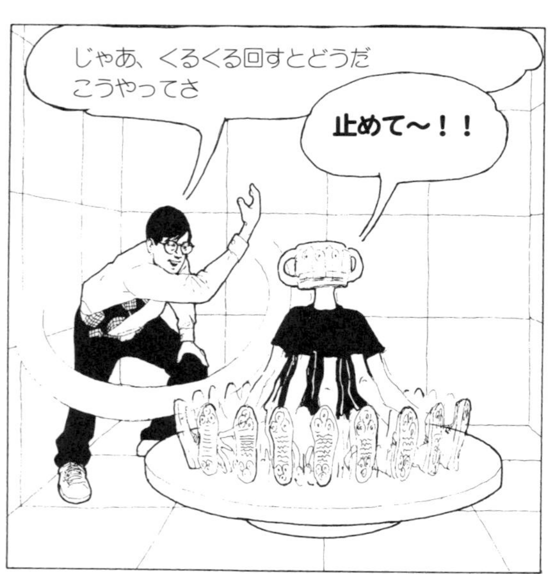
じゃあ、くるくる回すとどうだ
こうやってさ
止めて〜！！

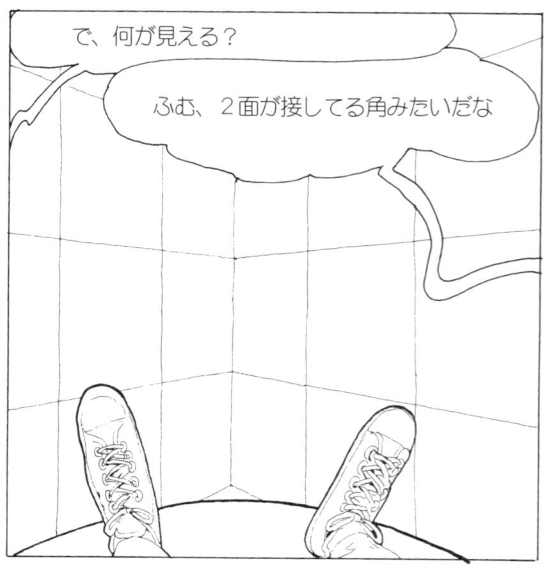
で、何が見える？
ふむ、２面が接してる角みたいだな

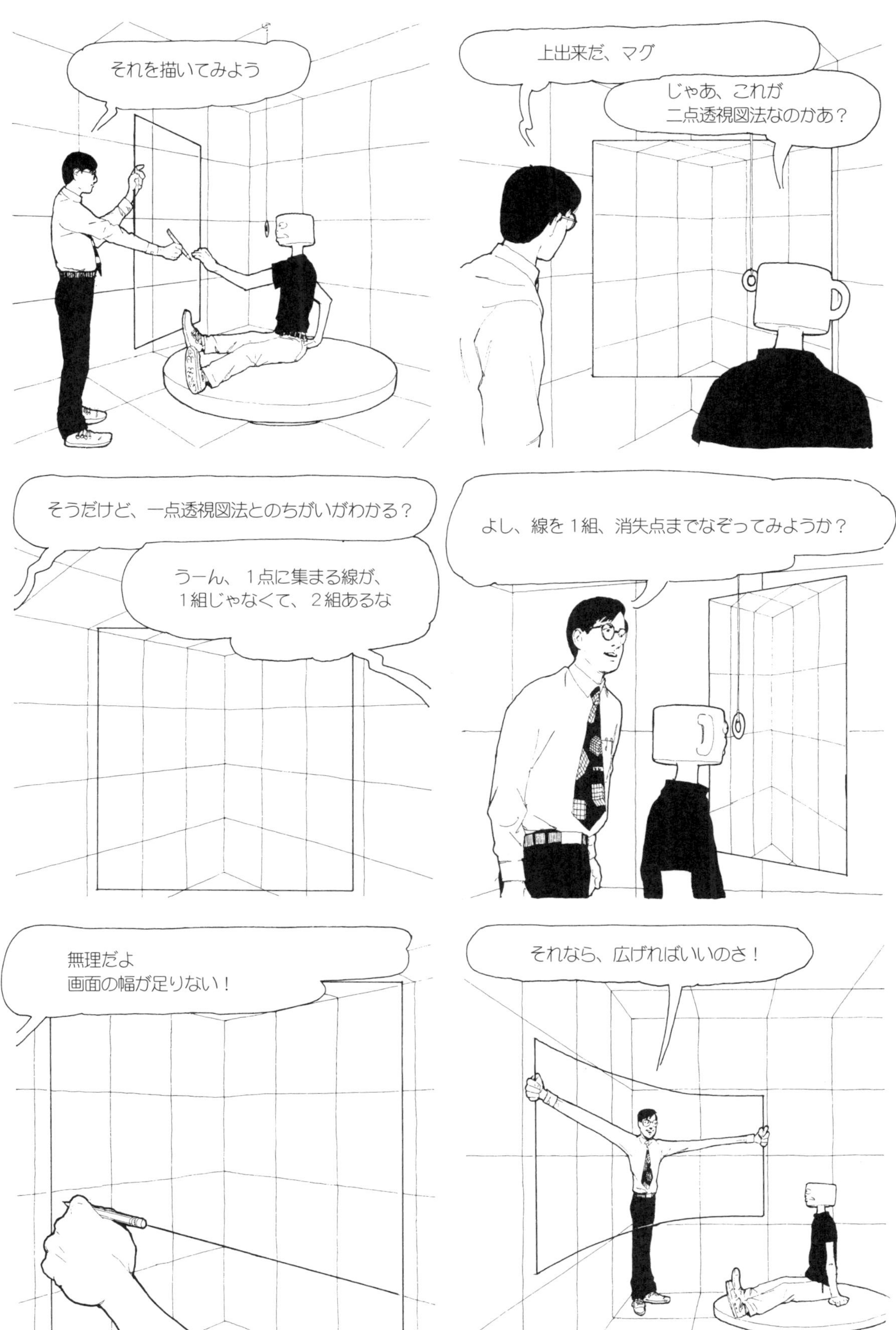
それを描いてみよう
上出来だ、マグ
じゃあ、これが
二点透視図法なのかあ？
そうだけど、一点透視図法とのちがいがわかる？
うーん、１点に集まる線が、
１組じゃなくて、２組あるな
よし、線を１組、消失点までなぞってみようか？
無理だよ
画面の幅が足りない！
それなら、広げればいいのさ！

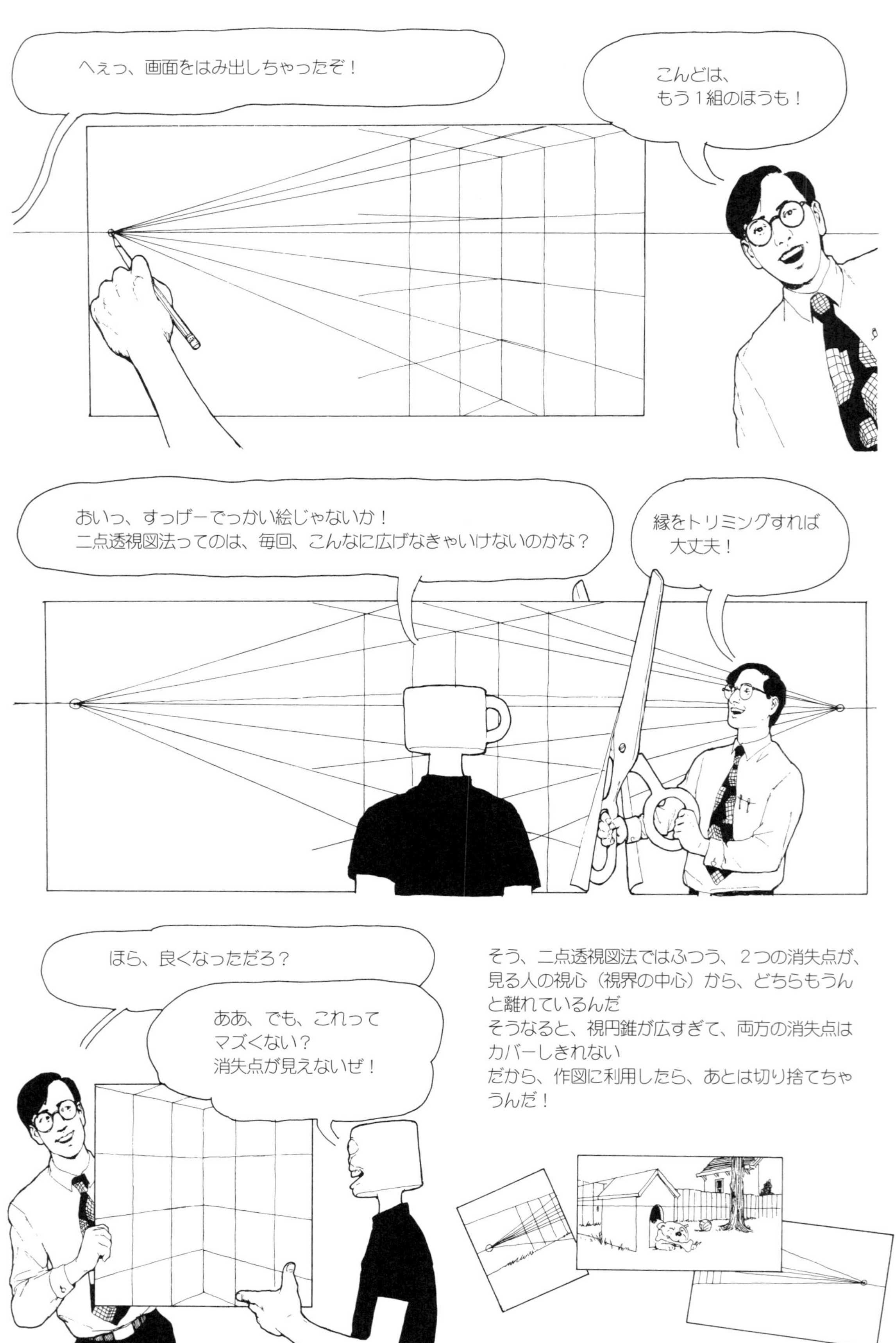
へぇっ、画面をはみ出しちゃったぞ！
こんどは、
もう１組のほうも！
おいっ、すっげーでっかい絵じゃないか！
二点透視図法ってのは、毎回、こんなに広げなきゃいけないのかな？
縁をトリミングすれば
大丈夫！
ほら、良くなっただろ？
ああ、でも、これって
マズくない？
消失点が見えないぜ！
そう、二点透視図法ではふつう、２つの消失点が、
見る人の視心（視界の中心）から、どちらもうんと離れているんだ
そうなると、視円錐が広すぎて、両方の消失点はカバーしきれない
だから、作図に利用したら、あとは切り捨てちゃうんだ！

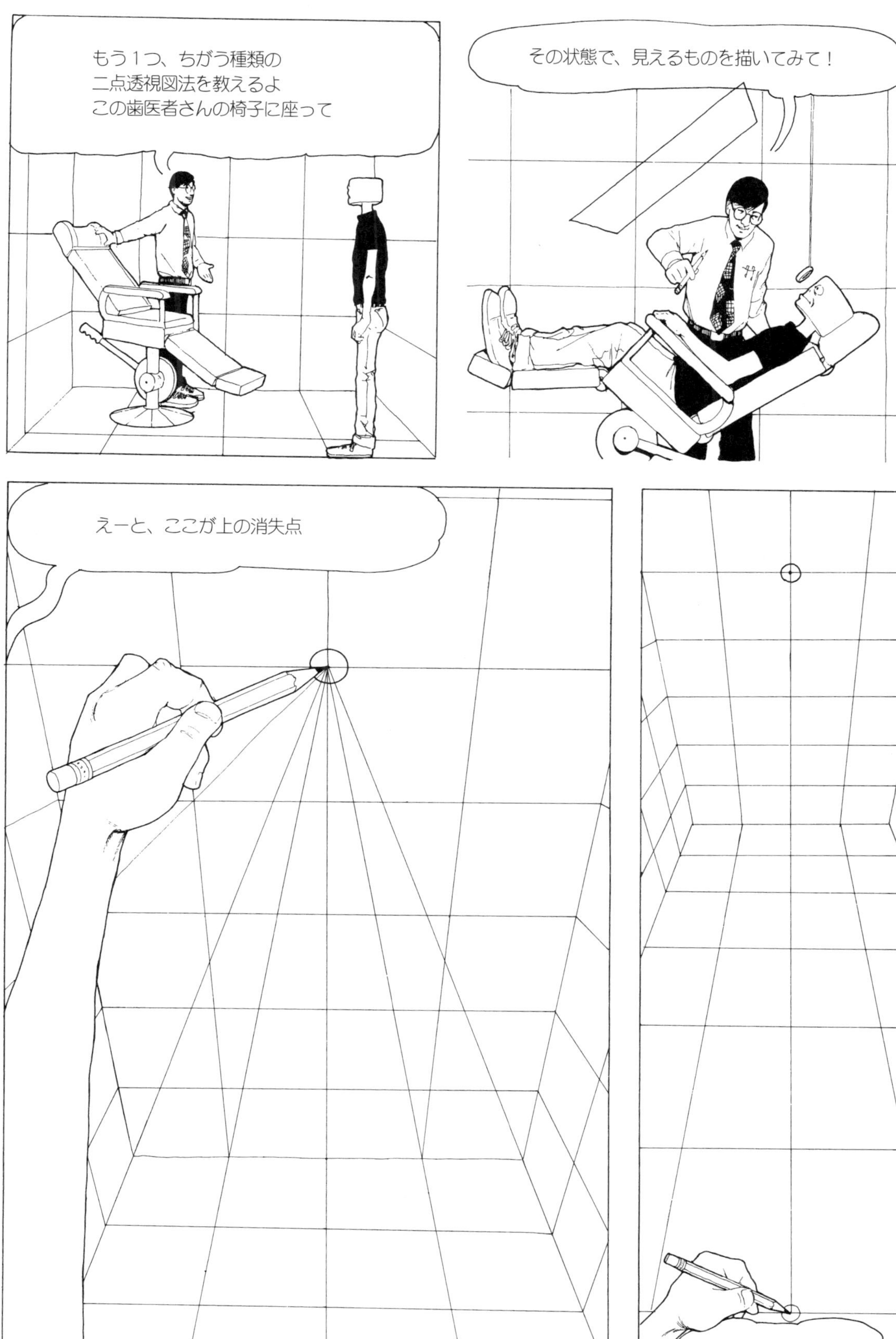
もう1つ、ちがう種類の
二点透視図法を教えるよ
この歯医者さんの椅子に座って
その状態で、見えるものを描いてみて！
えーと、ここが上の消失点
こっちが、下の消失点

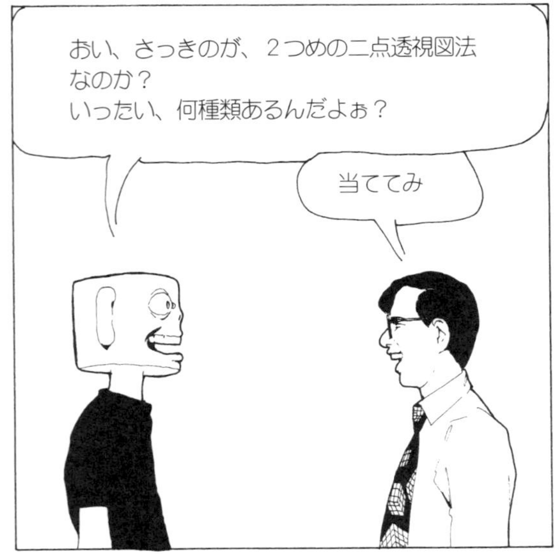

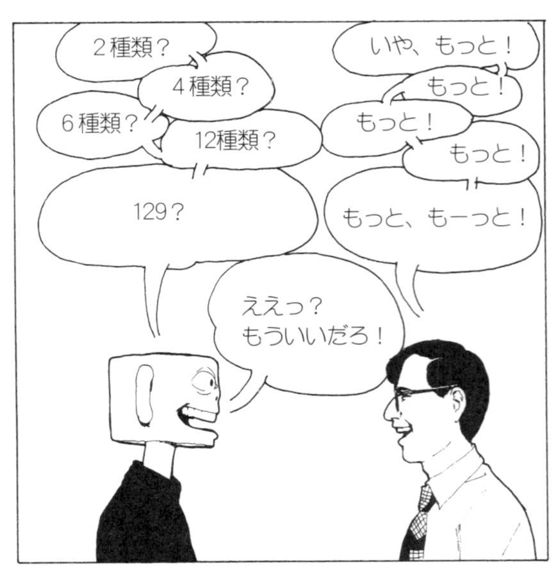

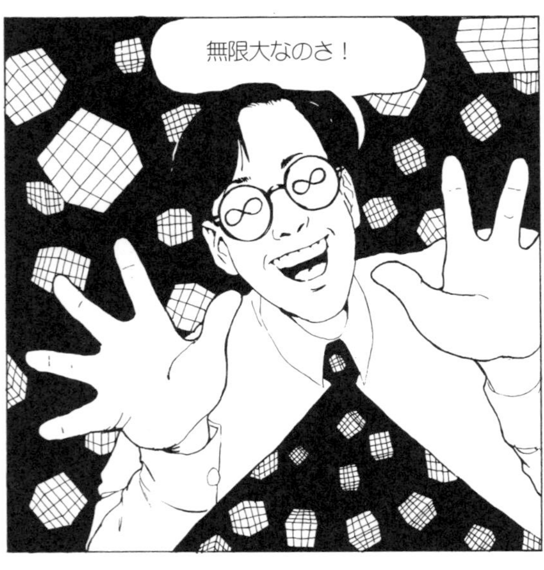

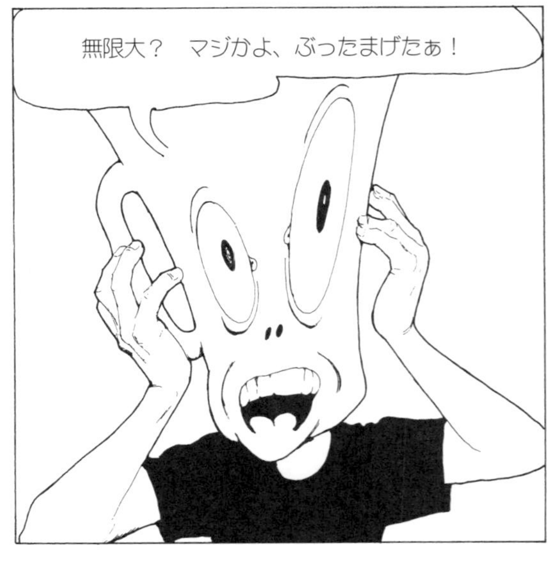

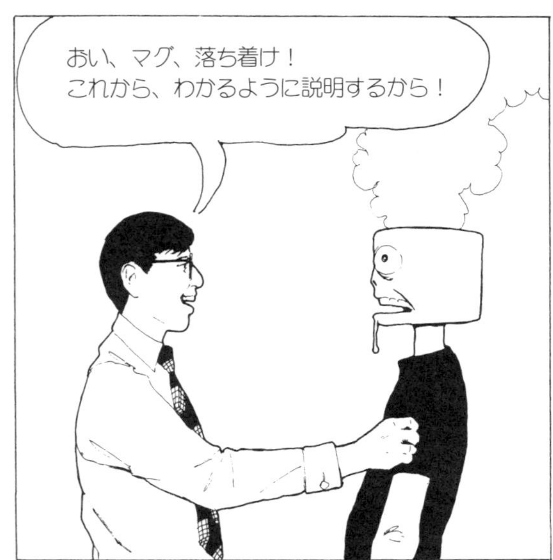

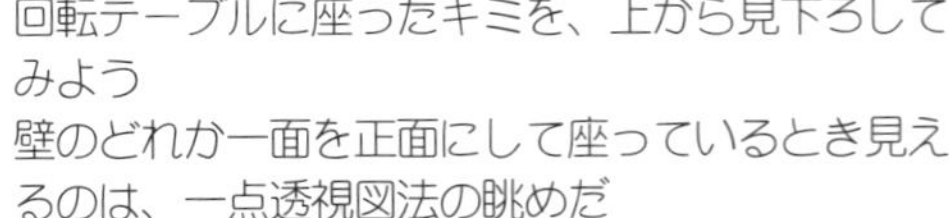
回転テーブルに座ったキミを、上から見下ろしてみよう
壁のどれか一面を正面にして座っているとき見えるのは、一点透視図法の眺めだ

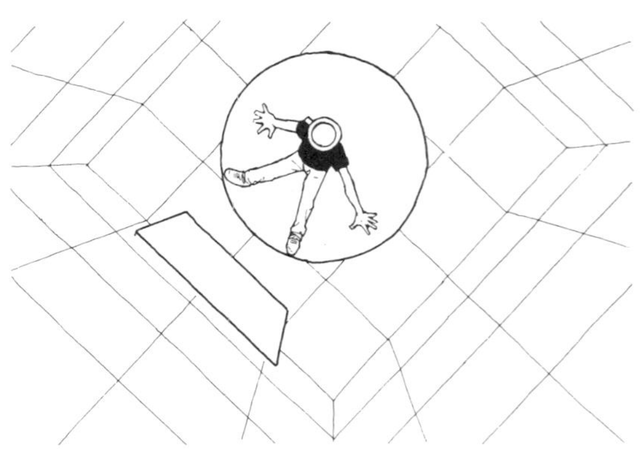

でも、正面からちょっとでもずれて座っていると、眺めは二点透視図法になるんだ
１つの壁の正面とその隣の壁の正面のあいだに、方向がいくつあるかのぞいてみて？

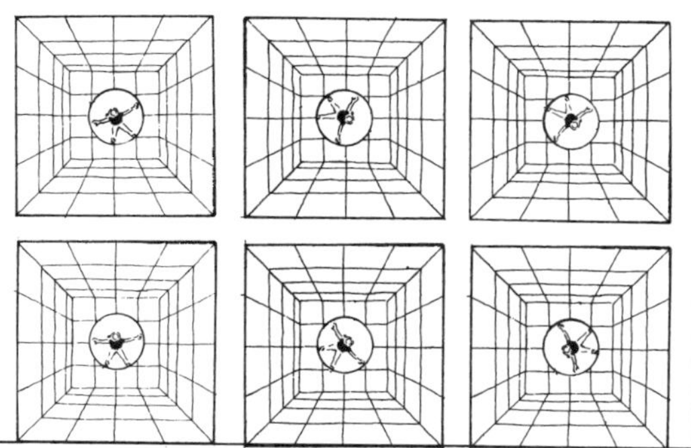

無限大だろ！
回転テーブルに立方体をのせても、同じことが言える
回転盤を回すと、それがどんなにわずかでも、消失点にズレが生じて、別の二点透視図法になるんだ！

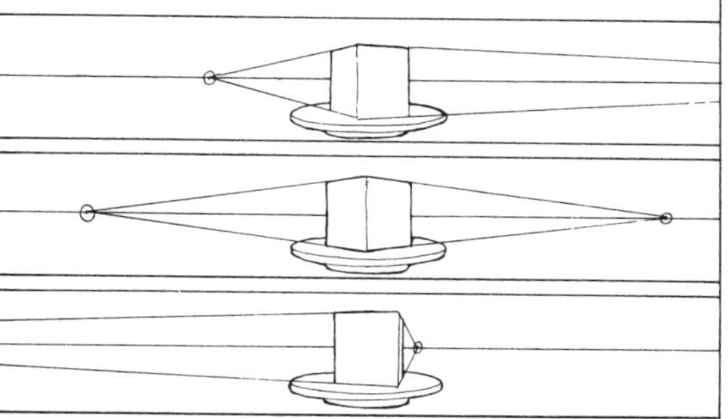

歯医者さんの椅子の場合、真上や真正面なら一点透視図法
それ以外の方向はすべて、二点透視図法になるのさ

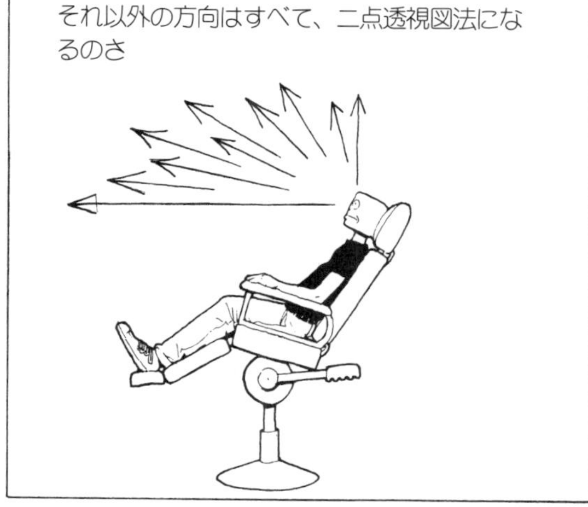

これは立方体を横向きにしたところ

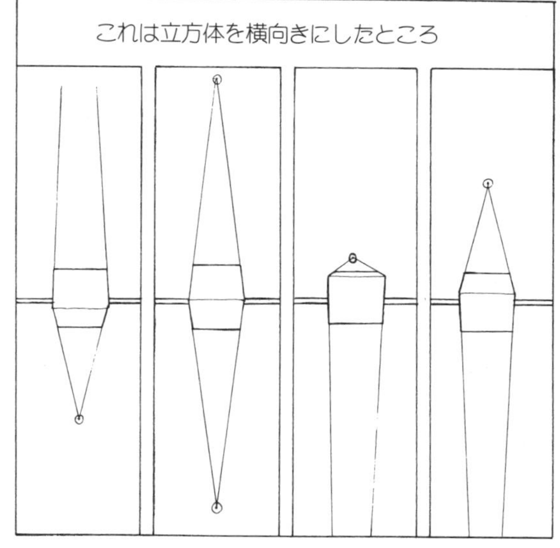

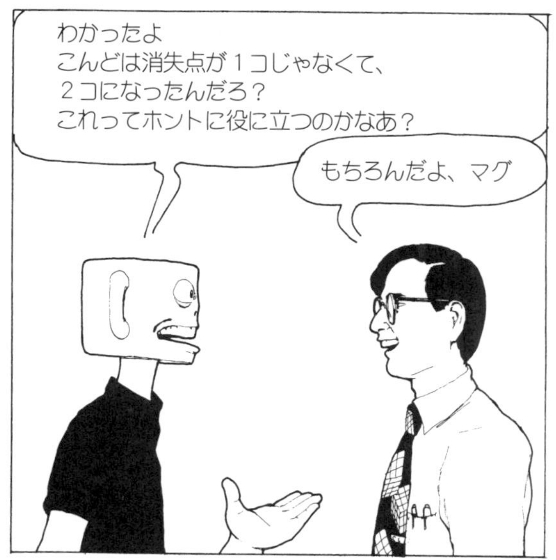

もし、世の中を一点透視図法でしか見られなかったら、どうなる？

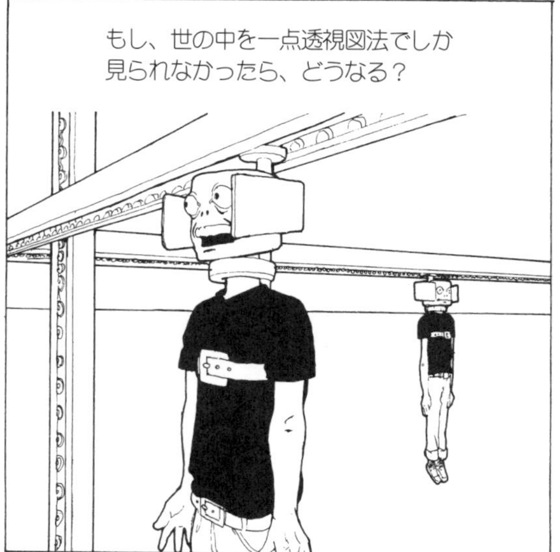

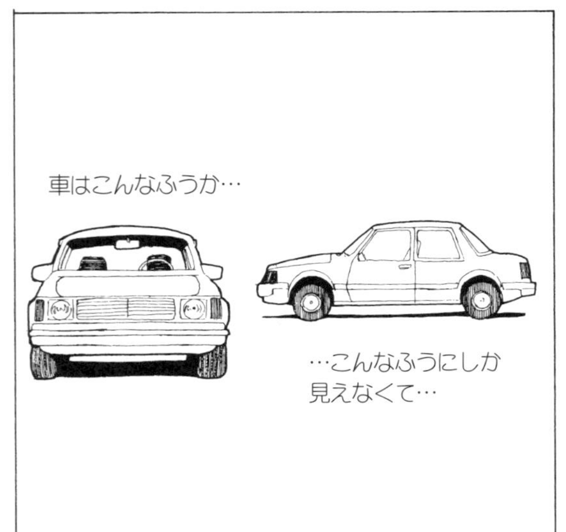
車はこんなふうか…
…こんなふうにしか
見えなくて…

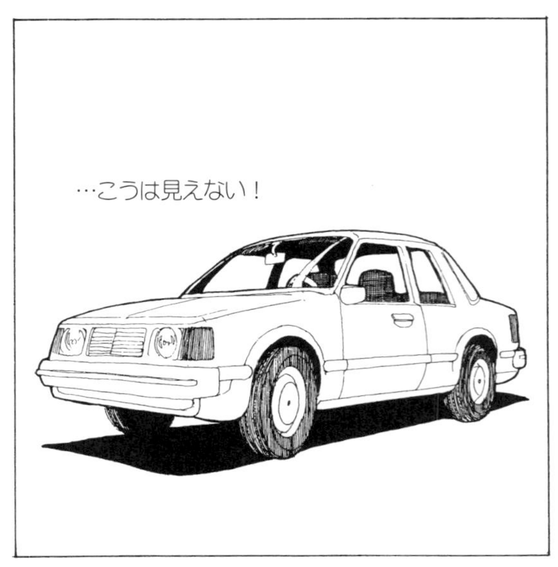
…こうは見えない！

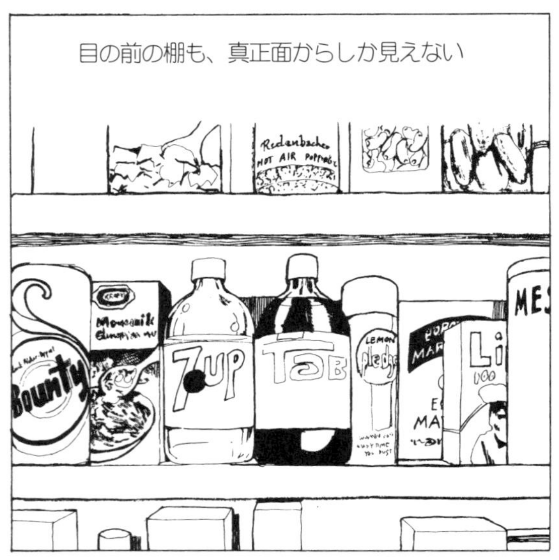
目の前の棚も、真正面からしか見えない
Redenbacher
Bounty
7up
Tab
MES

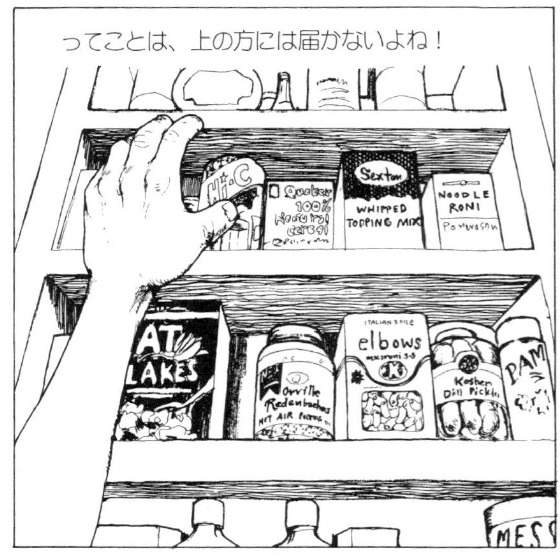
ってことは、上の方には届かないよね！
Sexton
WHIPPED
TOPPING MIX
NOODLE
RONI
elbows
Kosher
Dill Pickles
Orville
Redenbacher
MES

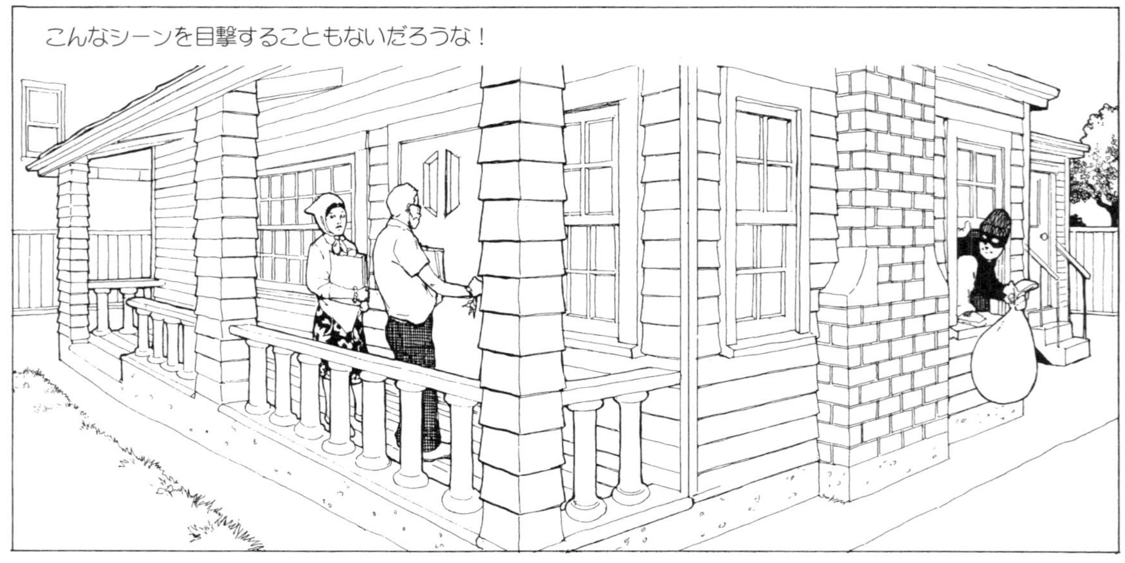
こんなシーンを目撃することもないだろうな！

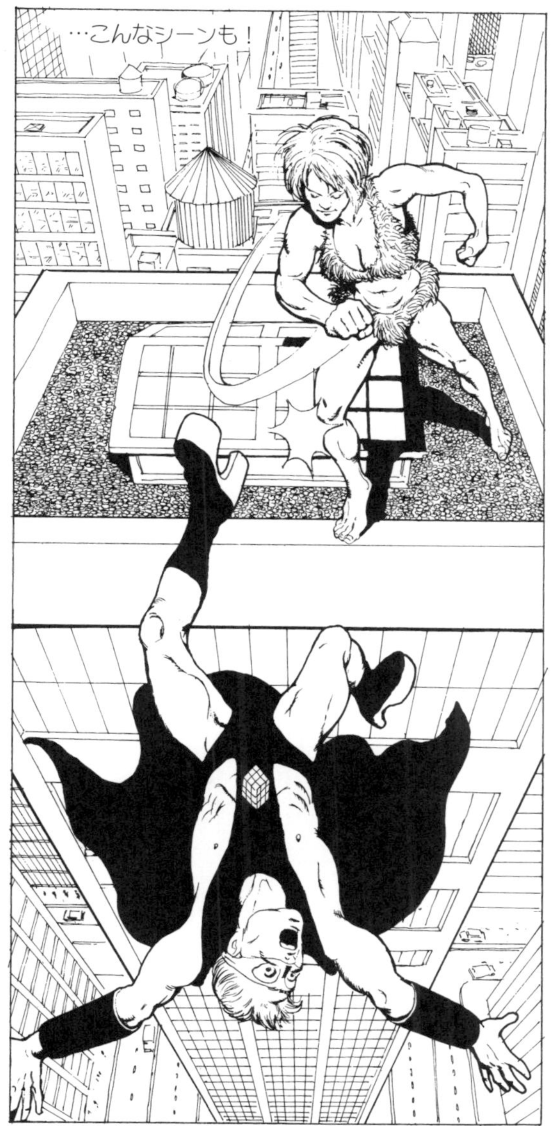

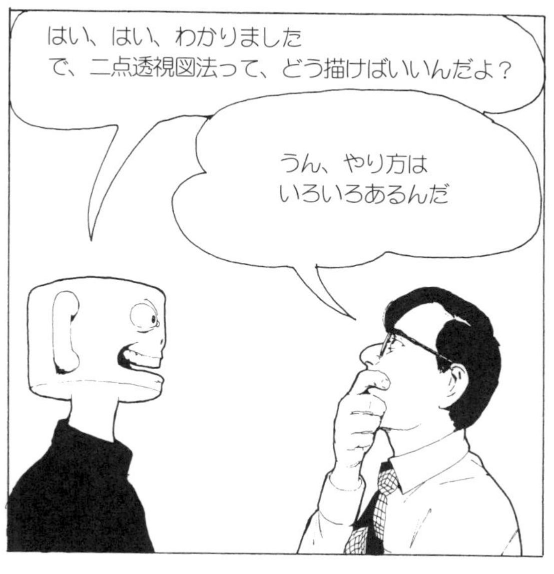

一点透視図法で描いたものをもとにして、それに重ねて、**対角線**にしたがって描く
すると、2つの消失点がどちらも、視心（視界の中心）から等距離にある、45°の眺めができあがる

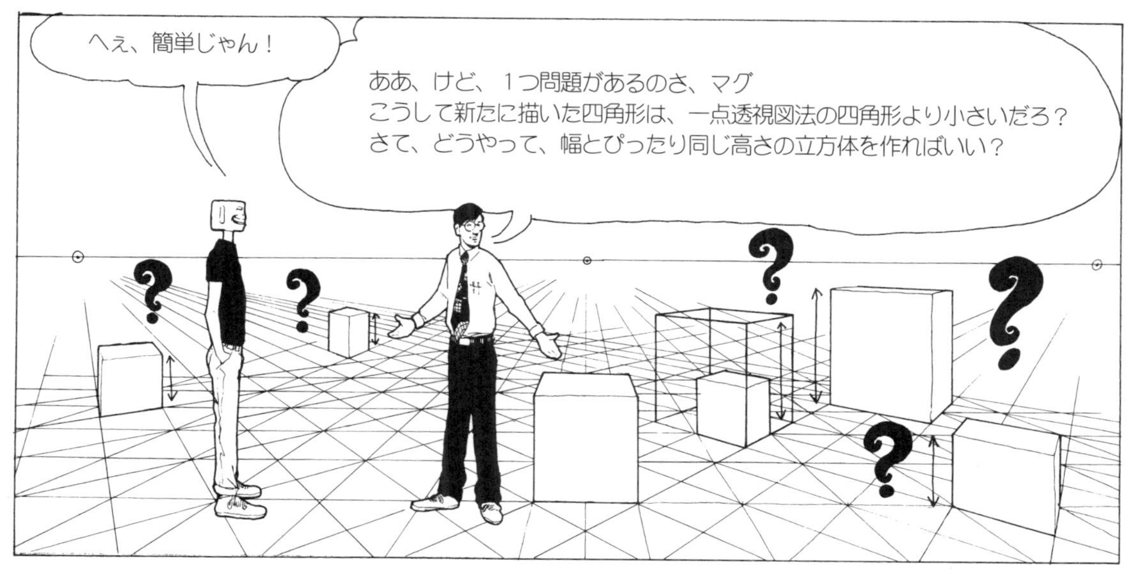

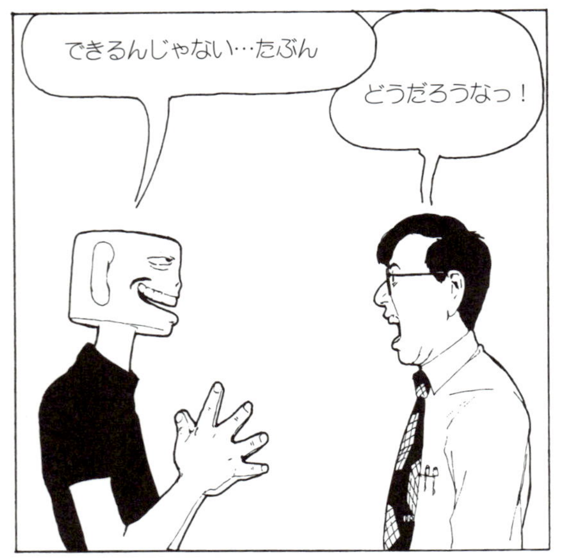
できるんじゃない…たぶん
どうだろうなっ！

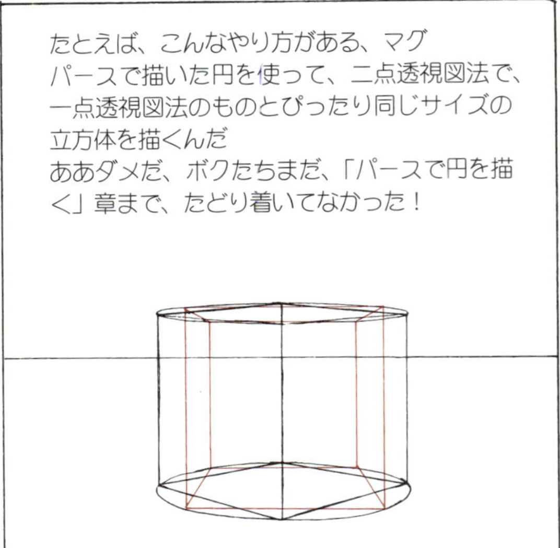
たとえば、こんなやり方がある、マグ
パースで描いた円を使って、二点透視図法で、
一点透視図法のものとぴったり同じサイズの
立方体を描くんだ
ああダメだ、ボクたちまだ、「パースで円を描
く」章まで、たどり着いてなかった！

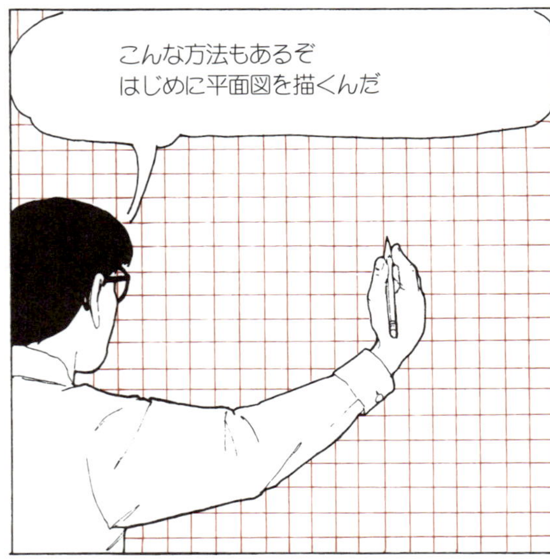
こんな方法もあるぞ
はじめに平面図を描くんだ

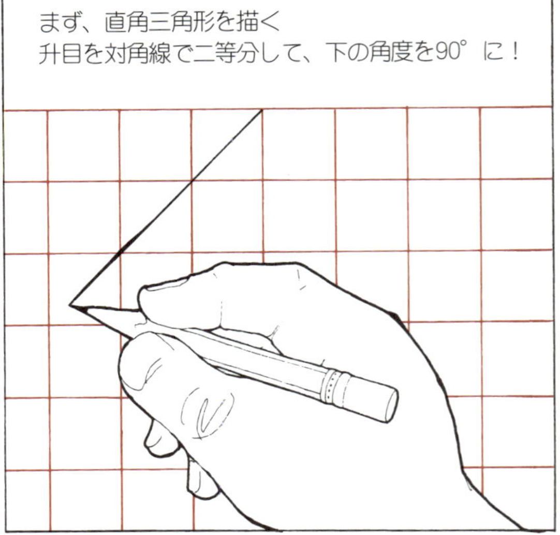
まず、直角三角形を描く
升目を対角線で二等分して、下の角度を90°に！

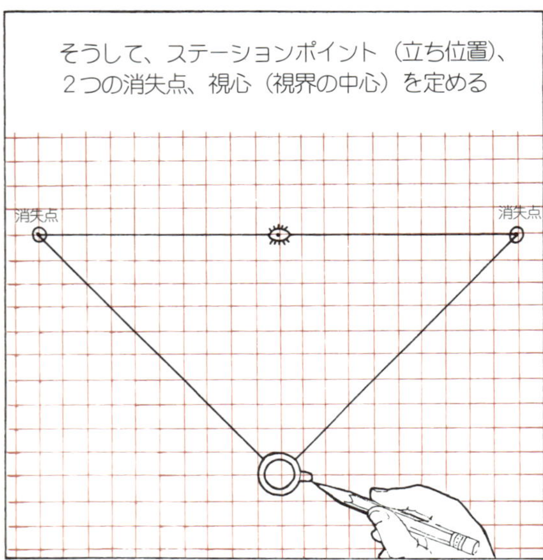
そうして、ステーションポイント（立ち位置）、
2つの消失点、視心（視界の中心）を定める
消失点
消失点

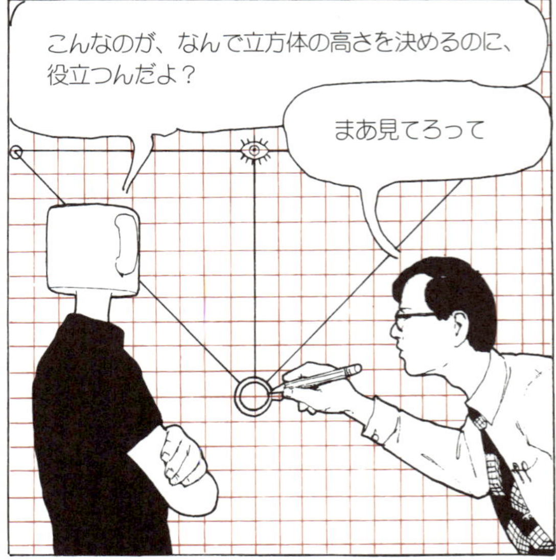
こんなのが、なんで立方体の高さを決めるのに、
役立つんだよ？
まあ見てろって

立方体の底の面のサイズを決めよう
ステーションポイント（立ち位置）を角の１つとする傾いた正方形を描くんだ

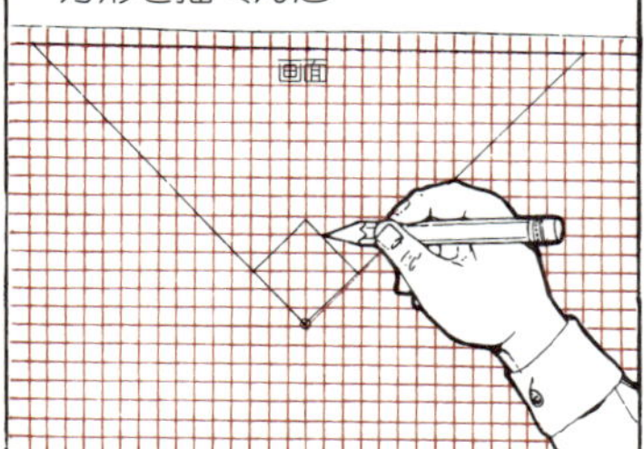

そして、辺の長さを垂直線に写す
コンパスか定規を使うか、別の紙の縁に印を付けて長さを合わせればいい

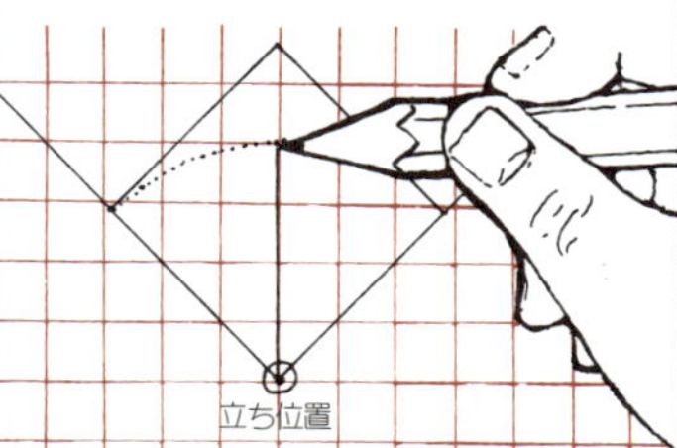

そして、ステーションポイント（立ち位置）から左右に延ばした直線に向かって、正方形の２つの角から垂直方向に線を下ろし、接点に×印をつける

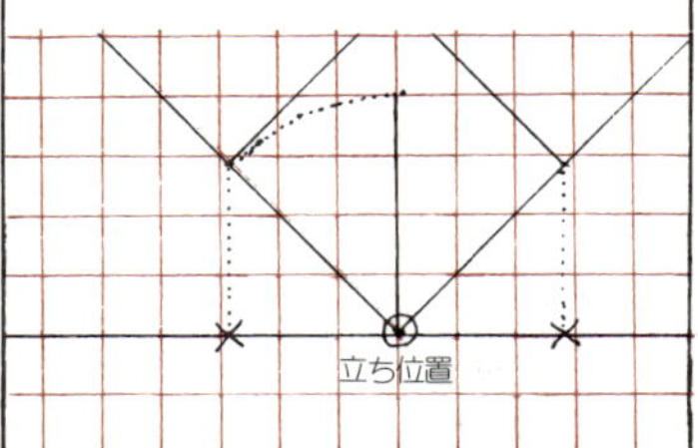

画面につけた印を、これから描くパースの水平線上に写す

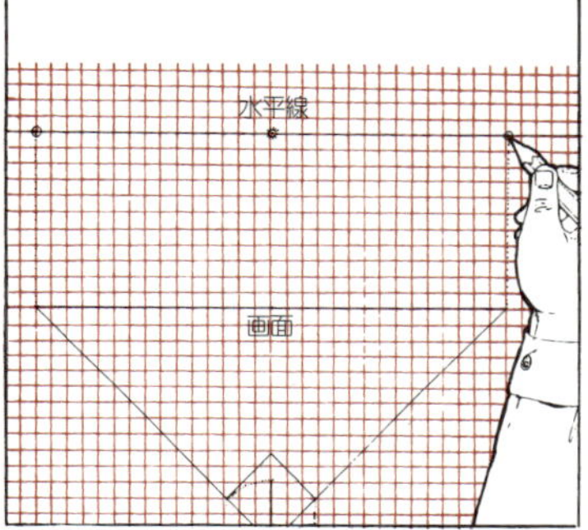

そして、画面のどこかに新たに水平線を引き、立ち位置と×印を写す
場所はどこでもいいよ

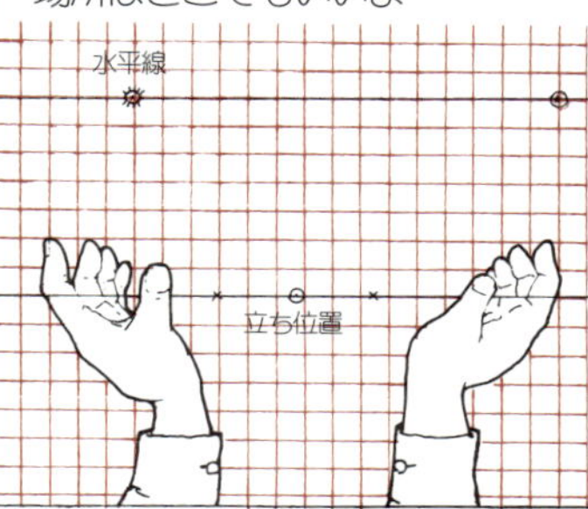

ステーションポイント（立ち位置）から２つの消失点に向けて線を引く

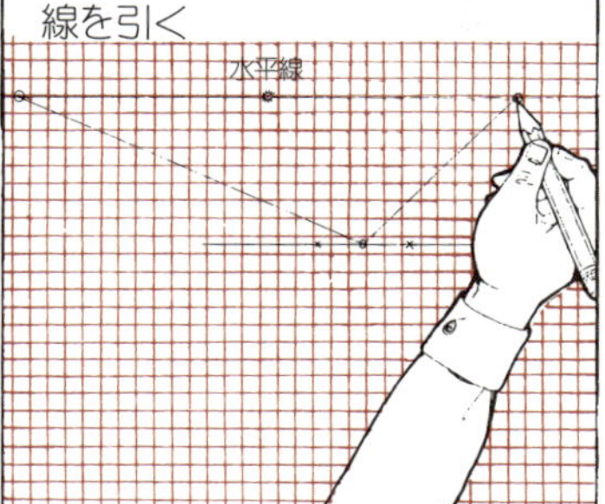

正方形の奥行き？
さっきの×印から視心に向けてパースで線を引けばわかるさ！

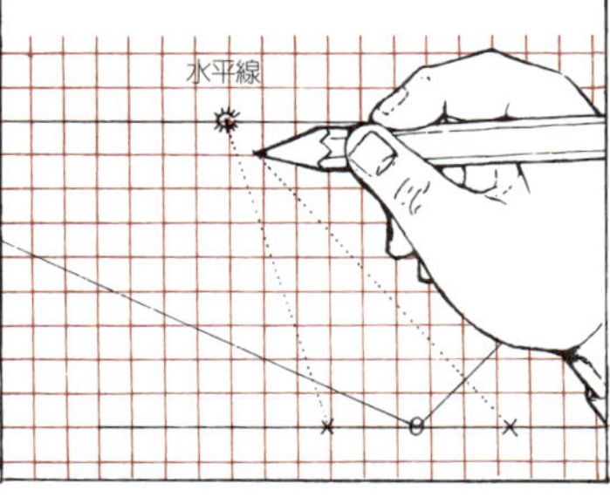

それらの線が交差するところから、対角にある消失点に向けて線を描き加えて、正方形を完成させる

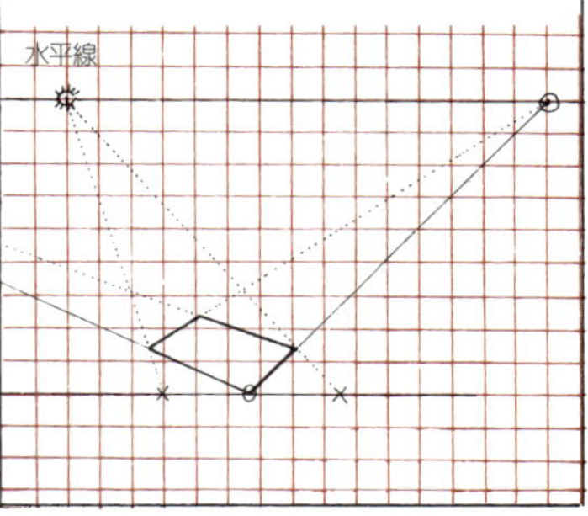

先に描いた平面図の垂直線の長さを、パースで描く四角形の手前の角に写す

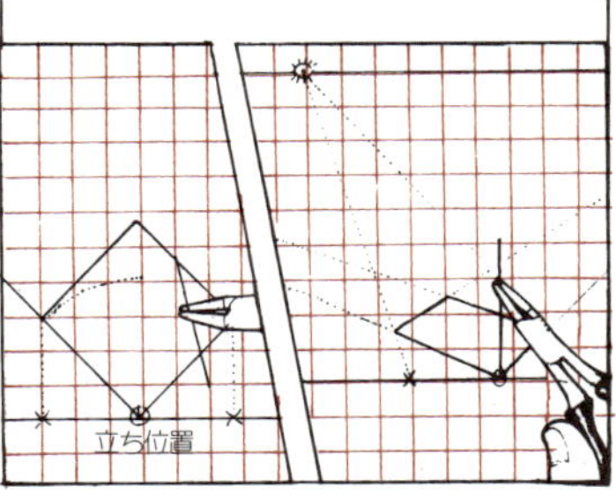

垂直線を残りの角にも立てて、消失点と結ぶ線を引く

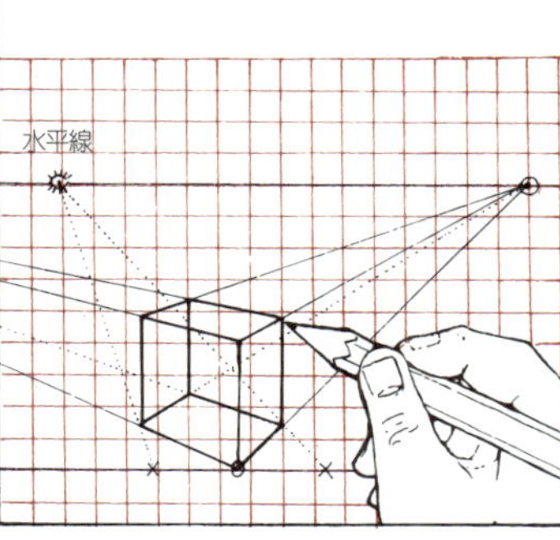

こうして見ると、対角線の消失点と視心が、一致しているのがわかるね
これを利用して、画面の好きなところに、いくつでも、四角形を作図すればいいんだ

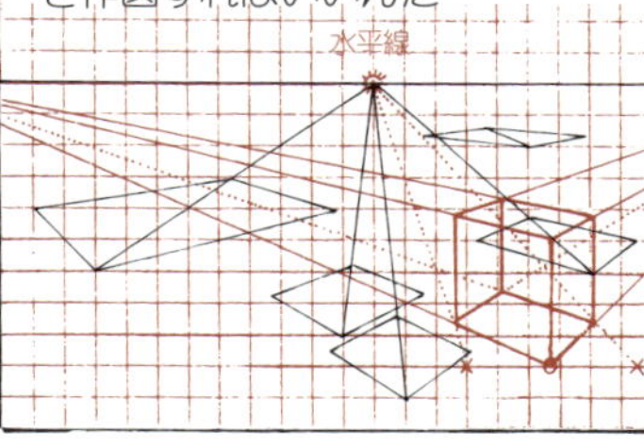

同じ高さの立方体をさらに描き加えるには、消失点に向けて線を引き、立方体の１つの面の高さを左か右にずらせばいい

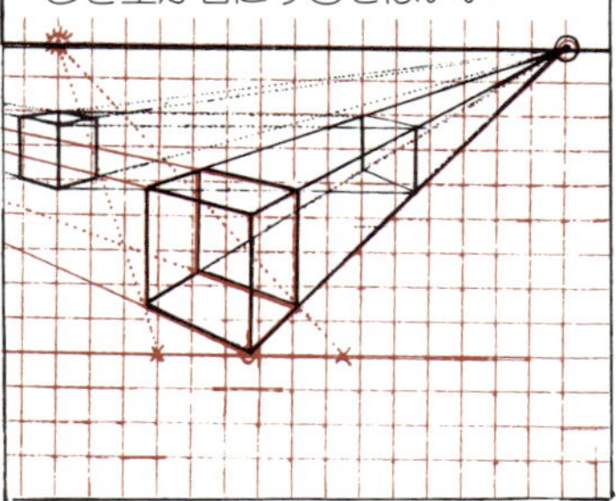

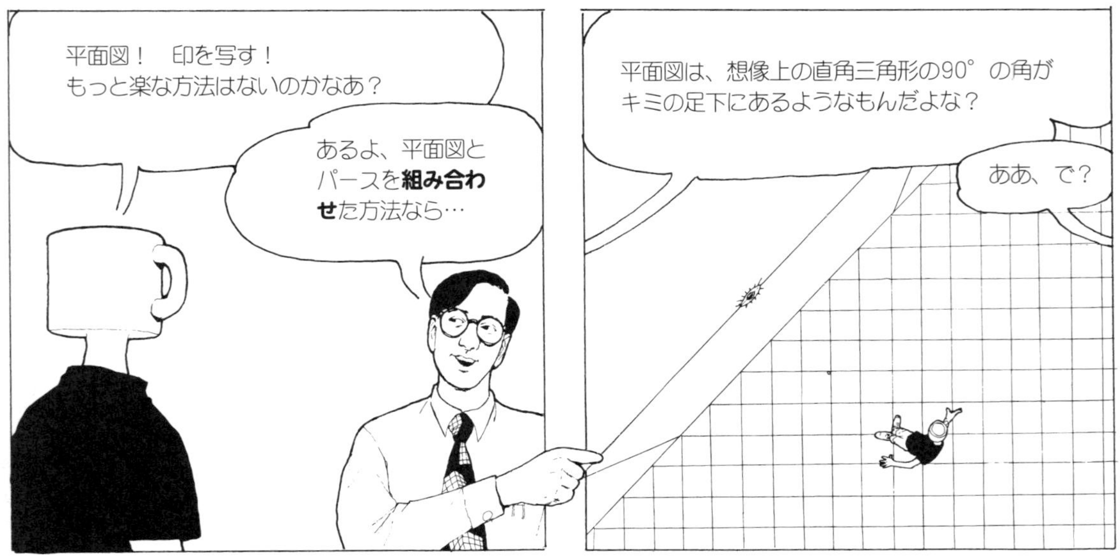
平面図！　印を写す！
もっと楽な方法はないのかなあ？
あるよ、平面図とパースを**組み合わせ**た方法なら…
平面図は、想像上の直角三角形の90°の角がキミの足下にあるようなもんだよな？
ああ、で？

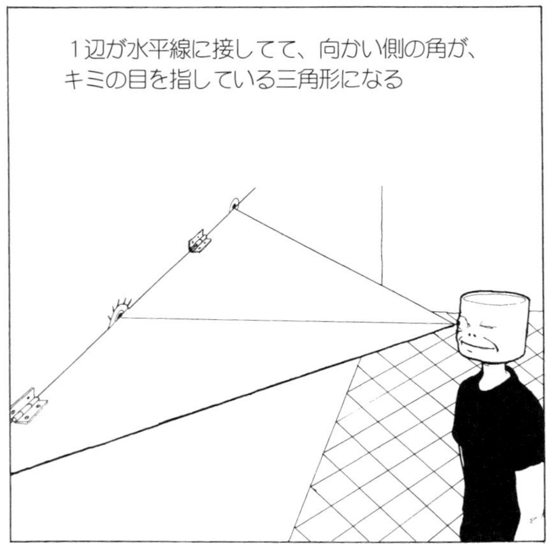
1辺が水平線に接してて、向かい側の角が、キミの目を指している三角形になる

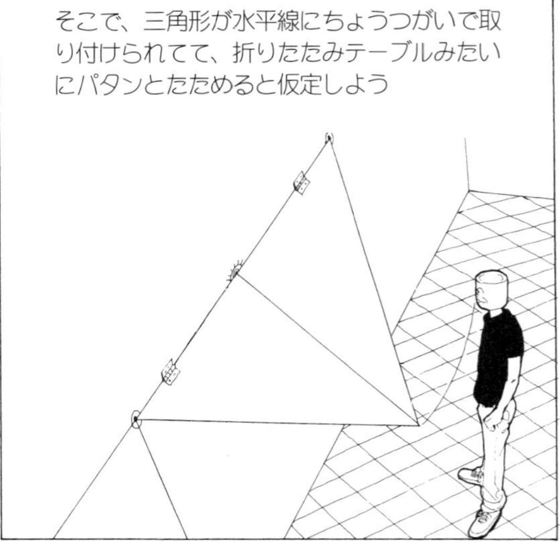
そこで、三角形が水平線にちょうつがいで取り付けられてて、折りたたみテーブルみたいにパタンとたためると仮定しよう

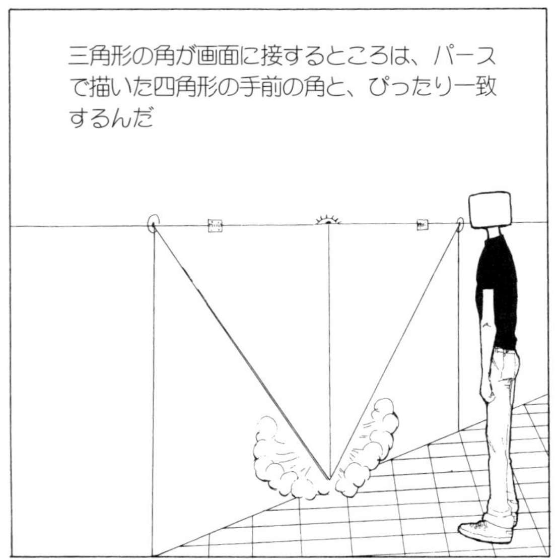
三角形の角が画面に接するところは、パースで描いた四角形の手前の角と、ぴったり一致するんだ

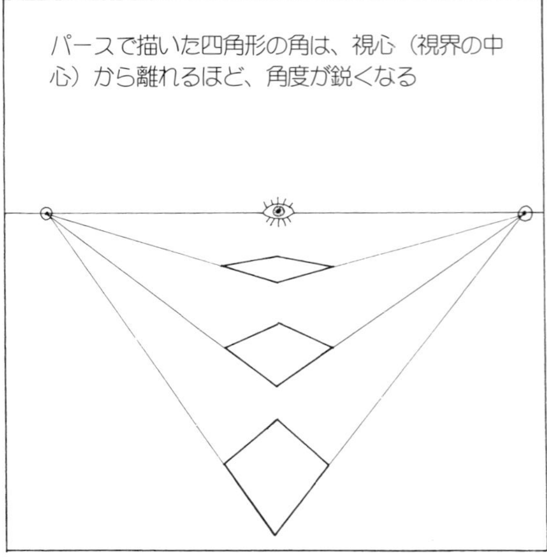
パースで描いた四角形の角は、視心（視界の中心）から離れるほど、角度が鋭くなる

この地点が、90°の視円錐の縁に来ると、
四角形の成す角度はバッチリ90°になる
平面図どおりの四角形だね！

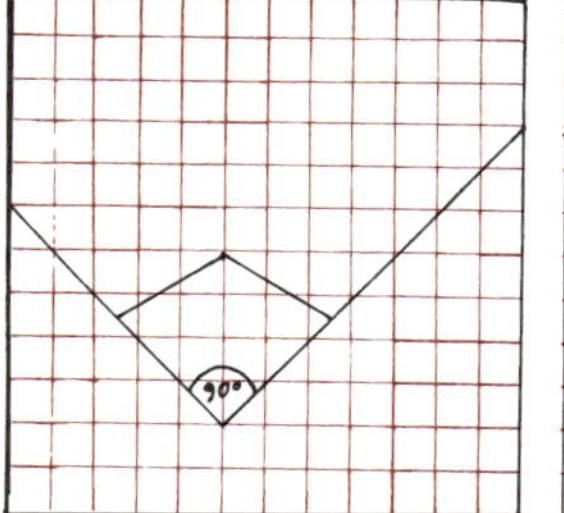

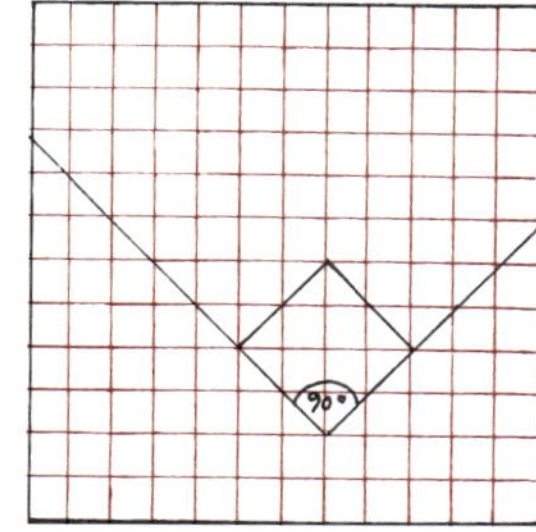

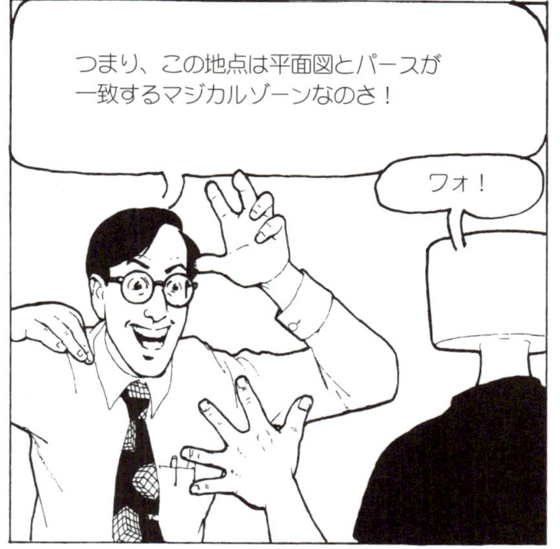

まず、90°のゾーンを平面図とし
て利用し、傾斜した正方形を描く
下の角が立ち位置だ

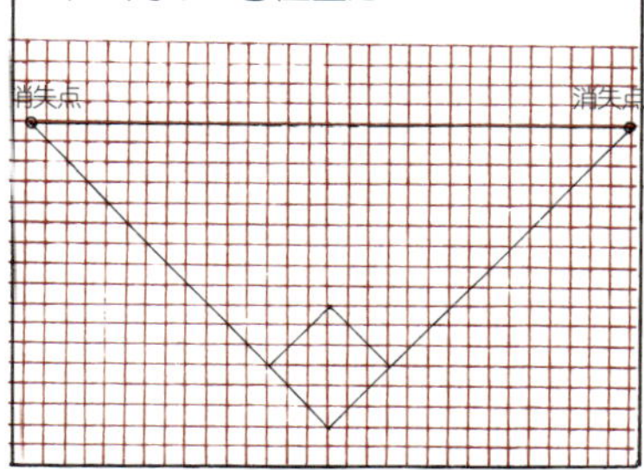

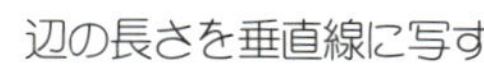
辺の長さを垂直線に写す

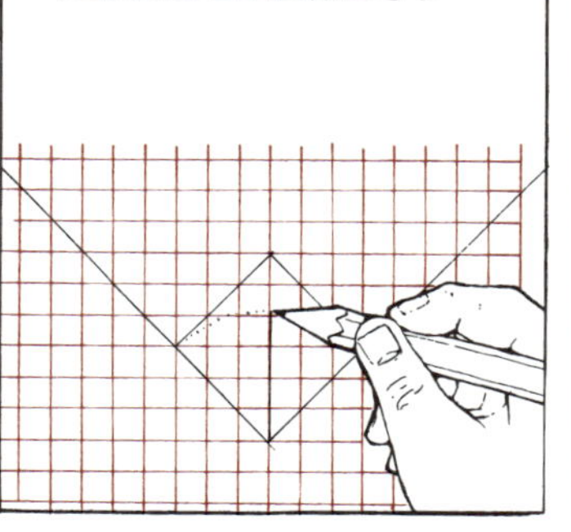

ステーションポイント（立ち位置）
から左右に水平線を引いて…

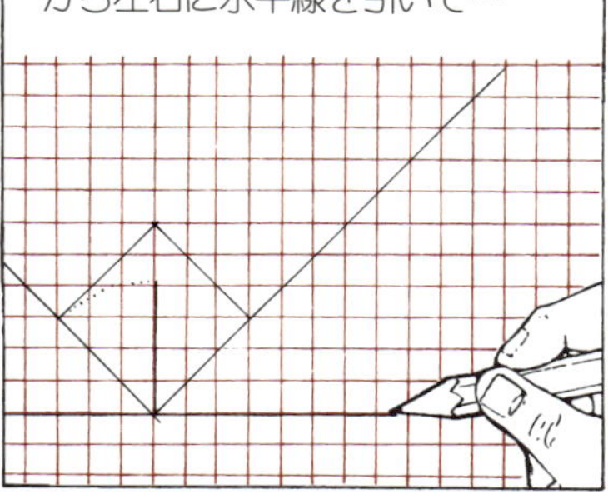

…下ろした線が水平線と交差する
位置に印を付ける

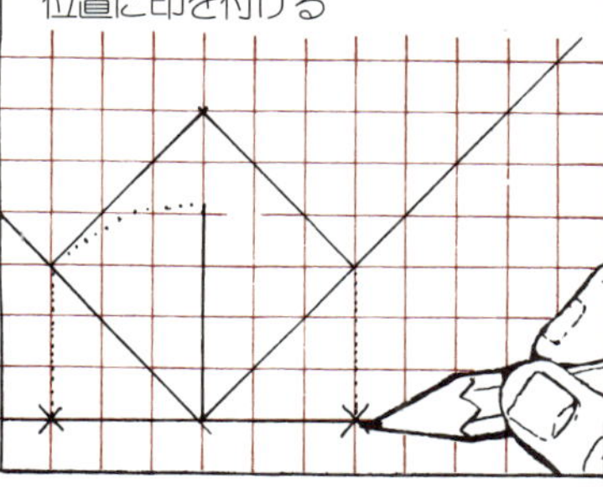

視心、すなわち対角線の消失点
は、下の角とぴったり重なるか
ら、水平線上にその印を付ける

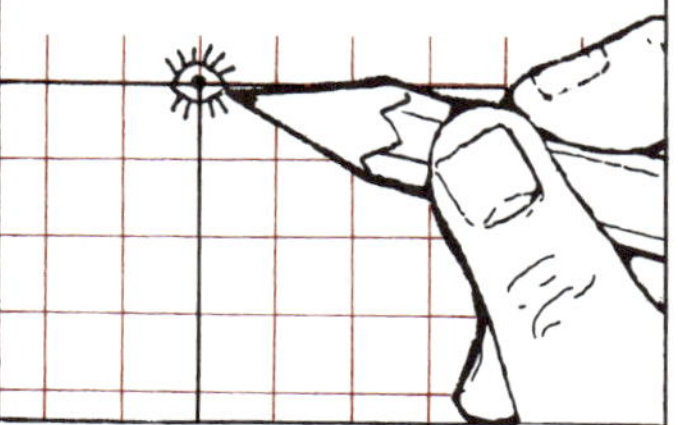

ここから、平面図はパースに変わ
るんだ。正方形の輪郭線と下ろし
た線は消しゴムで消す

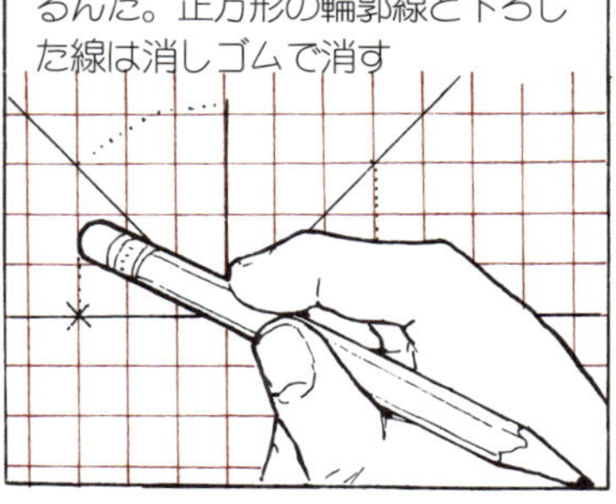

こんども、下ろした線を利用して、
パースの四角形の角を見つける

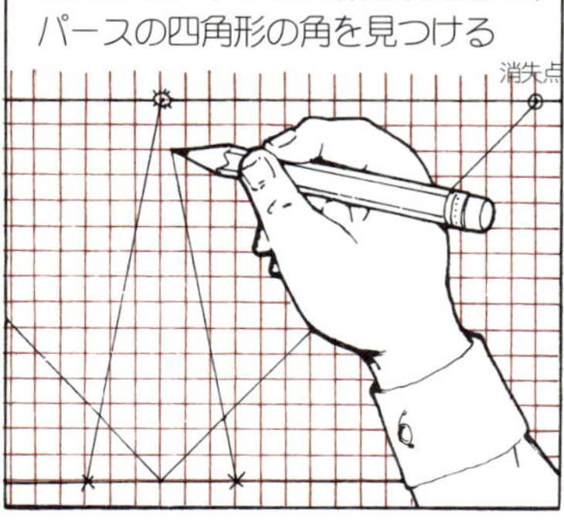

四角形を完成させ、垂直線を使
って立方体の高さを決めて…

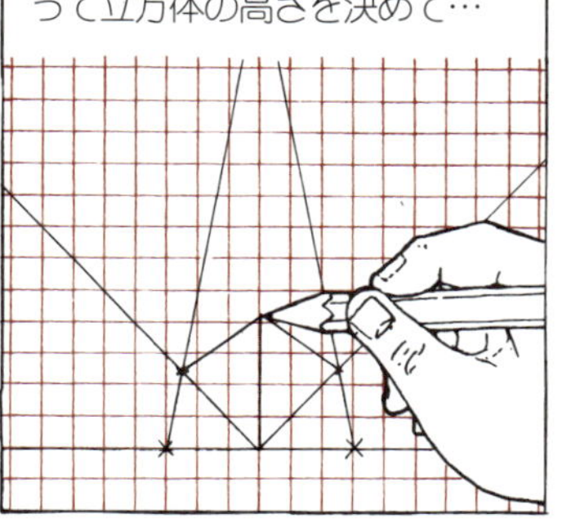

…ここからはさっきと同じだ

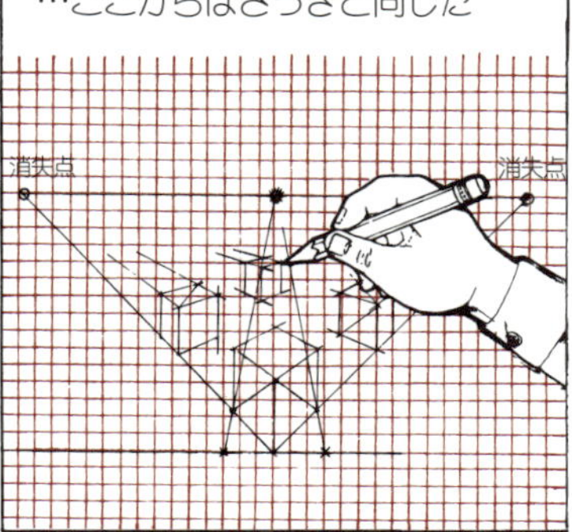

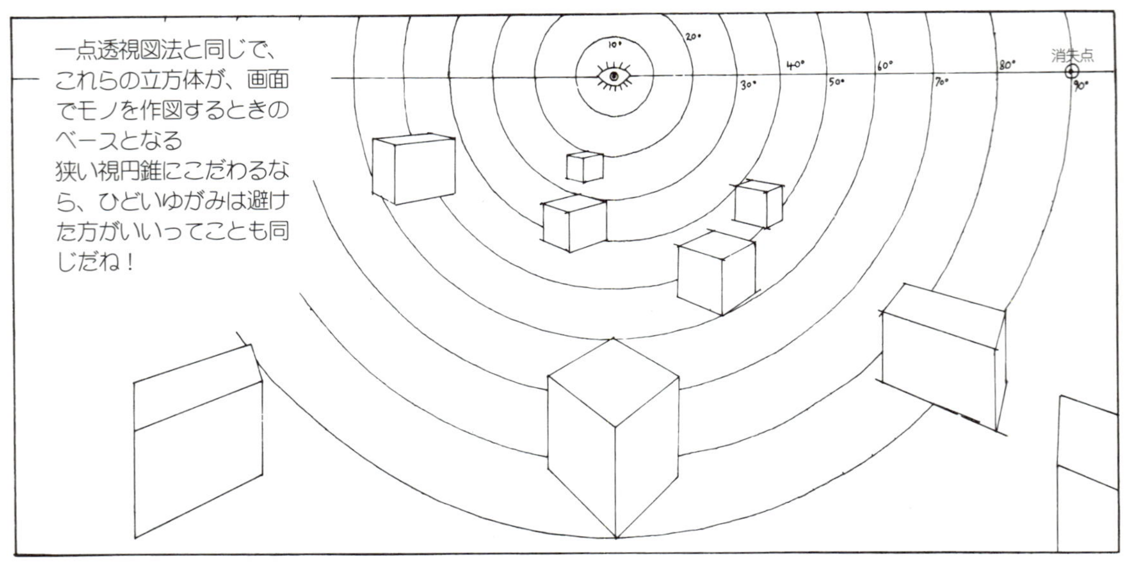
一点透視図法と同じで、
これらの立方体が、画面
でモノを作図するときの
ベースとなる
狭い視円錐にこだわるな
ら、ひどいゆがみは避け
た方がいいってことも同
じだね！
10°
20°
30°
40°
50°
60°
70°
80°
90°
消失点

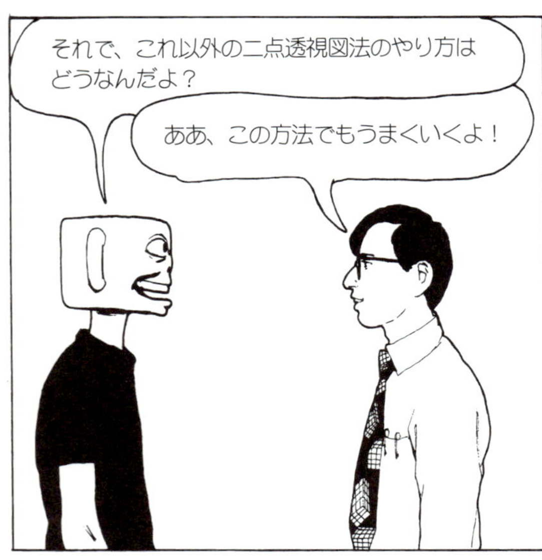
それで、これ以外の二点透視図法のやり方は
どうなんだよ？
ああ、この方法でもうまくいくよ！

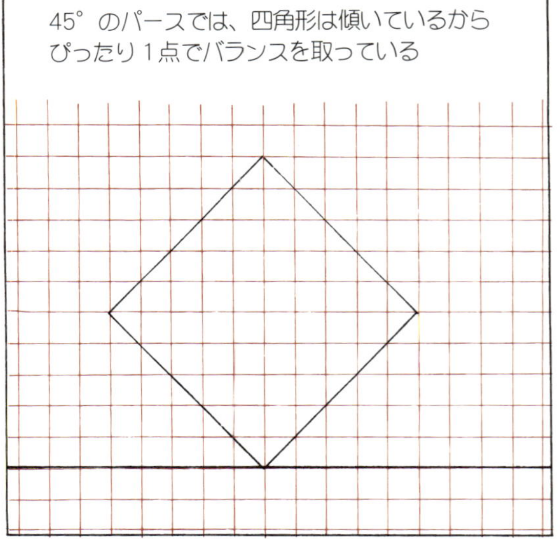
45°のパースでは、四角形は傾いているから
ぴったり1点でバランスを取っている

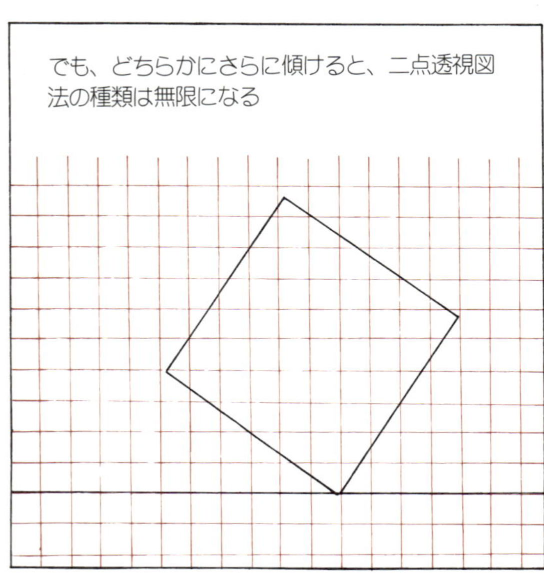
でも、どちらかにさらに傾けると、二点透視図
法の種類は無限になる

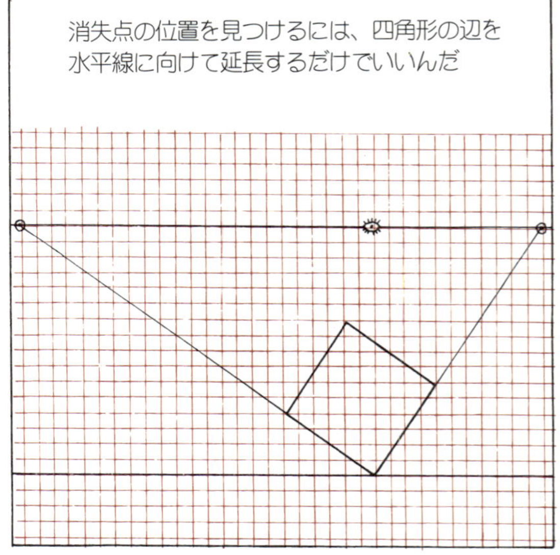
消失点の位置を見つけるには、四角形の辺を
水平線に向けて延長するだけでいいんだ

視心（視界の中心）は、つねに下の角に重なっている
だから、一方の消失点が視心に近づくほど、もう一方は離れて行くんだ

消失点の位置を決めるときは、よーく考えて！
さもないと、スペースが足りなくなるぞ

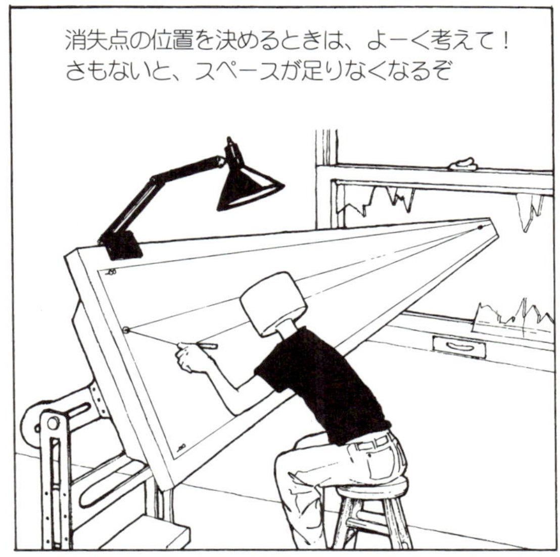

消失点はつねに４分の１円、すなわち90°離れている
視心が０°の場合、左右の消失点に延びる線が成す角度を足すと、必ず90°になる

消失点　消失点
55°　35°

そして、その角度は、平面図の三角形の残りの２つの角の角度なんだ！

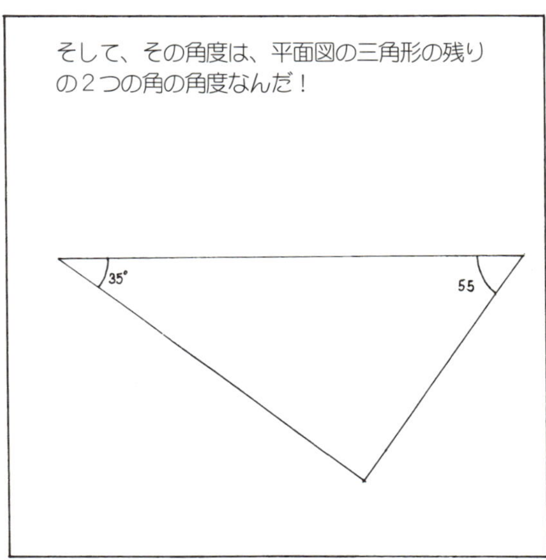

対角線の消失点は、視心が45°のときのみ一致するから、分度器か方眼紙に対角線を引いたものを使って見つければいいね
（ヒント：視心はつねに、対角線の消失点と**近い方**の消失点のあいだにあるよ）

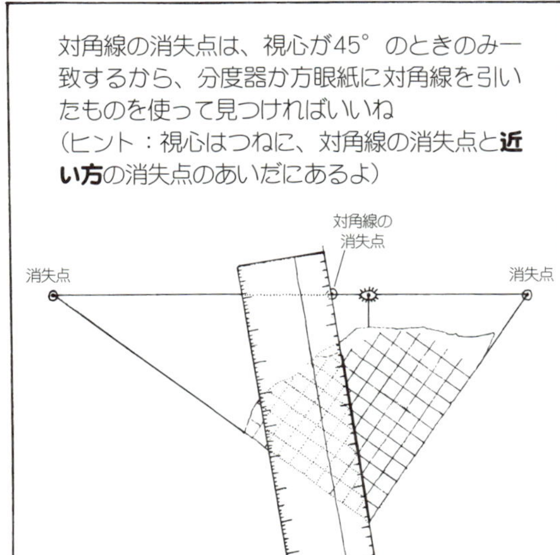

角度を変えると、モノの見え方も変わる
これは、30°/60°のパースの眺め

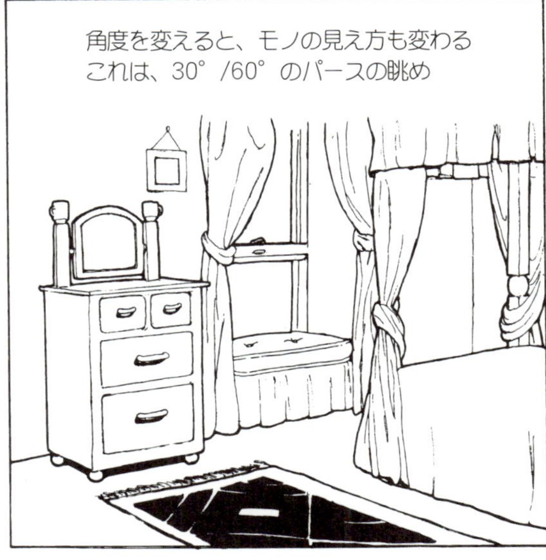

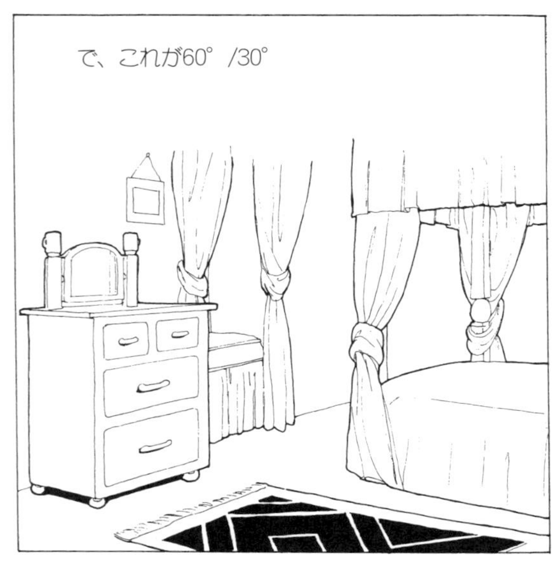
で、これが60°/30°

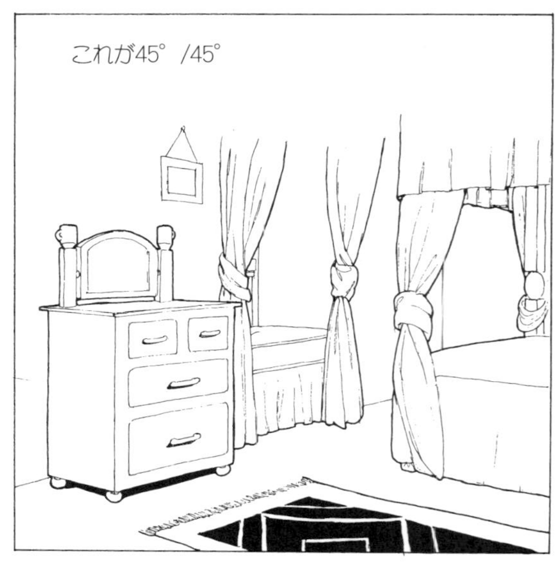
これが45°/45°

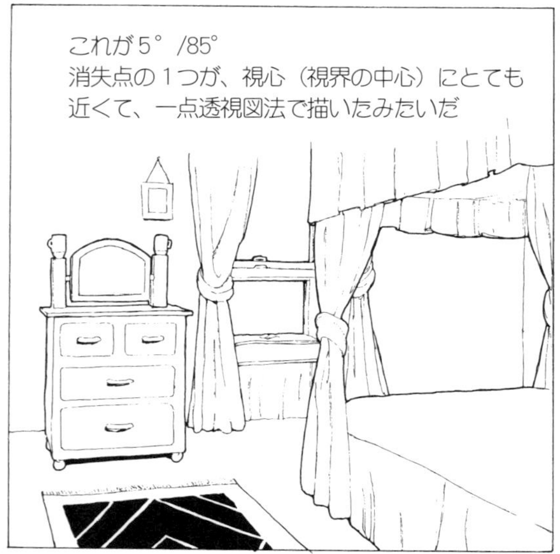
これが5°/85°
消失点の1つが、視心（視界の中心）にとても
近くて、一点透視図法で描いたみたいだ

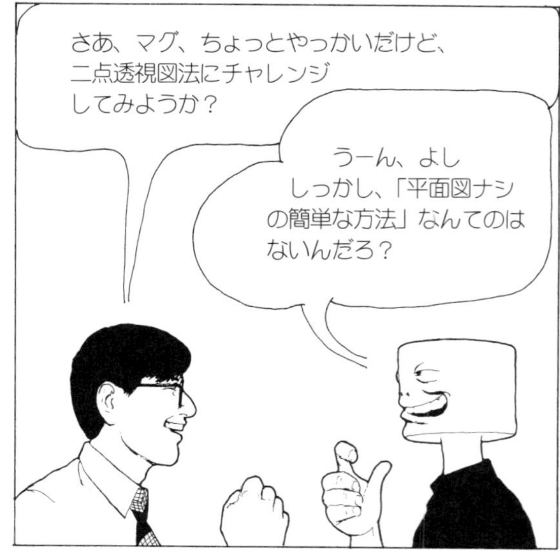
さあ、マグ、ちょっとやっかいだけど、
二点透視図法にチャレンジ
してみようか？
うーん、よし
しっかし、「平面図ナシ
の簡単な方法」なんてのは
ないんだろ？

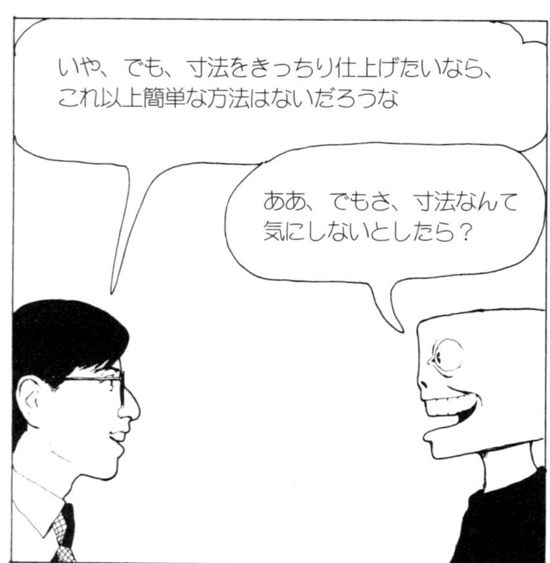
いや、でも、寸法をきっちり仕上げたいなら、
これ以上簡単な方法はないだろうな
ああ、でもさ、寸法なんて
気にしないとしたら？

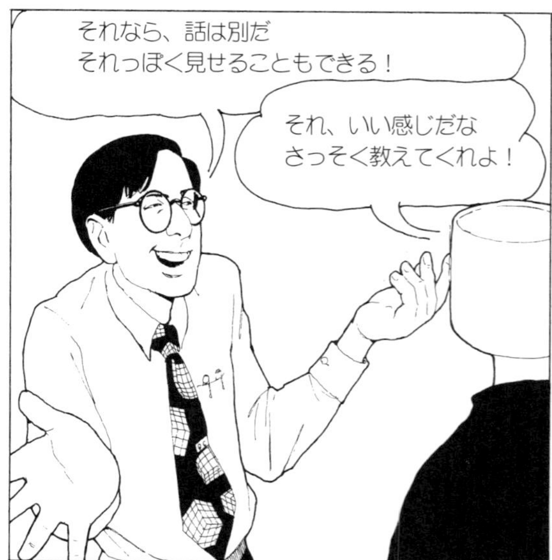
それなら、話は別だ
それっぽく見せることもできる！
それ、いい感じだな
さっそく教えてくれよ！

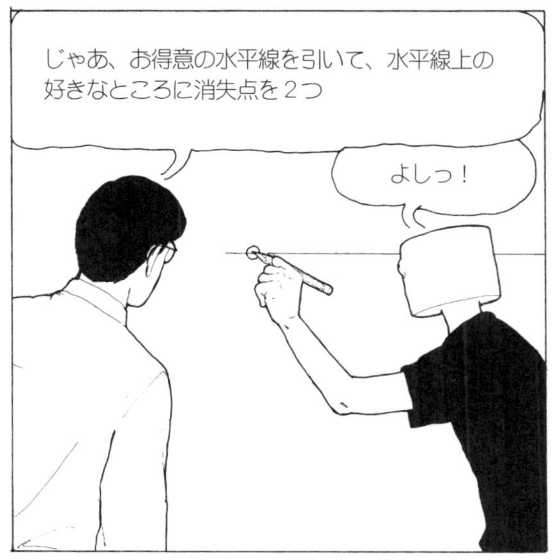
じゃあ、お得意の水平線を引いて、水平線上の
好きなところに消失点を２つ
よしっ！

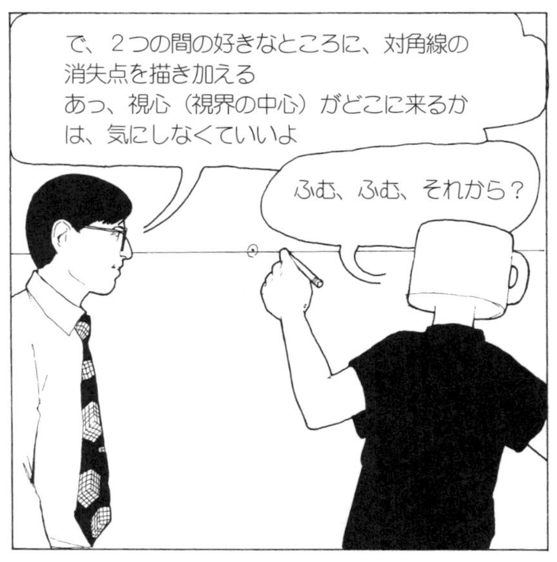
で、２つの間の好きなところに、対角線の
消失点を描き加える
あっ、視心（視界の中心）がどこに来るか
は、気にしなくていいよ
ふむ、ふむ、それから？

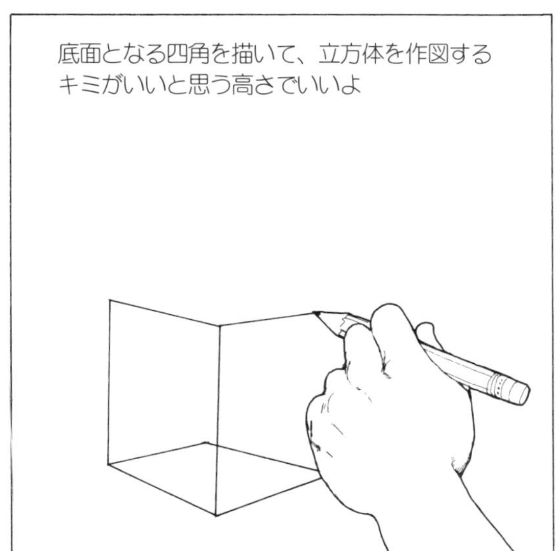
底面となる四角を描いて、立方体を作図する
キミがいいと思う高さでいいよ

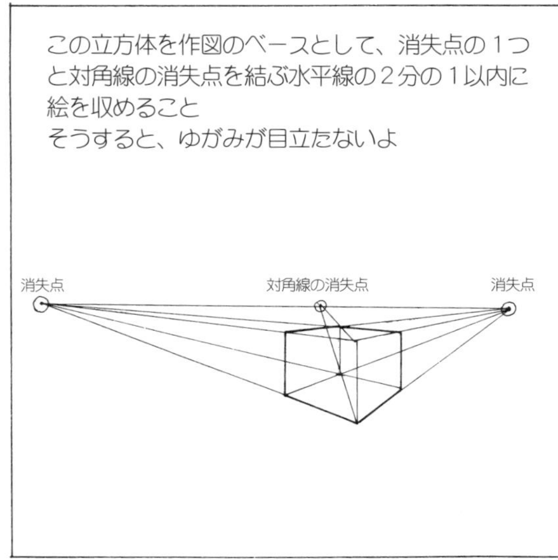
この立方体を作図のベースとして、消失点の１つ
と対角線の消失点を結ぶ水平線の２分の１以内に
絵を収めること
そうすると、ゆがみが目立たないよ
消失点
対角線の消失点
消失点

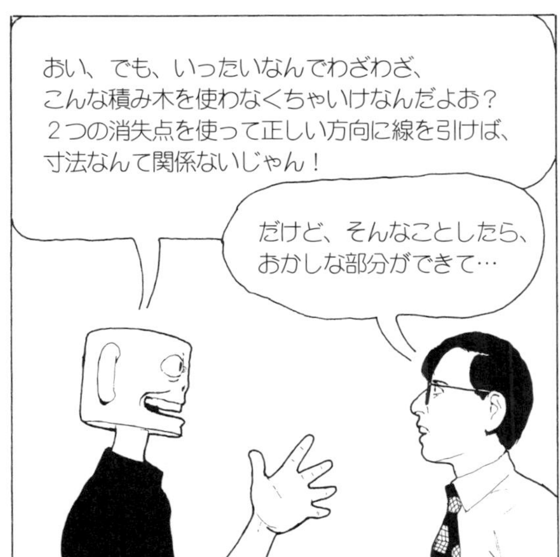
おい、でも、いったいなんでわざわざ、
こんな積み木を使わなくちゃいけなんだよお？
２つの消失点を使って正しい方向に線を引けば、
寸法なんて関係ないじゃん！
だけど、そんなことしたら、
おかしな部分ができて…

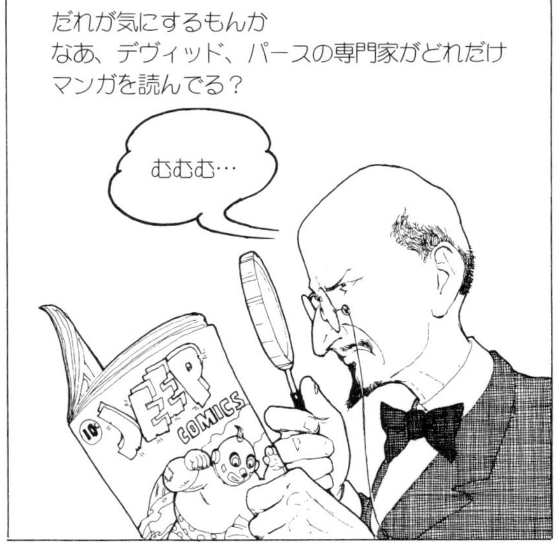
だれが気にするもんか
なあ、デヴィッド、パースの専門家がどれだけ
マンガを読んでる？
むむむ…
COMICS

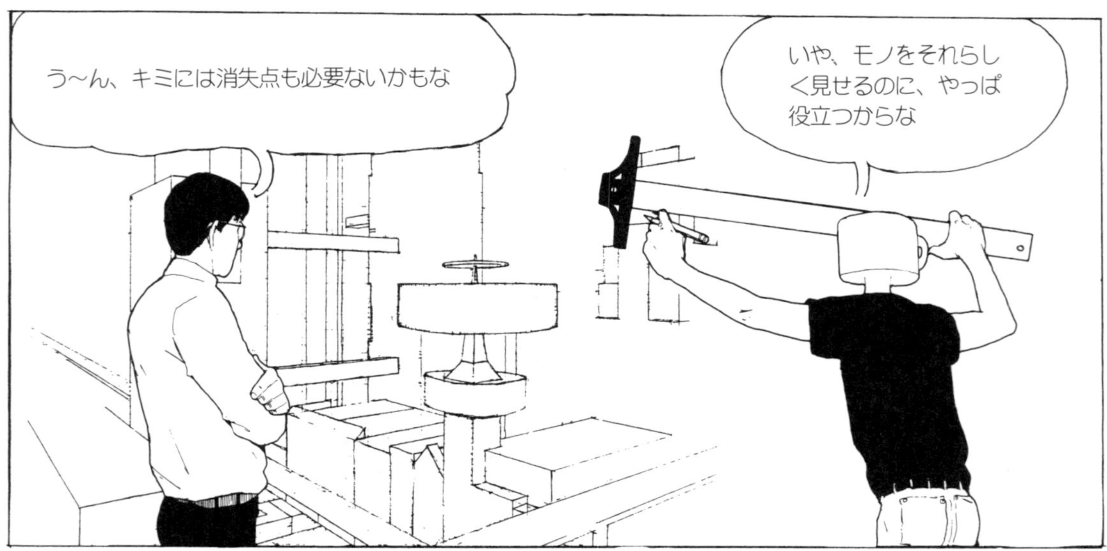
いや、モノをそれらしく見せるのに、やっぱ役立つからな
う〜ん、キミには消失点も必要ないかもな

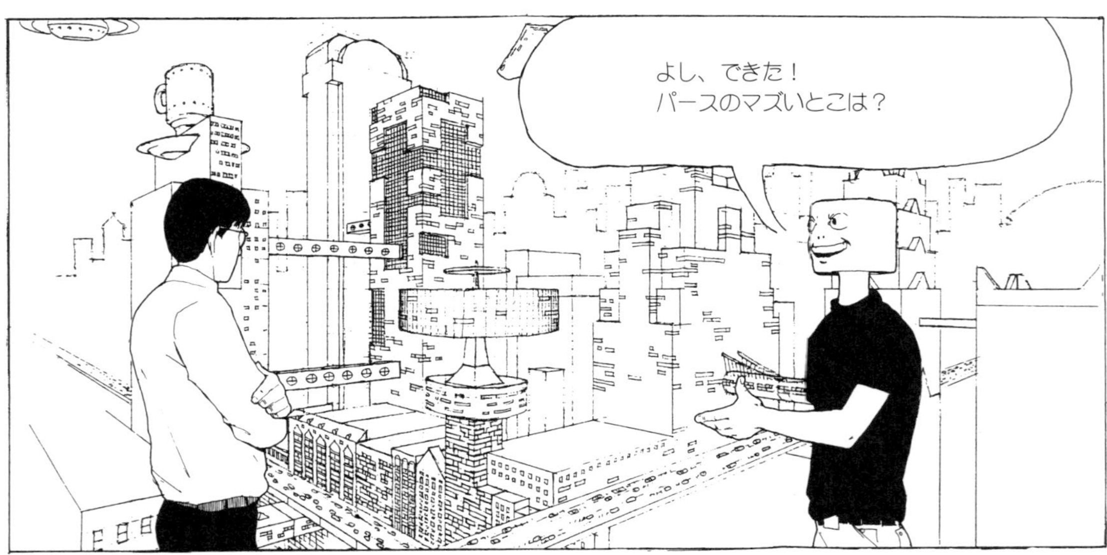
よし、できた！
パースのマズいとこは？

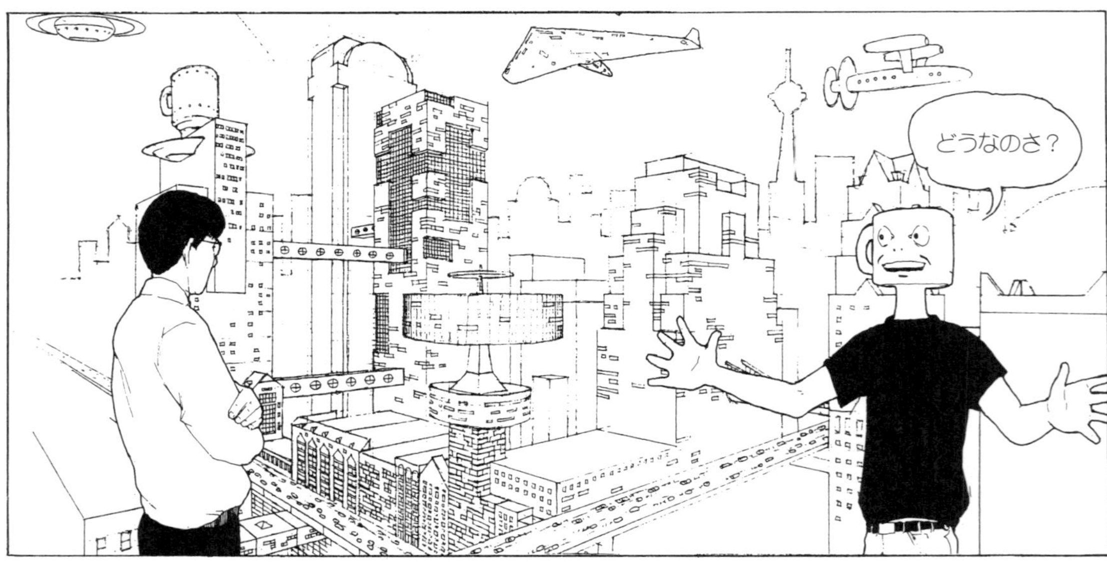
どうなのさ？

第8章

三点透視図法

写真が発明される以前の三点透視図法なんて、見たことないなあ。20世紀以前にはなかったんじゃないだろうか。でも、飛行機や超高層ビルの時代になると、三点透視図法による高所から見下ろした眺めが好都合になったんだね。そして、まずは写真が登場したわけだ。写真なら、とんでもない眺めでも、無理な体勢になることなく、すみやかに捉えることができるからね。芸術家は必要に迫られないとなかなか取り入れないけど、マンガ家は誰よりも冒険好きだ。その意味で、三点透視図法は、ダイナミックで爆発的な構図が重要な意味を持つマンガに最適なんだ。

三点透視図法は、一点透視図法や二点透視図法に比べると、ちょっとばかりフクザツな部分もあるけど、原理は同じだから、ここまで来た読者諸君なら、三点透視図法の理解も楽勝なはずだよ。三点透視図法でいちばん難しいのは、遠くに来る消失点を、決まった空間の中に収めなければならないことだ。版画家のM・C・エッシャーは、『相対性』という作品を制作するため、アトリエの床になんと、底辺2m10cm もの三角形を描かねばならなかったって話を読んだことがあるよ。

この章では、三点透視図を描くため、空間をキープする方法を紹介しよう。最後の章で、さらにフォローするからね。

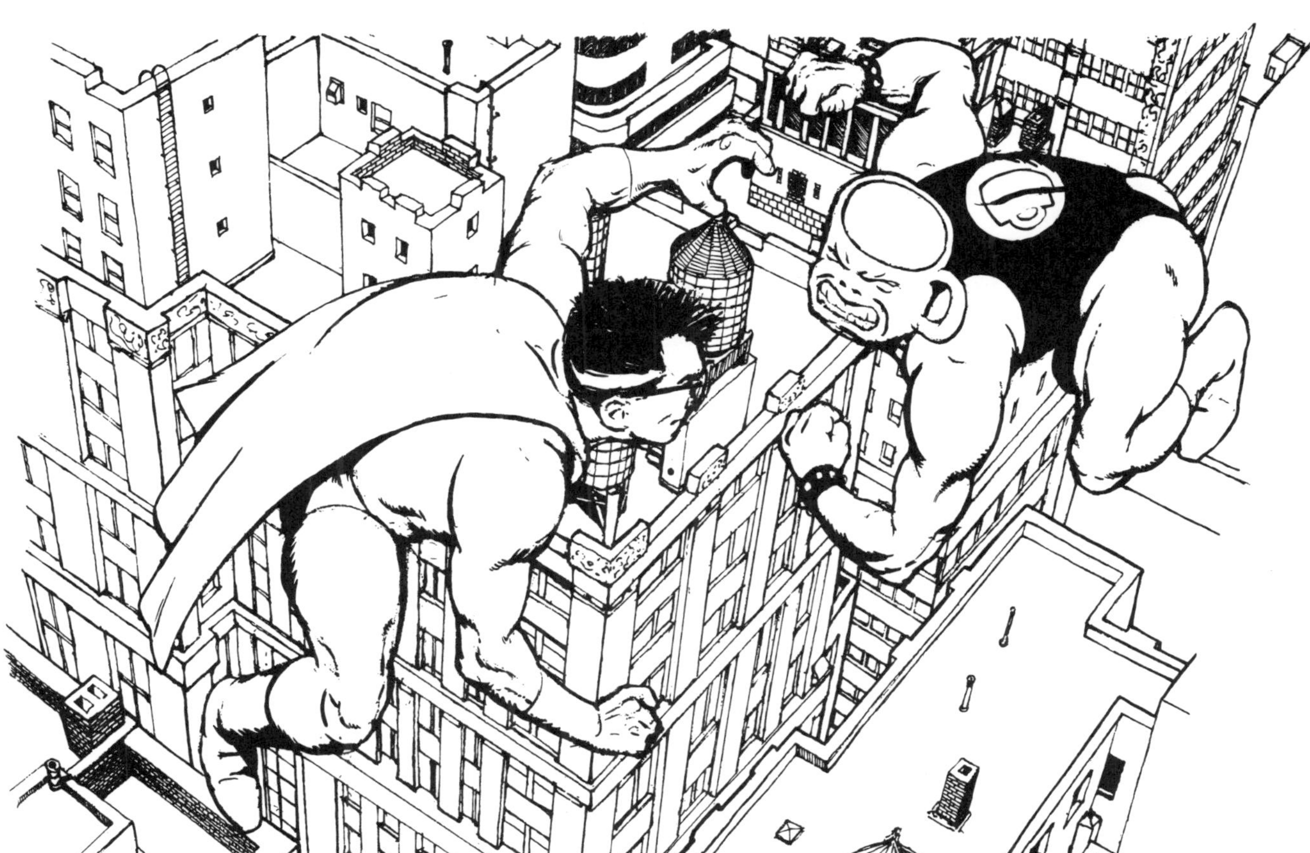

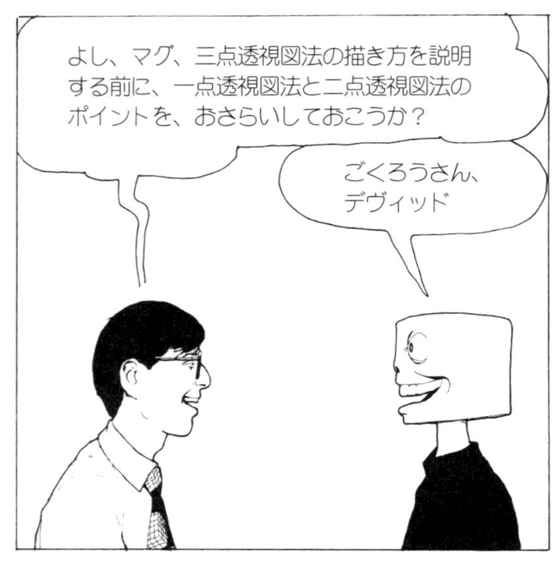
よし、マグ、三点透視図法の描き方を説明
する前に、一点透視図法と二点透視図法の
ポイントを、おさらいしておこうか？
ごくろうさん、
デヴィッド

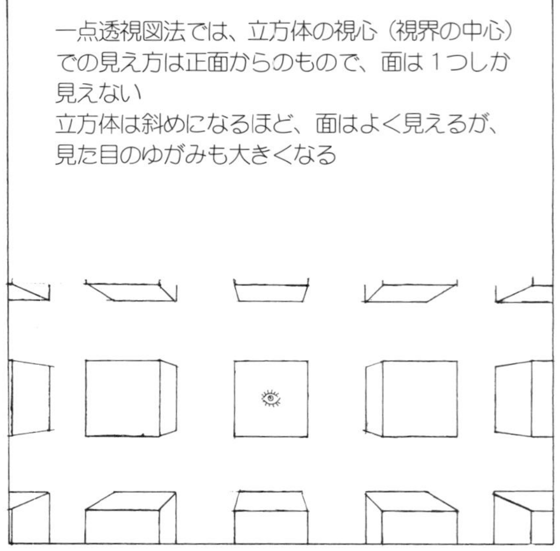
一点透視図法では、立方体の視心（視界の中心）
での見え方は正面からのもので、面は１つしか
見えない
立方体は斜めになるほど、面はよく見えるが、
見た目のゆがみも大きくなる

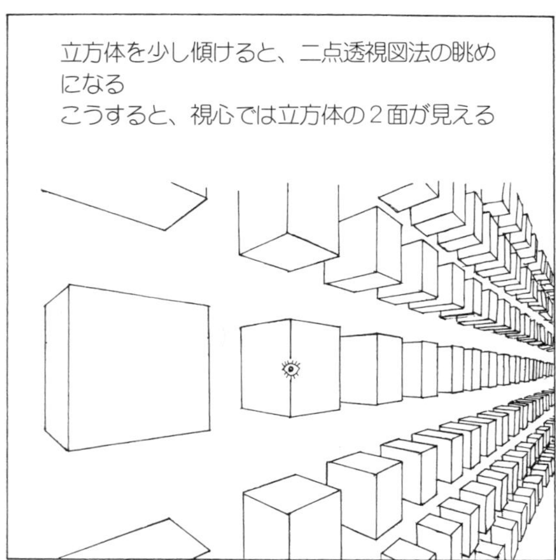
立方体を少し傾けると、二点透視図法の眺め
になる
こうすると、視心では立方体の２面が見える

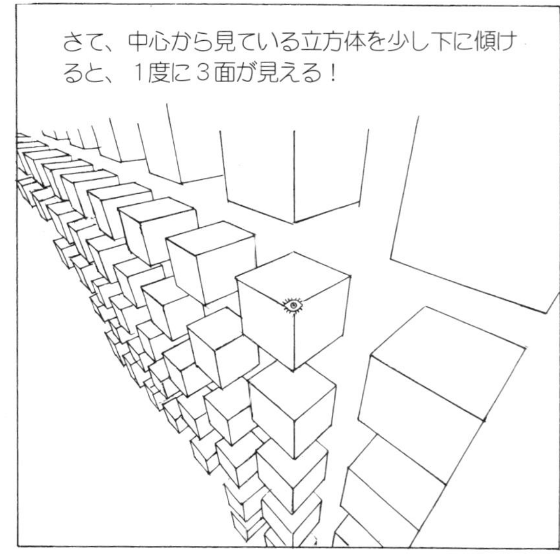
さて、中心から見ている立方体を少し下に傾け
ると、１度に３面が見える！

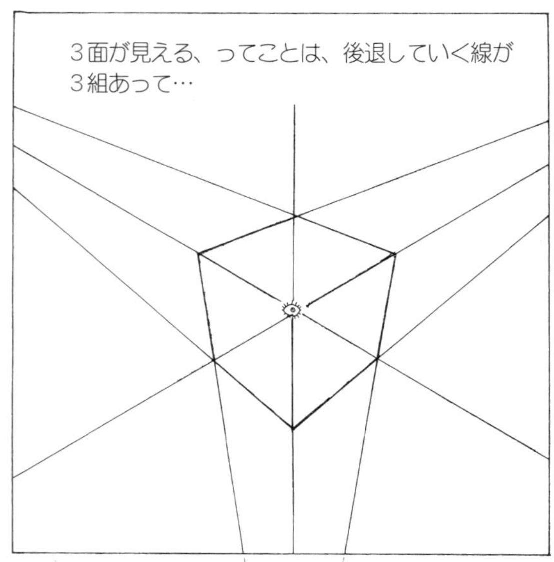
３面が見える、ってことは、後退していく線が
３組あって…

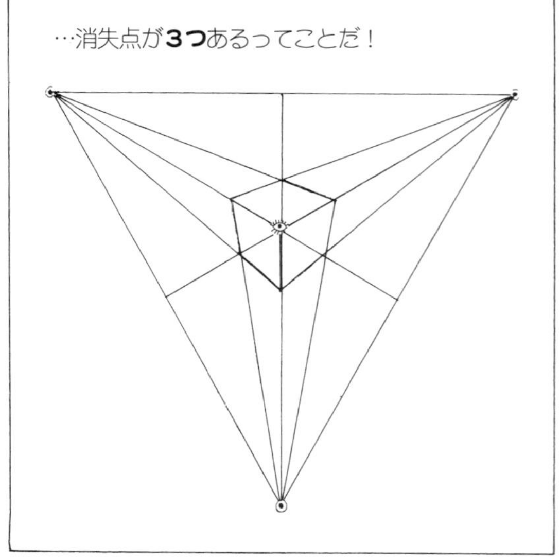
…消失点が**３つ**あるってことだ！

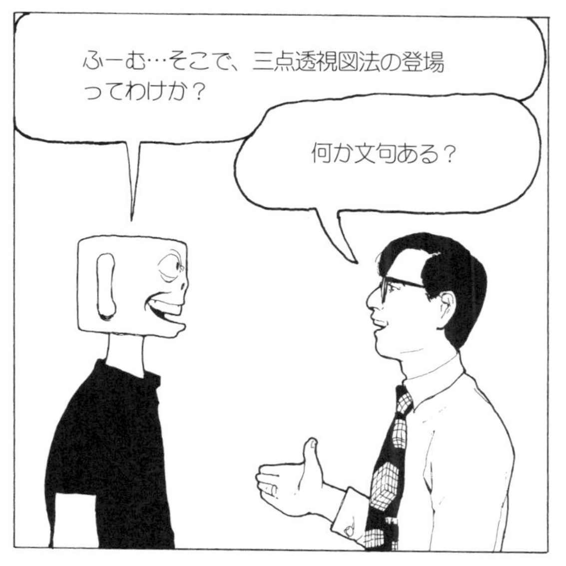
ふーむ…そこで、三点透視図法の登場
ってわけか？
何か文句ある？

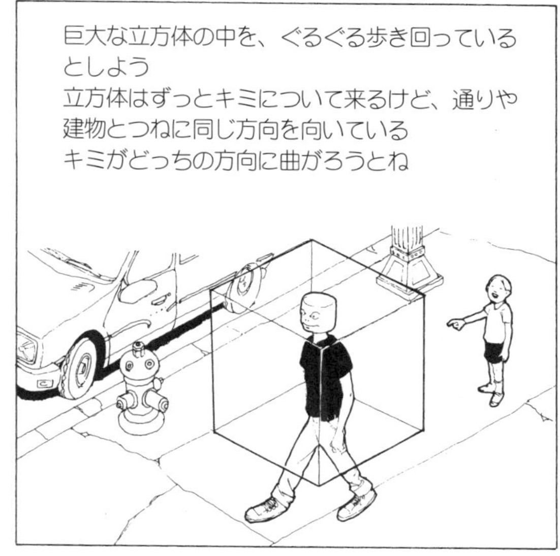
巨大な立方体の中を、ぐるぐる歩き回っている
としよう
立方体はずっとキミについて来るけど、通りや
建物とつねに同じ方向を向いている
キミがどっちの方向に曲がろうとね

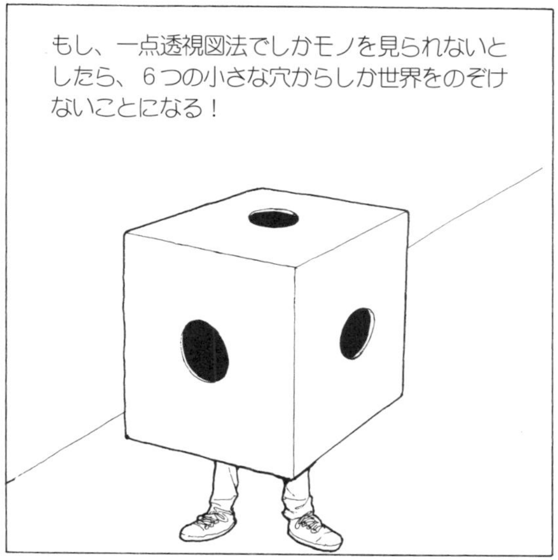
もし、一点透視図法でしかモノを見られないと
したら、6つの小さな穴からしか世界をのぞけ
ないことになる！

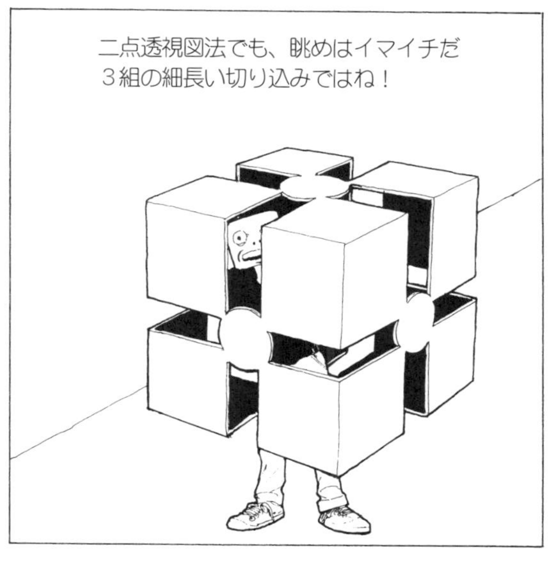
二点透視図法でも、眺めはイマイチだ
3組の細長い切り込みではね！

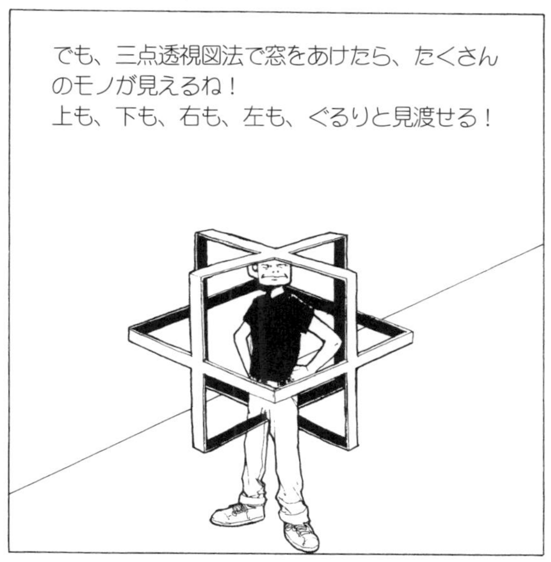
でも、三点透視図法で窓をあけたら、たくさん
のモノが見えるね！
上も、下も、右も、左も、ぐるりと見渡せる！

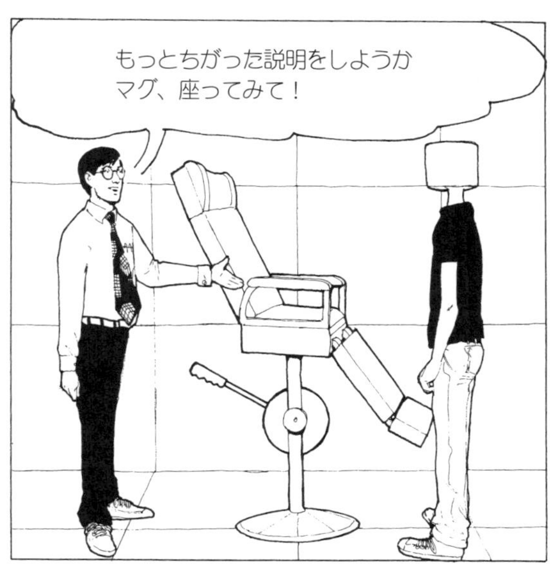
もっとちがった説明をしようか
マグ、座ってみて！

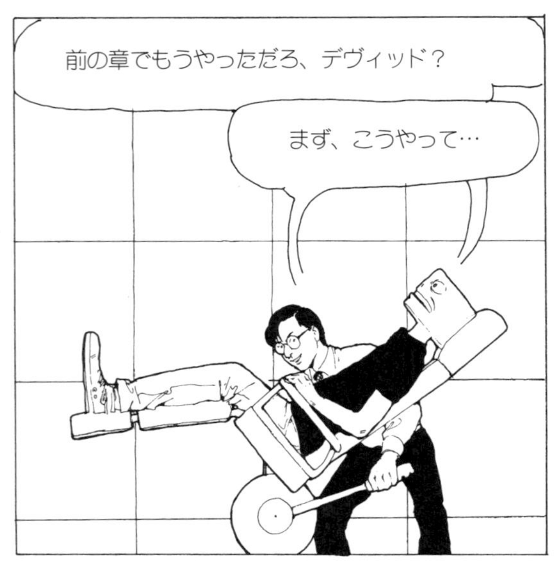
前の章でもうやっただろ、デヴィッド？
まず、こうやって…

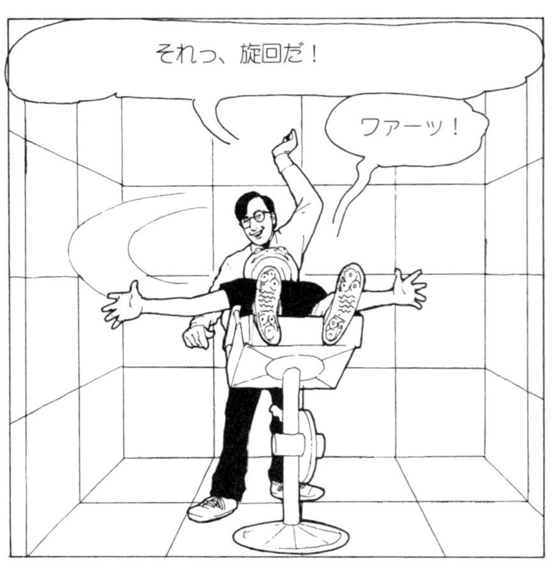
それっ、旋回だ！
ワァーッ！

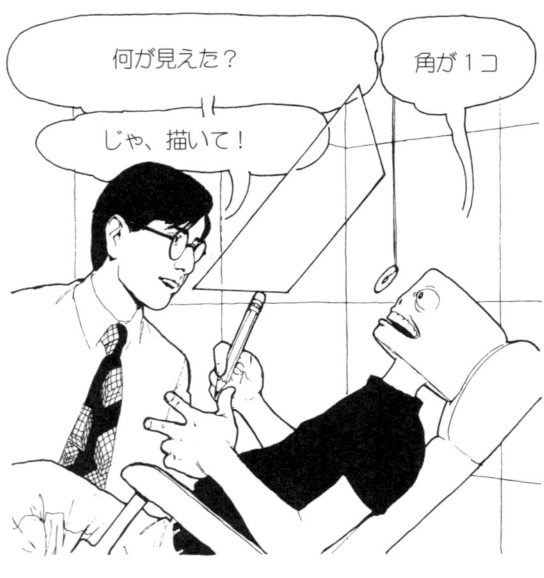
何が見えた？
角が１コ
じゃ、描いて！

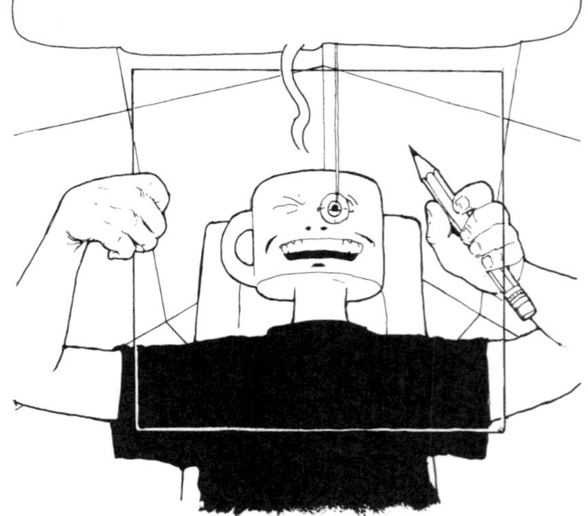
よし、オッケー、見たままを…できたっ！

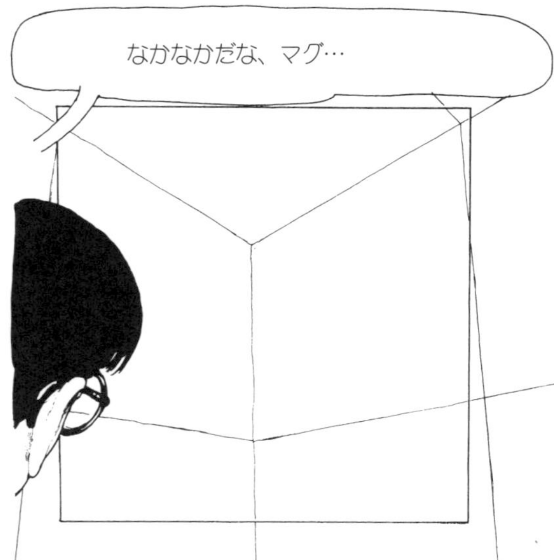
なかなかだな、マグ…

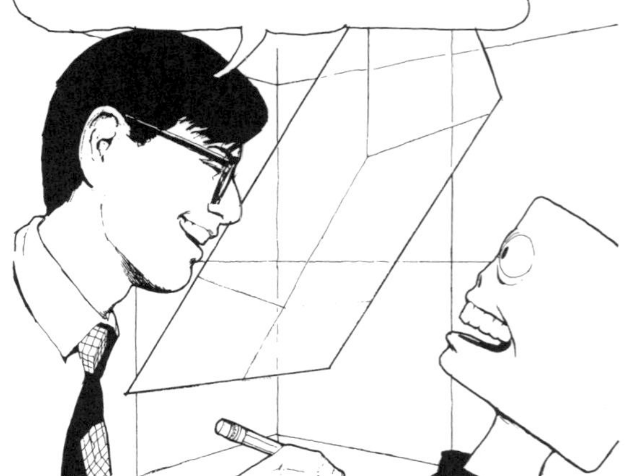
よーし、チャレンジコーナーだ
これに、消失点を描き込んで！

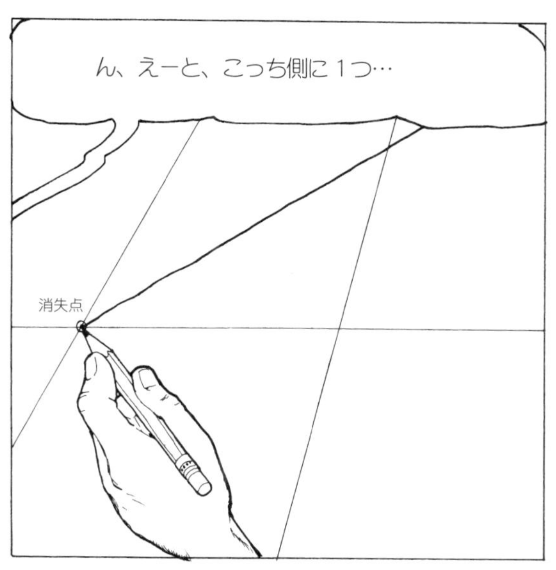

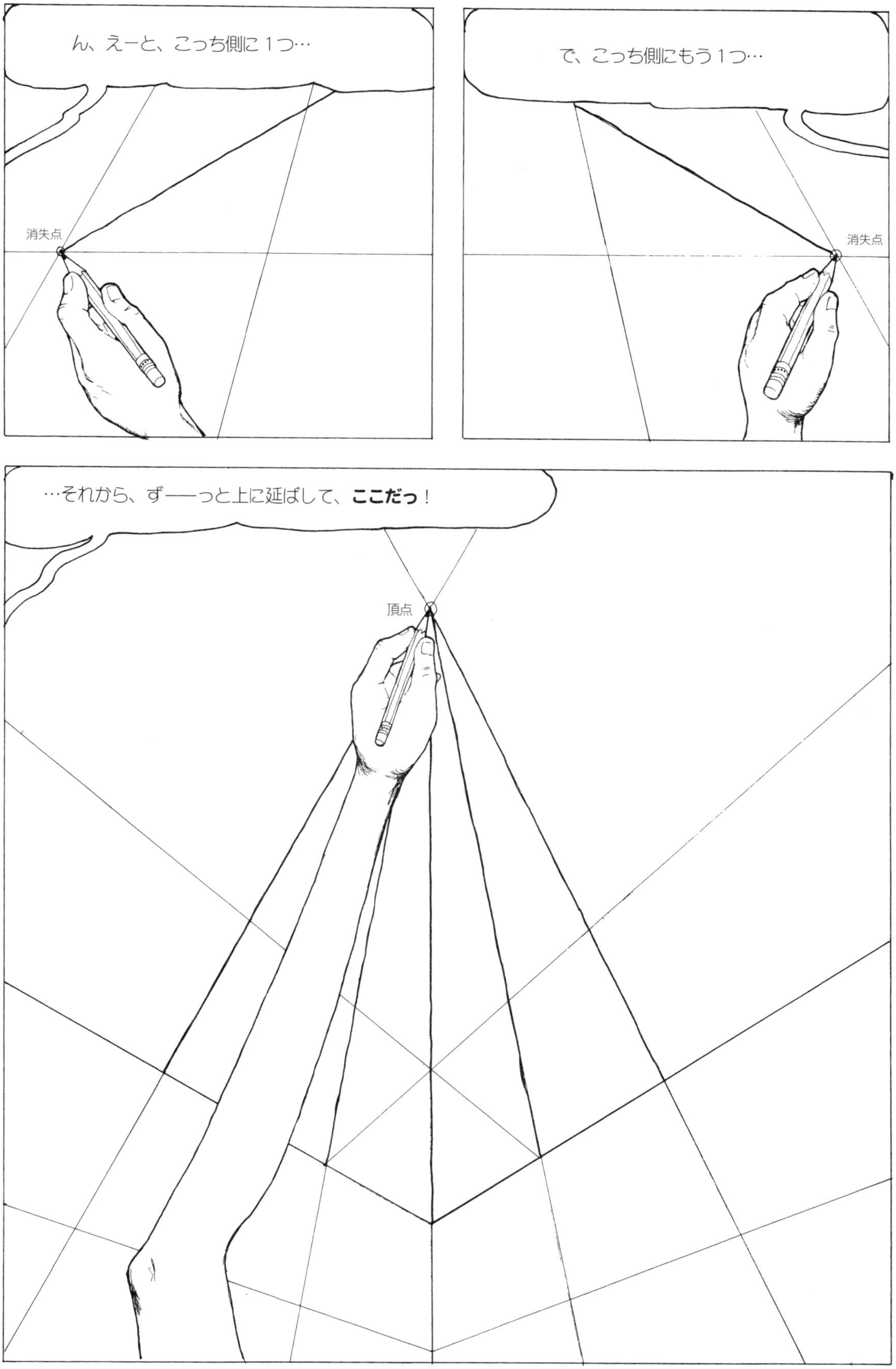

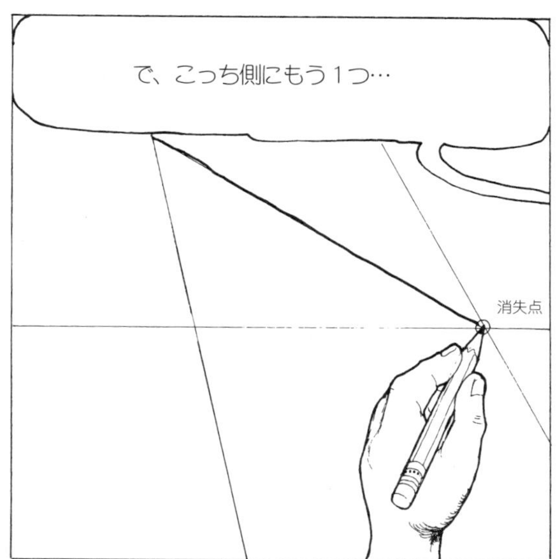

…それから、ず――っと上に延ばして、**ここだっ**！

頂点

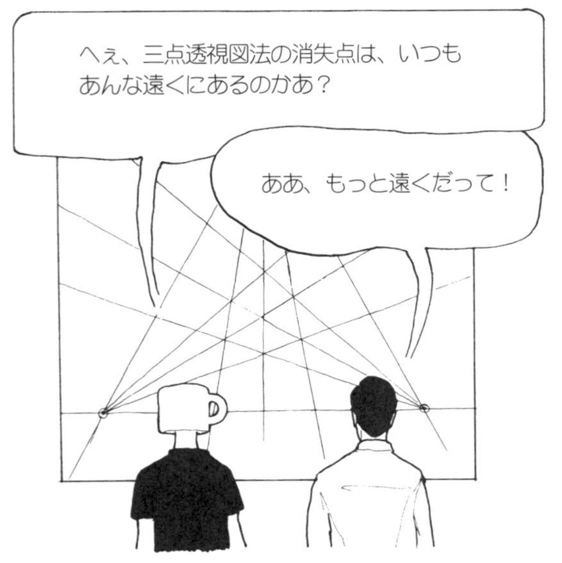

二点透視図法同様、消失点の距離に決まりはないんだ
最小の三角形は、すべての消失点が視心（視界の中心）から等距離にあるね

消失点　対角線の消失点　消失点
対角線の消失点　対角線の消失点
消失点

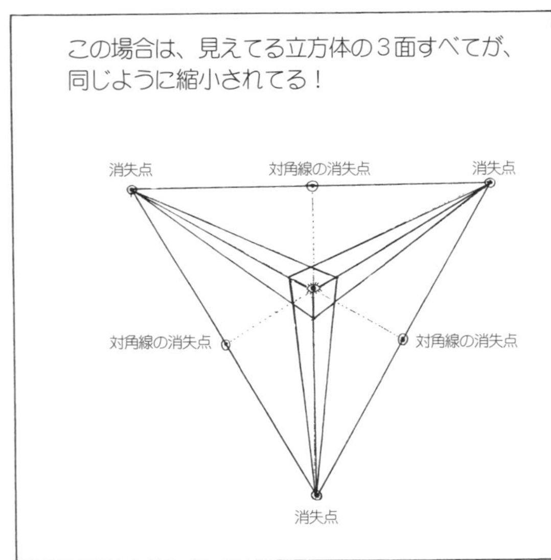

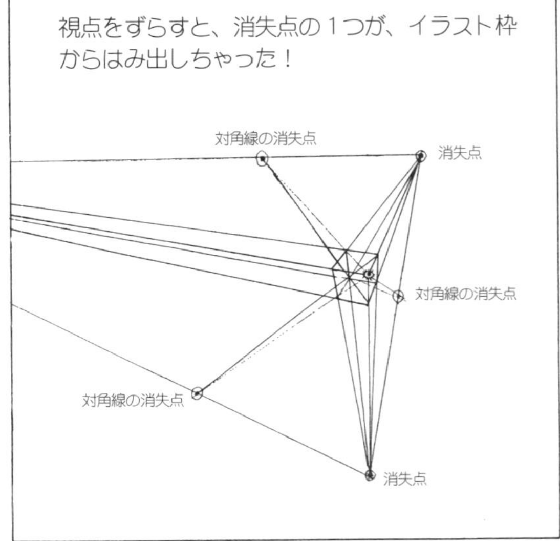

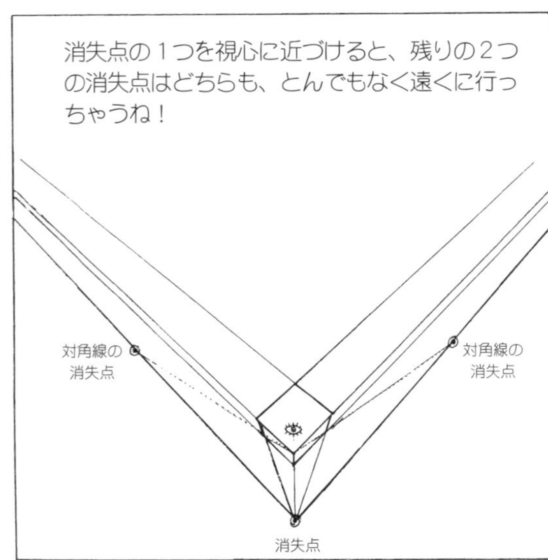

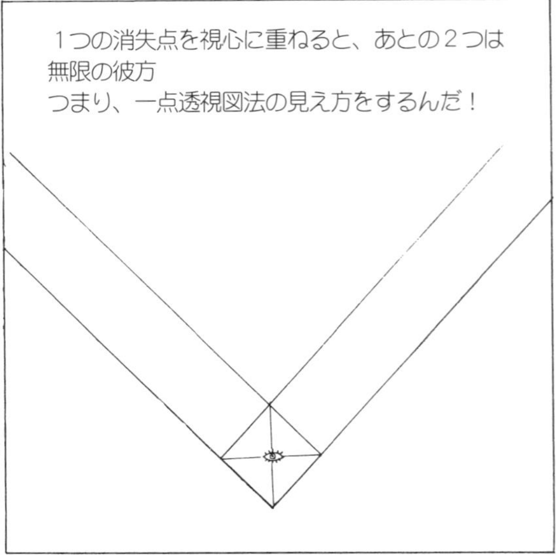

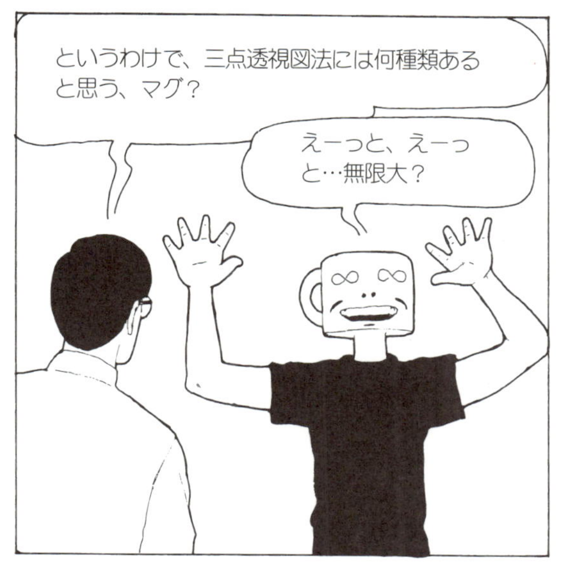
というわけで、三点透視図法には何種類あると思う、マグ？
えーっと、えーっと…無限大？

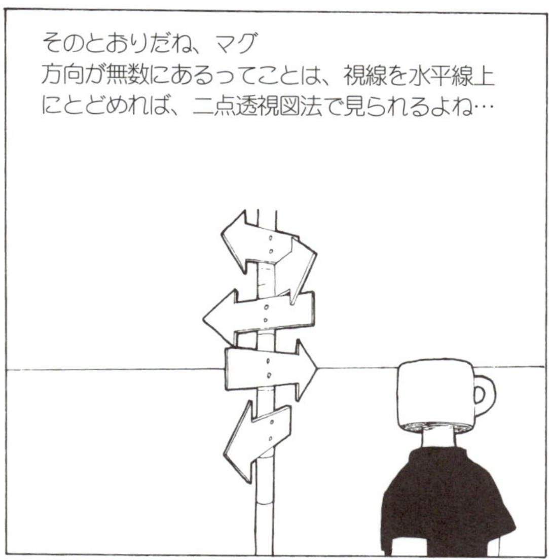
そのとおりだね、マグ
方向が無数にあるってことは、視線を水平線上にとどめれば、二点透視図法で見られるよね…

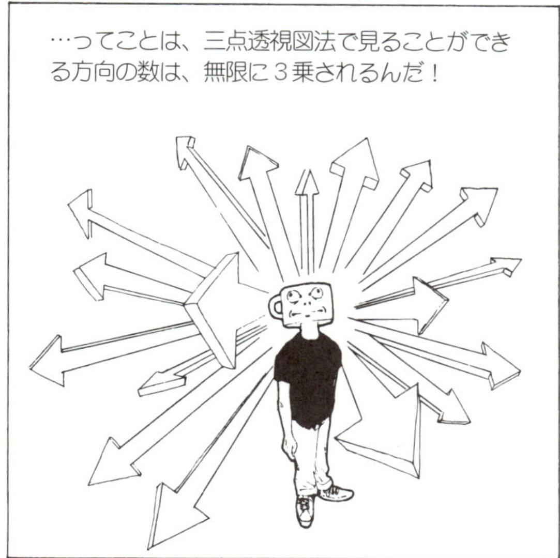
…ってことは、三点透視図法で見ることができる方向の数は、無限に３乗されるんだ！

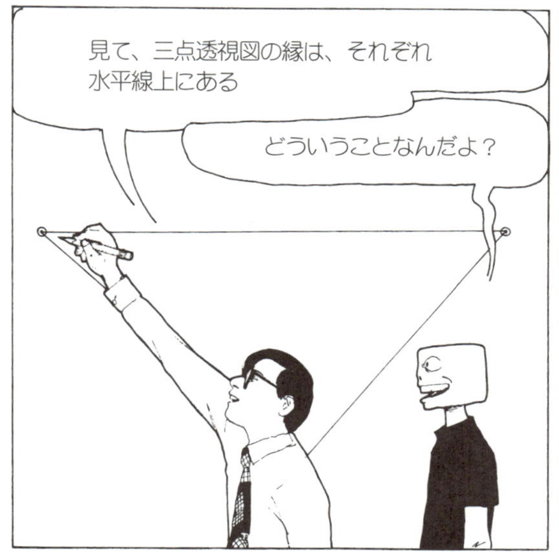
見て、三点透視図の縁は、それぞれ水平線上にある
どういうことなんだよ？

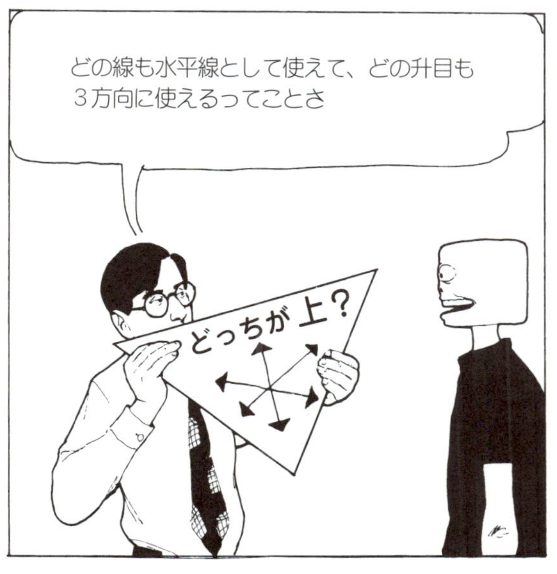
どの線も水平線として使えて、どの升目も３方向に使えるってことさ
どっちが上？

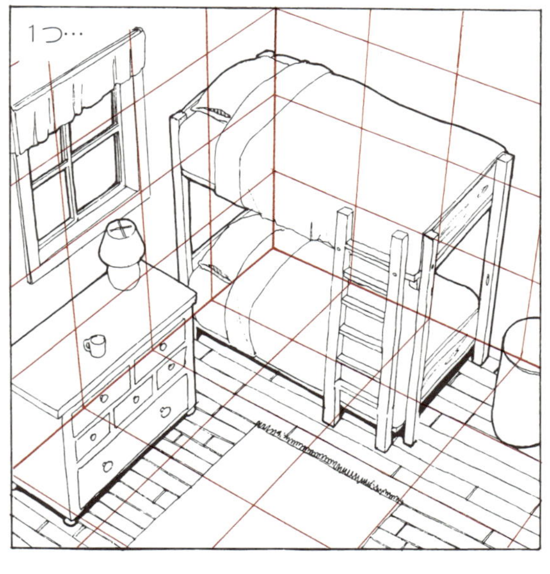
1つ…

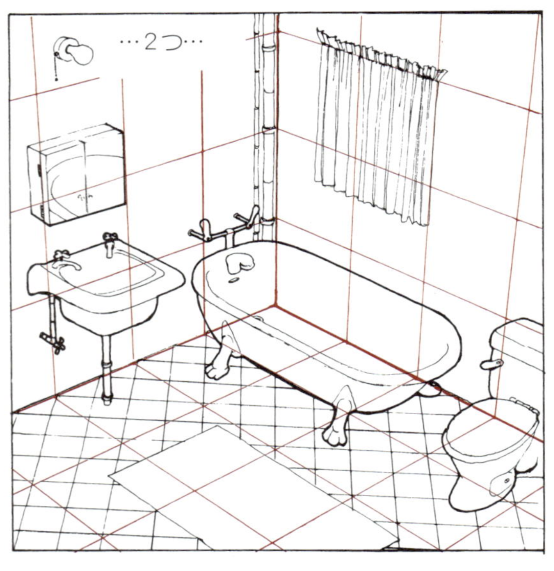
…2つ…

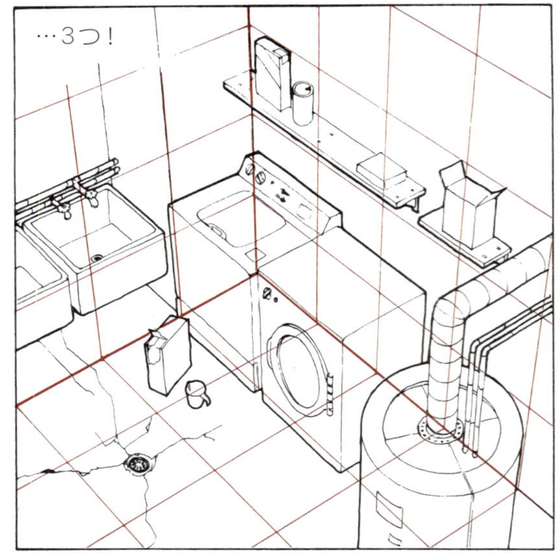
…3つ！

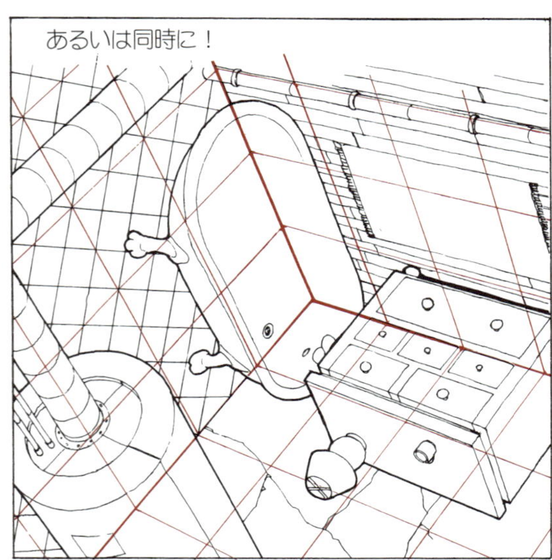
あるいは同時に！

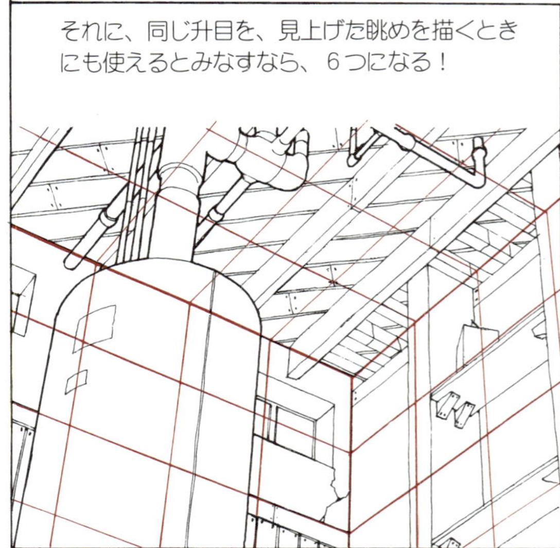
それに、同じ升目を、見上げた眺めを描くとき
にも使えるとみなすなら、6つになる！

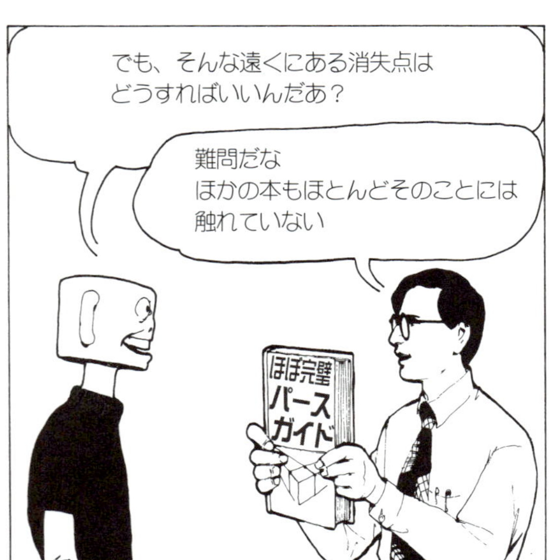
でも、そんな遠くにある消失点は
どうすればいいんだあ？
難問だな
ほかの本もほとんどそのことには
触れていない
ほぼ完璧
パース
ガイド

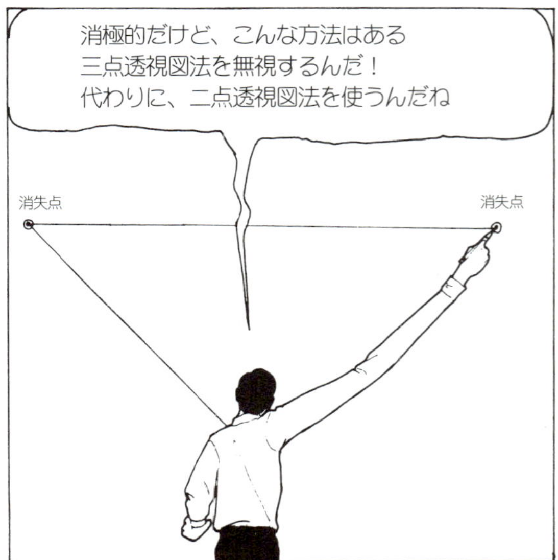
消極的だけど、こんな方法はある
三点透視図法を無視するんだ！
代わりに、二点透視図法を使うんだね
消失点
消失点

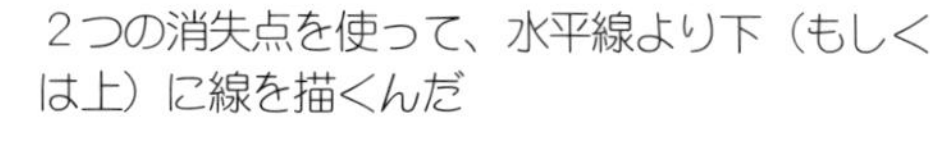

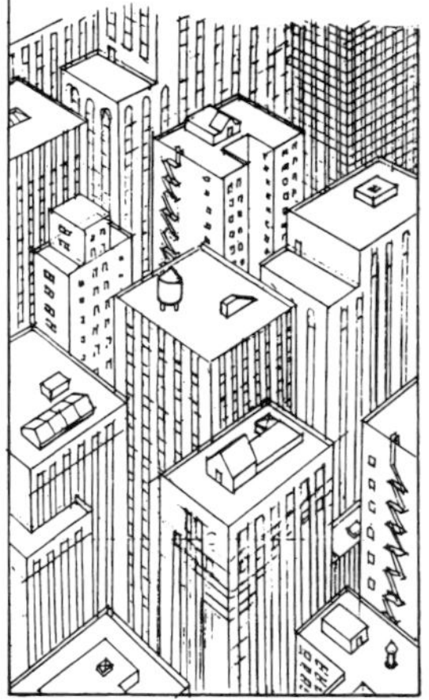

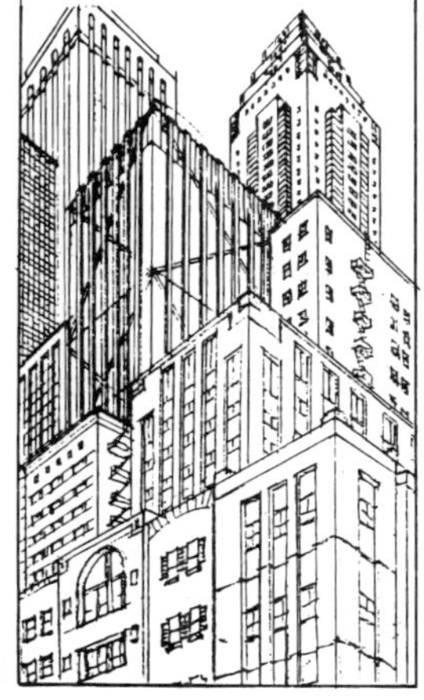

ホンモノの三点透視図法では見えるはずの、垂直方向の集中点がなくなるけど、作業が楽だし、おそらく誰も気づかないからね！

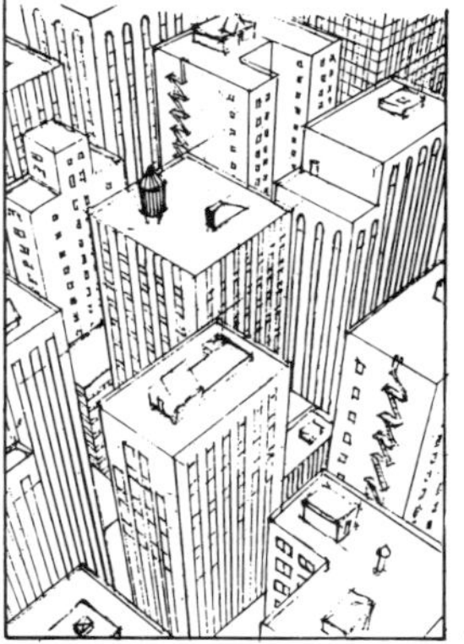

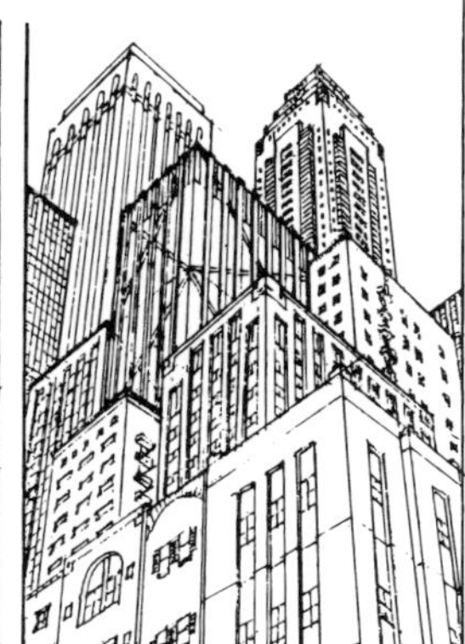

他にも方法はあるぞ
二点透視図法の升目に、三点透視図を描くんだ

どうやってさ？

まず、二点透視図法で升目を描く
もし忘れちゃってたら、前の章をチェックすること！

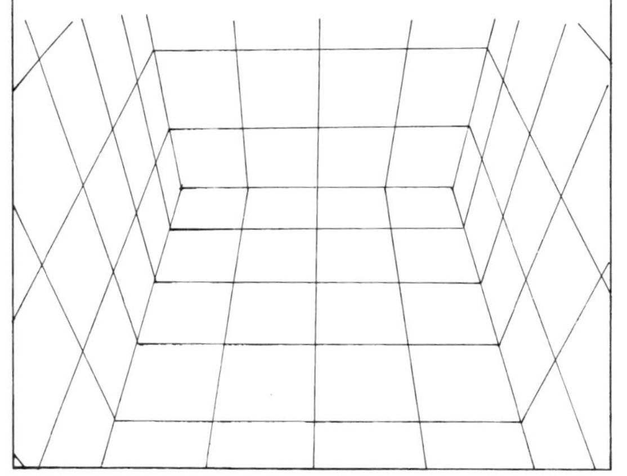

前の章では、一点透視図法の升目をもとに、

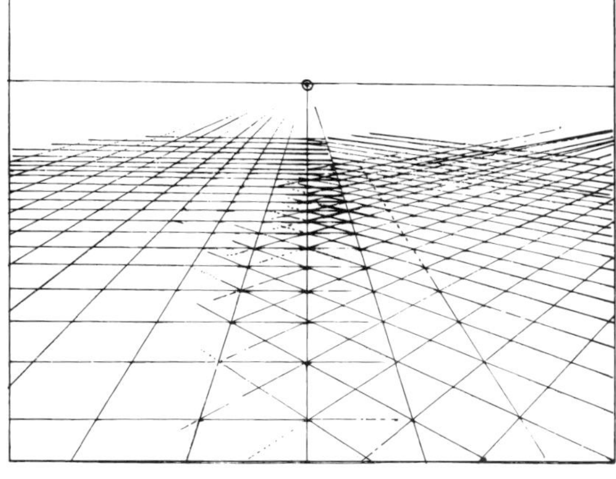

対角線にしたがって、二点透視図を描いたよね？
そこで、同じ要領で、二点透視図を三点透視図に変換するのさ

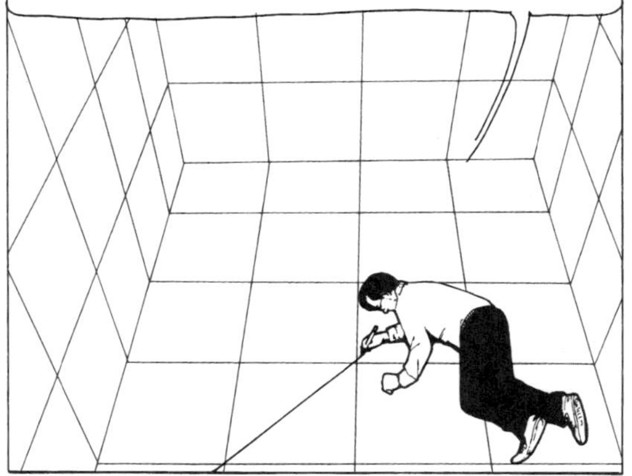

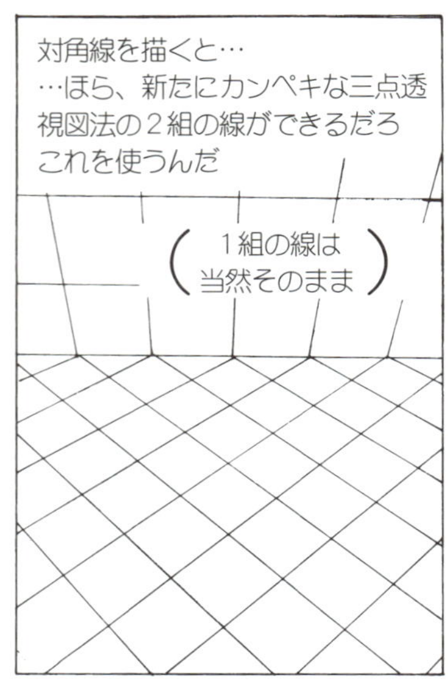
対角線を描くと…
…ほら、新たにカンペキな三点透視図法の２組の線ができるだろ
これを使うんだ
（１組の線は当然そのまま）

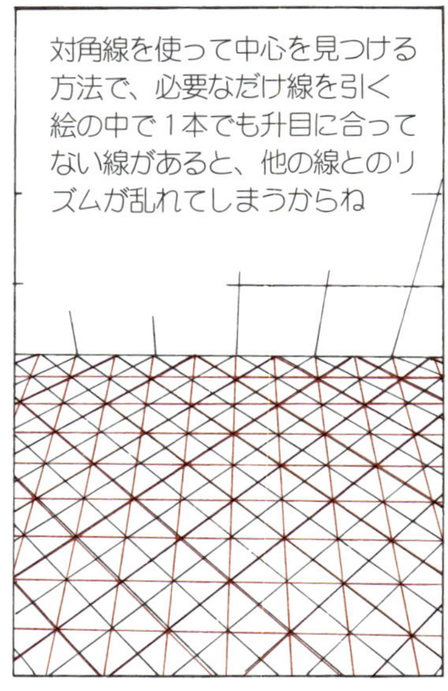
対角線を使って中心を見つける方法で、必要なだけ線を引く
絵の中で１本でも升目に合ってない線があると、他の線とのリズムが乱れてしまうからね

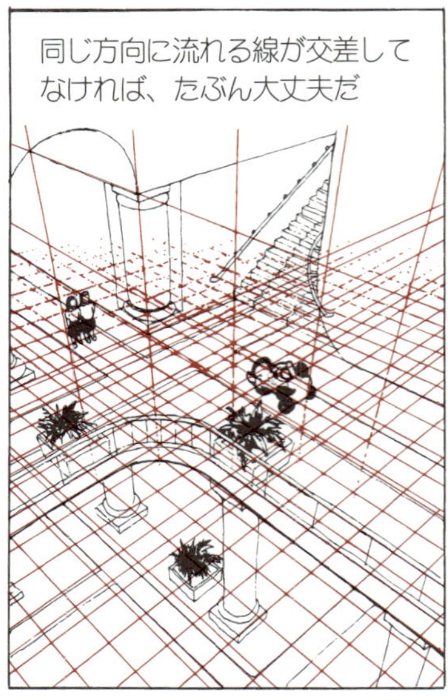
同じ方向に流れる線が交差してなければ、たぶん大丈夫だ

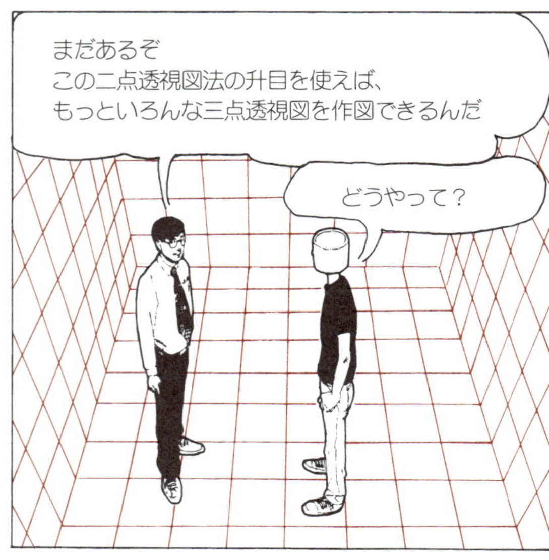
まだあるぞ
この二点透視図法の升目を使えば、もっといろんな三点透視図を作図できるんだ
どうやって？

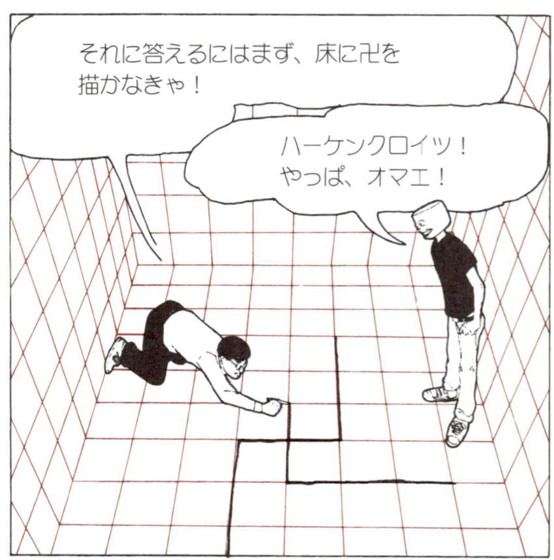
それに答えるにはまず、床に卍を描かなきゃ！
ハーケンクロイツ！
やっぱ、オマエ！

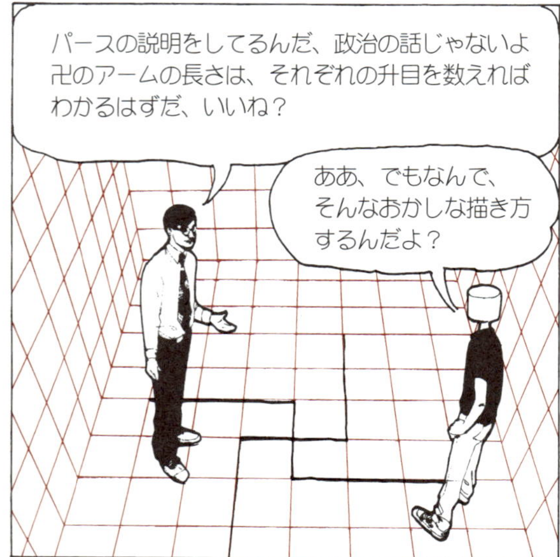
パースの説明をしてるんだ、政治の話じゃないよ
卍のアームの長さは、それぞれの升目を数えればわかるはずだ、いいね？
ああ、でもなんで、そんなおかしな描き方するんだよ？

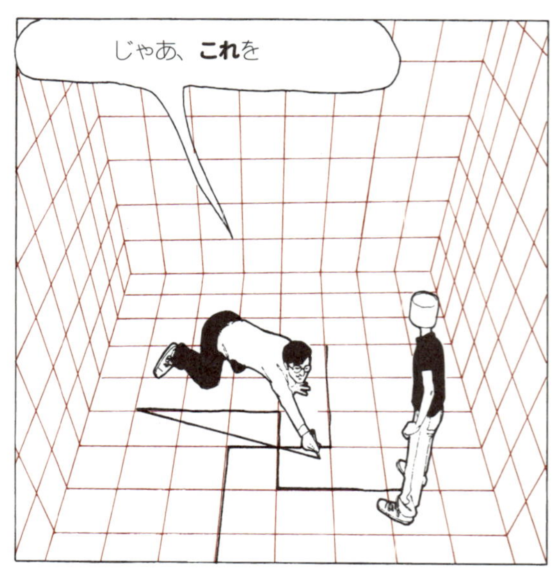
じゃあ、**これ**を

よーく見て、マグ！
対向するアームから引いた線は、ズバリ中央を通って、直角に交差してる！

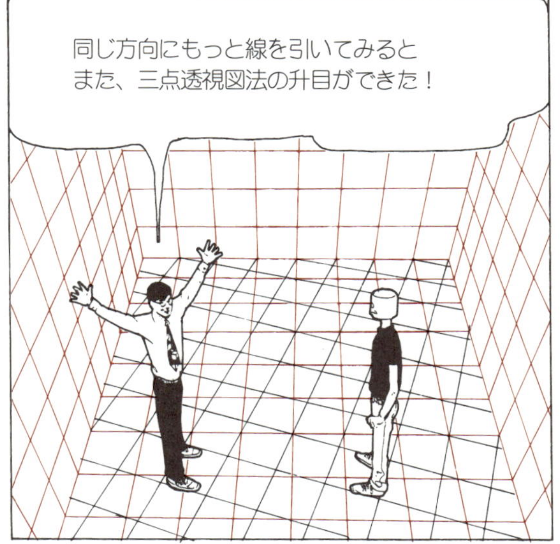

三点透視図法の描き方の可能性は無数にある！
覚えてるかい？
垂直軸Xと水平軸Yをつなぐ線は、垂直軸Yと水平軸Xをつなぐ線に対して、直角になるんだったね

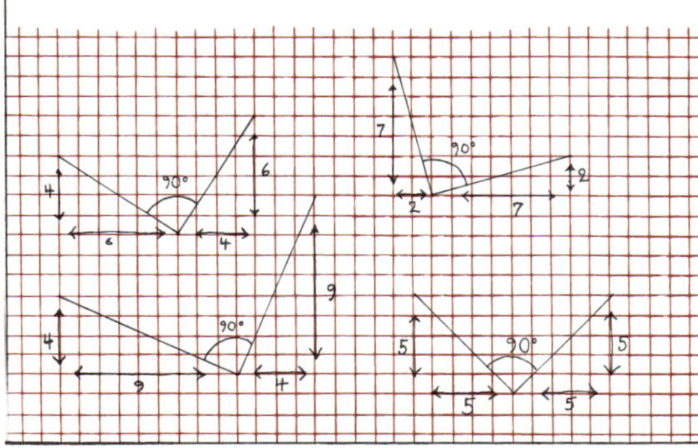

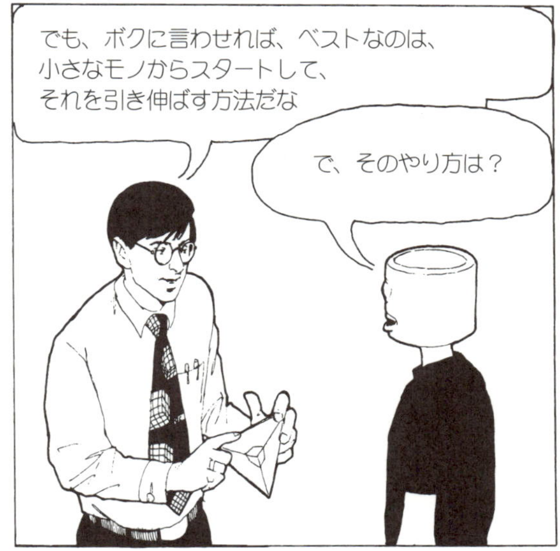

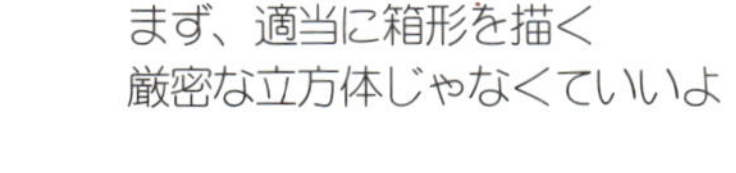

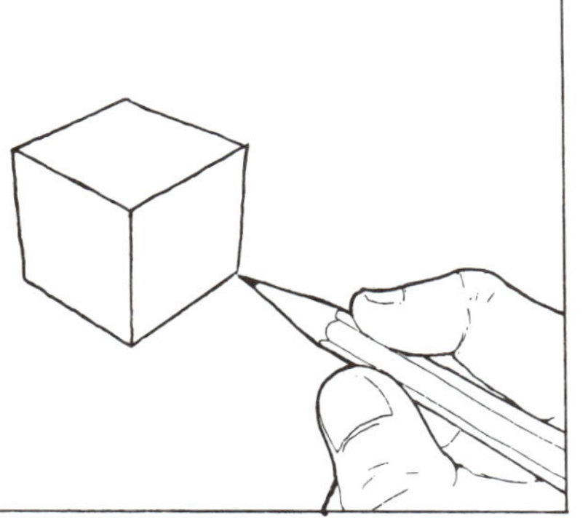

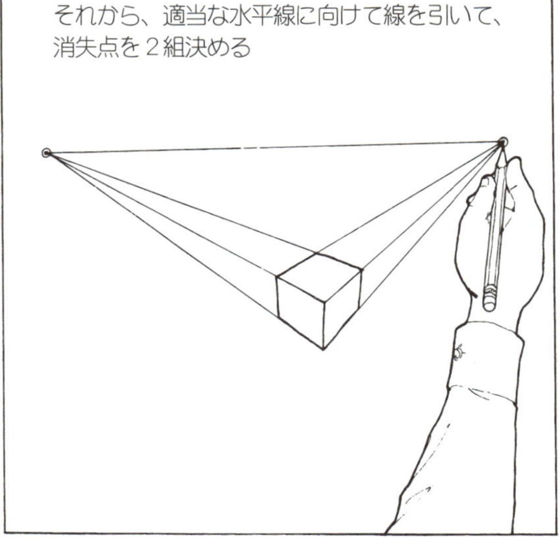

次に、下の３つめの消失点
（底点とも言う）に向けて
集中する線を引く

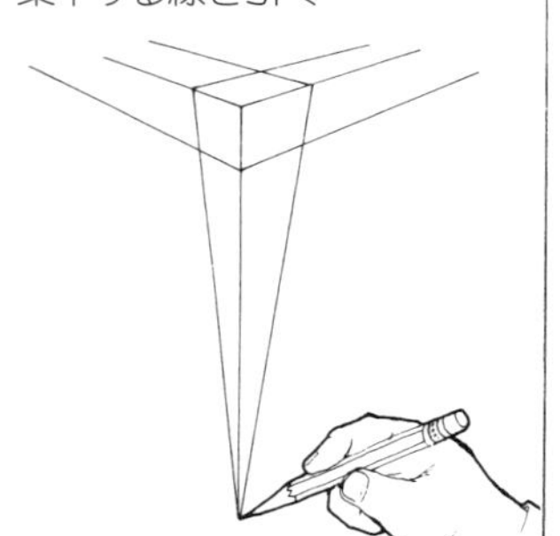

基本となる三角形ができたら
視心（視界の中心）がどこか、
知る必要がある

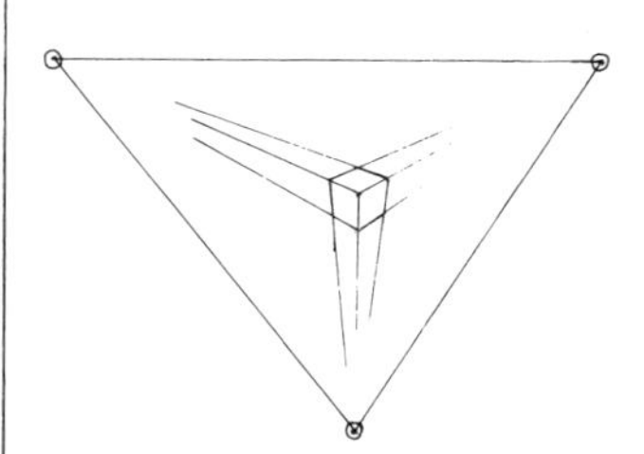

この、上の水平線と底点をつ
なぐ垂直線を**重力線**と言う…

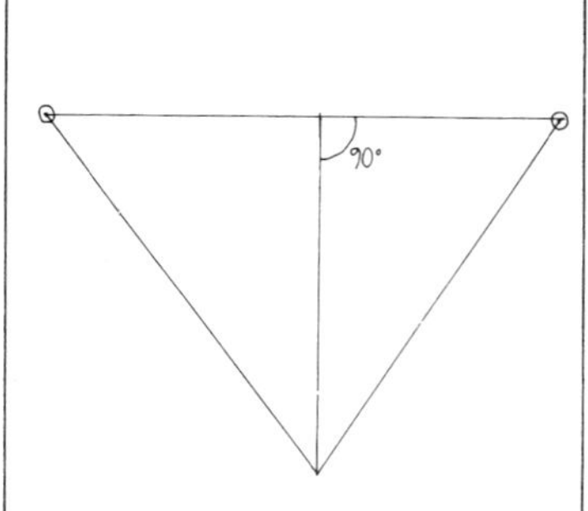

視心を探すには、水平線を
直径とする半円を描いて、
その半円が他の２本の直線
と交差するところに印をつ
ける

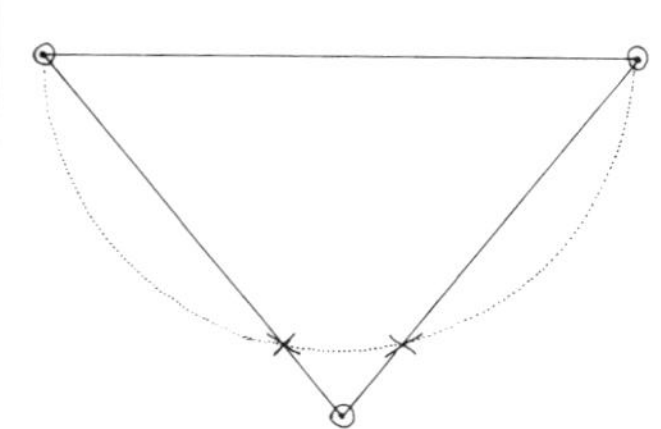

その印から、それぞれ反対側
の消失点に線を引くと、重力
線上の同じ点で交差する
これが視心で、他の２本の線
も重力線に相当するものなん
だ

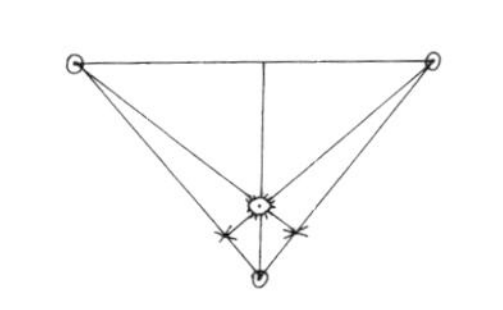

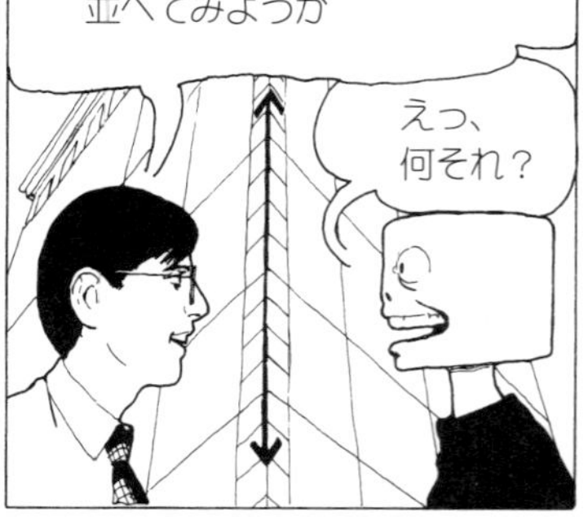

何かを見上げたり、見下ろした
りするときだって、首を傾げた
りしないだろ？

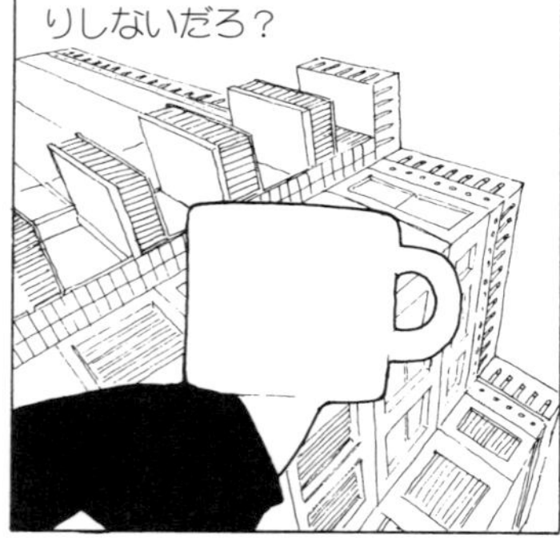

さて、視心の位置が分かった
ら、その周囲に視円錐を描く

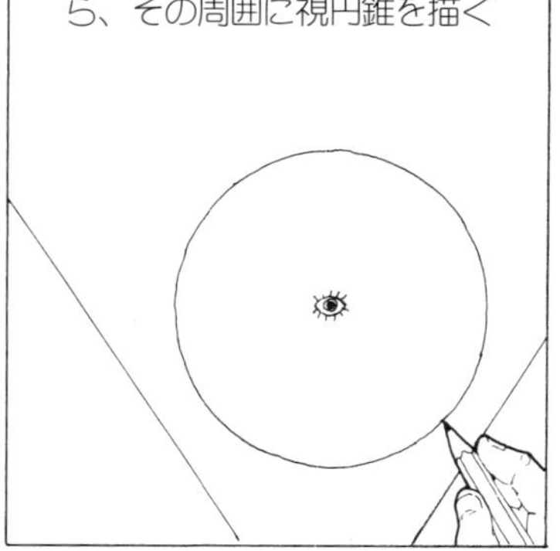

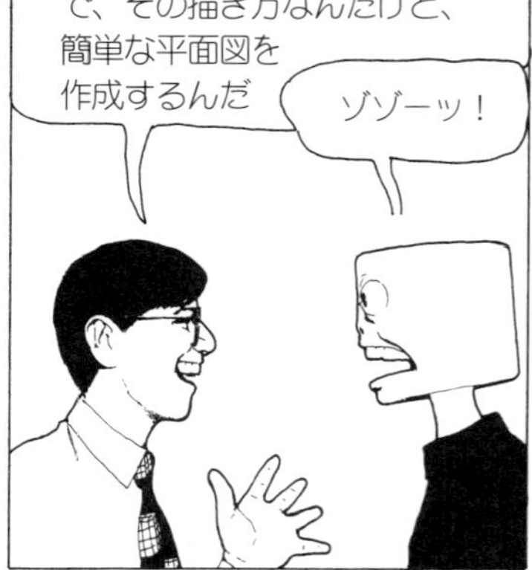

そんな怖がるようなもんじゃ
ないよ
まず、視心から水平に線を引
き…

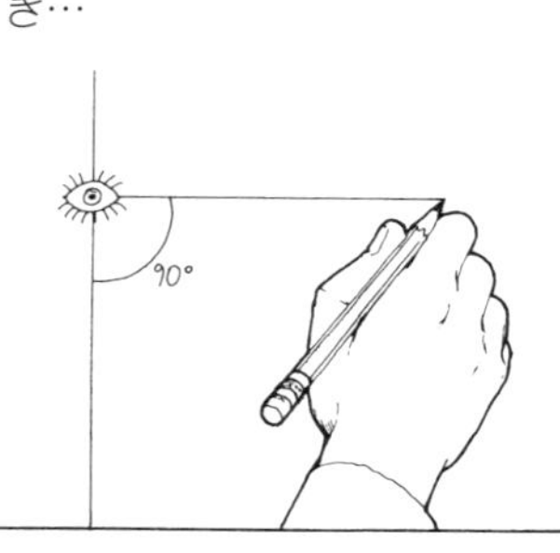

コンパスで、重力線の２端を
直径とする円を描く

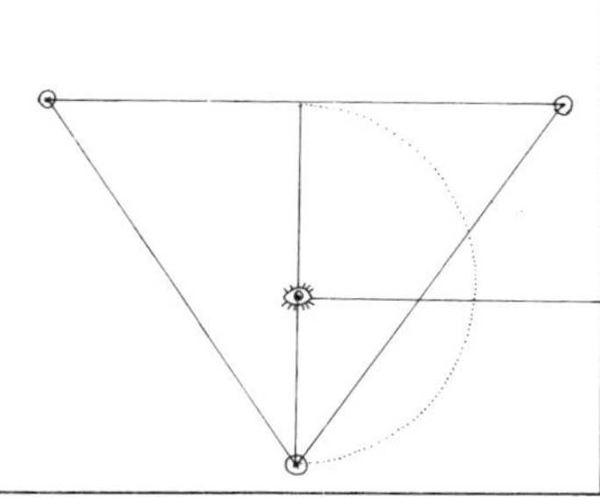

円と水平線が交差していると
ころがステーションポイント
（立ち位置）だ

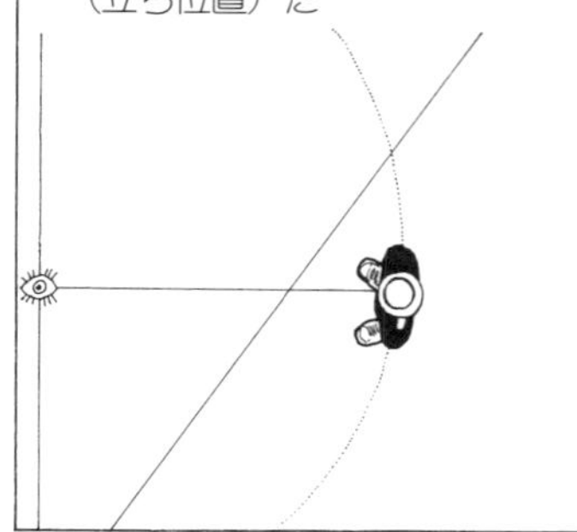

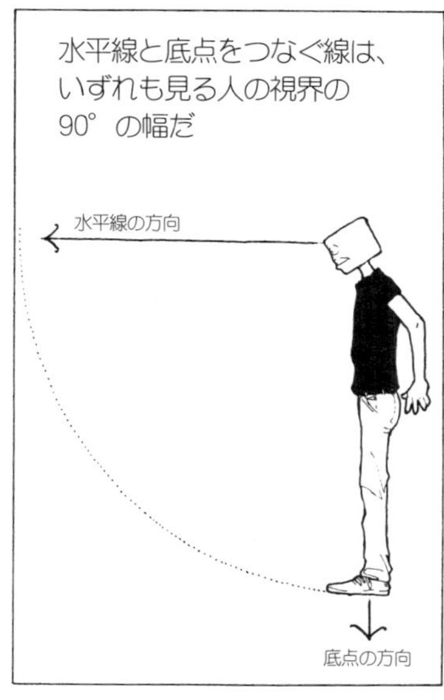
水平線と底点をつなぐ線は、いずれも見る人の視界の90°の幅だ
水平線の方向
底点の方向

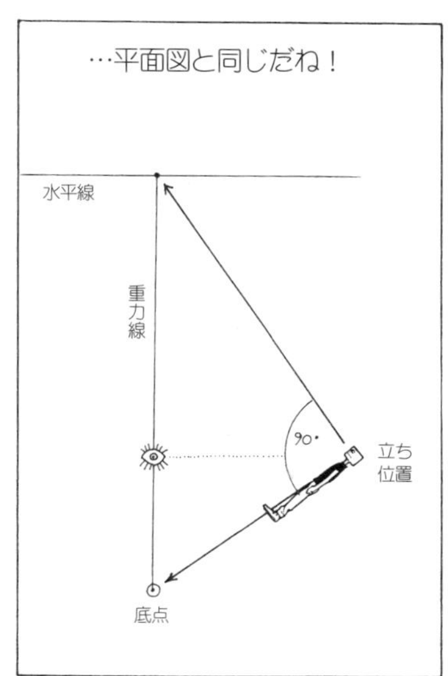
…平面図と同じだね！
水平線
重力線
90°
立ち位置
底点

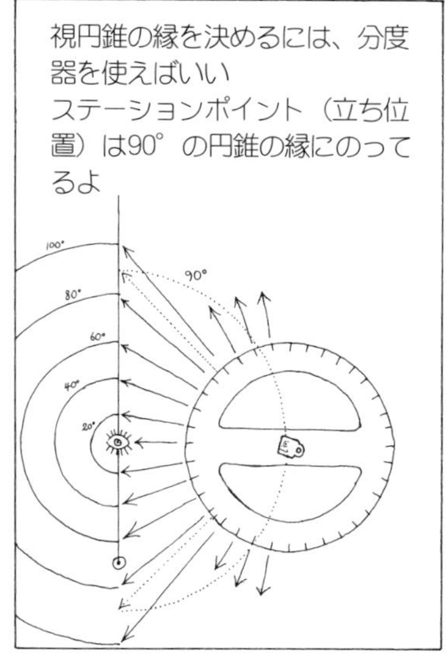
視円錐の縁を決めるには、分度器を使えばいい
ステーションポイント（立ち位置）は90°の円錐の縁にのってるよ
100°
90°
80°
60°
40°
20°

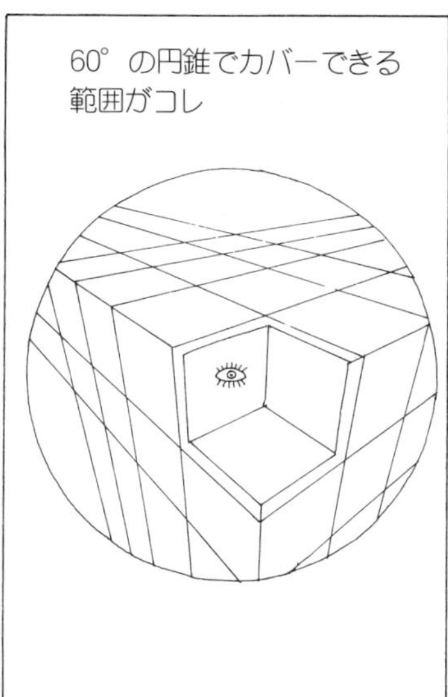
60°の円錐でカバーできる範囲がコレ

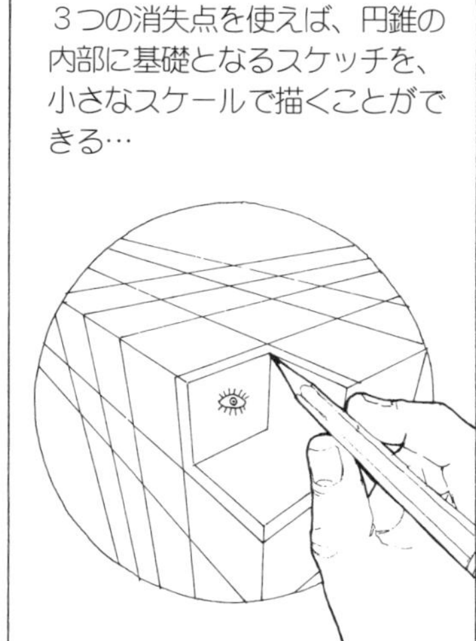
3つの消失点を使えば、円錐の内部に基礎となるスケッチを、小さなスケールで描くことができる…

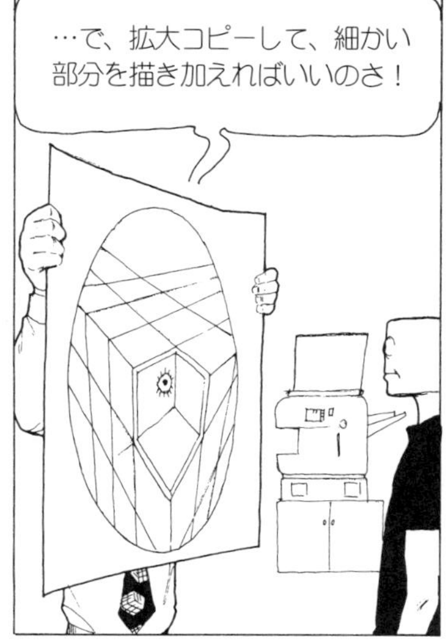
…で、拡大コピーして、細かい部分を描き加えればいいのさ！

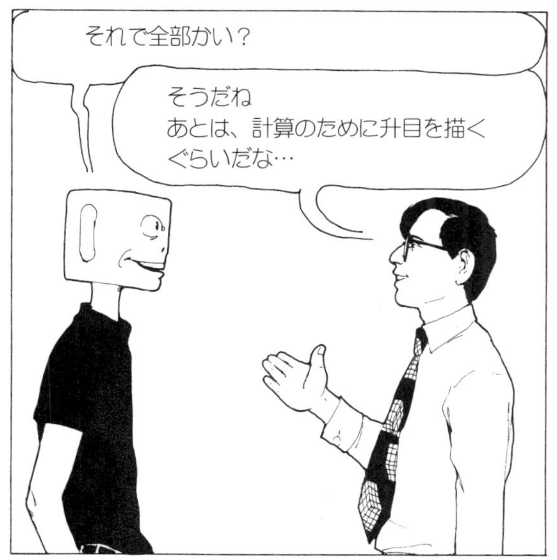
それで全部かい？
そうだね
あとは、計算のために升目を描くぐらいだな…

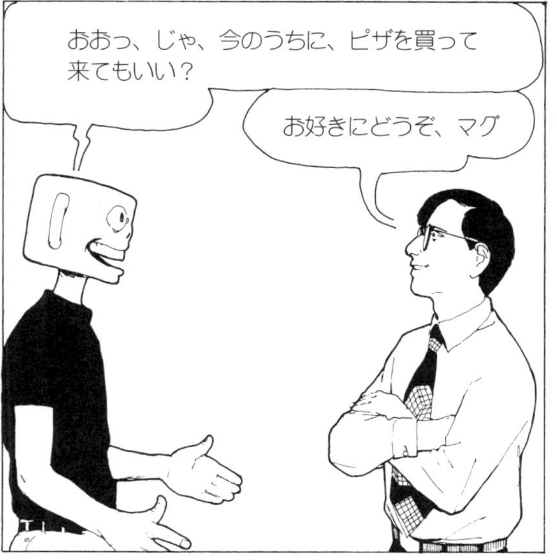
おおっ、じゃ、今のうちに、ピザを買って来てもいい？
お好きにどうぞ、マグ

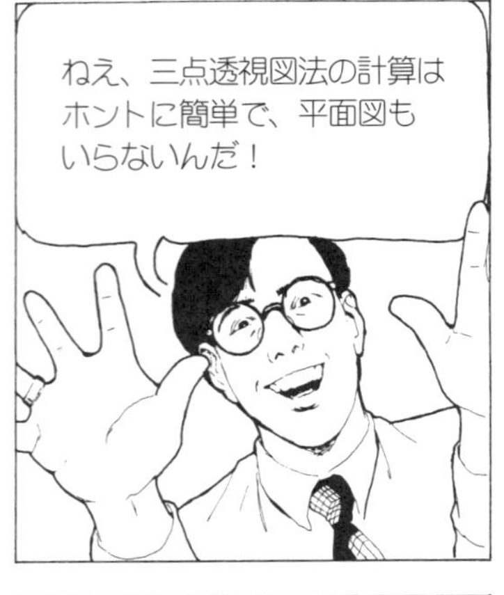

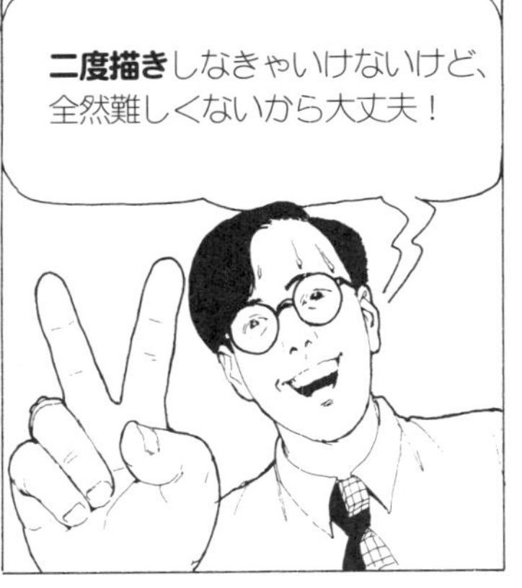

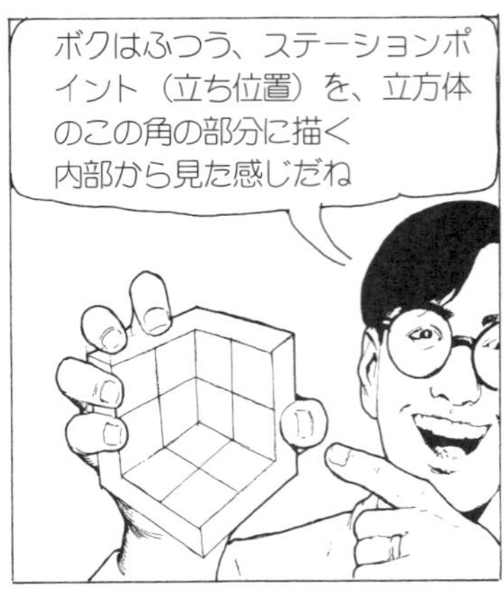

コンパスを使って、上の水平線を直径とする円を描く
重力線と交差するところが、キミの立ち位置だ

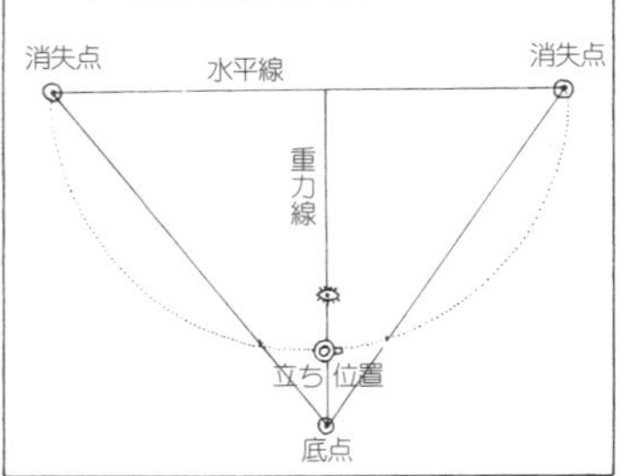

消失点と結ぶ線は、必ず、90°にならなきゃいけない
1つの線上に分度器を0°に合わせ、もう片方を90°に合わせる

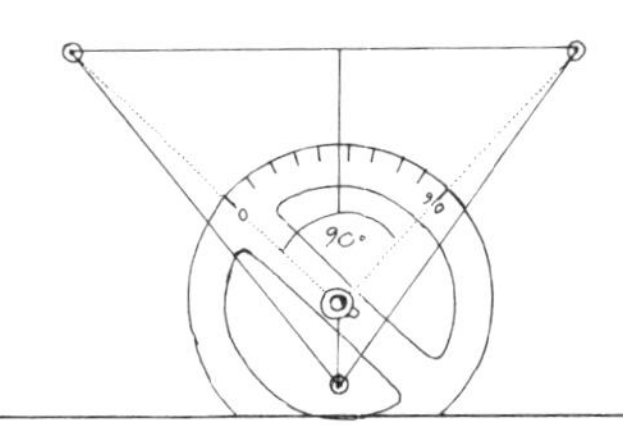

45°の線を水平線に向かって引いたら、対角線の消失点のできあがりだ！

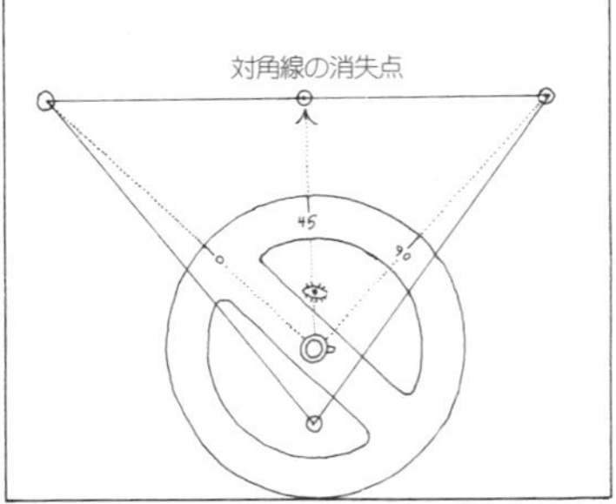

作図のための不要な線は消して、残りの水平線でも同じ工程をくり返す

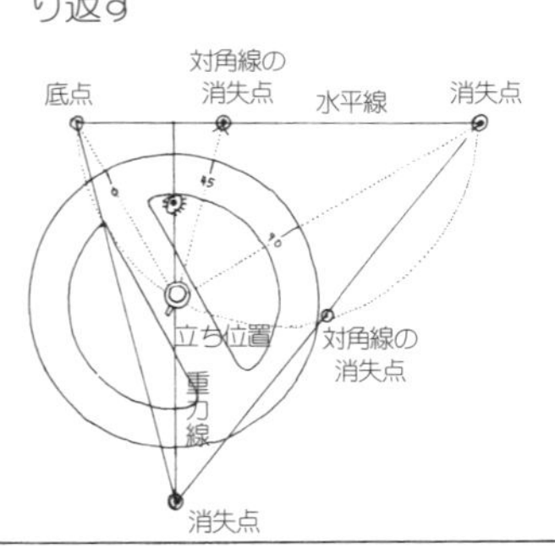

対角線の消失点からそれぞれ、対向する消失点に向かって線を引く
2本の線が交差するところが立方体の角だ

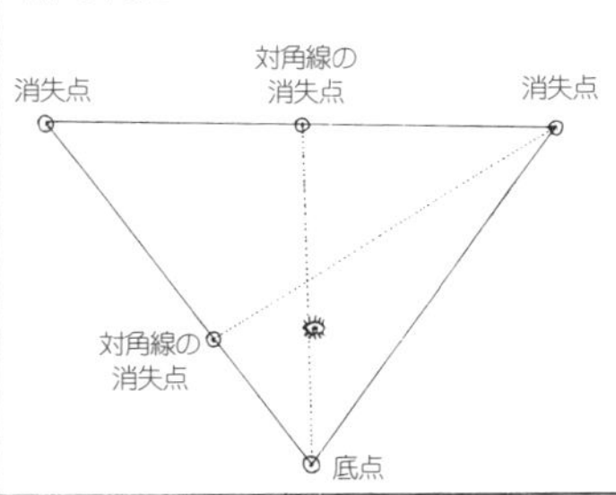

…そして、残りの消失点から角を通る線を引くと、3つめの対角線の消失点がわかるんだ！

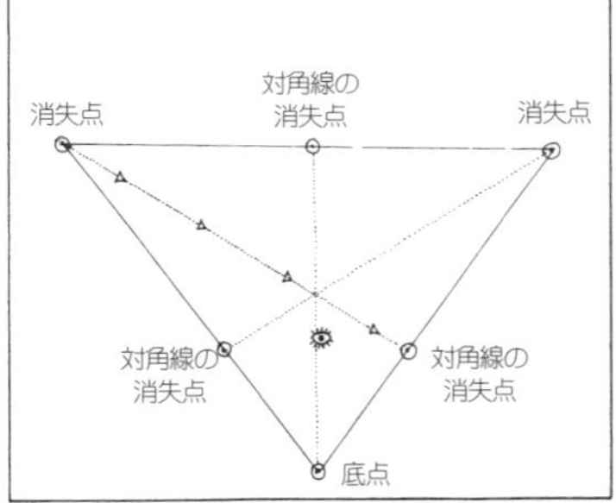

それぞれの対角線の消失点から角に向けて線を引くと、ご覧のとおり、パースで描いた、3つのゆがんだ四角形のできあがりだ！

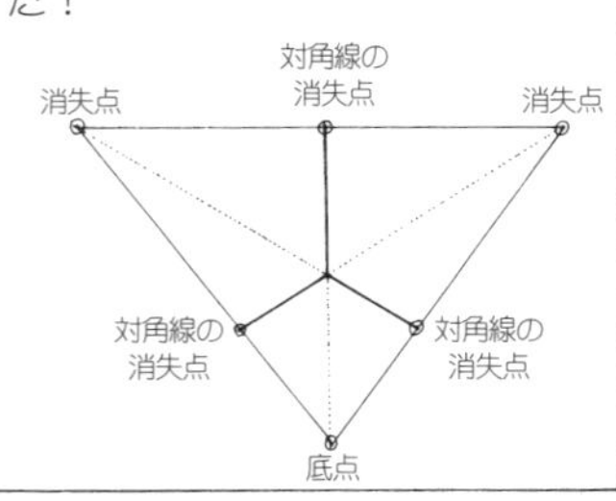

それらの四角形を、好きな大きさの升目に分割する
このとき、対角線の消失点を利用して、正確に描く…

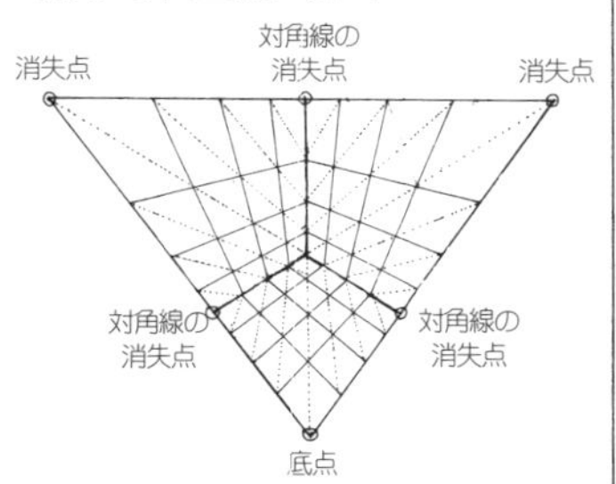

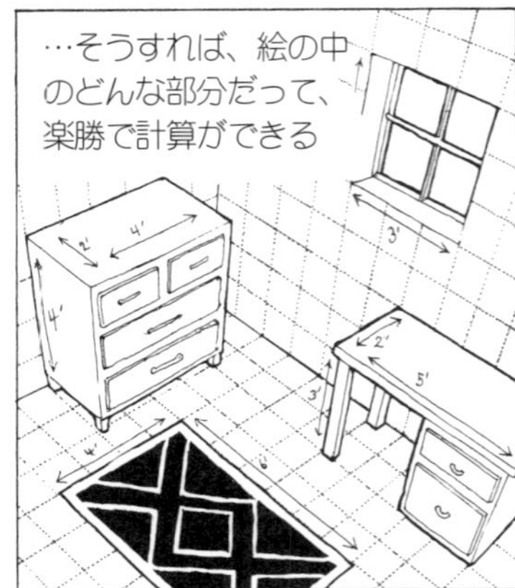

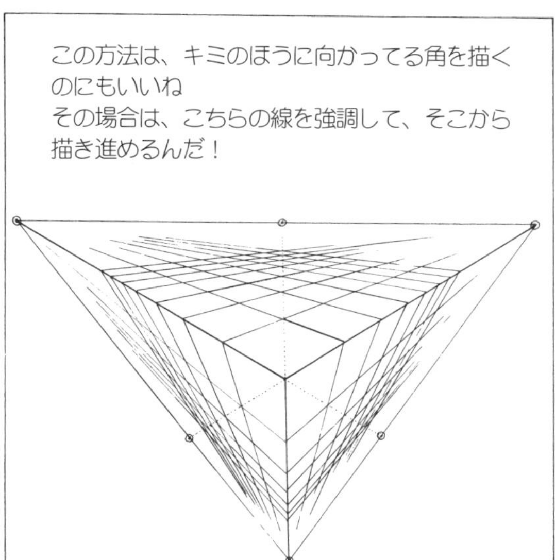
この方法は、キミのほうに向かってる角を描く
のにもいいね
その場合は、こちらの線を強調して、そこから
描き進めるんだ！

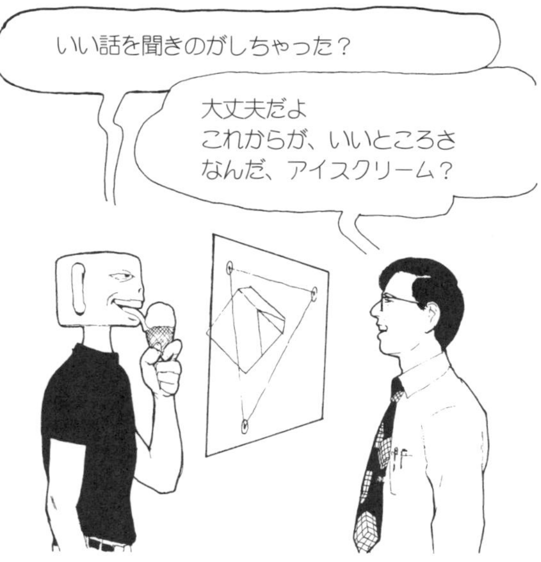
いい話を聞きのがしちゃった？
大丈夫だよ
これからが、いいところさ
なんだ、アイスクリーム？

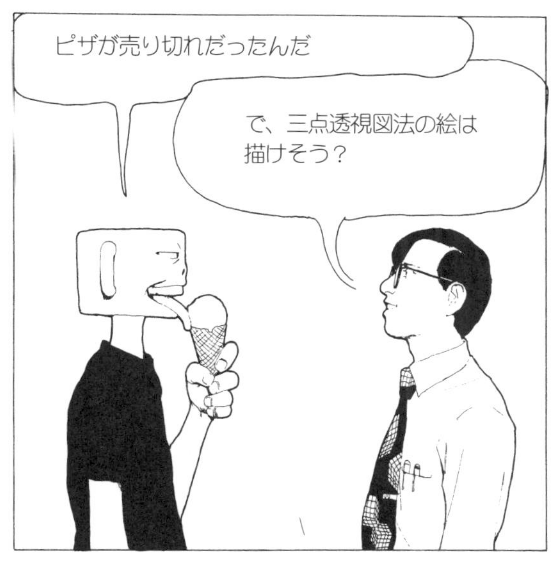
ピザが売り切れだったんだ
で、三点透視図法の絵は
描けそう？

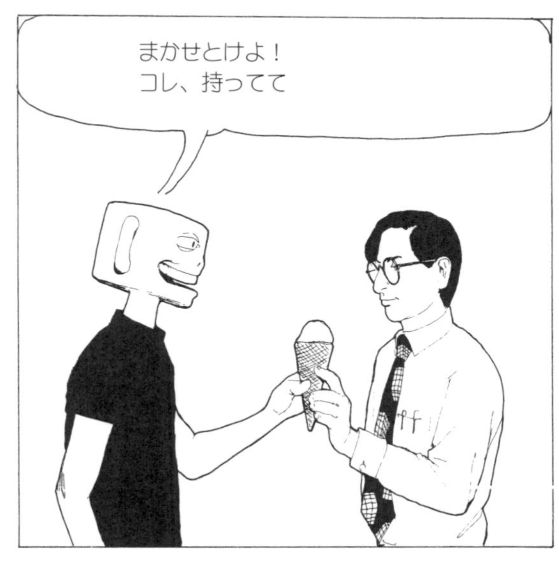
まかせとけよ！
コレ、持ってて

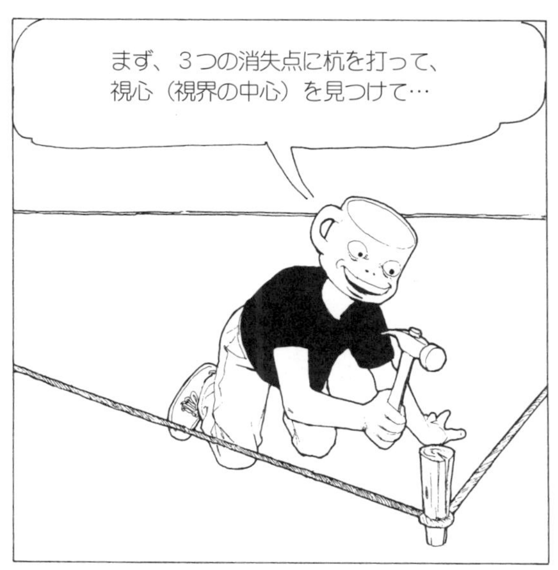
まず、３つの消失点に杭を打って、
視心（視界の中心）を見つけて…

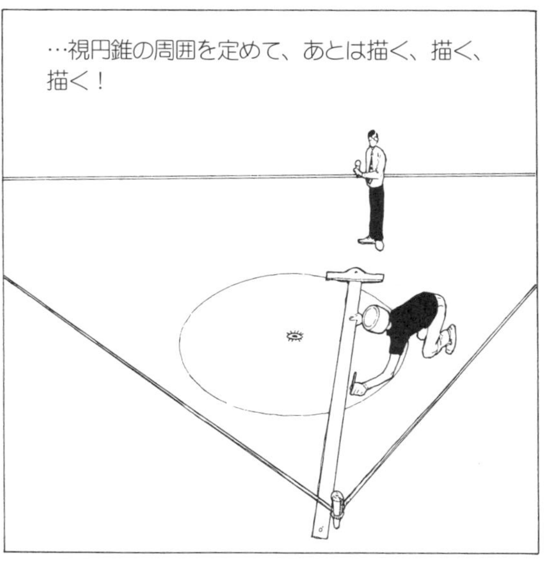
…視円錐の周囲を定めて、あとは描く、描く、
描く！

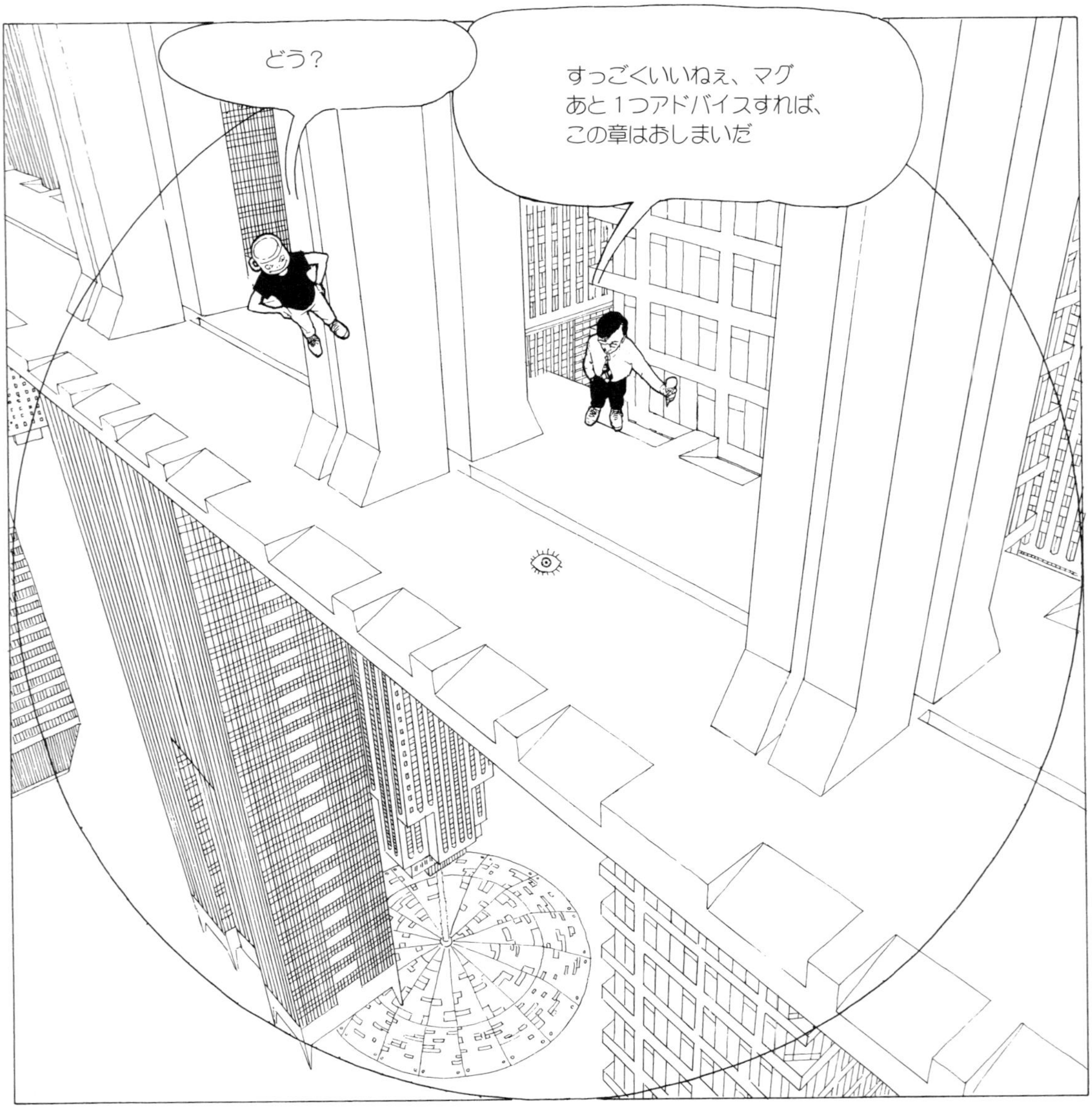

どう？

すっごくいいねぇ、マグ
あと１つアドバイスすれば、
この章はおしまいだ

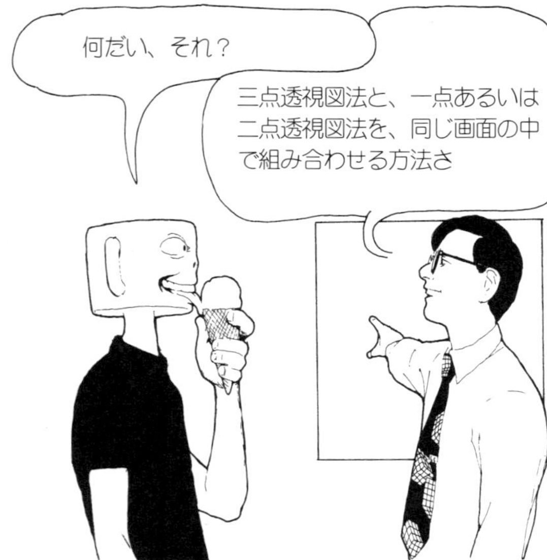

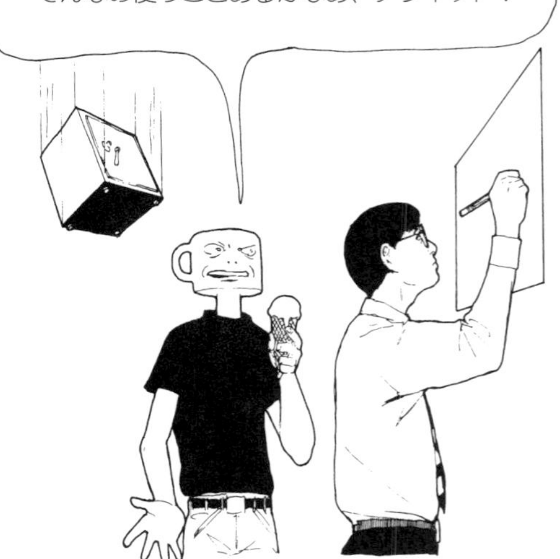

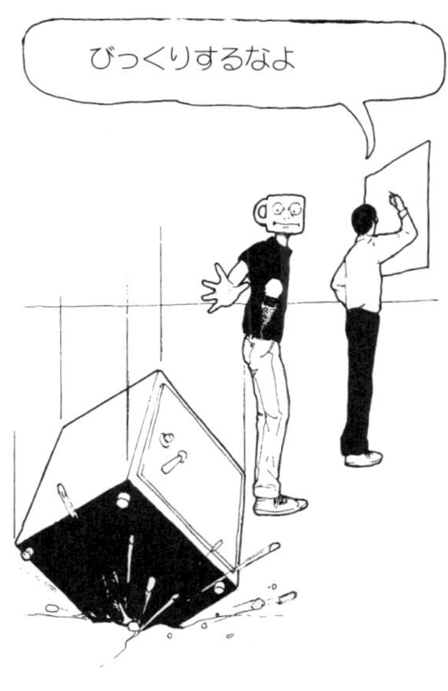

こういうことは、避けないといけない
三点透視図法の消失点を近づけすぎると、画面の他の部分との調和がくずれてしまうんだ

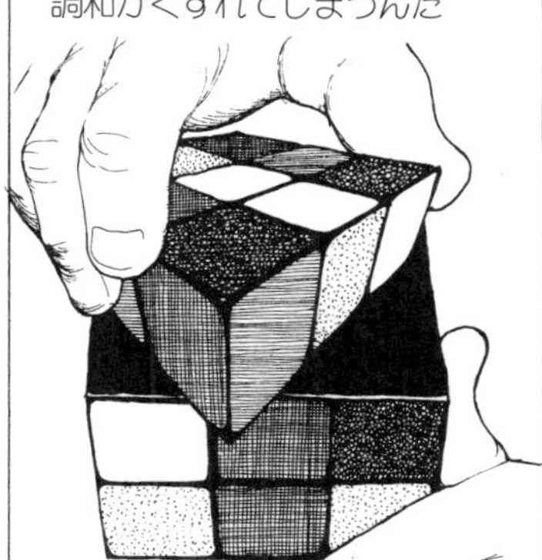

まず、三点透視図を描いて、視心（視界の中心）を取り巻く90°の円錐を描く
円錐の縁はステーションポイント（立ち位置）上にあったね！

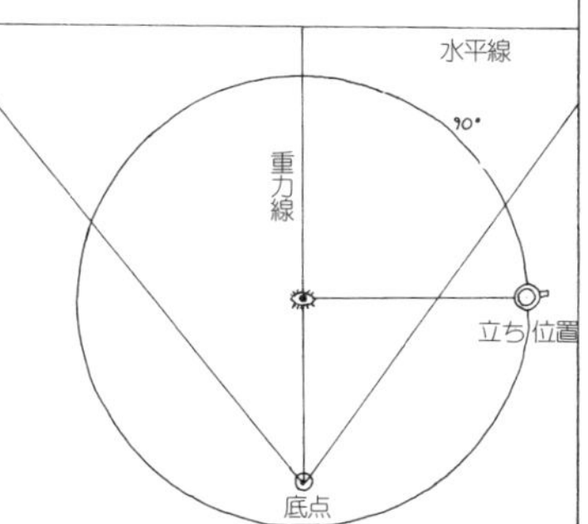

その円錐をもとに一点透視図を描く
対角線の消失点は円錐の縁、もしくは中心の消失点のどちら側かにのっている

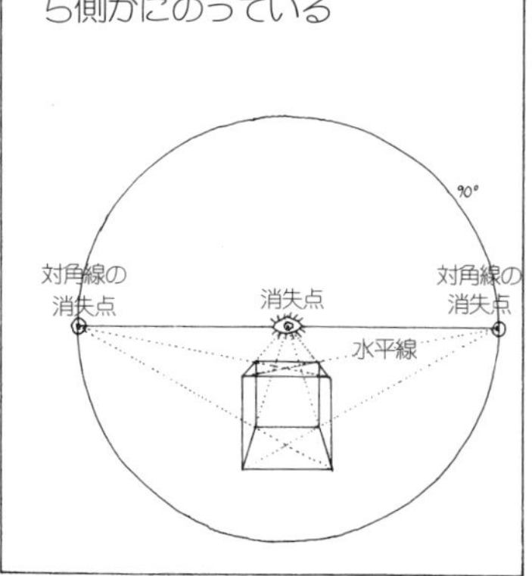

二点透視図法の消失点を定めるには、視心の真下の90°の円錐上に直角を定めて、その線が水平線と交差するところに印をつける

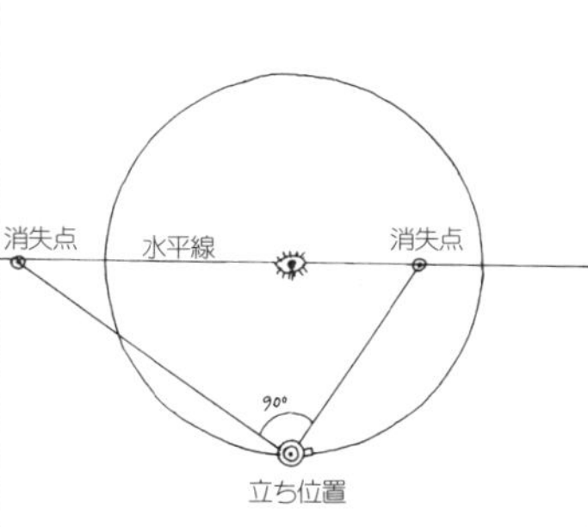

視心が同じ位置である限り、パースは連動して、カンペキにうまくいく
ただし、ごっちゃにならないように、各パースの色を変えて描くといいね

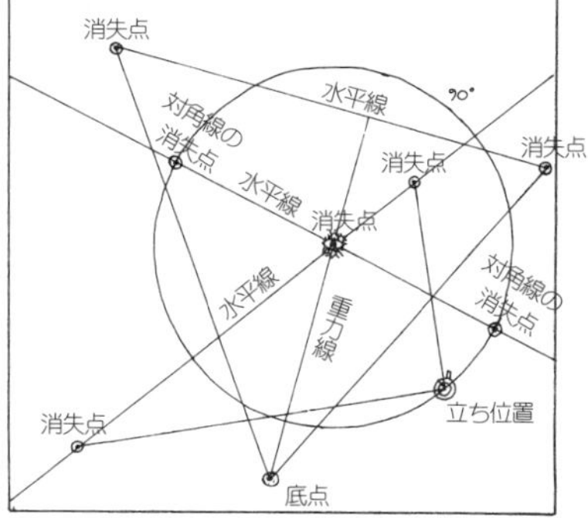

というわけで、たった1つのパースに縛られることないのさ
複数組み合わせて、うまくマッチさせればいいんだからね！

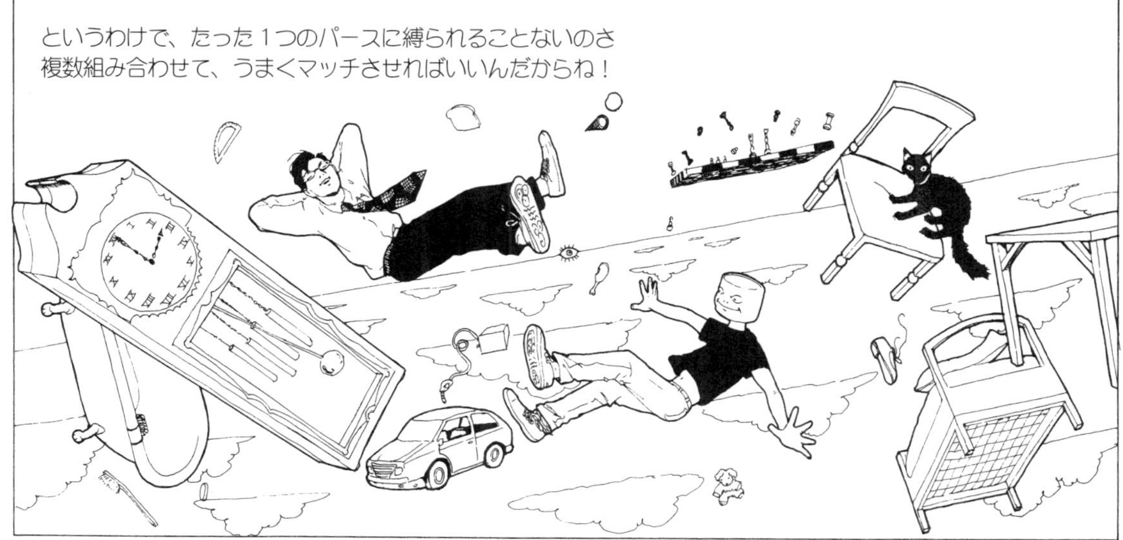

第9章

パースで円を描く

さて、立方体や直線とはおさらばして、ここからは、もっとうんととらえどころがなく、表現しにくい世界を見てみよう。曲線は直線のように一筋縄ではいかないし、円は四角形とちがって、ホントにしゃくにさわるような変形のしかたをするね。

でも、四角形に円を内接させる方法を採れば、少しは楽だし、対角線を使って中心を見つける方法（ジェイ・ドブリン著『パース：デザイナーのためのニューメソッド（Perspective : A New System for Designers by Jay Doblin)』参照※日本での翻訳出版なし）を応用して、その上に12の点を定める（12点法）と、より正確な円を描くことができるんだ。これによって、円を楕円に短縮することもできるんだね。ちゃんとボクらが知ってる形に見えるよ。

だけど、この方法でどんどんパースの円を作図していくと、障害がでてくる。画面の脇の方の円が、どうも不自然におかしな傾き方をするんだ。現実ではそんなことあり得ないよ。

だから？

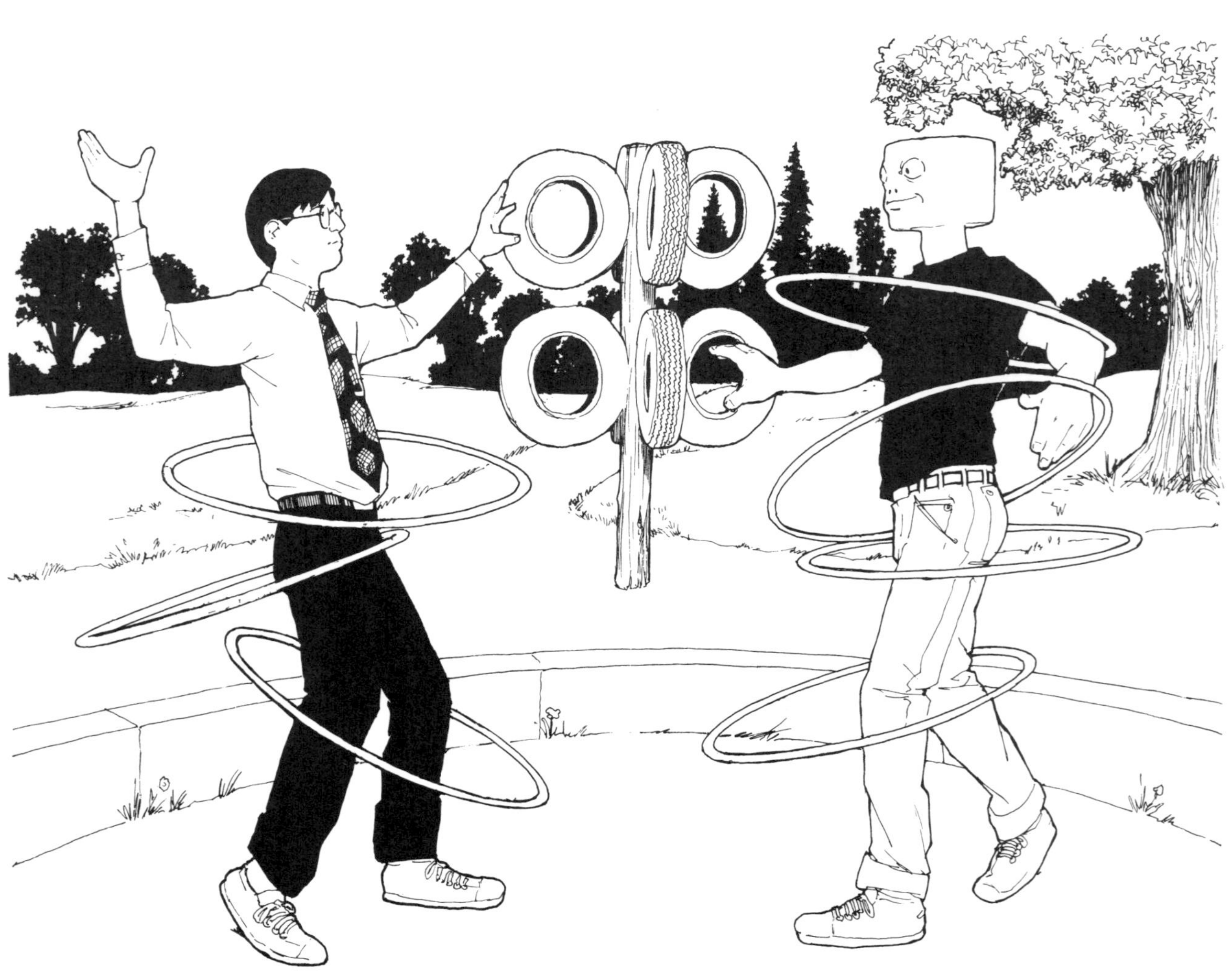

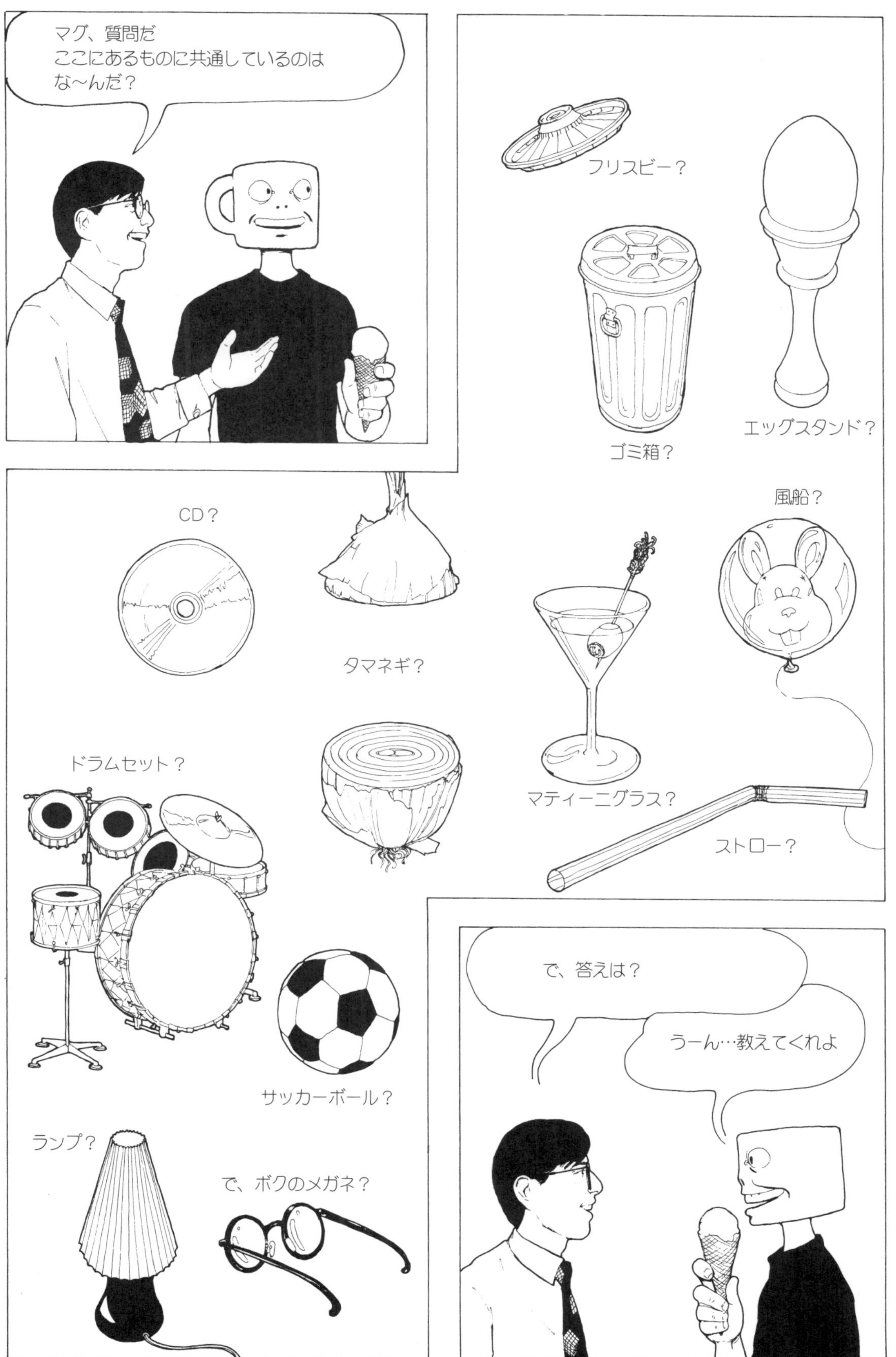
マグ、質問だ
ここにあるものに共通しているのは
な〜んだ？
フリスビー？
ゴミ箱？
エッグスタンド？
CD？
タマネギ？
風船？
マティーニグラス？
ストロー？
ドラムセット？
サッカーボール？
ランプ？
で、ボクのメガネ？
で、答えは？
うーん…教えてくれよ

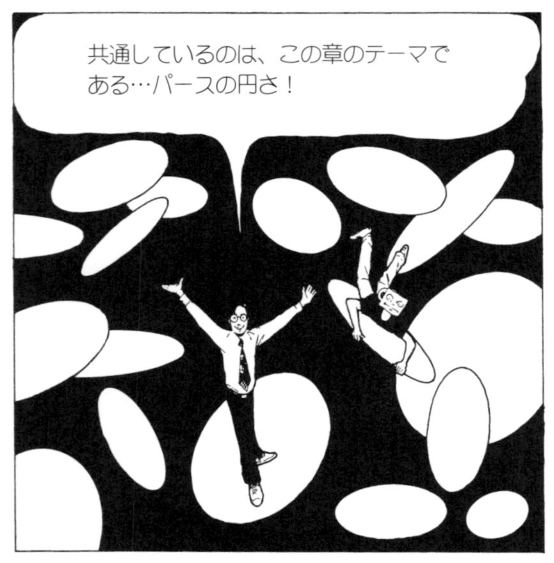
共通しているのは、この章のテーマである…パースの円さ！

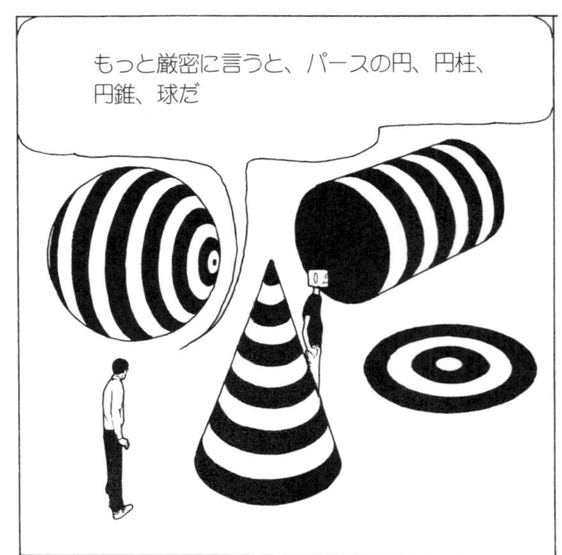
もっと厳密に言うと、パースの円、円柱、円錐、球だ

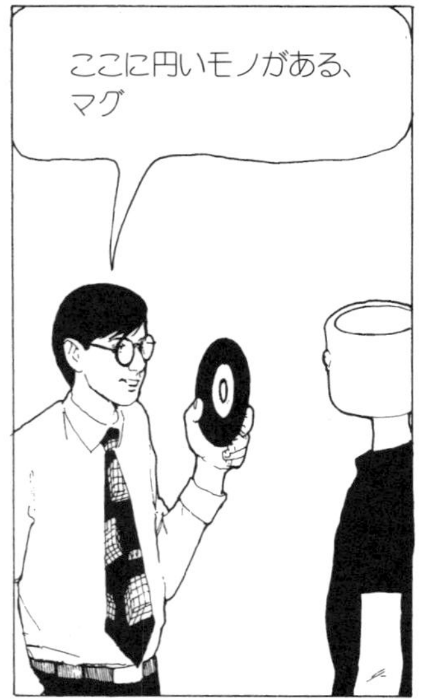
ここに円いモノがある、マグ

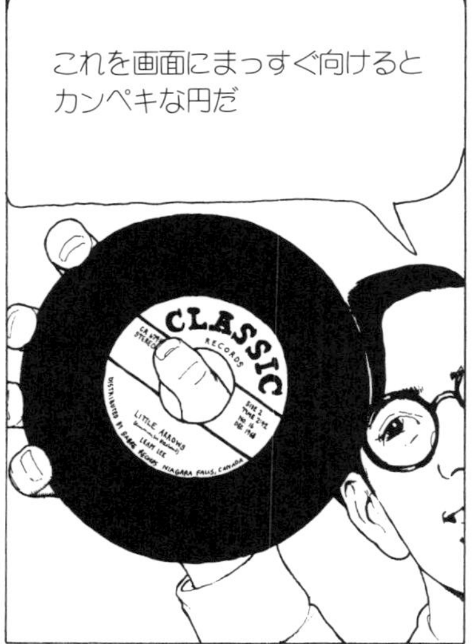
これを画面にまっすぐ向けるとカンペキな円だ
CLASSIC
RECORDS

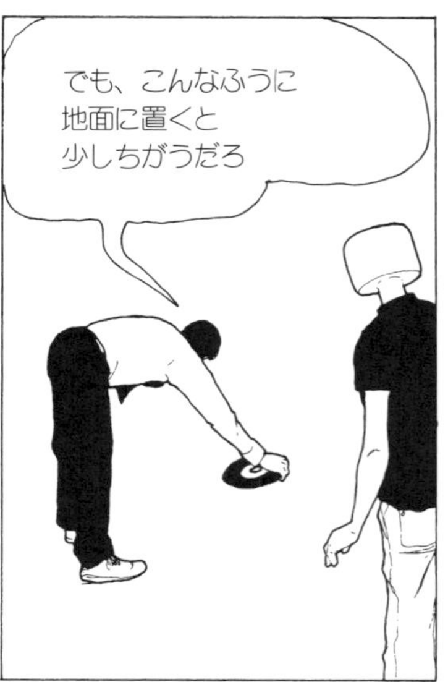
でも、こんなふうに地面に置くと少しちがうだろ

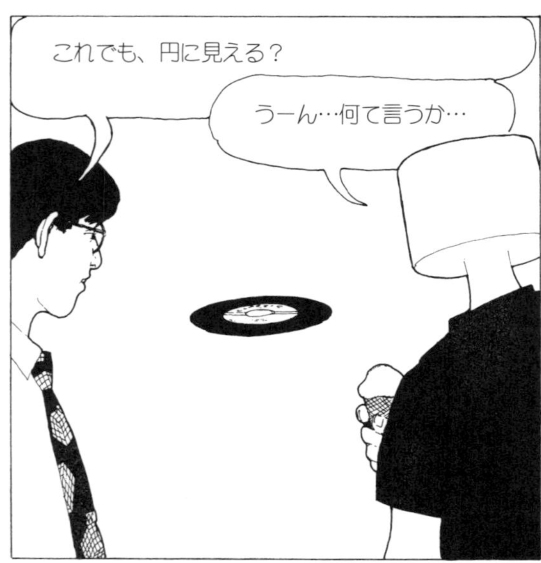
これでも、円に見える？
うーん…何て言うか…

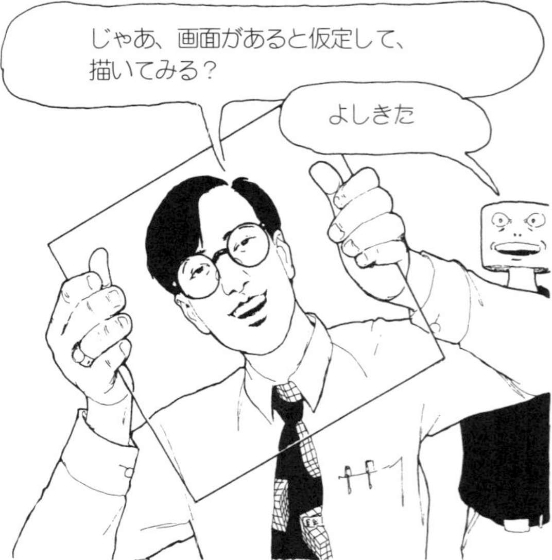
じゃあ、画面があると仮定して、描いてみる？
よしきた

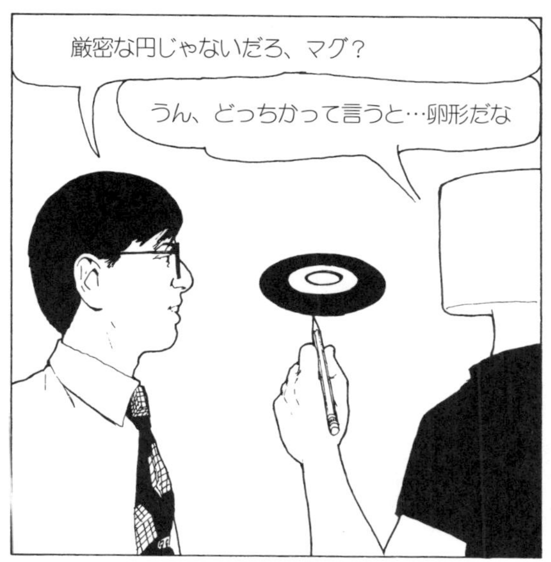
厳密な円じゃないだろ、マグ？
うん、どっちかって言うと…卵形だな

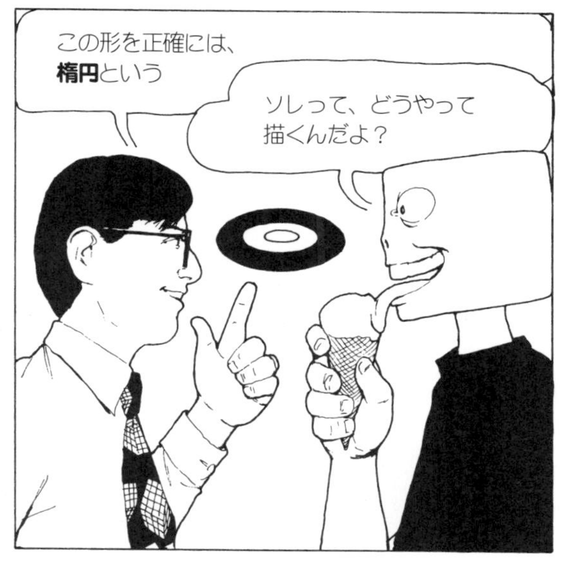
この形を正確には、
楕円という
ソレって、どうやって
描くんだよ？

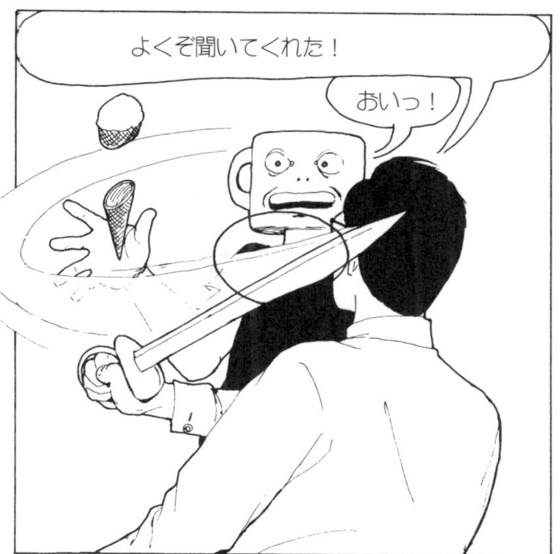
よくぞ聞いてくれた！
おいっ！

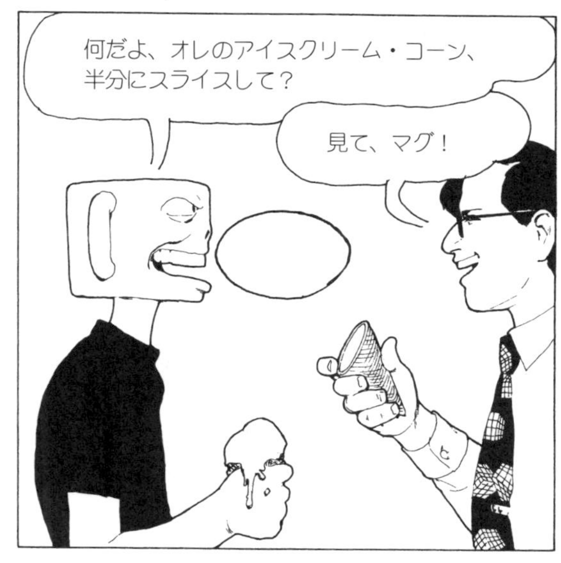
何だよ、オレのアイスクリーム・コーン、
半分にスライスして？
見て、マグ！

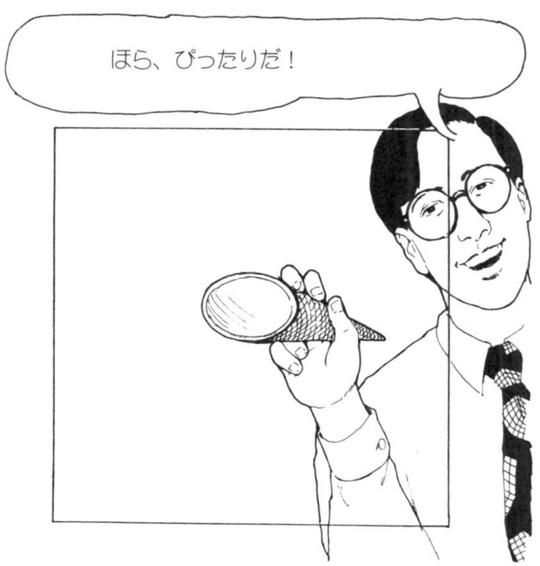
ほら、ぴったりだ！

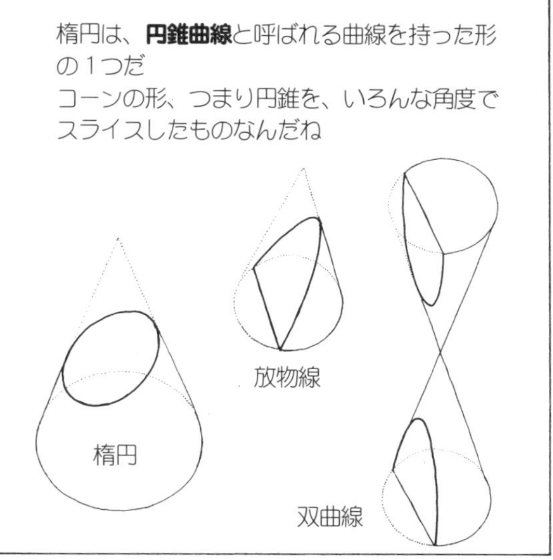
楕円は、**円錐曲線**と呼ばれる曲線を持った形
の１つだ
コーンの形、つまり円錐を、いろんな角度で
スライスしたものなんだね
放物線
楕円
双曲線

さまざまな角度で円錐をスライスすれば、無数の楕円の形を作ることが可能だ

浅く切れば、平らな楕円ができるし、急勾配に切れば、細長い楕円ができる
こうして見ると、円はすごくぺちゃんこな楕円だね
円錐をもっとも浅い角度、つまり水平にスライスした状態だ！

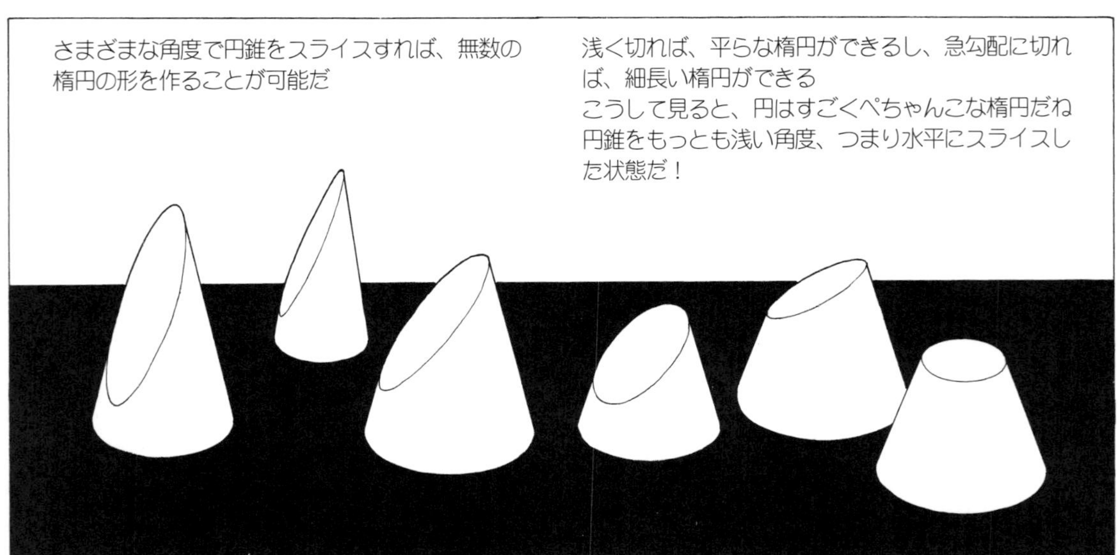

地面にある円を、キミの目を頂点として見ると、傾いた円錐ができるね
その円錐を画面がさえぎってる部分には、円錐の縁によってパースで見た円が作られる

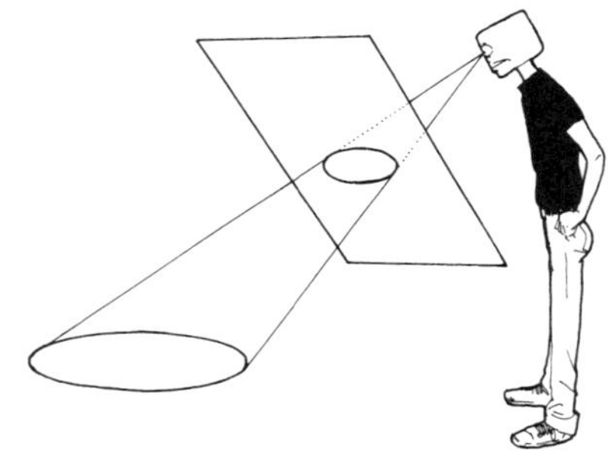

視心（視界の中心）では、画面が傾いた円錐をまっすぐに切り取って楕円ができている
これは、ふつうの円錐を、傾いた円錐の傾斜角度と同じ角度で切り取ったときにできるのと同じ形の楕円なんだ
わかる？

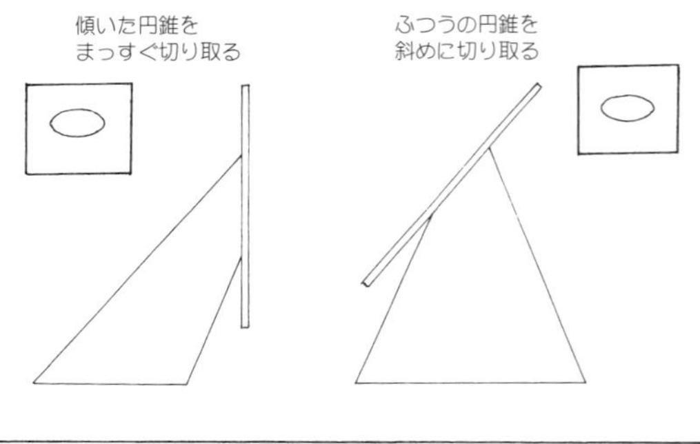

視心から離れると、円錐の傾斜と円錐をスライスする画面の角度の、複雑な相互作用によって、さまざまな楕円ができる

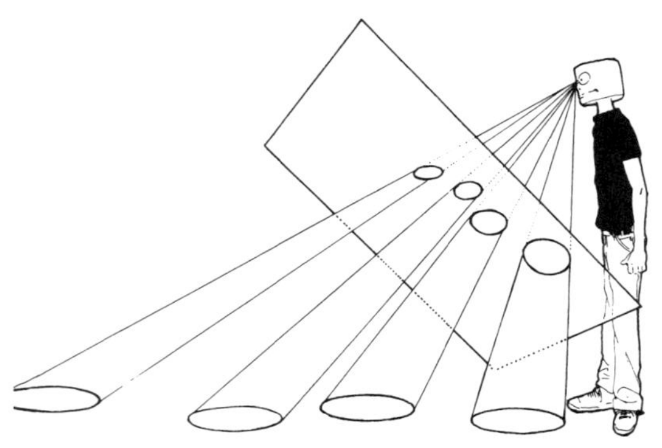

地面に平行な円の場合、水平線に近づくほど細長い楕円に見え、水平線から遠ざかるほどふくらむ

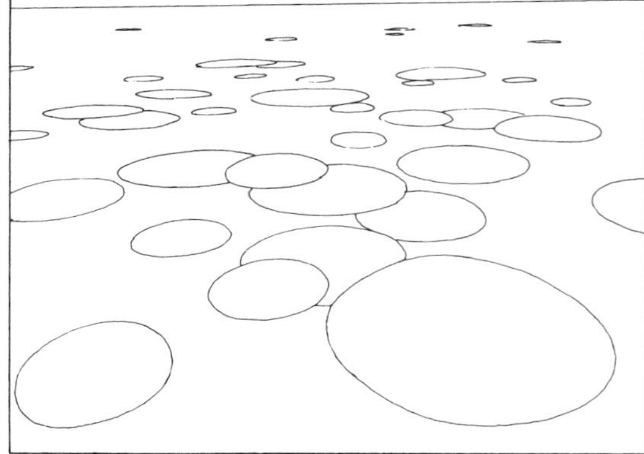

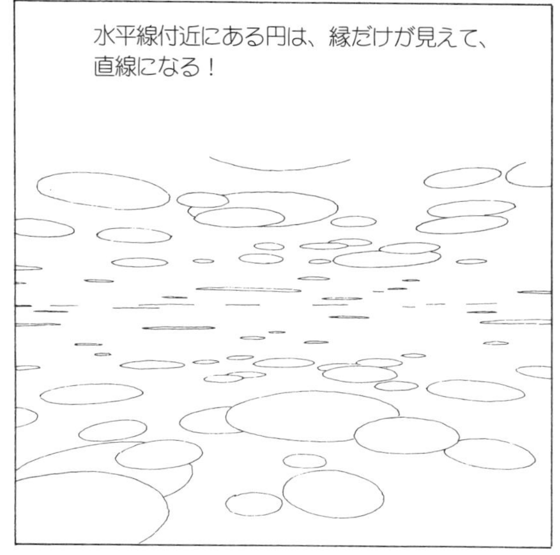
水平線付近にある円は、縁だけが見えて、
直線になる！

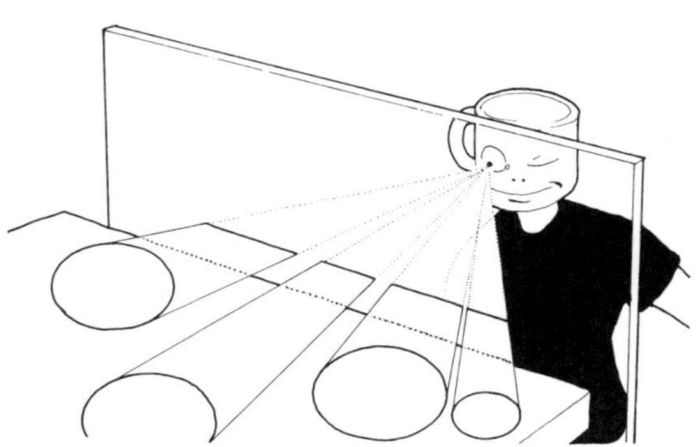
なぜって、円錐がものすごく細長くなると、どの角
度で画面が円錐を切り取ろうとも、つねに直線にな
るんだ

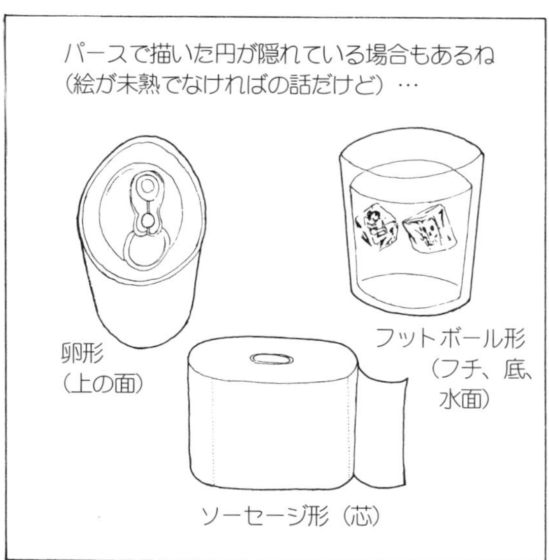
パースで描いた円が隠れている場合もあるね
（絵が未熟でなければの話だけど）…
卵形
（上の面）
フットボール形
（フチ、底、
水面）
ソーセージ形（芯）

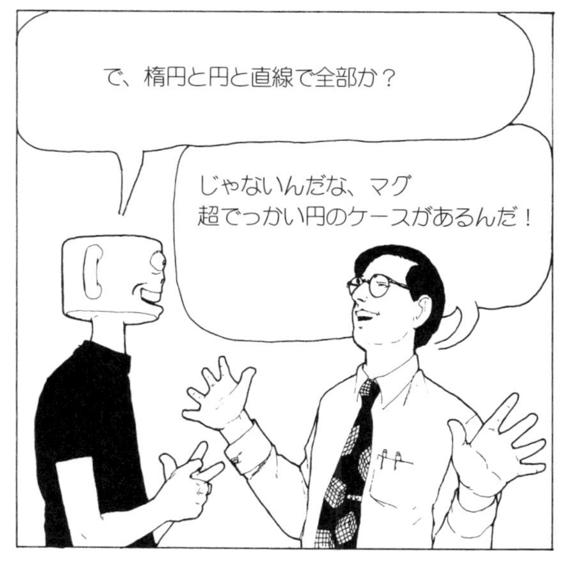
で、楕円と円と直線で全部か？
じゃないんだな、マグ
超でっかい円のケースがあるんだ！

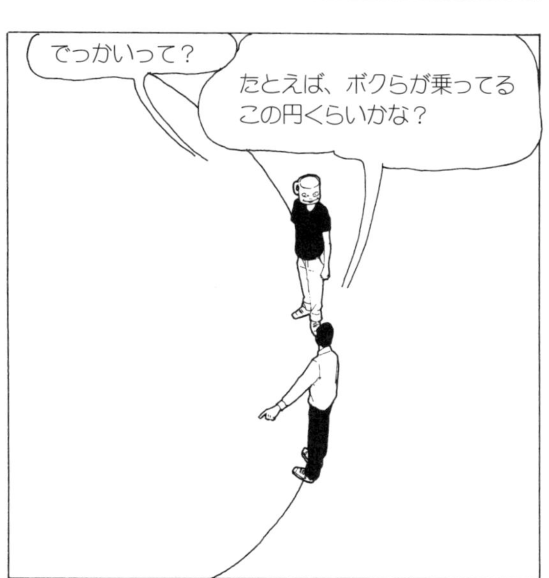
でっかいって？
たとえば、ボクらが乗ってる
この円くらいかな？

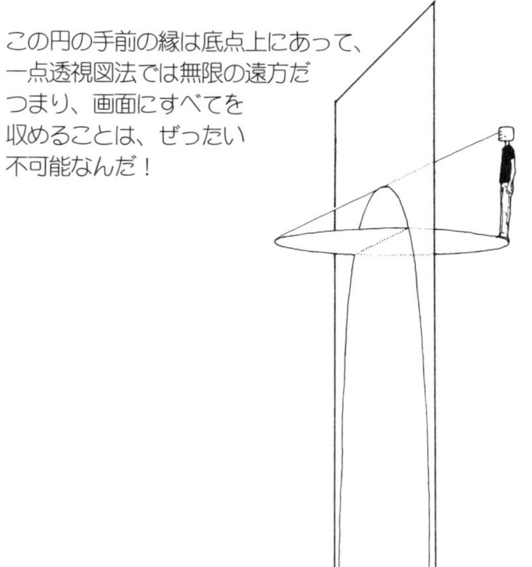
この円の手前の縁は底点上にあって、
一点透視図法では無限の遠方だ
つまり、画面にすべてを
収めることは、ぜったい
不可能なんだ！

この手の円は、画面には**放物線**で描かれる
片側がひらいた曲線だね
円錐を、片側と平行の角度でスライスしたときに
できる形だ

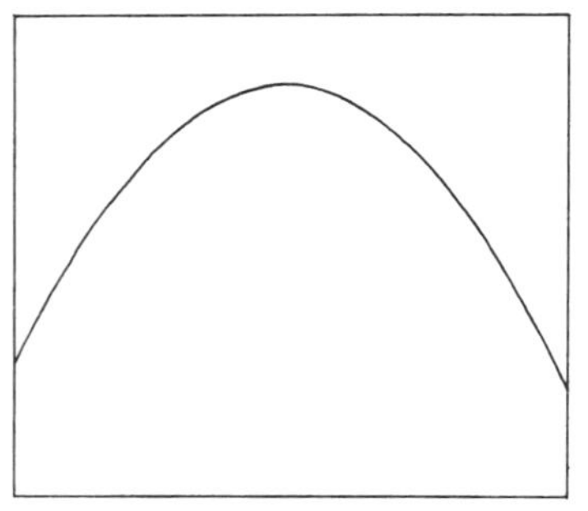

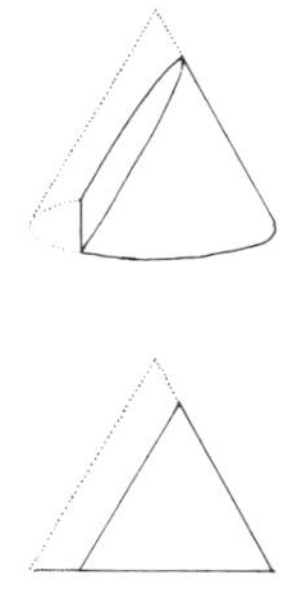

あごがバスタブの縁のすぐ上にある場合、縁も
水位を表す線も、放物線状に描かれている

それから、キミが中に立っているような
円もあるね

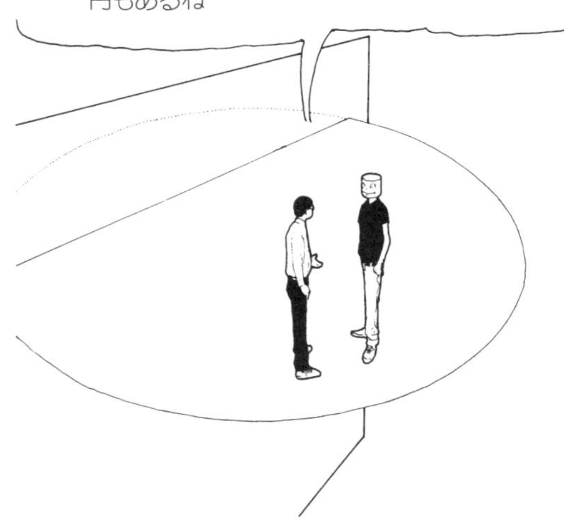

この手の円は、画面に**双曲線**を作る
円錐を、その側面の角度より急な傾斜でスライスした
とき、できる曲線だね

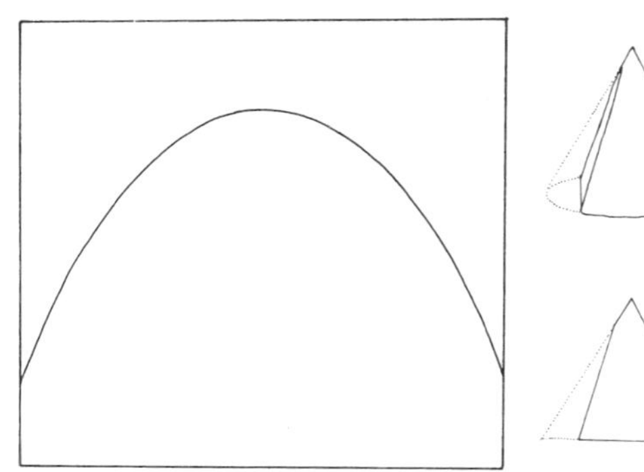

お尻の中心を底点に合わせると、このような
円は、双曲線で描かなければいけない…

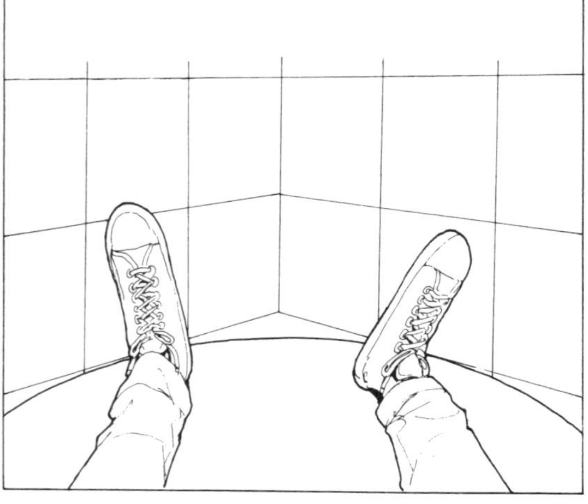

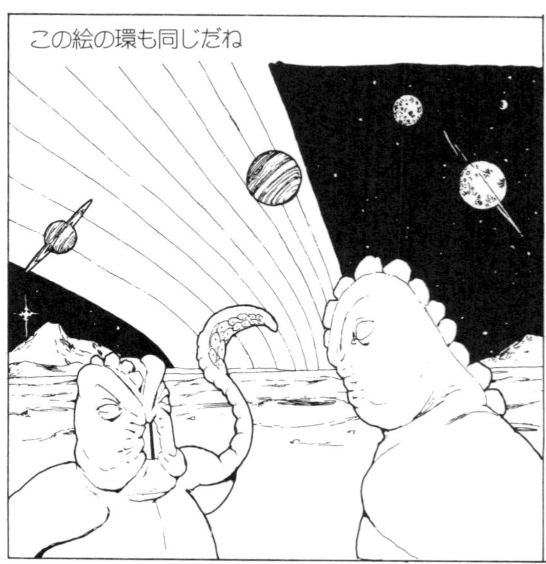

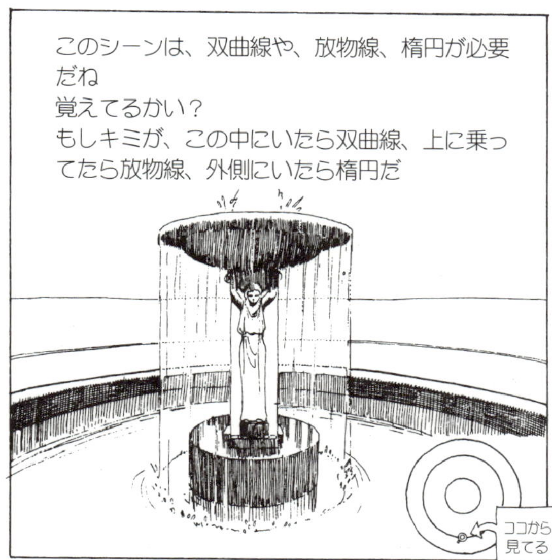
このシーンは、双曲線や、放物線、楕円が必要だね
覚えてるかい？
もしキミが、この中にいたら双曲線、上に乗ってたら放物線、外側にいたら楕円だ
ココから見てる

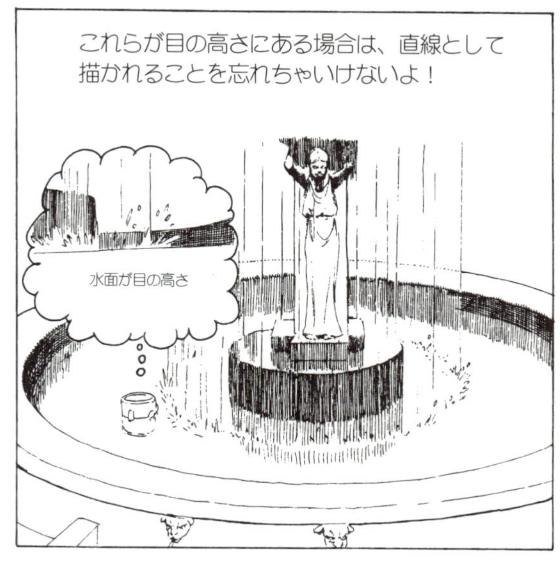
これらが目の高さにある場合は、直線として描かれることを忘れちゃいけないよ！
水面が目の高さ

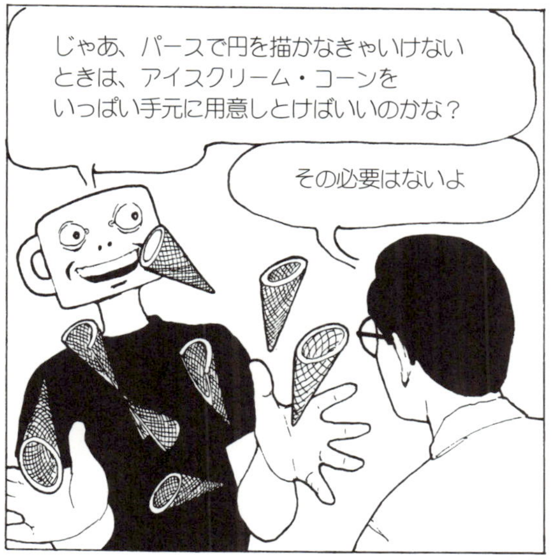
じゃあ、パースで円を描かなきゃいけないときは、アイスクリーム・コーンをいっぱい手元に用意しとけばいいのかな？
その必要はないよ

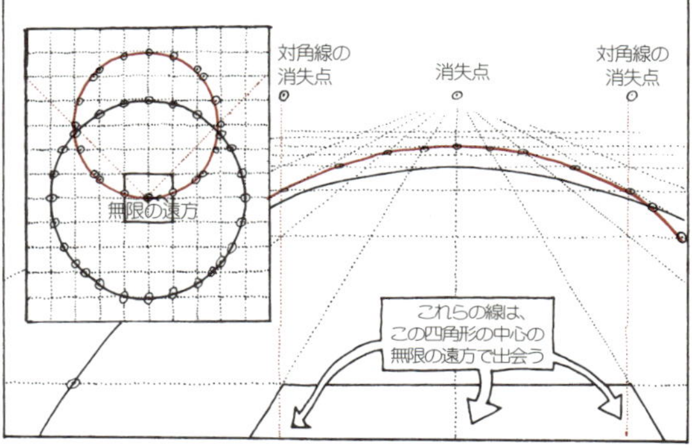
放物線や双曲線を描くのは、すごくやっかいだ
キミが使える公式もあるけど、おそらくいちばん簡単なのは、まず方眼紙に円を描いて、それを写す方法だな！
対角線の消失点
消失点
対角線の消失点
無限の遠方
これらの線は、この四角形の中心の無限の遠方で出会う

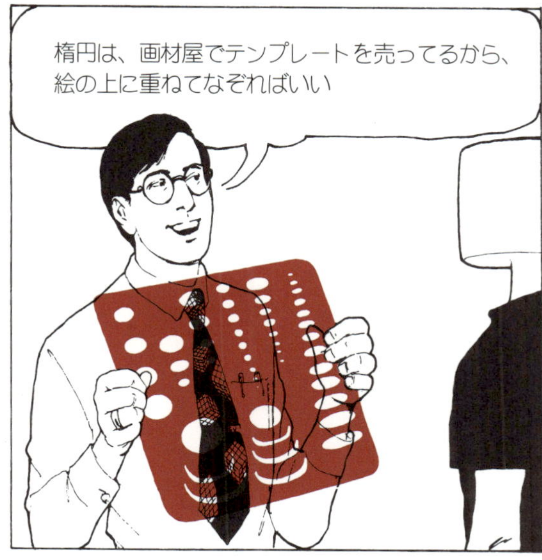
楕円は、画材屋でテンプレートを売ってるから、絵の上に重ねてなぞればいい

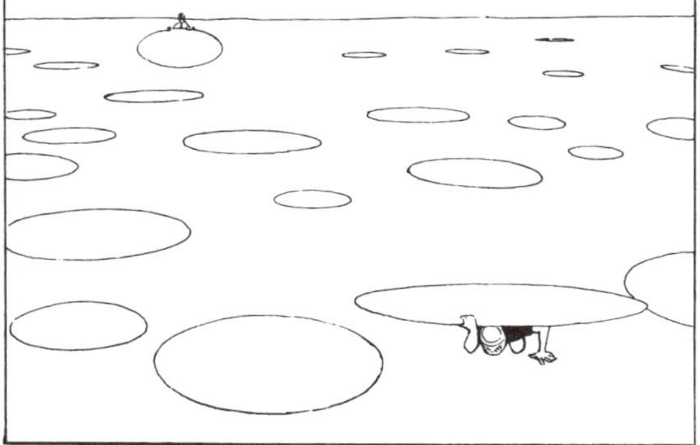
楕円の角度を決めるとき、太った楕円が水平線にあまりにも近いと、前に傾いているように見えるし、細長い楕円があまり遠くにあると、後ろに傾いて見える

もっと厳密に描きたいときは、こうすればいい
まず、パースで四角形を描いて、その中に楕円を描く
円が四角形の各辺の中心を通るように、楕円も、短縮された四角形の各辺のパースの中心を通るんだ

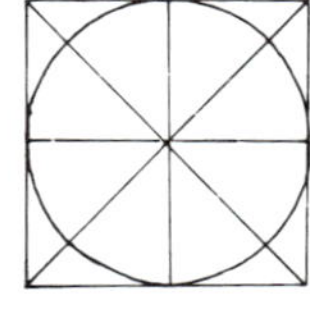
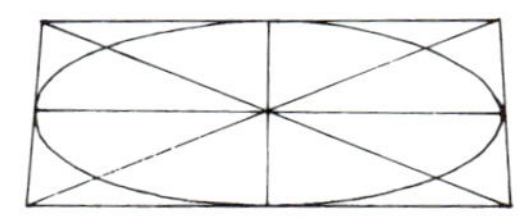

テンプレートにはふつう、限られた種類の楕円しかないから、キミの四角形にはぴったり合わないかもしれない

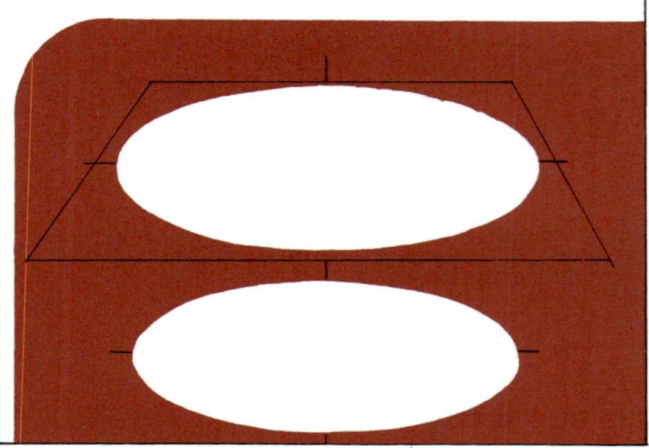

そのときは、フリーハンドで楕円を描くんだ
辺の中間点をつなぐ閉曲線を描けば、うまくいくよ

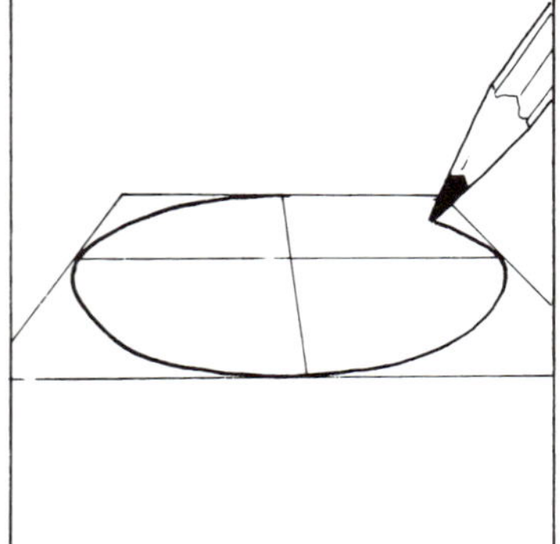

もう少し手がかりが欲しいときは、対角線を描き込んで、中心からそれぞれの角までの３分の２の距離に印をつける

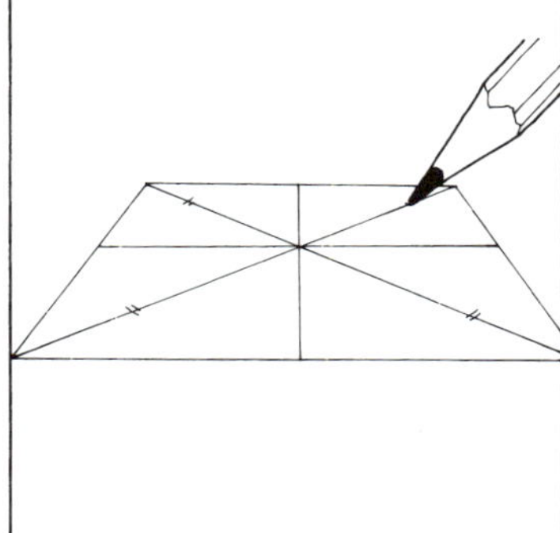

バッチリ正確というわけではないけれど、たいていはこれでうまくいくよ

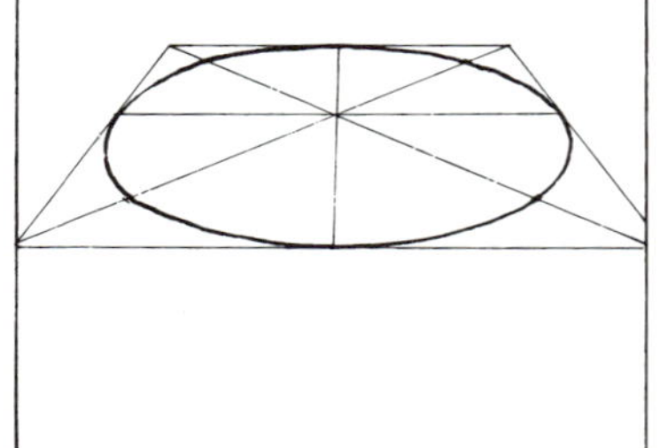

もっと正確さを求めるなら、四角形を四等分する

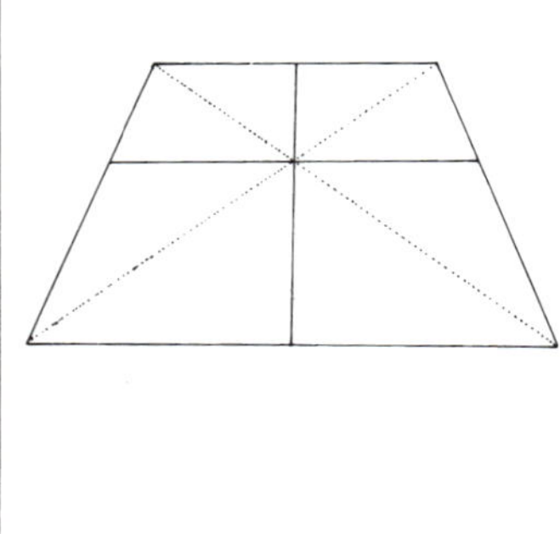

このように対角線を引いて、さらに16等分する

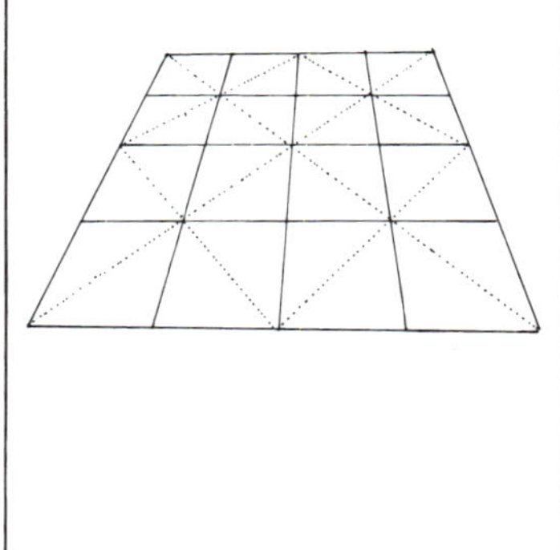

それぞれの角から、細長い４つの四角形の対角まで斜線を引く

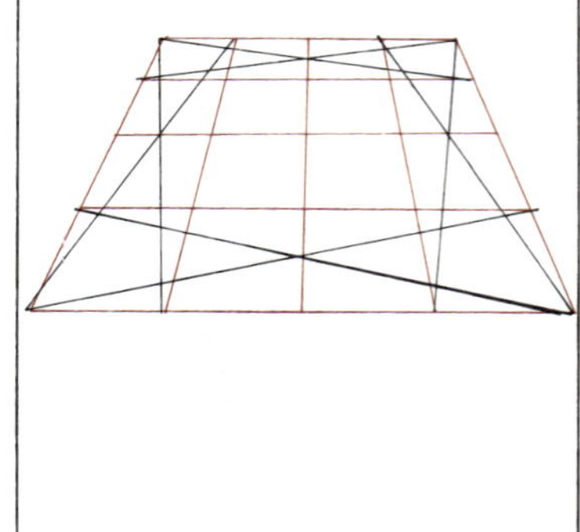

ここからが見物だぞ
分割線といちばん近い角から
伸びる斜線が交差するところ
に印を付ける

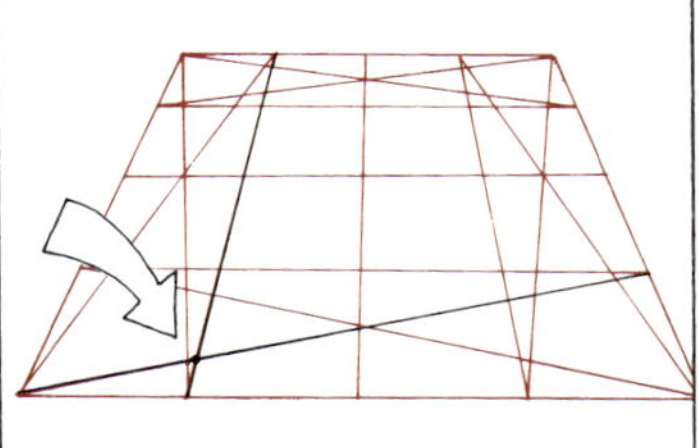

分割線すべてに、同じことを
くり返す

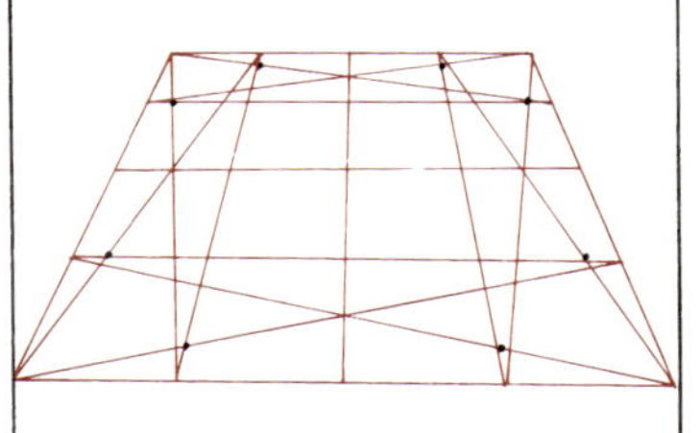

四角形の４つの辺の
中間点に印をつける

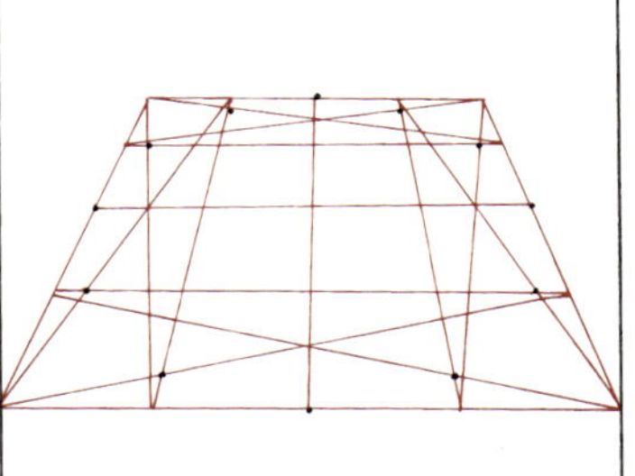

すべての点をなめらかな
曲線でつなげば、正確な
楕円のでき上がりだ！

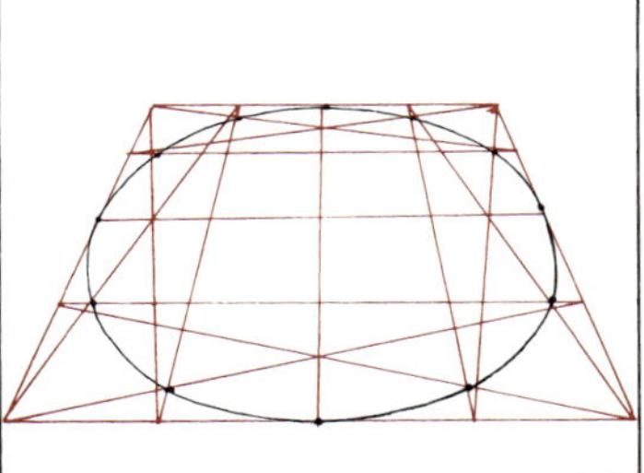

楕円はつねにカンペキな左右
対称で、正確に四等分、つま
り４分の１円ができる

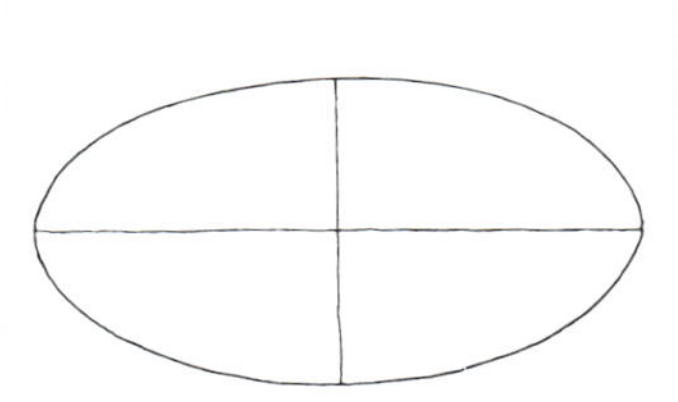

楕円を分割する線は、つねに
もう１本の線に対して直角で、
長軸線、**短軸線**という

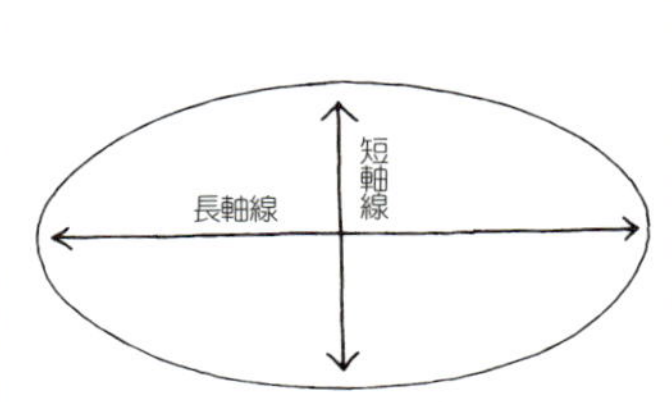

長軸線と短軸線がほぼ同じ長
さなら円に近くなり、長軸線
がうんと長ければ、細長い楕
円になる

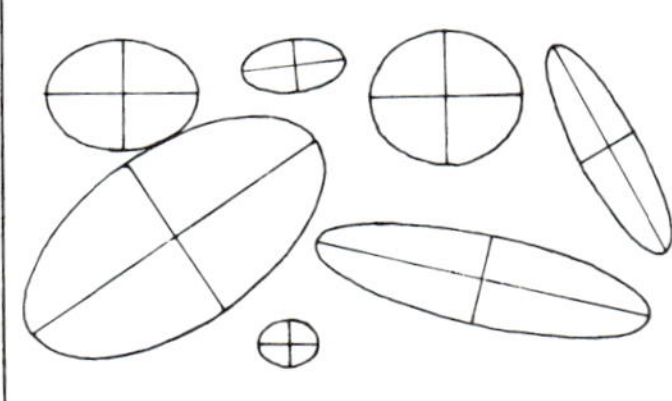

さらに正確な楕円を描きたけ
れば、長軸線と短軸線のみを
使うことだ
まず、好きな長さでいいから、
左右対称の十字を描く

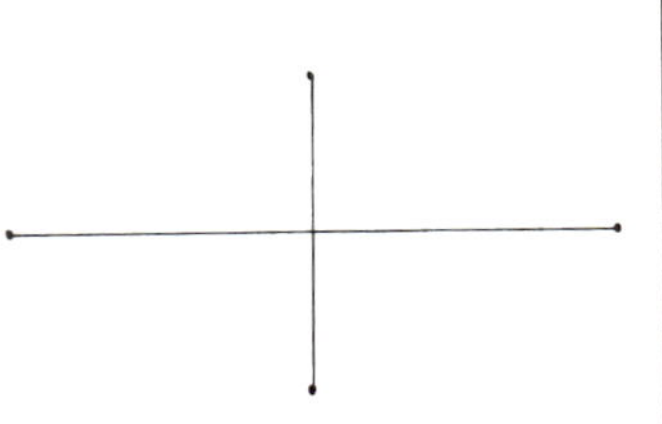

紙のしおりを当てて、短軸線
の半分の長さ（十字の中心か
ら一端まで）に印を付ける

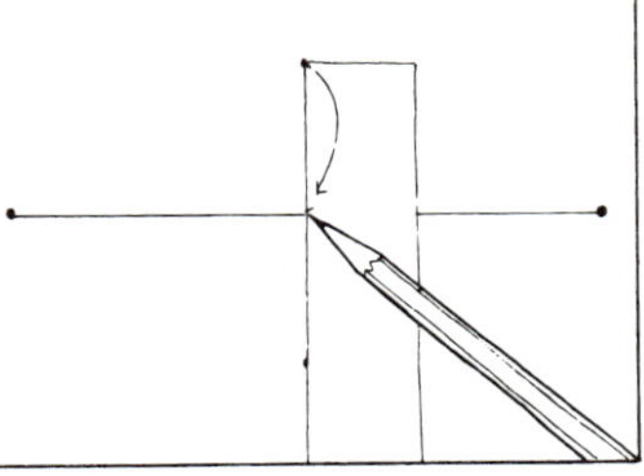

同じしおりで、長軸線でも
同じことをくり返す

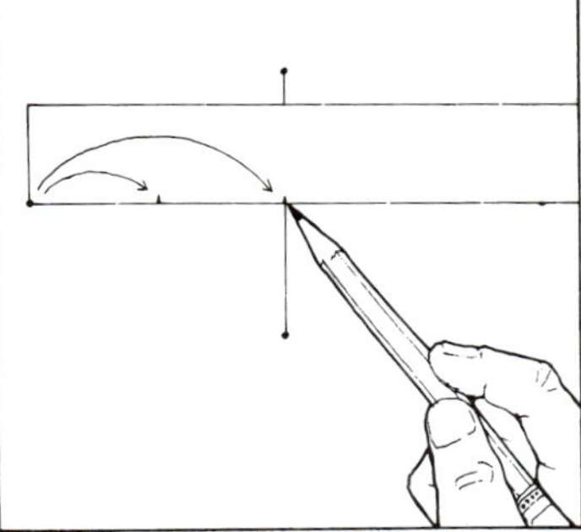

短軸線の印を長軸線に合わせ、
また長軸線の印を短軸線に合
わせて、しおりを回転させな
がら角に印をつけていく

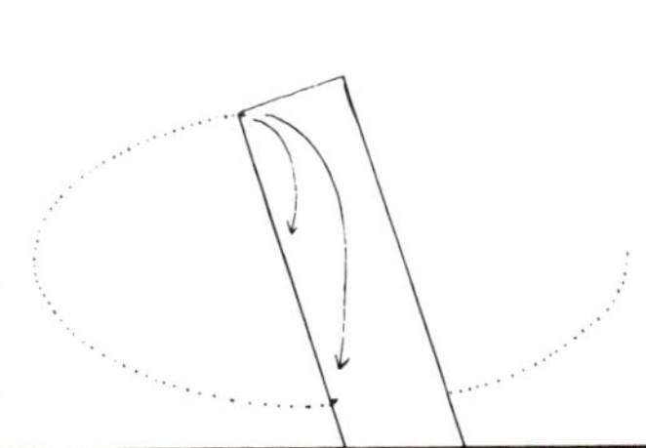

長軸線が短軸線の２倍以上の
長さの場合、短軸線より下ま
で延びるから、同一垂直線上
にとどめること

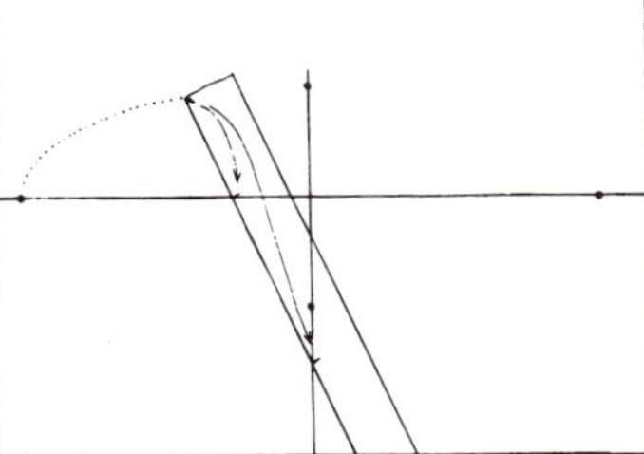

点線をつなぐと、楕円の輪郭ができるはずだ
（手間を省くには、４分の１円を１つ描いて、
あとは紙を折って、残りの３つを描けばいいね）

楕円の中心は、パースで描いた円の中心じゃないのかって？
それは**あり得ない**ね

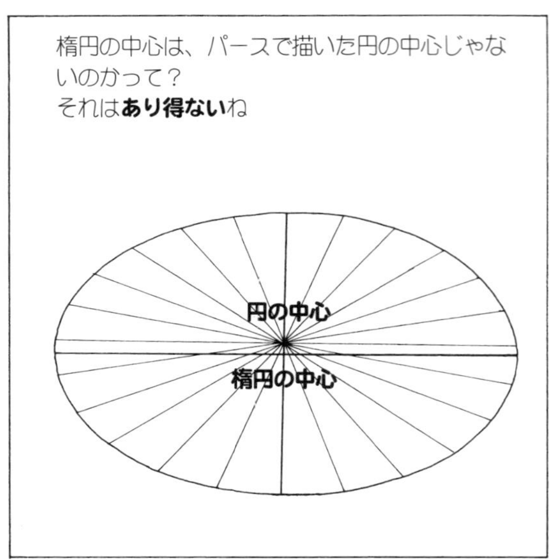

そうじゃなくて、円の中心は、その円が内接する四角形のパースの中心なんだ

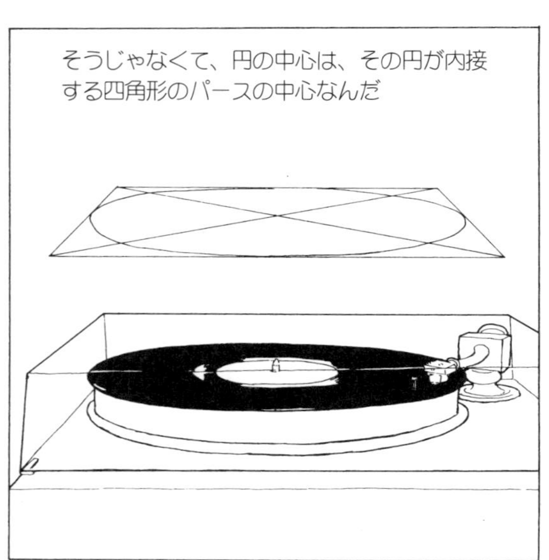

同心円は、同じ種類の楕円だ
外周は、内周がただ大きくなっただけのものだ

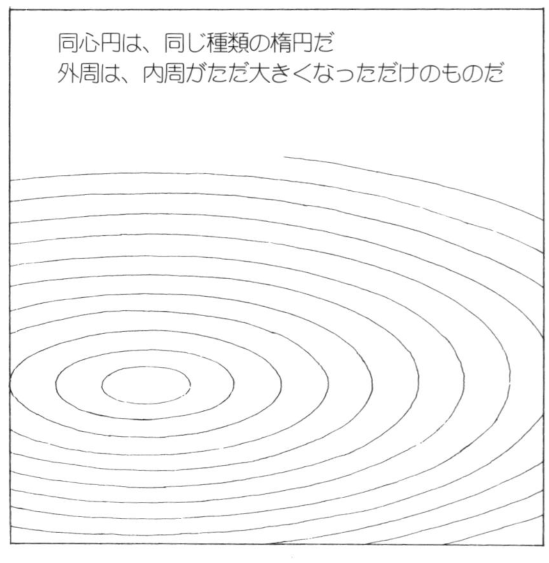

それらは同じパースの中心を共有しているけど、大きくなるほど、楕円の中心はパースの中心からそれていく

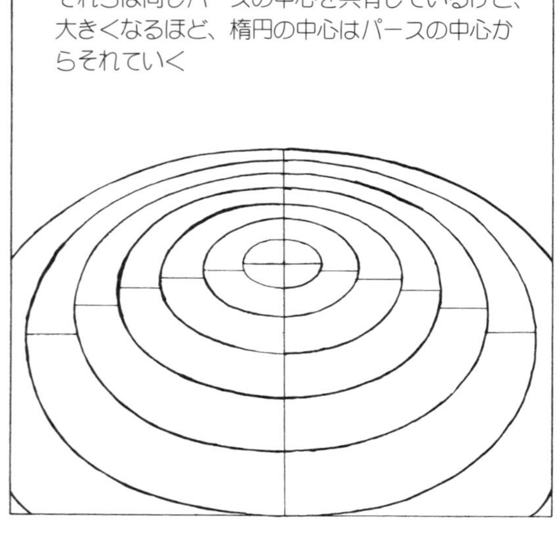

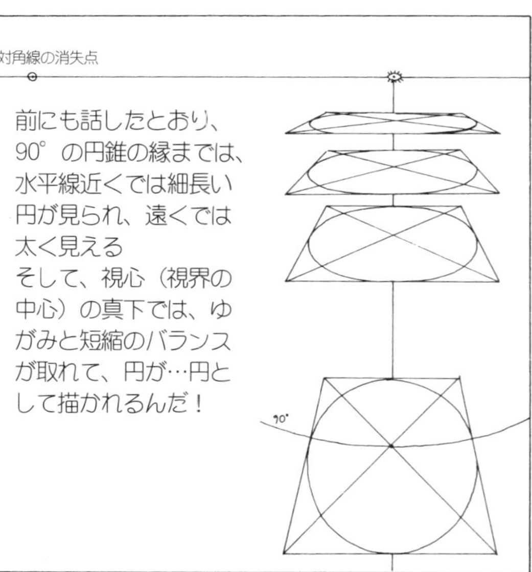

前にも話したとおり、90°の円錐の縁までは、水平線近くでは細長い円が見られ、遠くでは太く見える
そして、視心（視界の中心）の真下では、ゆがみと短縮のバランスが取れて、円が…円として描かれるんだ！

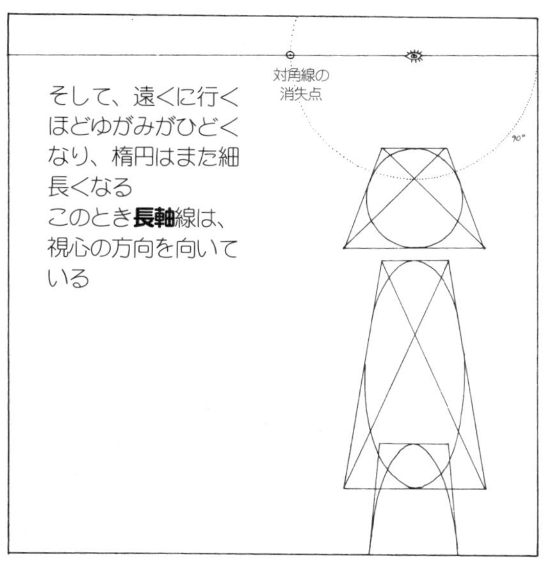
対角線の
消失点
そして、遠くに行く
ほどゆがみがひどく
なり、楕円はまた細
長くなる
このとき**長軸**線は、
視心の方向を向いて
いる

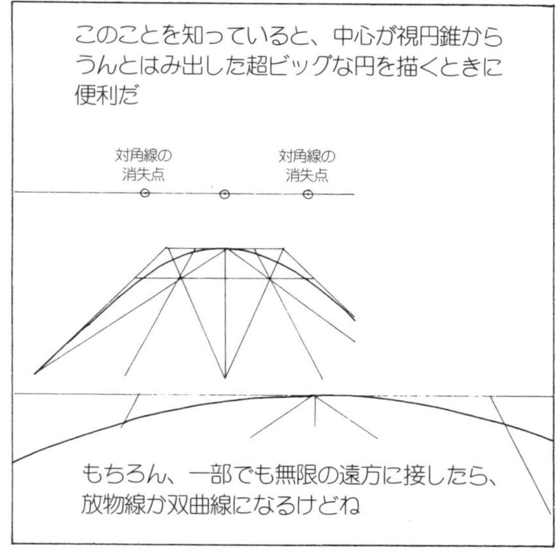
このことを知っていると、中心が視円錐から
うんとはみ出した超ビッグな円を描くときに
便利だ
対角線の
消失点
対角線の
消失点
もちろん、一部でも無限の遠方に接したら、
放物線か双曲線になるけどね

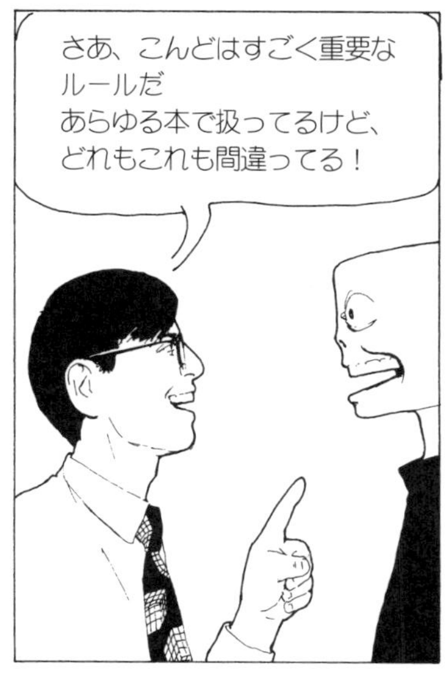
さあ、こんどはすごく重要な
ルールだ
あらゆる本で扱ってるけど、
どれもこれも間違ってる！

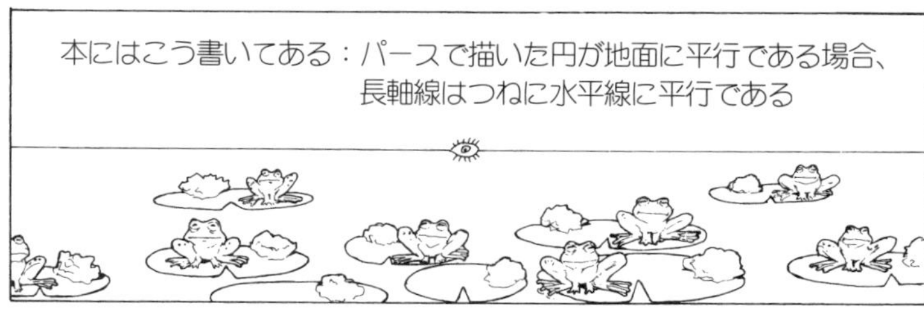
本にはこう書いてある：パースで描いた円が地面に平行である場合、
長軸線はつねに水平線に平行である

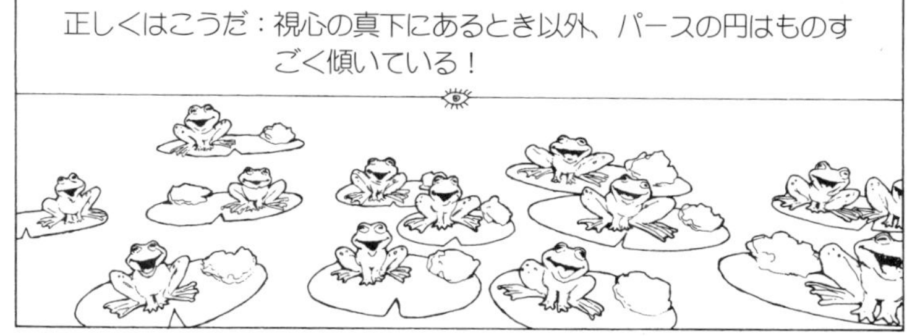
正しくはこうだ：視心の真下にあるとき以外、パースの円はものす
ごく傾いている！

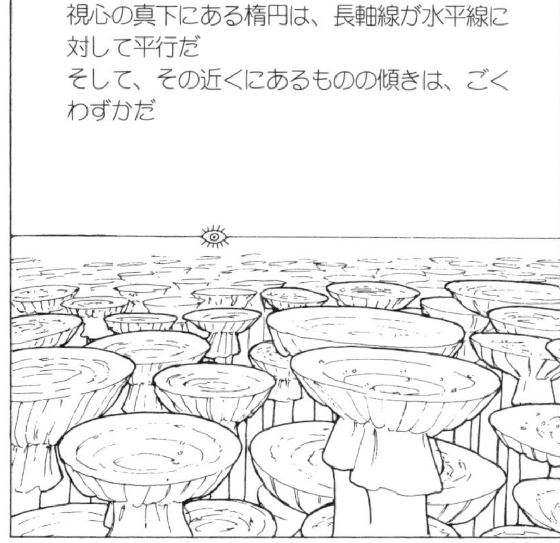
視心の真下にある楕円は、長軸線が水平線に
対して平行だ
そして、その近くにあるものの傾きは、ごく
わずかだ

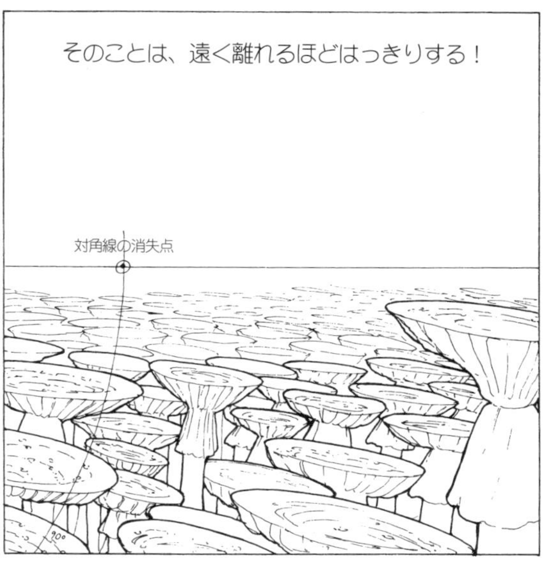
そのことは、遠く離れるほどはっきりする！
対角線の消失点

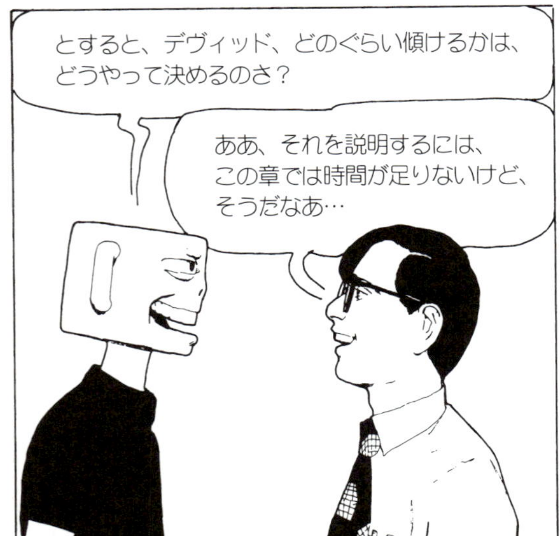

ほとんどの本では、この傾斜を無視しろと教えてる
すべての楕円を、水平線に並べろと言うんだ
その方が見映えがいいってね
まあ、その通りかもしれないし、作図は楽だよね
特にテンプレートを使う場合は、そうかもしれない
でも、この本は、ほとんどの本とはちがうぜ！

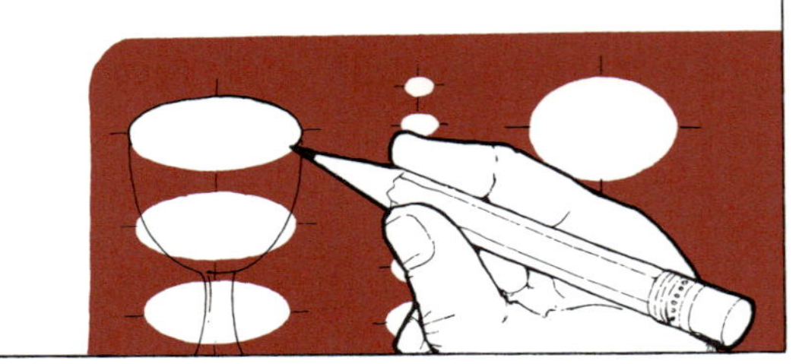

そこで、小さな円で作った環の中心に、
自分自身を描く

円はそれぞれ、キミの目から同じ距離にあり、形も大きさも同じだ
さらに、すべての長軸線はつながった１本の線で、水平線に平行だ

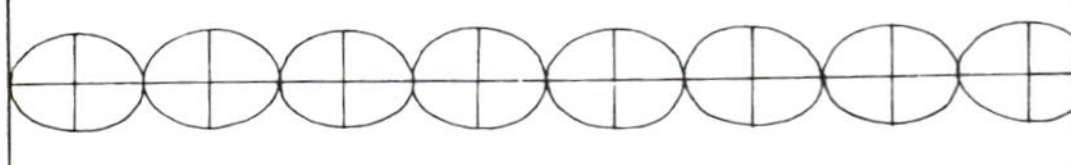

ビーズを糸に通したみたいだね

でも、その線をキミの目に正しく映るよう、画面上になぞると、その楕円のチェーンはどんどん曲がって…

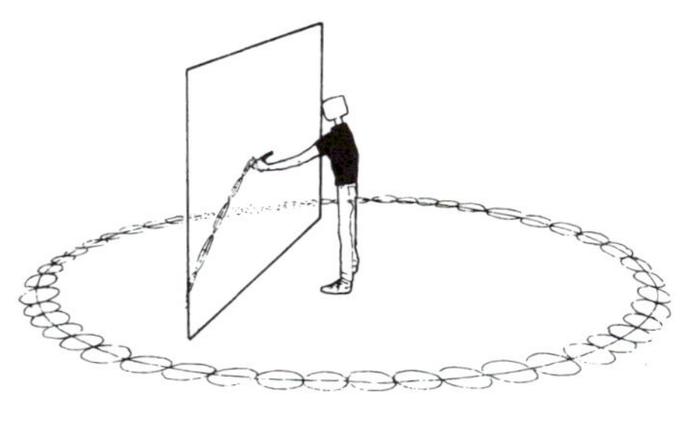

…双曲線になる！

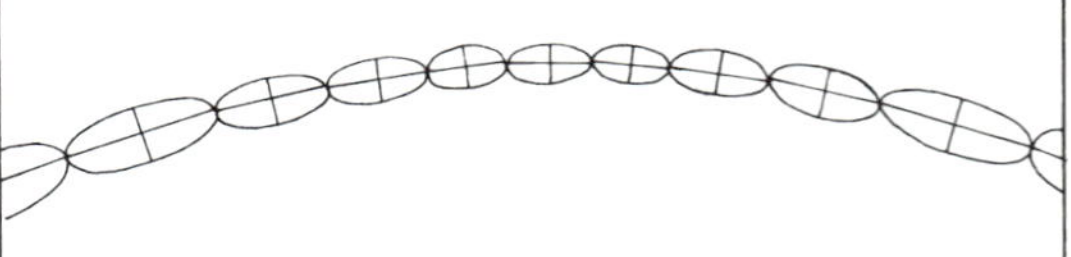

長軸線の直線は、双曲線のカーブに似せたものに過ぎないのは確かだ
でも、基本的にその方向にしたがっている

楕円の環をさらに増やすと、画面にはさらに双曲線ができる！

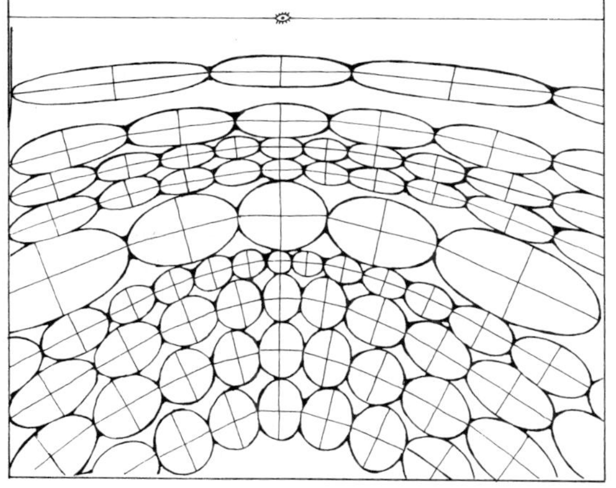

もちろん、多くの絵では、円はこんなふうに環のようには並ばないけど、絵の中に必要なだけ双曲線を加えてやれば、どんな長軸線の方向だって、見つけることができるのさ！

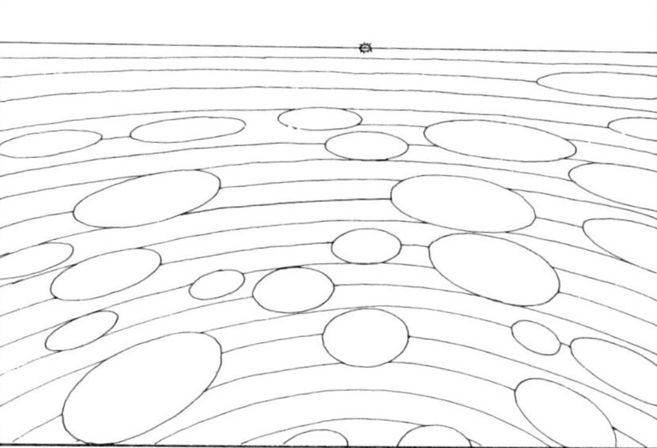

こんな目安もある：足下に集中する放射線を思い描き、視界の角度を定める

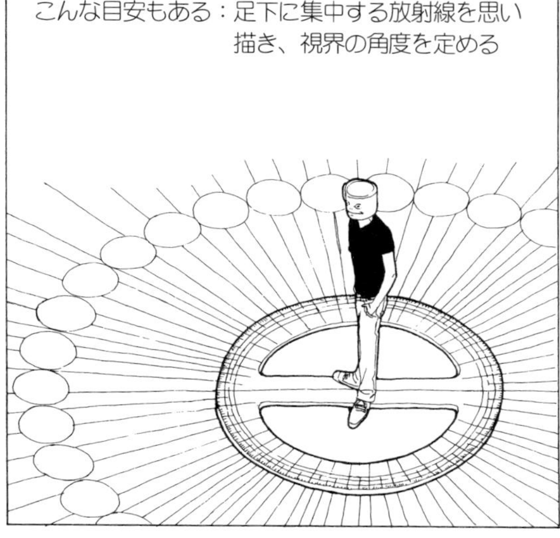

画面では、この線が垂直線に見える
線の交差する位置が足下、つまり底点上だからだ
（画面の無限の遠方とも言えるね）

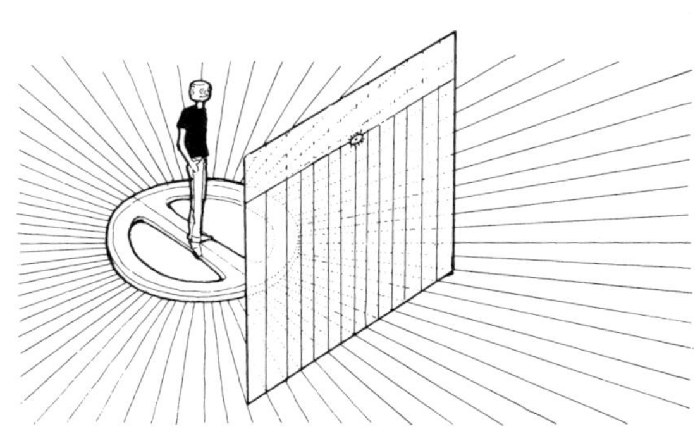

パースの中心がある線上の楕円は、ステーションポイント（立ち位置）から見たとき、長軸線がそれぞれ平行で、水平線にも平行になる
実際、長軸線は水平線上の90°離れた地点で出会うんだ

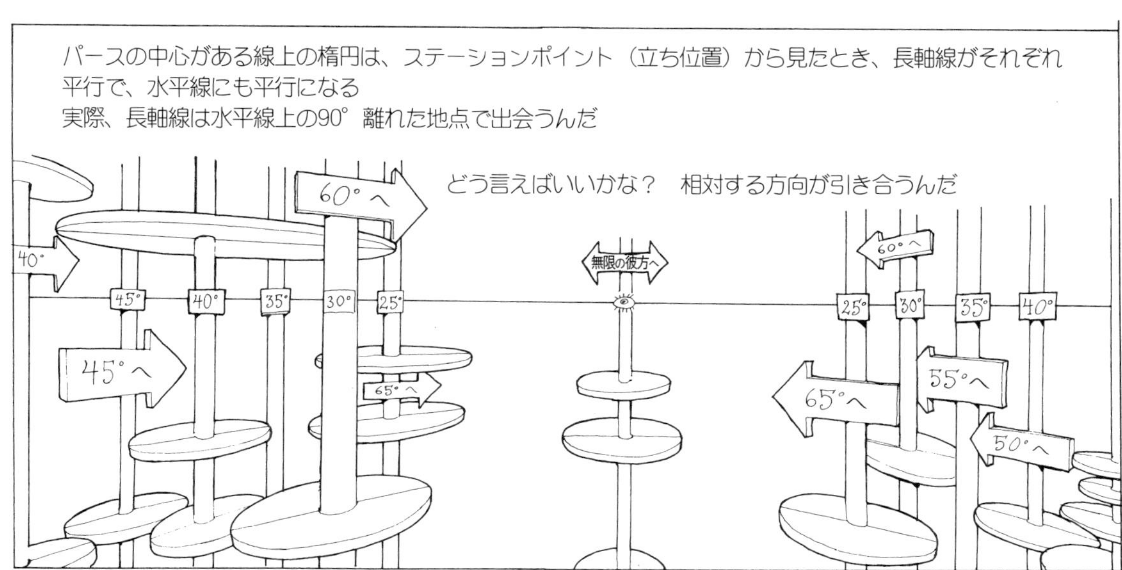

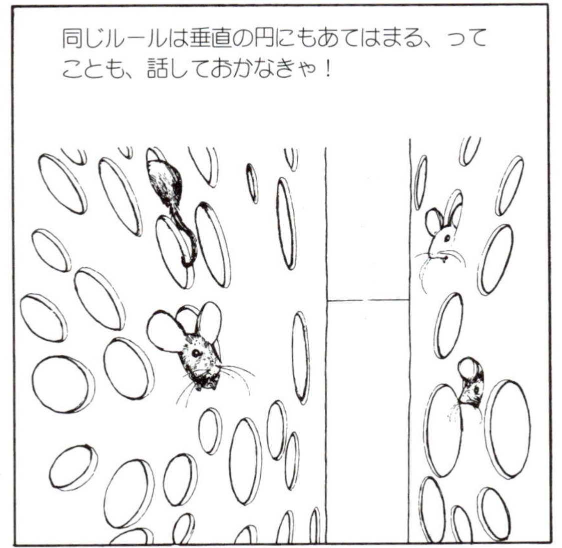
同じルールは垂直の円にもあてはまる、って
ことも、話しておかなきゃ！

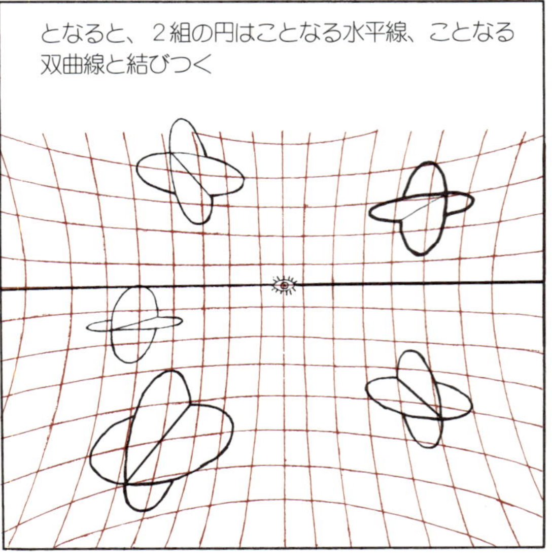
となると、２組の円はことなる水平線、ことなる
双曲線と結びつく

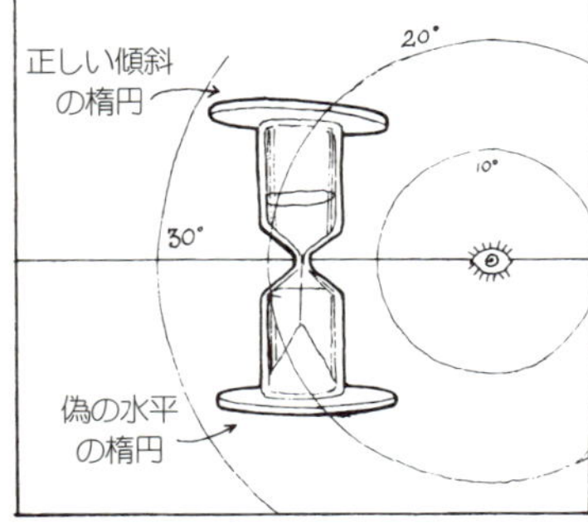
時間がないなら、さっきの水
平の楕円のルールにしたがっ
たほうが無難だろう
正しくはないけど、狭い視円
錐内なら、ちがいはちょっと
だけだ
正しい傾斜
の楕円
20°
10°
30°
偽の水平
の楕円

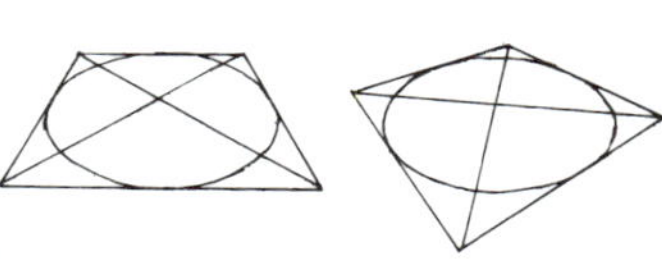
さて、二点透視図法の円に移ろ
うか
この円は地面に水平だと、一点
透視図法の円とぴったり同じだ
ったね
円は周囲の四角形がどちらを向
いていようと、円に変わりない

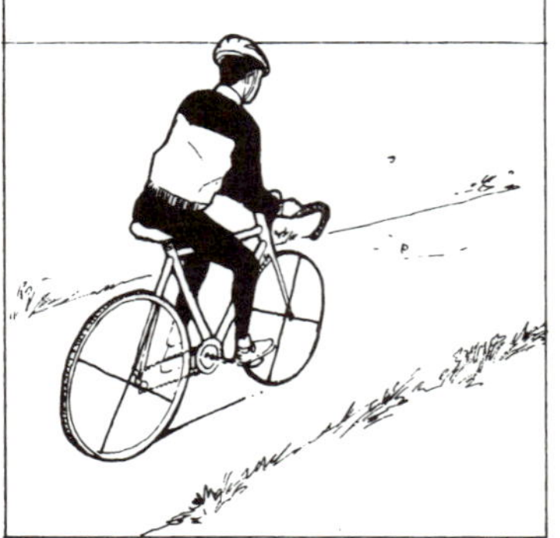
だからどうしたって？
どうってことないさ
二点透視図法による**垂直**の円は、
傾けて描かなきゃいけないって
ことさ

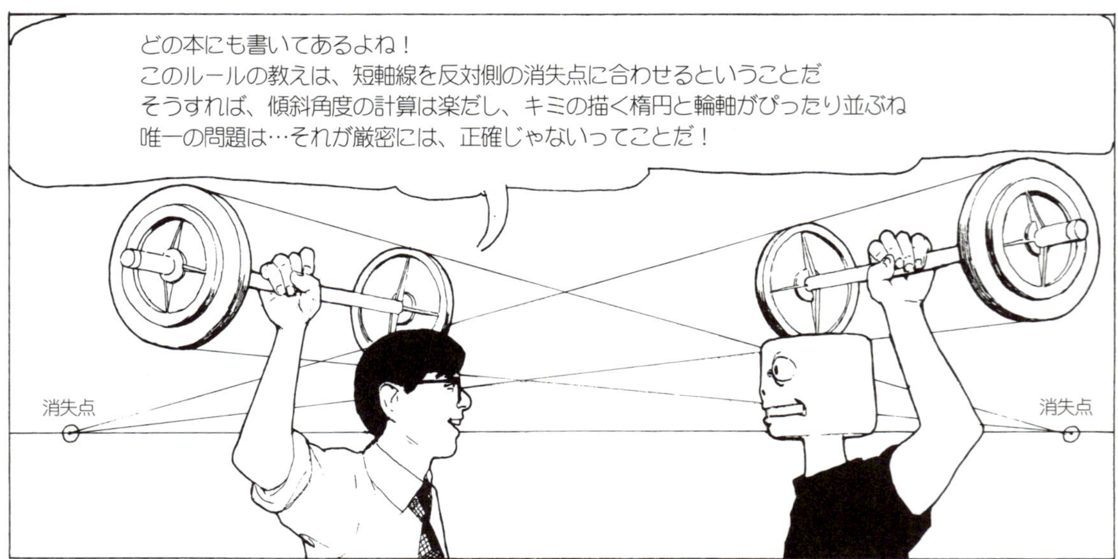
どの本にも書いてあるよね！
このルールの教えは、短軸線を反対側の消失点に合わせるということだ
そうすれば、傾斜角度の計算は楽だし、キミの描く楕円と輪軸がぴったり並ぶね
唯一の問題は…それが厳密には、正確じゃないってことだ！
消失点
消失点

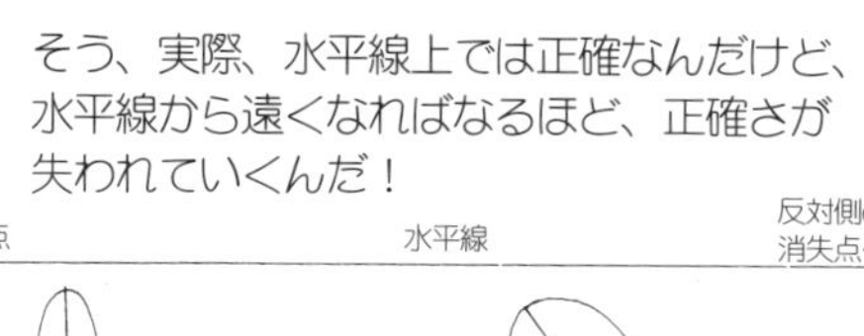
そう、実際、水平線上では正確なんだけど、
水平線から遠くなればなるほど、正確さが
失われていくんだ！

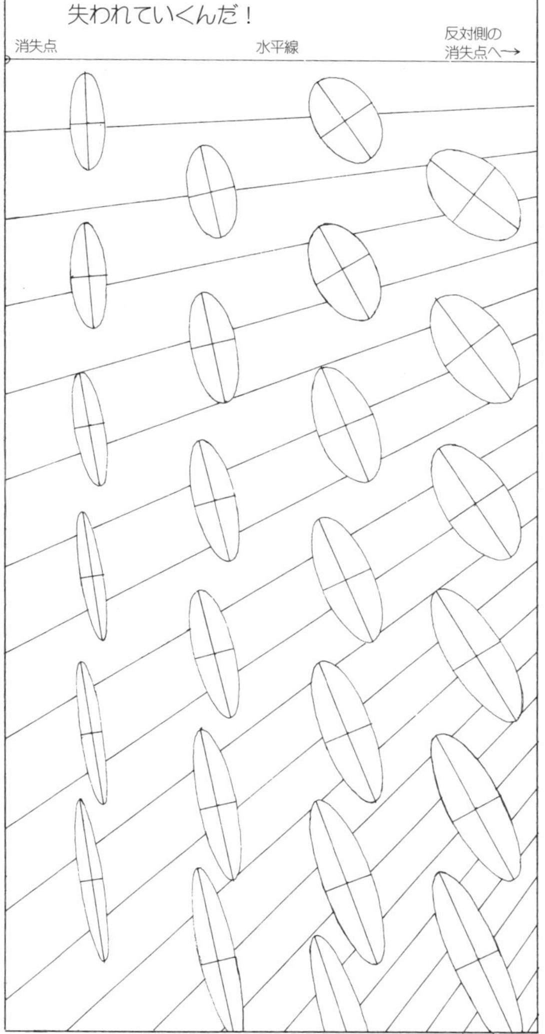
消失点
水平線
反対側の
消失点へ→

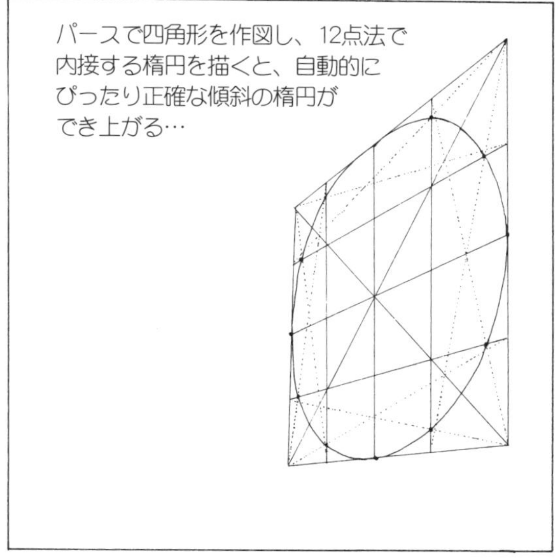
パースで四角形を作図し、12点法で
内接する楕円を描くと、自動的に
ぴったり正確な傾斜の楕円が
でき上がる…

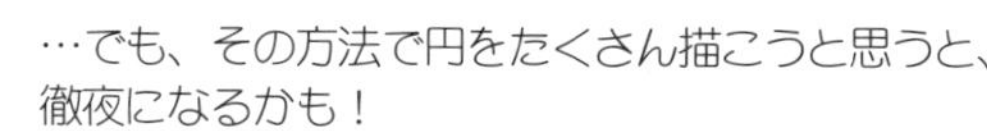
…でも、その方法で円をたくさん描こうと思うと、
徹夜になるかも！

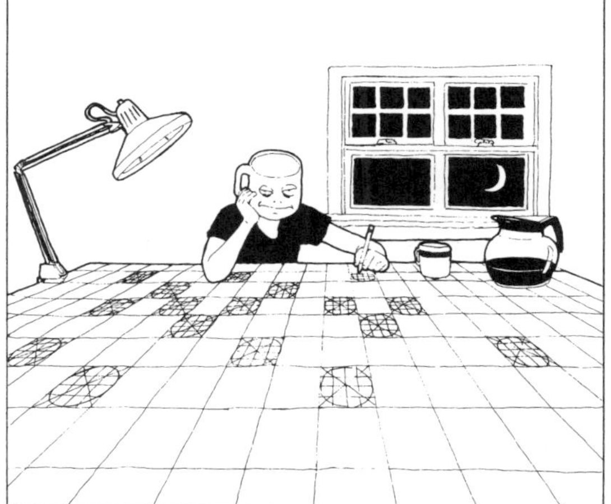

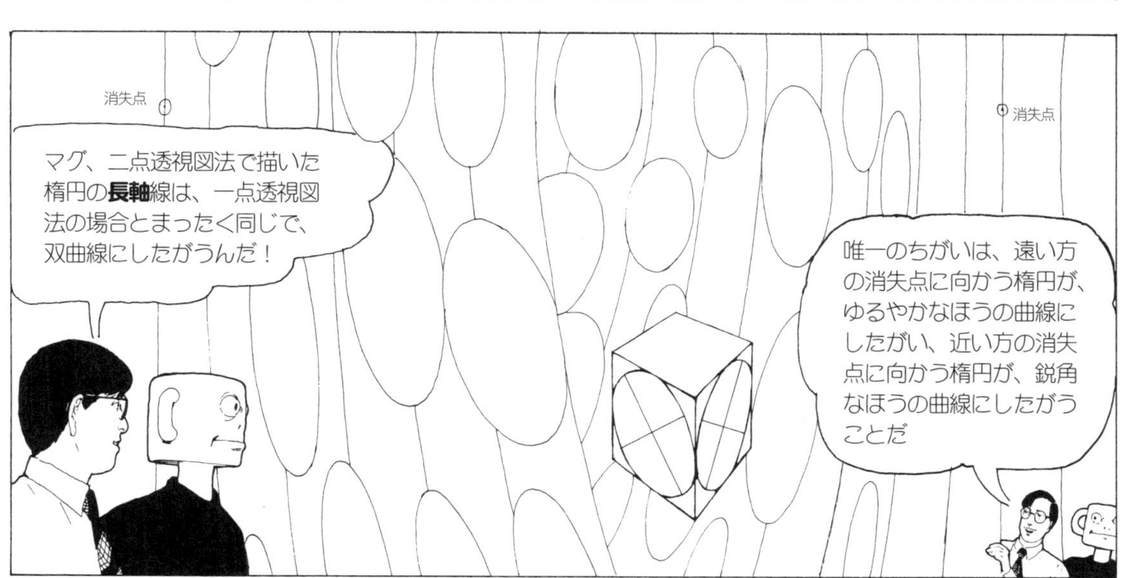
消失点
消失点
マグ、二点透視図法で描いた楕円の**長軸**線は、一点透視図法の場合とまったく同じで、双曲線にしたがうんだ！
唯一のちがいは、遠い方の消失点に向かう楕円が、ゆるやかなほうの曲線にしたがい、近い方の消失点に向かう楕円が、鋭角なほうの曲線にしたがうことだパースの正しい円を好きな数だけ、いちいち面倒な作図をすることなしに、内接するパースの四角形の中にカンペキに収めるコツを紹介しよう
まず、同じ大きさの楕円を2つ並べて描く

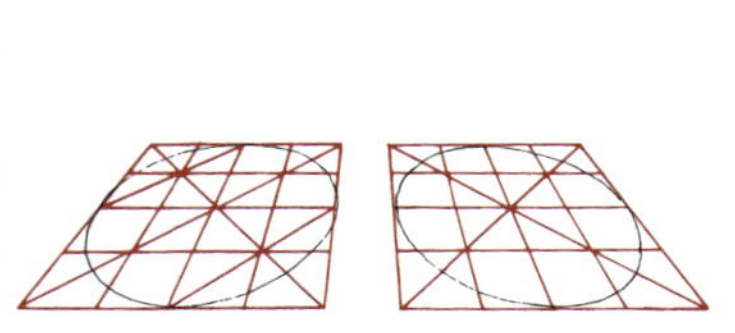

水平線上に新たに消失点を2つ定め、左の楕円上の点から、右の消失点に向けて線を引く
同様に、右の楕円上の点から、左の消失点に向けても線を引く
それぞれの線が、相対する線と交差するところが、第3の楕円に接する点だ！

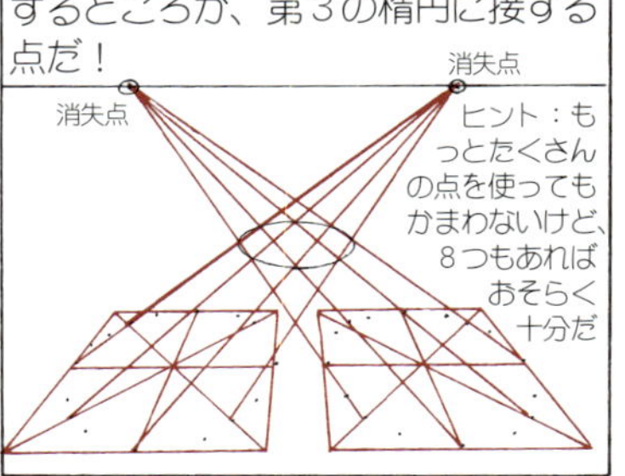

この方法は、平行線でもうまくいくし、水平線より上、もしくは下にある消失点に向かう線でもうまくいくから、試してみて！

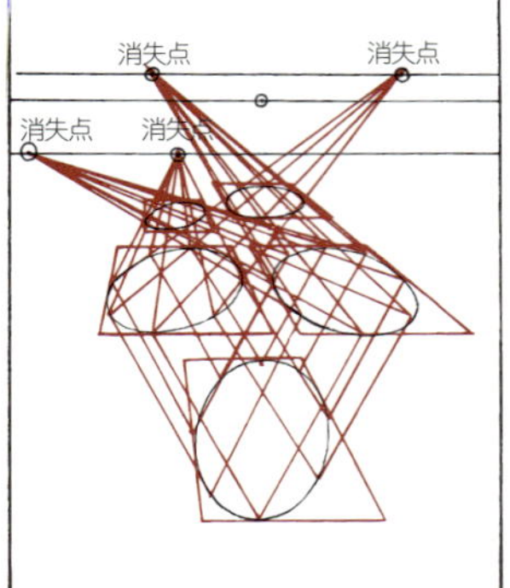

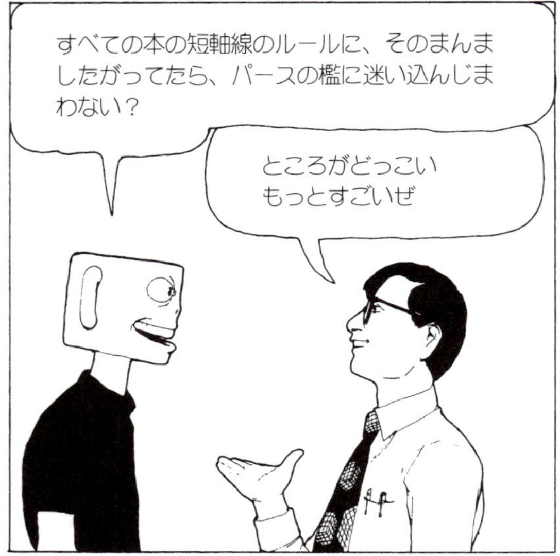

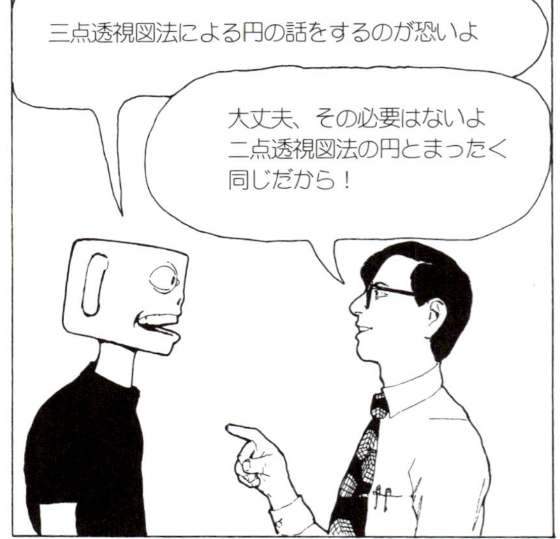

三点透視図法の楕円が、二点透視図法の四角形に合わないことはあり得ないんだ

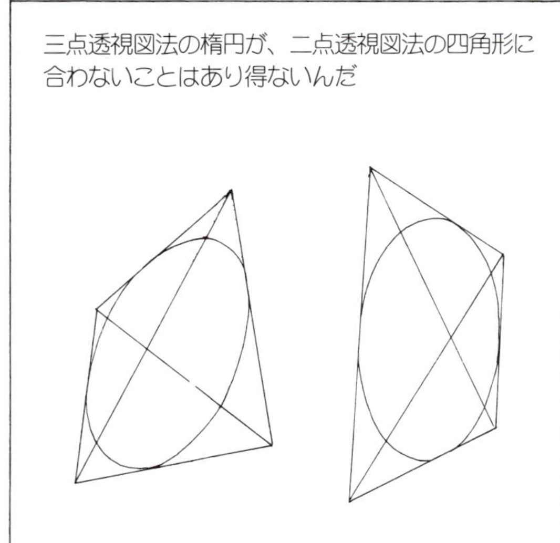

二点透視図法と同じように、反対側の消失点と短軸線のルールは、視心（視界の中心）ではカンペキで、その他の部分ではちょっとズレが出てくる
でも、ほとんどの場合、十分うまくいくよ

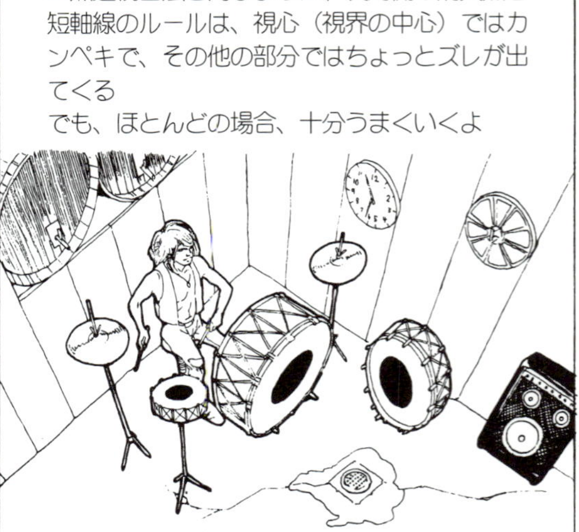

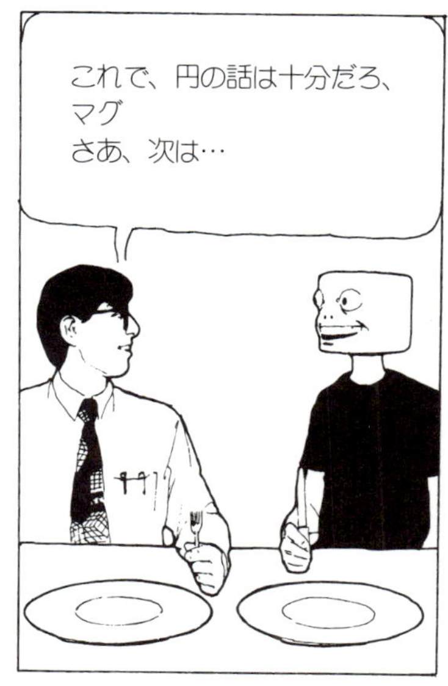
これで、円の話は十分だろ、
マグ
さあ、次は…

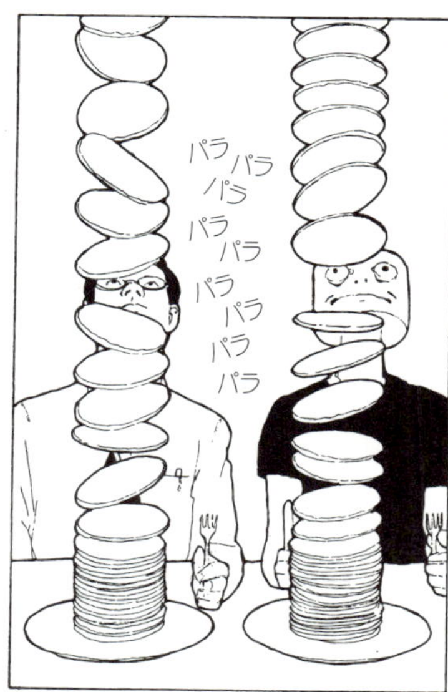
パラ
パラ
パラ
パラ
パラ
パラ
パラ
パラ
パラ

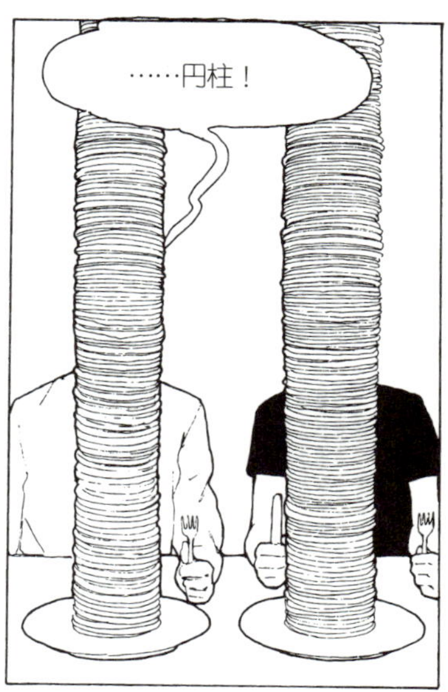
……円柱！

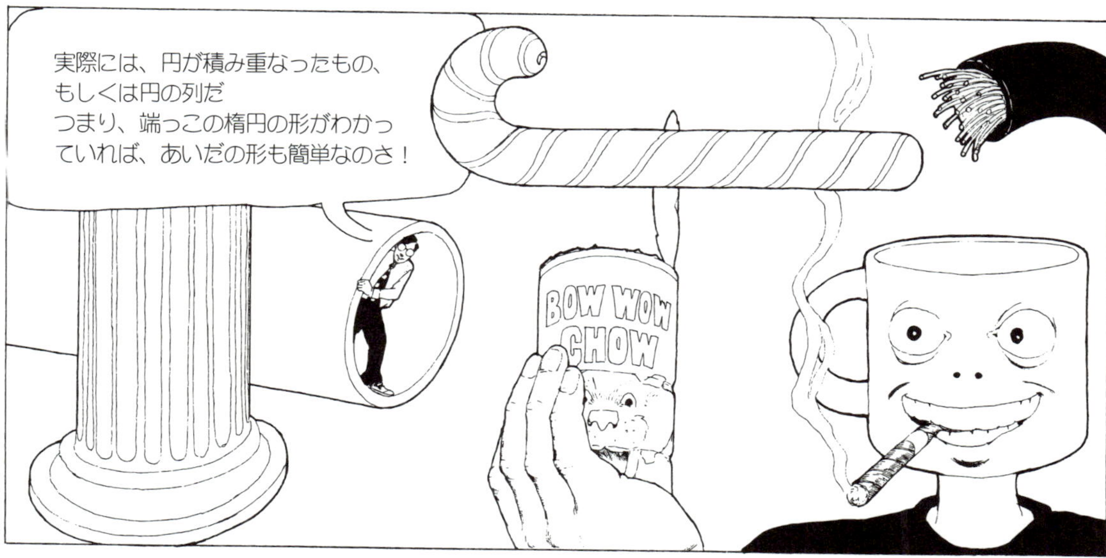
実際には、円が積み重なったもの、
もしくは円の列だ
つまり、端っこの楕円の形がわかっ
ていれば、あいだの形も簡単なのさ！
BOW WOW
CHOW

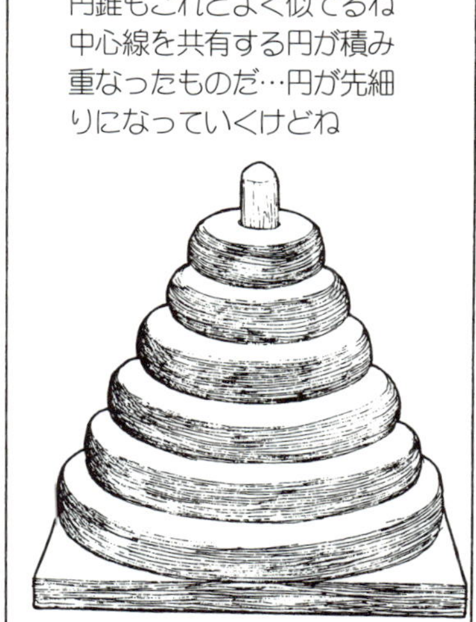
円錐もこれとよく似てるね
中心線を共有する円が積み
重なったものだ…円が先細
りになっていくけどね

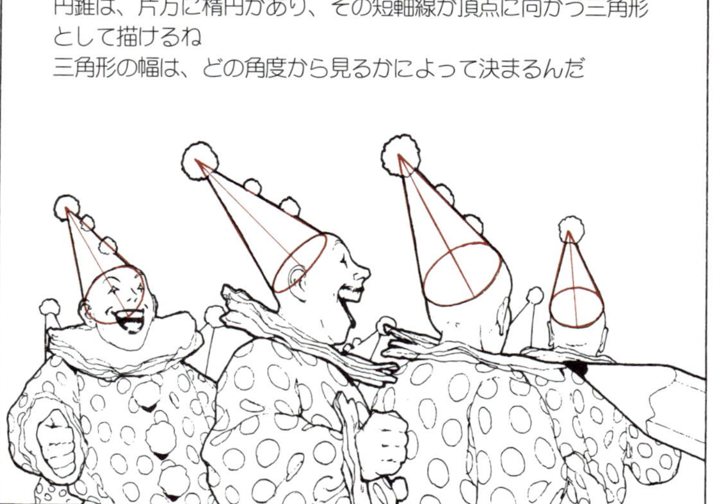
円錐は、片方に楕円があり、その短軸線が頂点に向かう三角形
として描けるね
三角形の幅は、どの角度から見るかによって決まるんだ

円を積み重ねてできる複雑な形は、簡単にパースで描くことができる
円を重ねるごとに、適切な楕円を思い描けばいいんだ…

…そうすると、円が積み重なった別の形ができる…球だ！

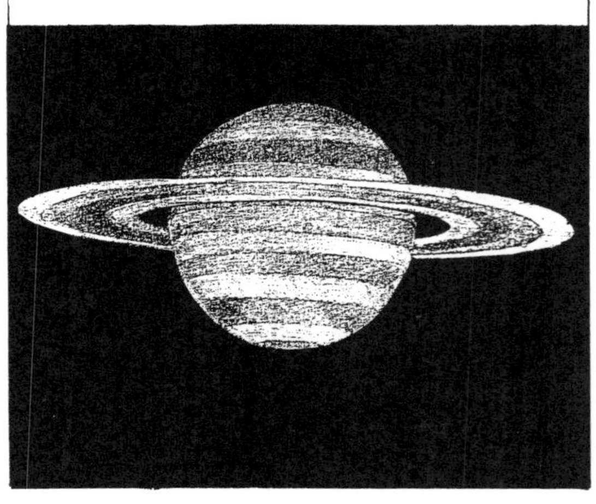

パースの球を描くのは簡単、っていうか、簡単なはずだ
球の輪郭は、必ずカンペキな円だからね

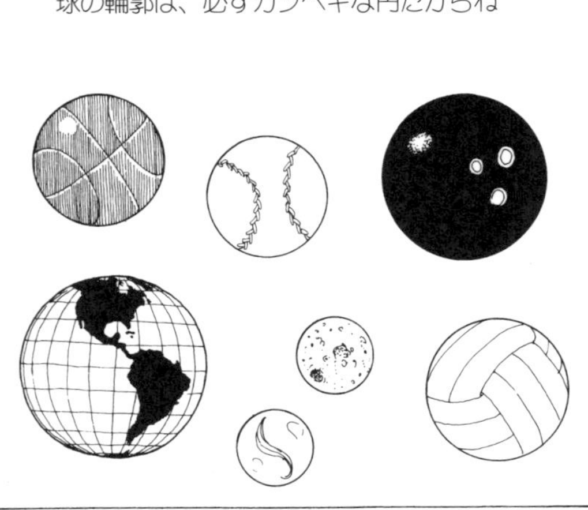

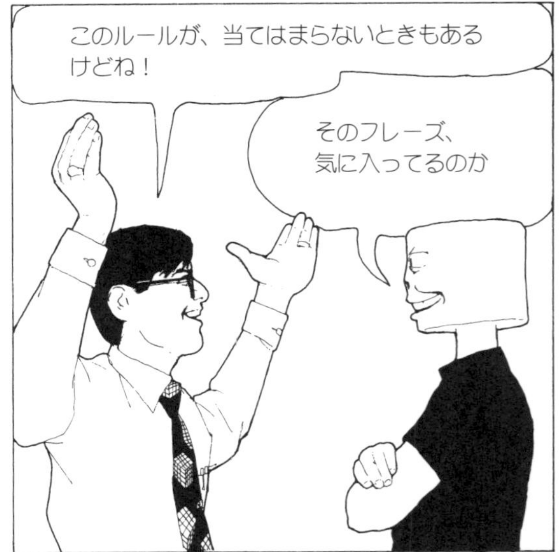

あ？
円錐曲線の簡単な論理だ、マグ
このアイスクリーム・コーンを、キミの視円錐に見立てると、この野球ボールは球になる

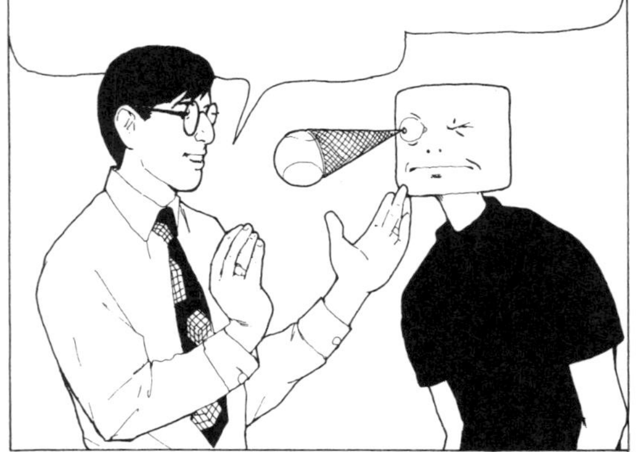

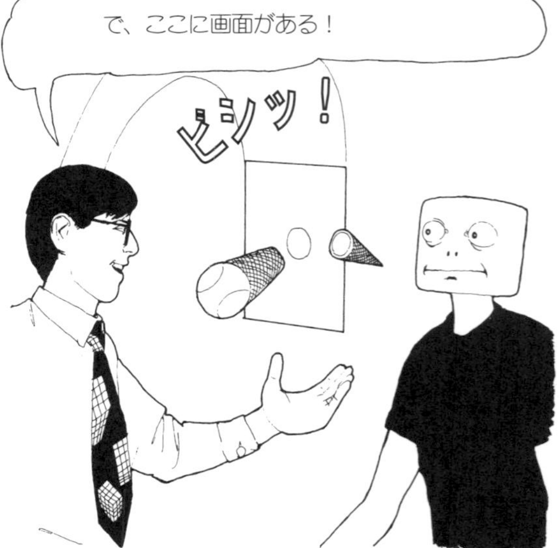

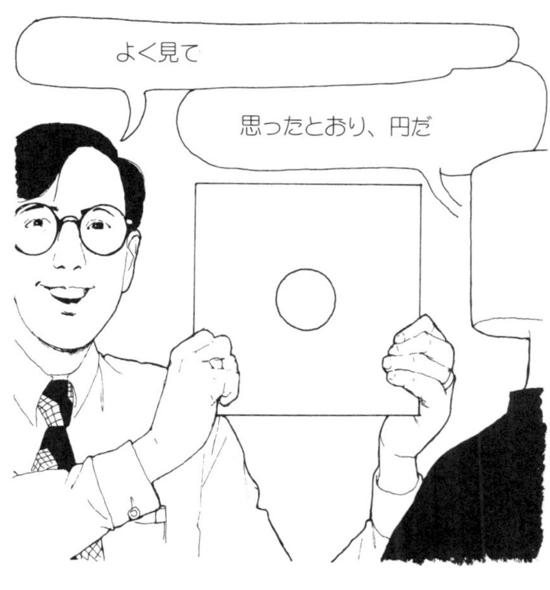

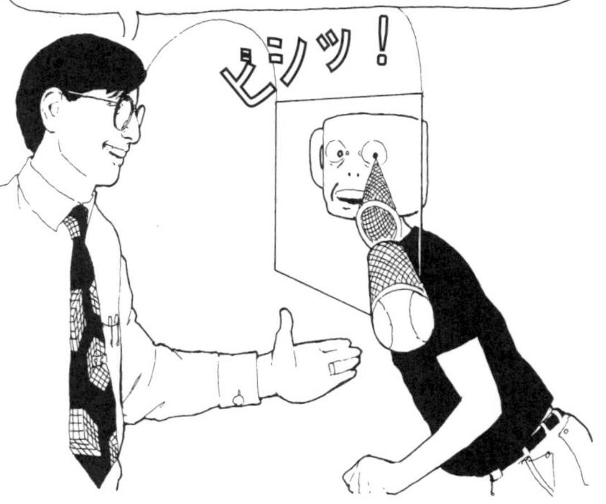

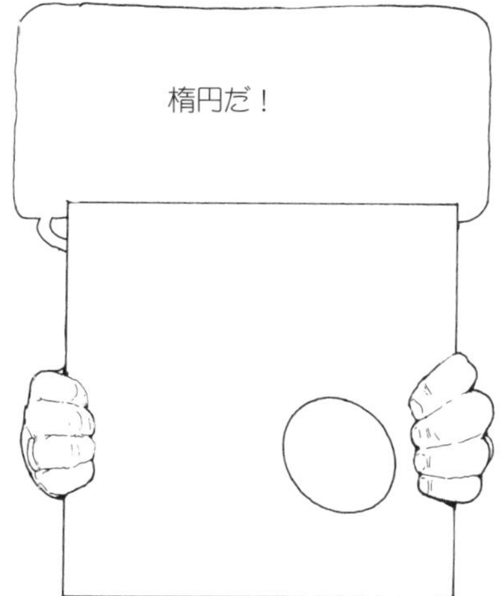

また、短縮にやられたな、マグ！
視心（視界の中心）であれば、球を円で描くことができる
でも、球をホントに丸く見せるためには、遠くにあるものを楕円として描かなきゃいけないんだ！

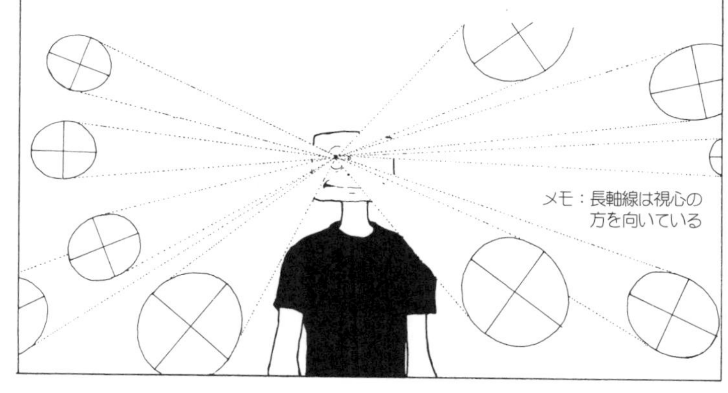

もちろん、狭い視円錐では、正しい楕円と円のちがいはほんの少しだ
すごくささやかだから…

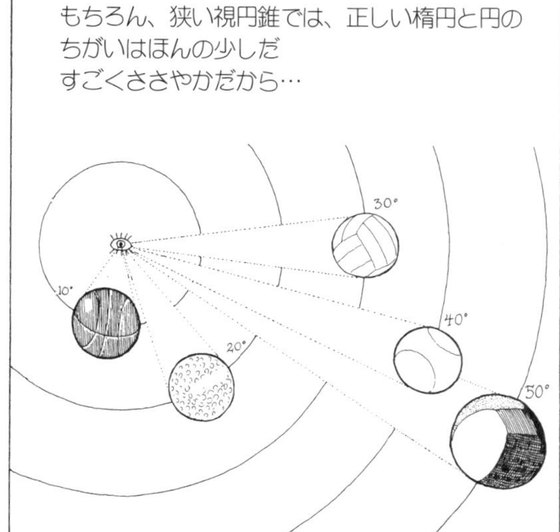

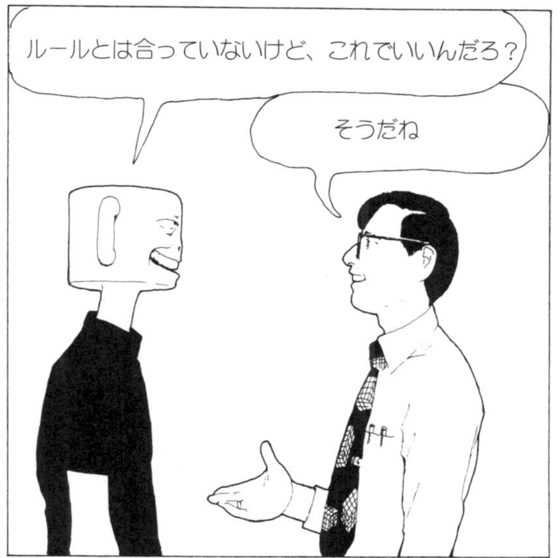

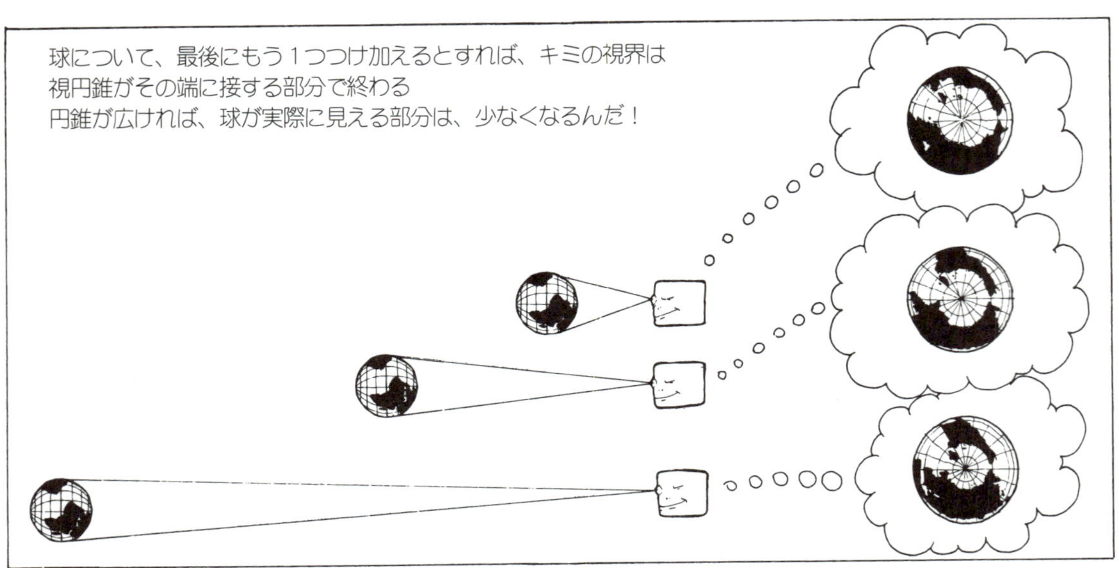
球について、最後にもう１つつけ加えるとすれば、キミの視界は
視円錐がその端に接する部分で終わる
円錐が広ければ、球が実際に見える部分は、少なくなるんだ！

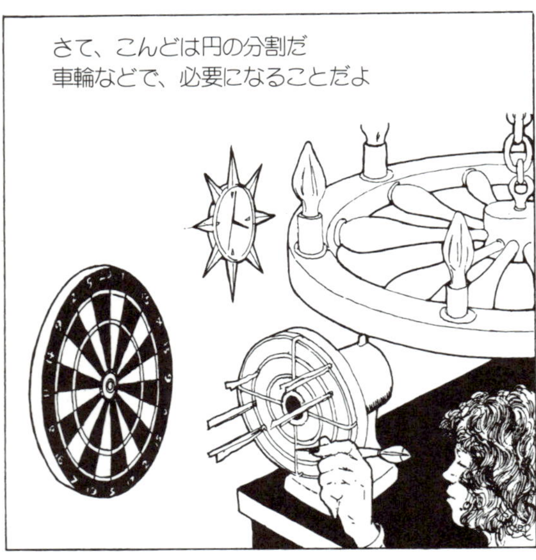
さて、こんどは円の分割だ
車輪などで、必要になることだよ

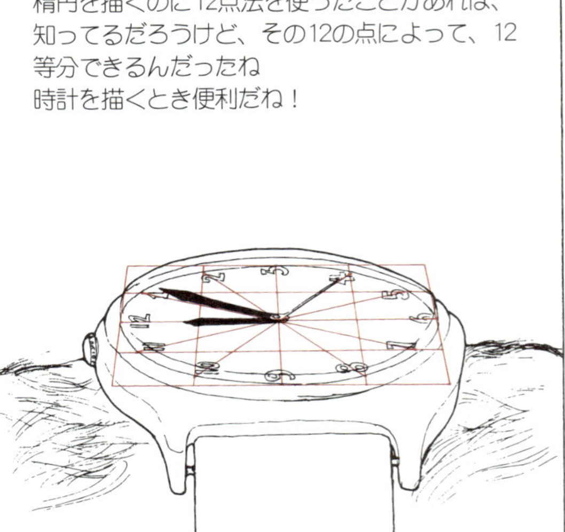
楕円を描くのに12点法を使ったことがあれば、
知ってるだろうけど、その12の点によって、12
等分できるんだったね
時計を描くとき便利だね！

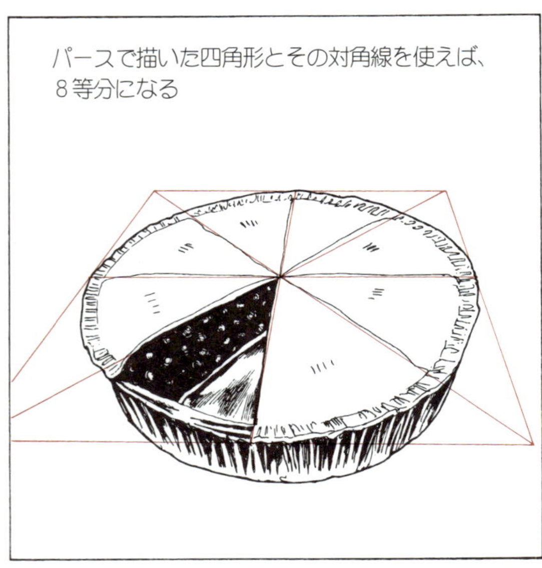
パースで描いた四角形とその対角線を使えば、
８等分になる

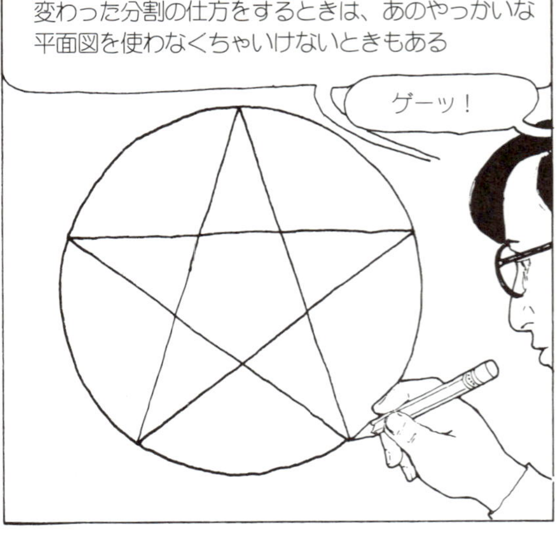
変わった分割の仕方をするときは、あのやっかいな
平面図を使わなくちゃいけないときもある
ゲーッ！

まず、半円を描く

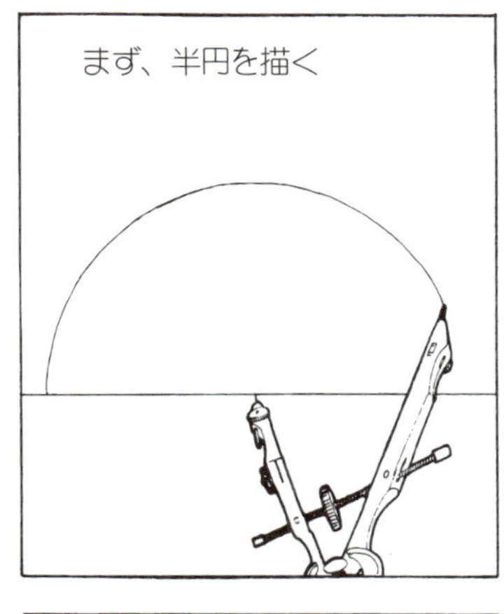

それを必要な数に分割する

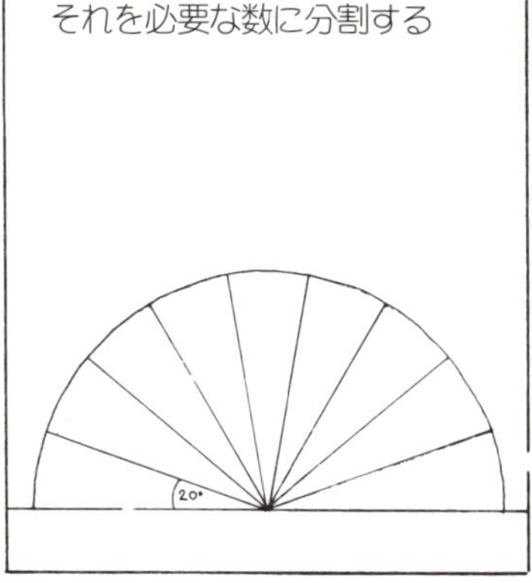

パースで描いた円の真下に置く

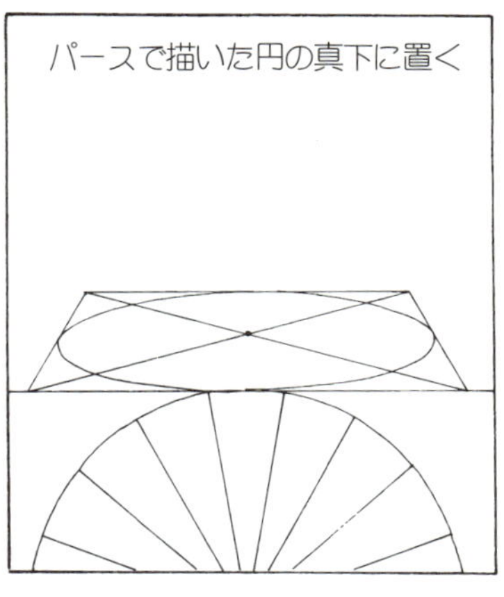

分割線の端から、円の下の水平線方向に垂直線を引く

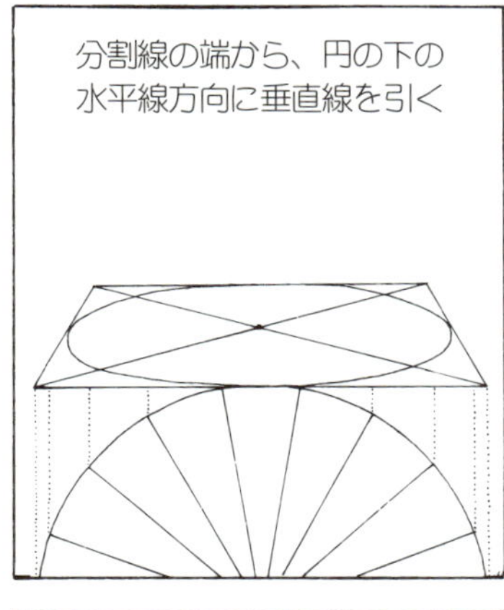

中央の消失点に向けて線を引くと、分割面の端が記される
それを中心とつなげばいいんだ

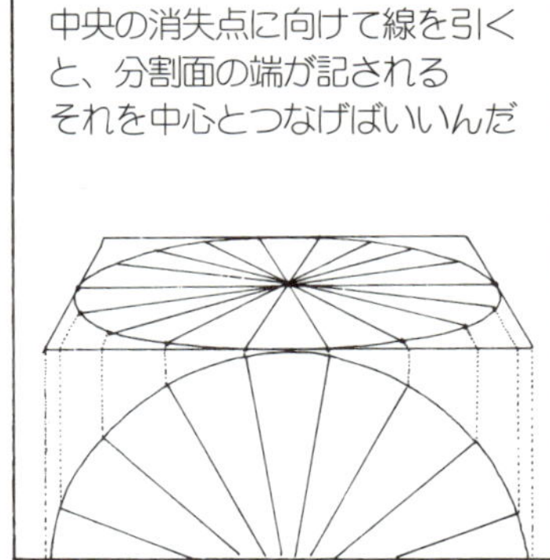

この手順は垂直の円と同じだけど、立面図を使うところだけがちがう

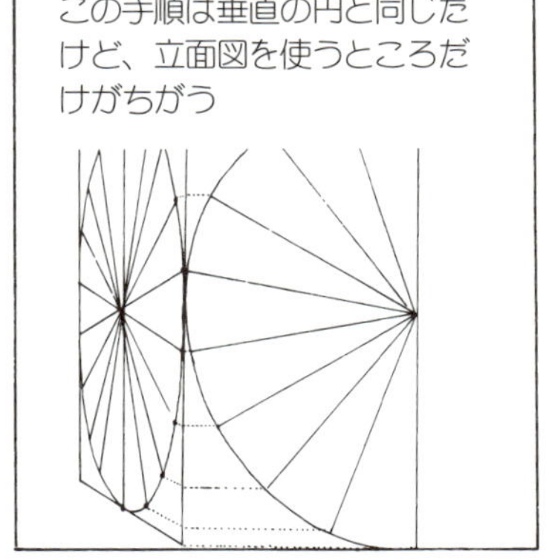

二点透視図法でもほとんど同じだね

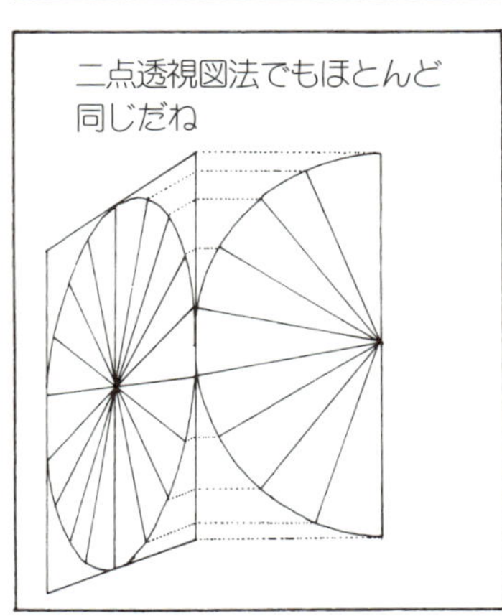

三点透視図法になると、もう少し複雑だ
いちばん簡単な方法は、二点透視図法とみなすことだね

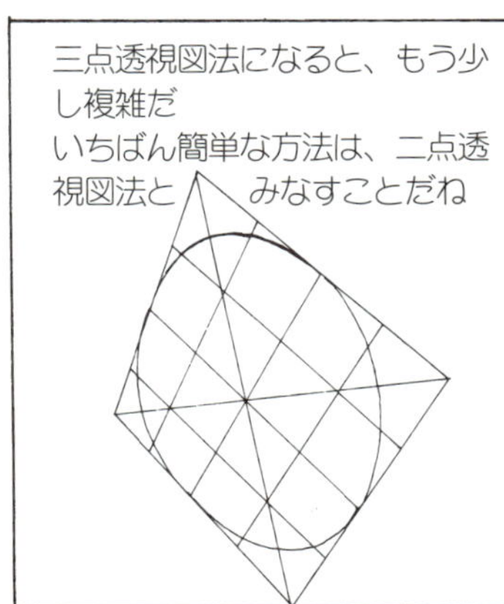

楕円の下に水平線と平行に1本線を引く

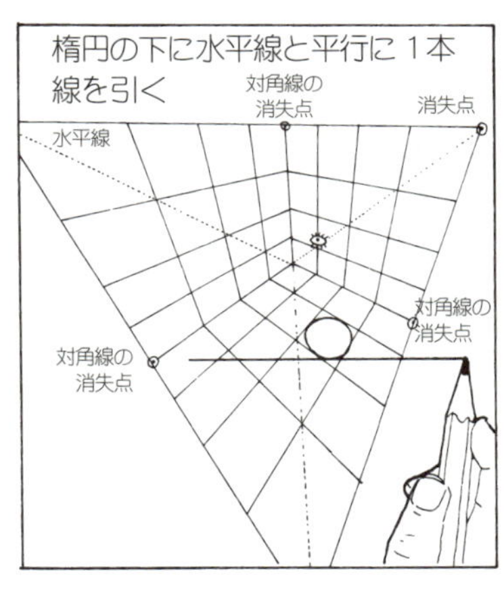

視心（視界の中心）に重ねて垂直方向に消失点を定める

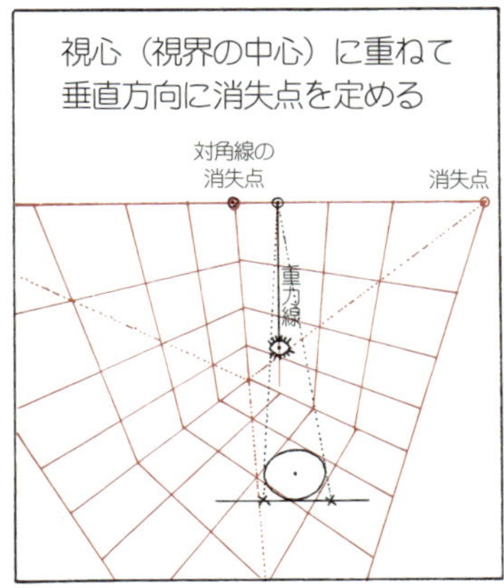

その線に接するように平面図を描く

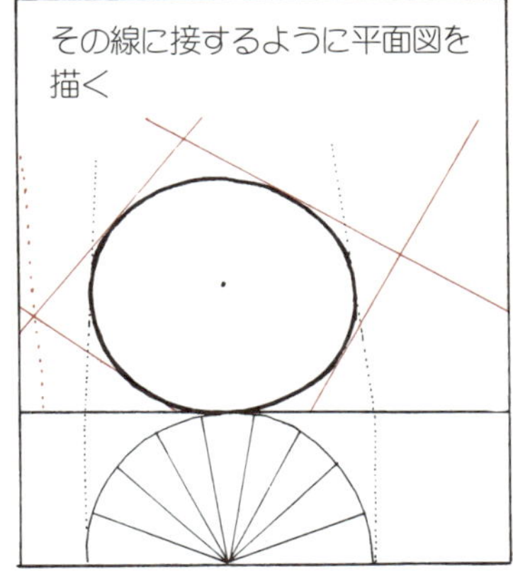

そうして、消失点を使って、平面図から楕円に分割線を写し取るんだ！

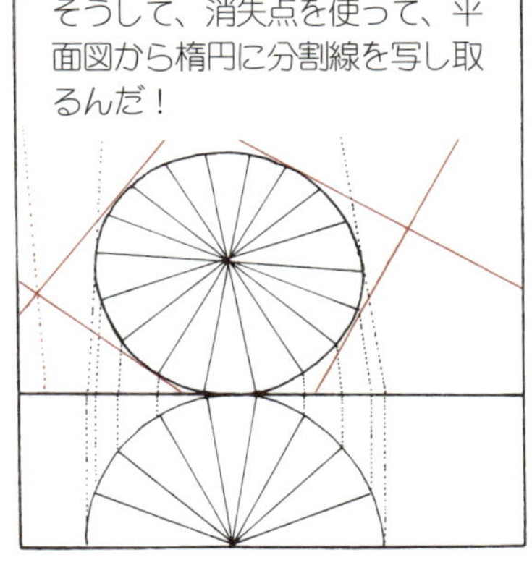

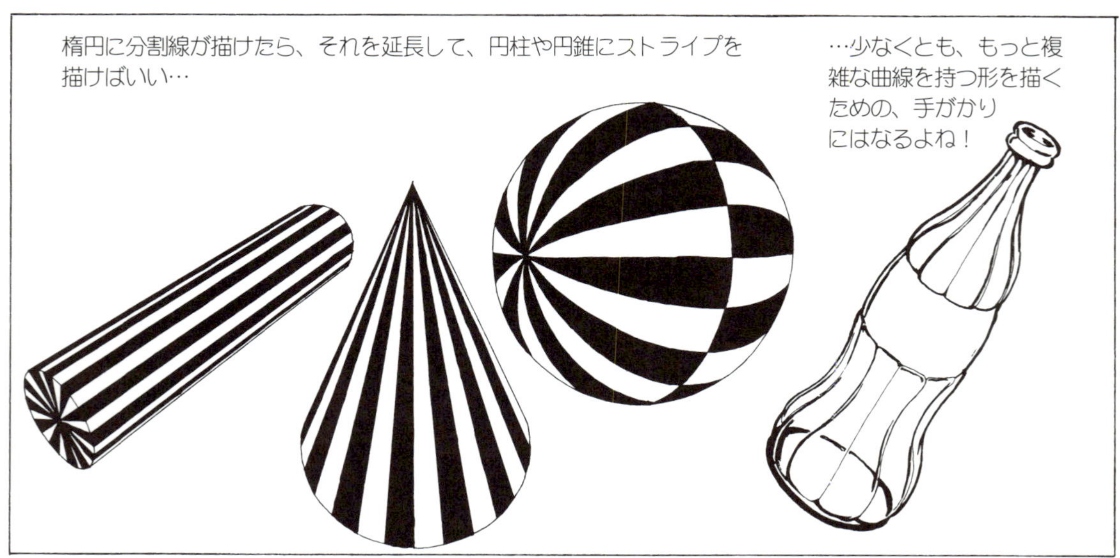
楕円に分割線が描けたら、それを延長して、円柱や円錐にストライプを描けばいい…
…少なくとも、もっと複雑な曲線を持つ形を描くための、手がかりにはなるよね！

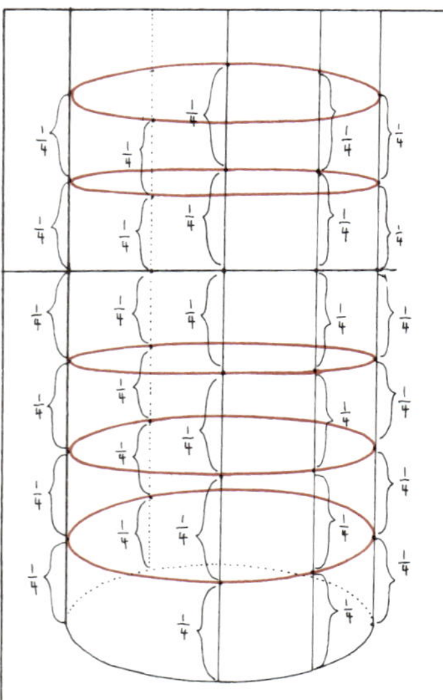
円柱に横方向のストライプを描く方法：
水平線から下の端まで垂直線を引いて、それを等分に分割する線上の各点は、楕円形をした横断面にある
垂直線の数を増やすほど、楕円を形作りやすくなるよ

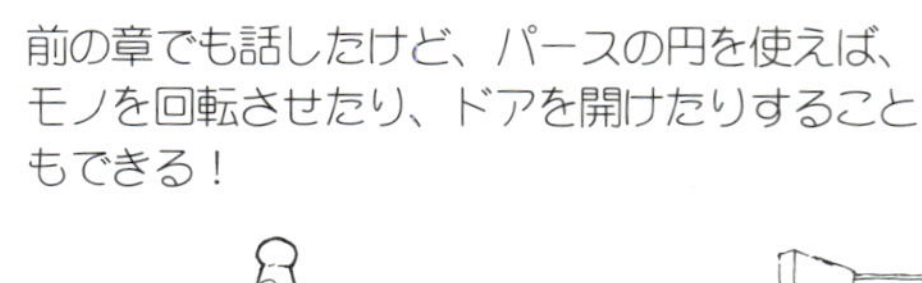
前の章でも話したけど、パースの円を使えば、モノを回転させたり、ドアを開けたりすることもできる！

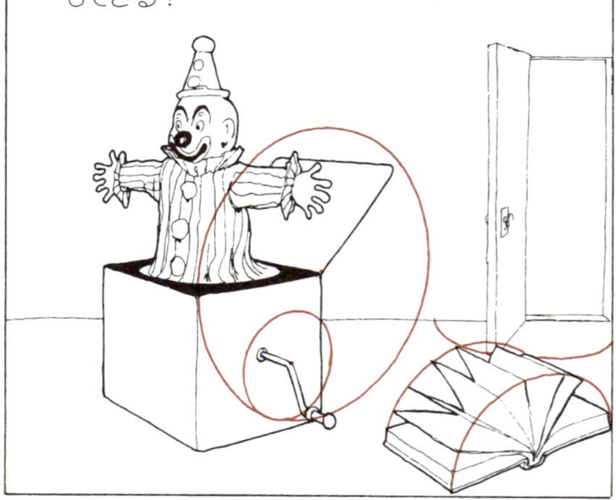

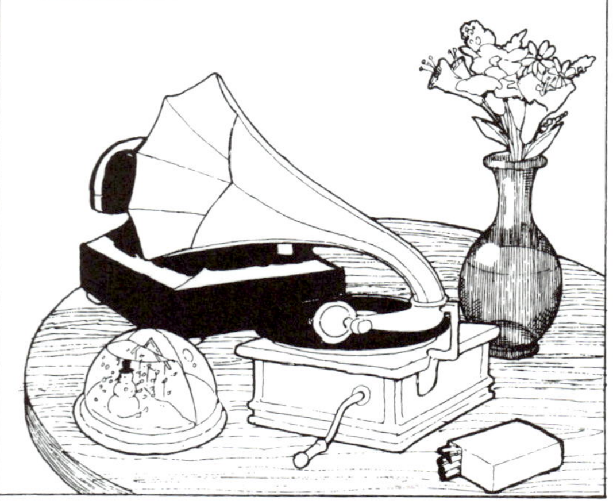
立方体、球、円錐、円柱をマスターすれば、人の手で作られたモノは、もう何でも描けるはずだ
理論上はね！

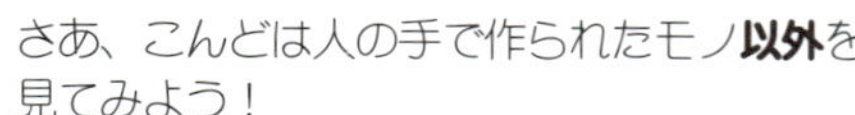
さあ、こんどは人の手で作られたモノ**以外**を見てみよう！

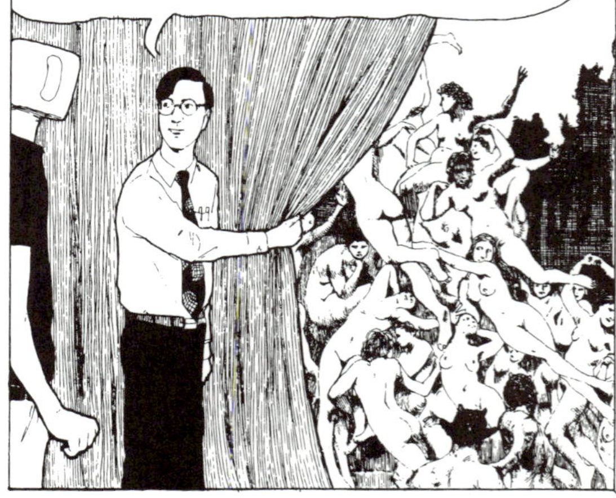

第10章

人物を描く

人物のように複雑でいびつな形を描くとき、パースはカンペキな助けにはならない。でも、その助けはとても貴重なものだ。アートで生計を立てていきたいと思ったら、人物がうまく描けなきゃいけないから、多くのアーティストは楽しくなくても、人物画の練習をせっせとやるんだな。それでも、人物だけでキャリアを成し遂げているイラストレーターはまれだね（バルガスやフィンランドのトムみたいなヌード専門のアーティストは、そのスゴイ一例だ）。

とはいえ、クライアントの要求に応じたり、ストーリーを展開させるためには、キャラクターを椅子に座らせたり、階段を上らせたり、車を運転させたり、電話で話をさせたりしなければならないだろ？　そうしたシチュエーションにはパースが不可欠なんだ。

人物を正しいパースで描くには、縮小のテクニックを厳密に使えないといけない。キャラクターを、キミの用意したシーンにそれらしく溶け込ませるのにね。シーンの角度が人物の縮小と合っていないと、重心が定まらず、浮いてるみたいに見えてしまうんだ。パースの知識は当然のことながら、最初のうちは、人物を描く作業を難しくこそすれ、やさしくはしてくれない。でも、信じられないくらいそれらしく描かれた絵を見れば、努力する価値があるってわかるはずだよ。

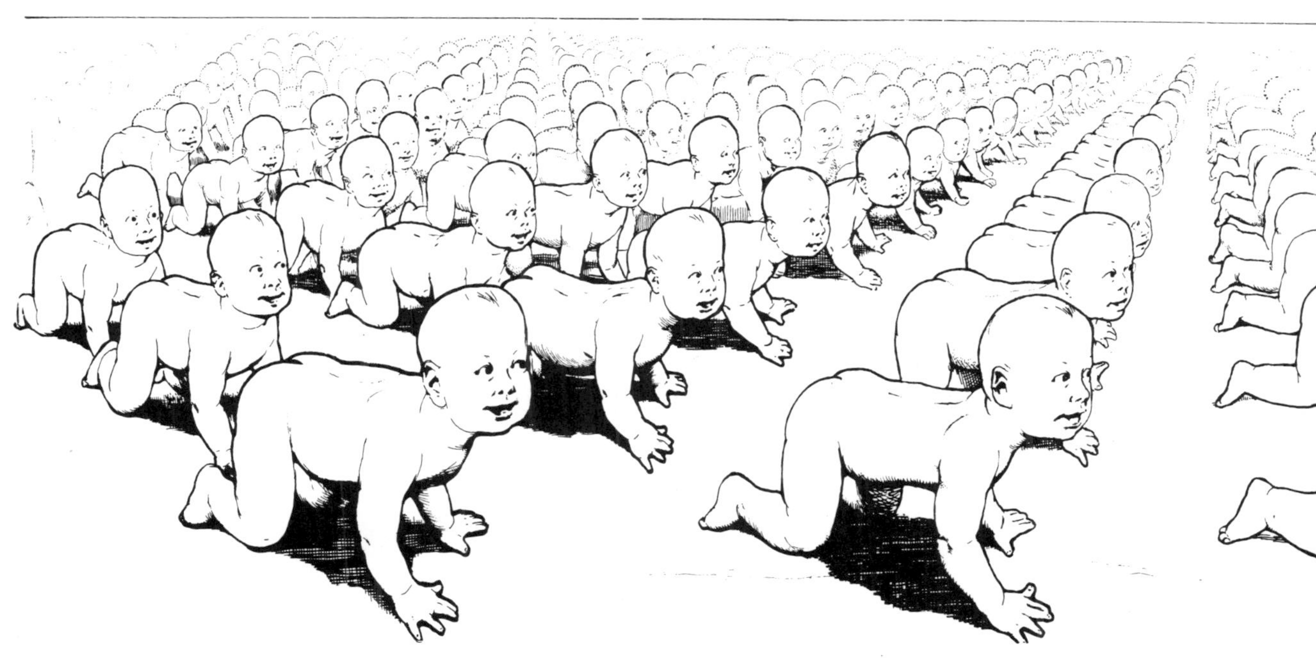

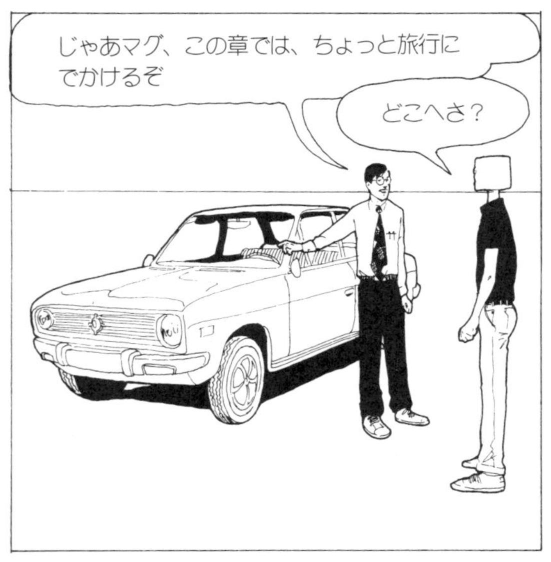
じゃあマグ、この章では、ちょっと旅行にでかけるぞ
どこへさ？

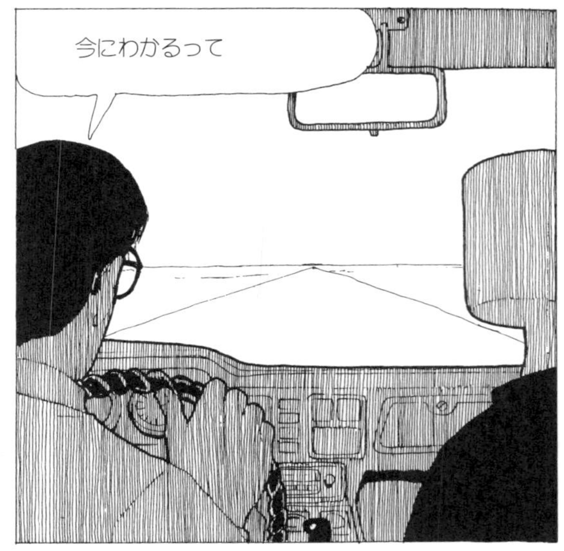
今にわかるって

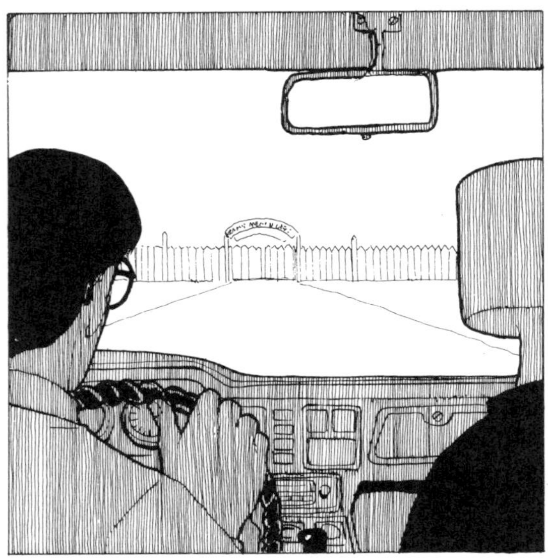

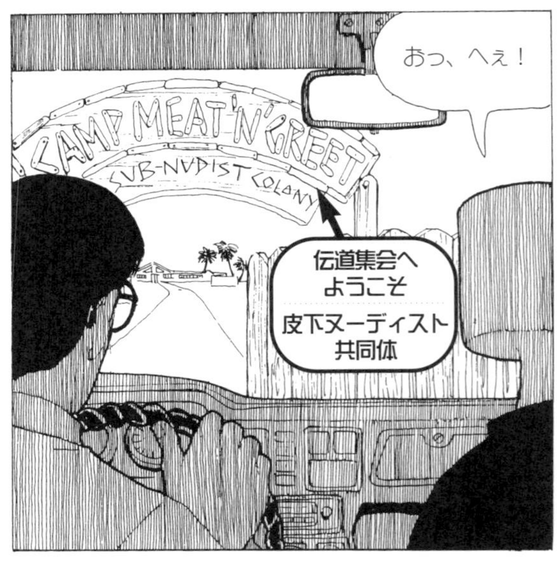
おっ、へぇ！
CAMP MEAT'N'GREET
SUB-NUDIST COLONY
伝道集会へようこそ
皮下ヌーディスト共同体

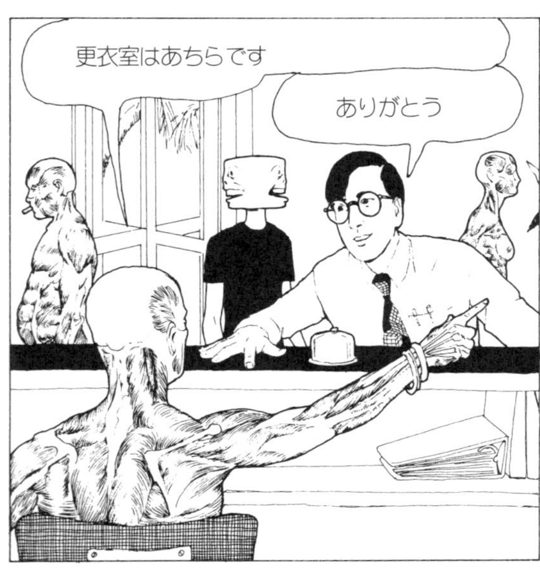
更衣室はあちらです
ありがとう

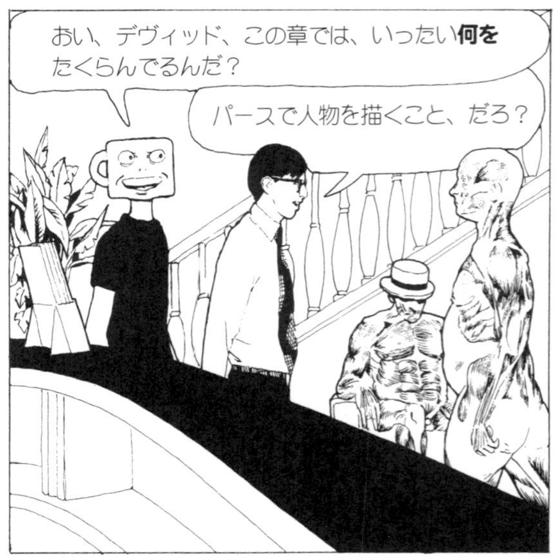
おい、デヴィッド、この章では、いったい**何を**たくらんでるんだ？
パースで人物を描くこと、だろ？

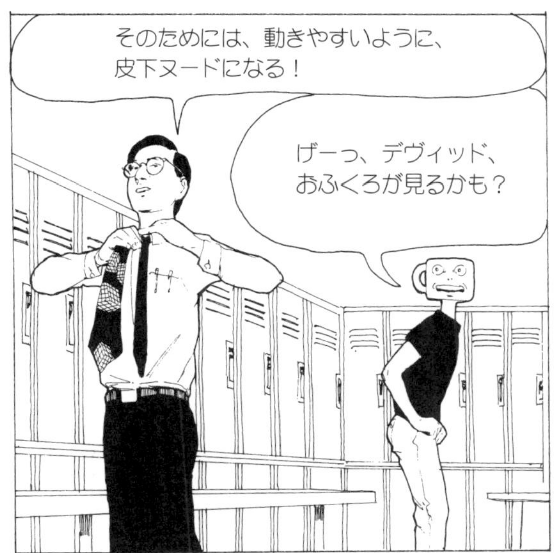
そのためには、動きやすいように、
皮下ヌードになる！
げーっ、デヴィッド、
おふくろが見るかも？

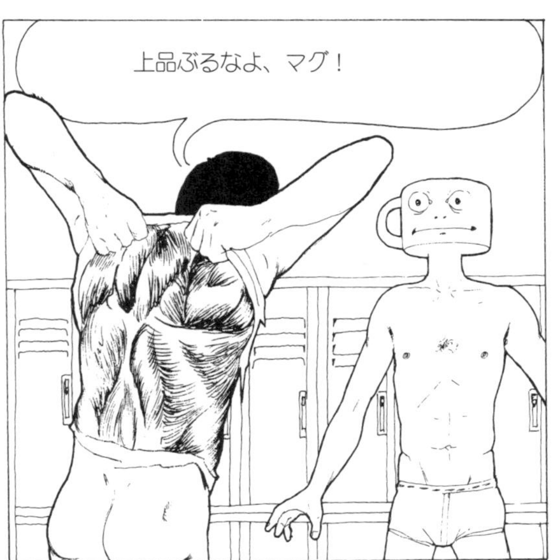
上品ぶるなよ、マグ！

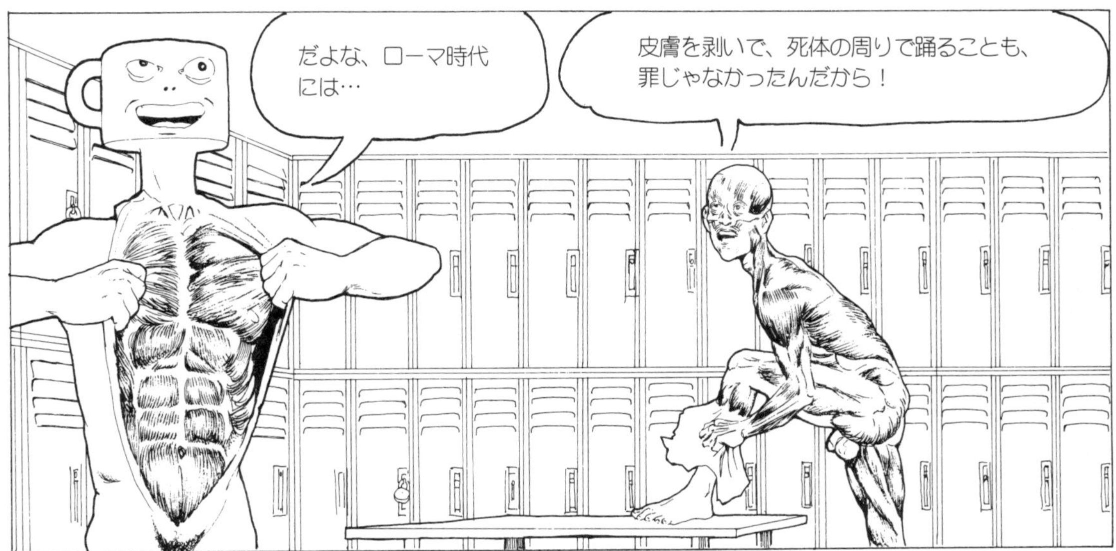
だよな、ローマ時代
には…
皮膚を剥いで、死体の周りで踊ることも、
罪じゃなかったんだから！

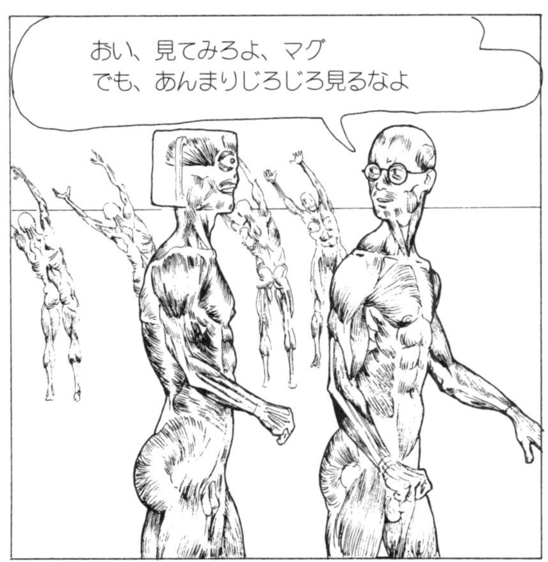
おい、見てみろよ、マグ
でも、あんまりじろじろ見るなよ

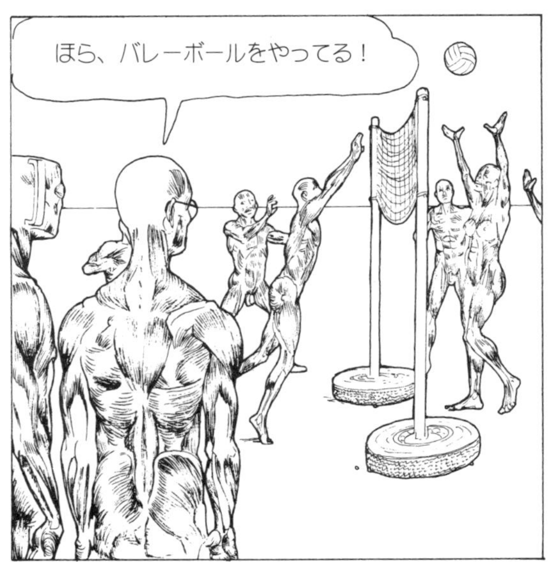
ほら、バレーボールをやってる！

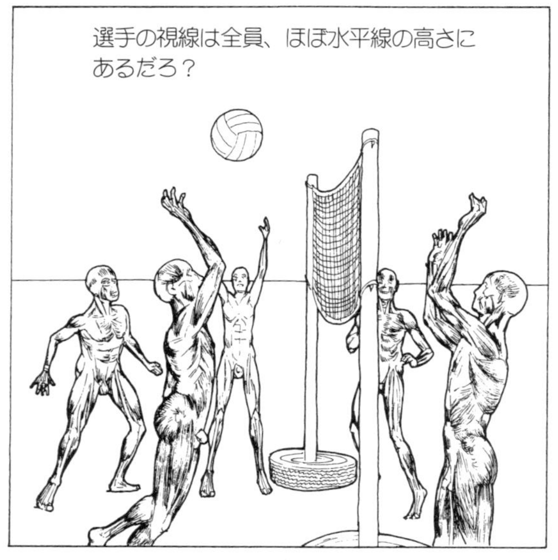
選手の視線は全員、ほぼ水平線の高さにあるだろ？

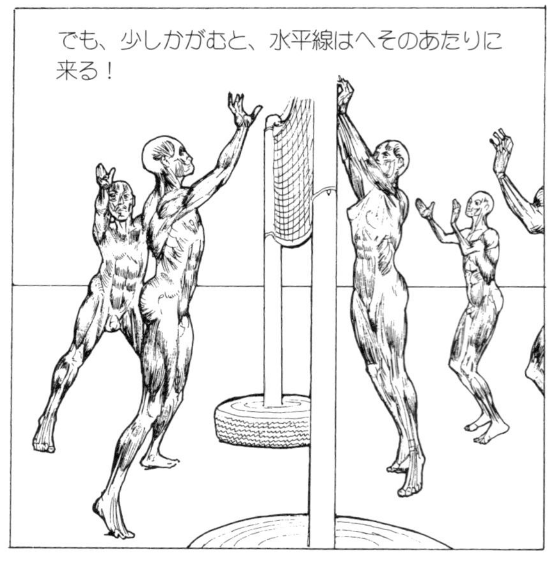
でも、少しかがむと、水平線はへそのあたりに来る！

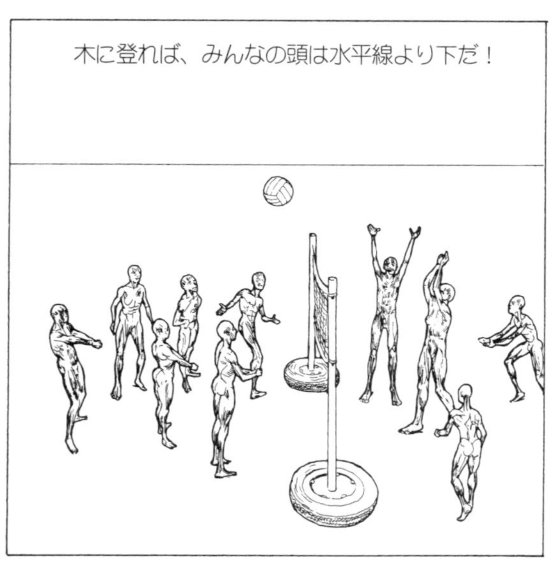
木に登れば、みんなの頭は水平線より下だ！

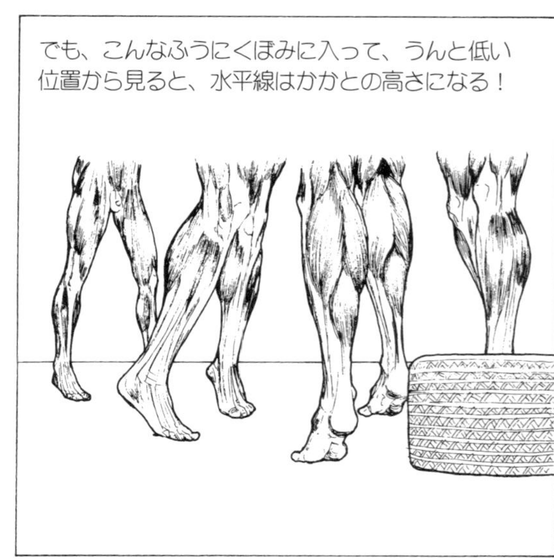
でも、こんなふうにくぼみに入って、うんと低い位置から見ると、水平線はかかとの高さになる！

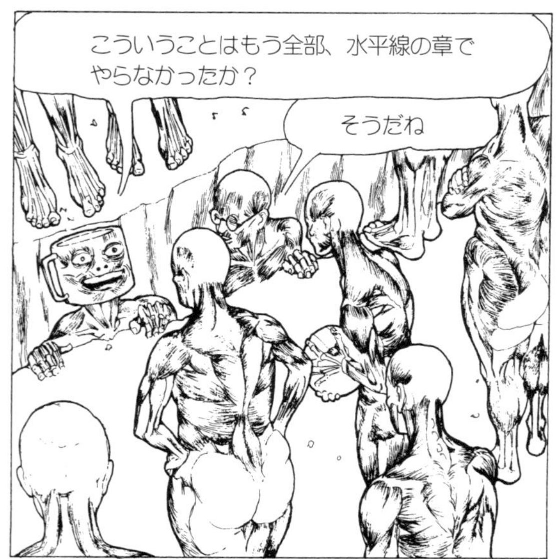
こういうことはもう全部、水平線の章でやらなかったか？
そうだね

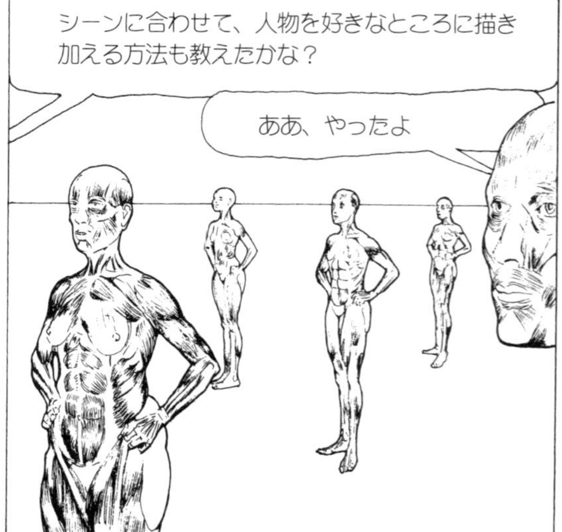
シーンに合わせて、人物を好きなところに描き加える方法も教えたかな？
ああ、やったよ

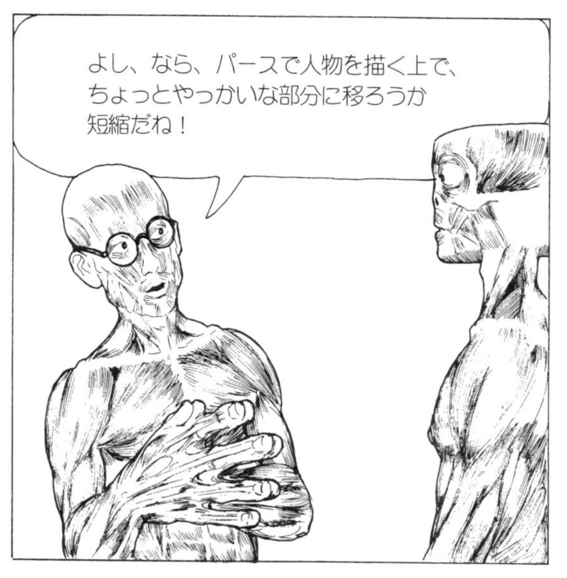
よし、なら、パースで人物を描く上で、
ちょっとやっかいな部分に移ろうか
短縮だね！

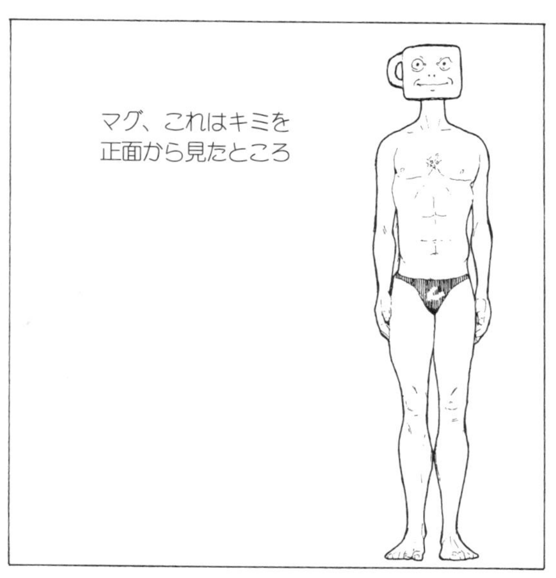
マグ、これはキミを
正面から見たところ

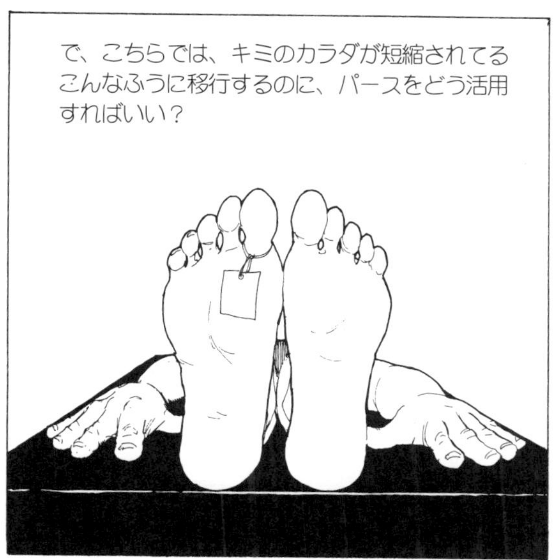
で、こちらでは、キミのカラダが短縮されてる
こんなふうに移行するのに、パースをどう活用
すればいい？

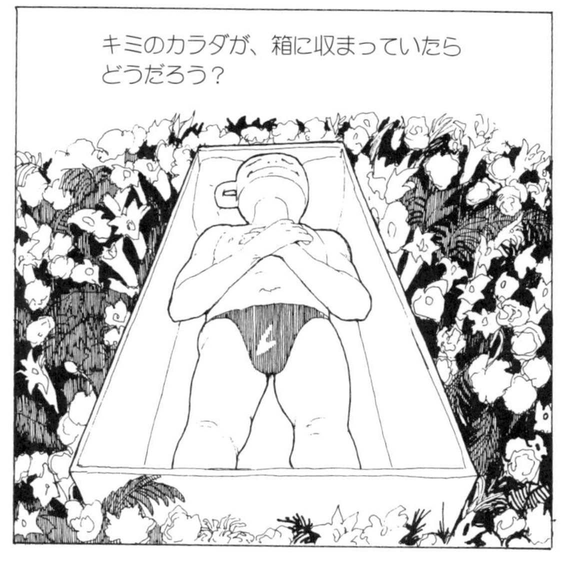
キミのカラダが、箱に収まっていたら
どうだろう？

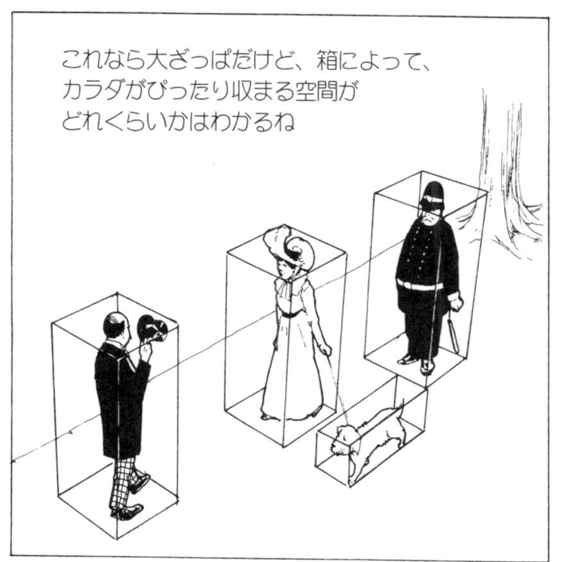
これなら大ざっぱだけど、箱によって、
カラダがぴったり収まる空間が
どれくらいかはわかるね

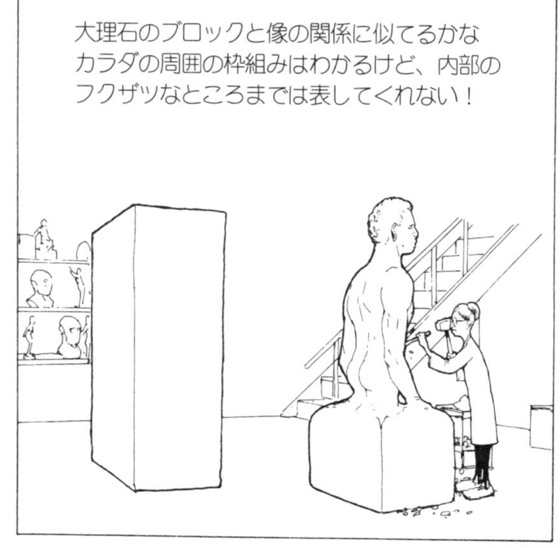
大理石のブロックと像の関係に似てるかな
カラダの周囲の枠組みはわかるけど、内部の
フクザツなところまでは表してくれない！

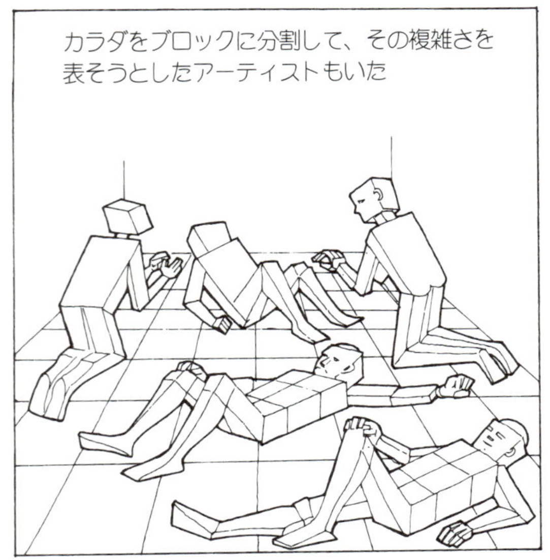

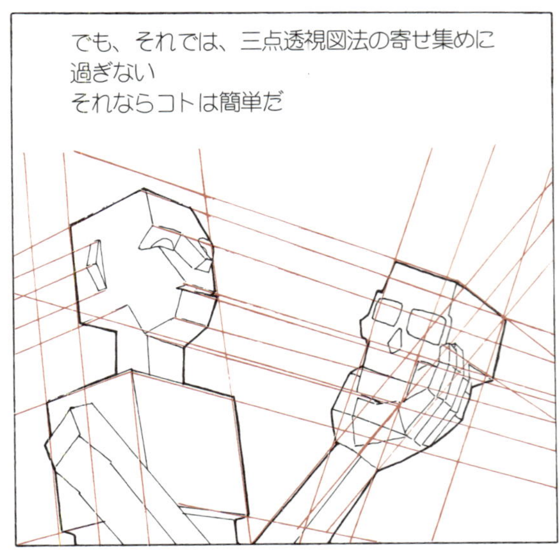

でも、ボクたちが本当に必要としているのは、
丸みのある曲線を持った人体を描くためのル
ールだ！

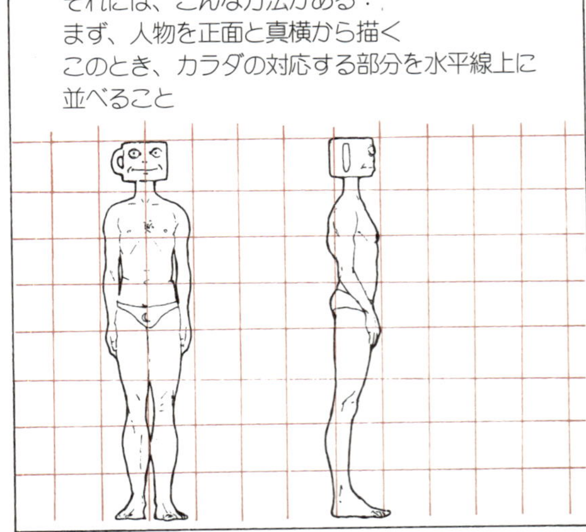

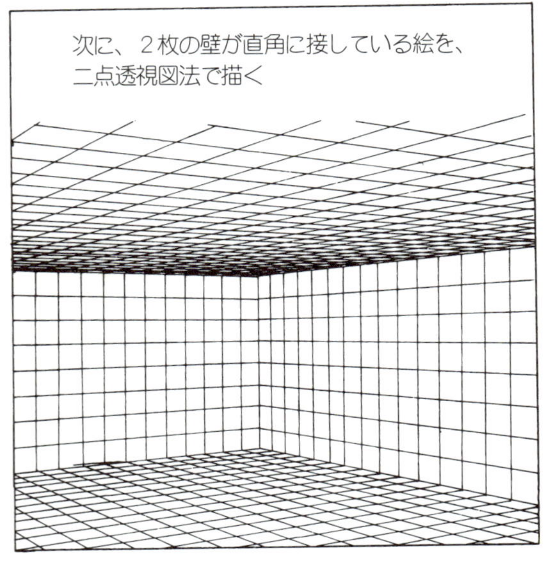

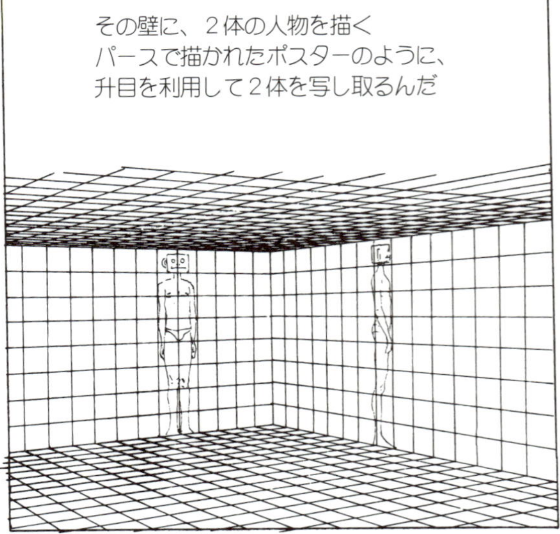

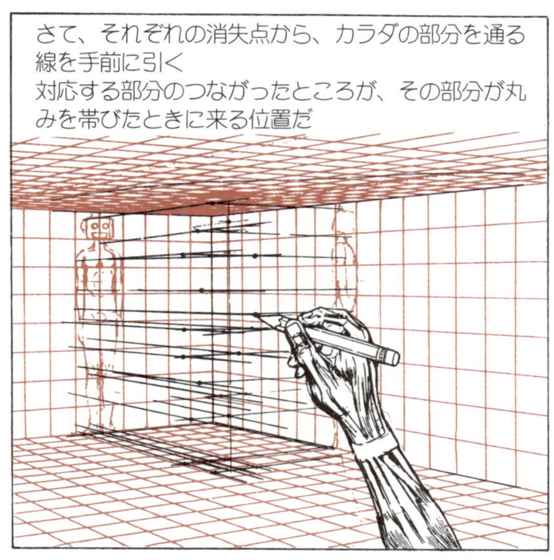
さて、それぞれの消失点から、カラダの部分を通る
線を手前に引く
対応する部分のつながったところが、その部分が丸
みを帯びたときに来る位置だ

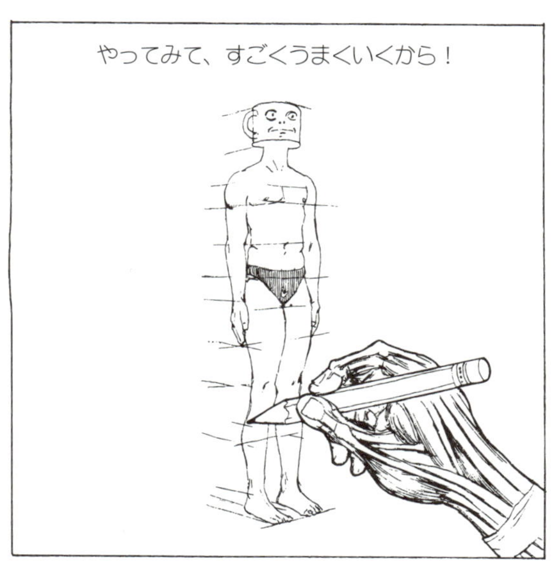
やってみて、すごくうまくいくから！

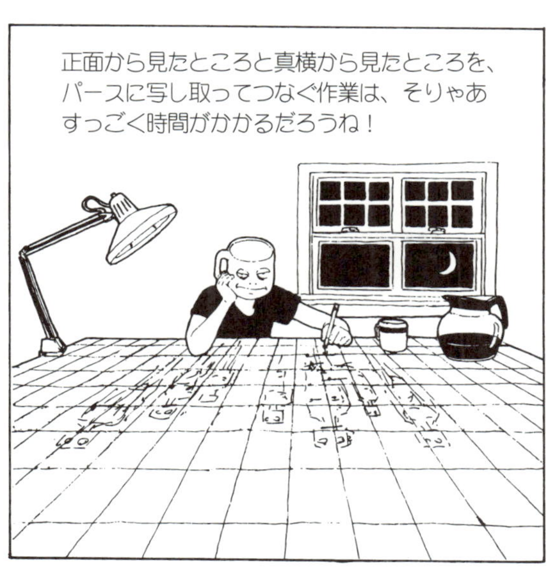
正面から見たところと真横から見たところを、
パースに写し取ってつなぐ作業は、そりゃあ
すっごく時間がかかるだろうね！

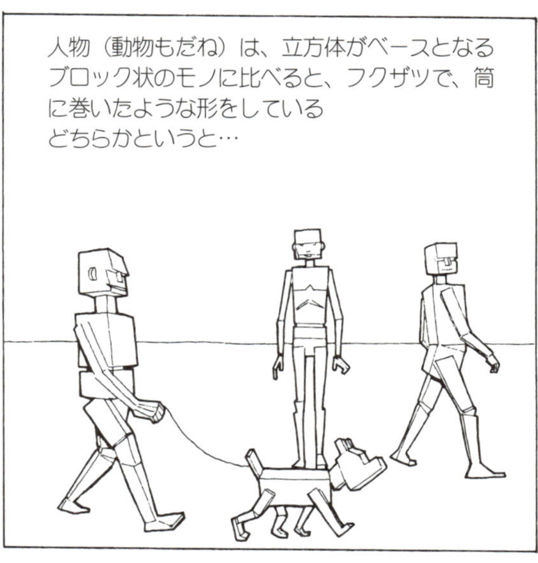
人物（動物もだね）は、立方体がベースとなる
ブロック状のモノに比べると、フクザツで、筒
に巻いたような形をしている
どちらかというと…

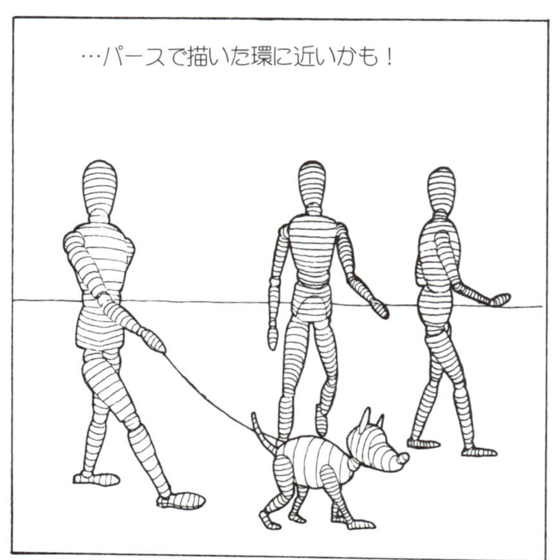
…パースで描いた環に近いかも！

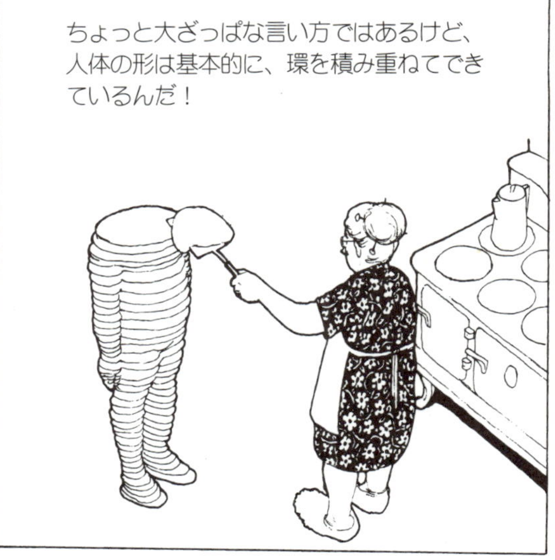
ちょっと大ざっぱな言い方ではあるけど、
人体の形は基本的に、環を積み重ねてでき
ているんだ！

そして、環を積み重ねたのと同様に、人体の層は、水平線の上と下で見え方がちがう！

水平に輪切りにしたものを、正面と横向きから見ると…

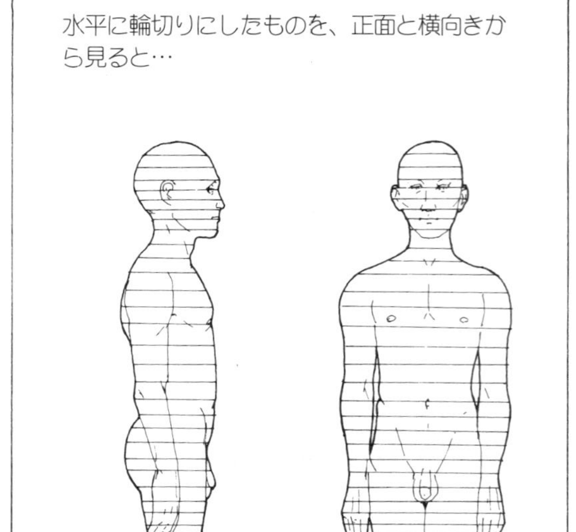

…オーバーラップした環のパースになるんだ！

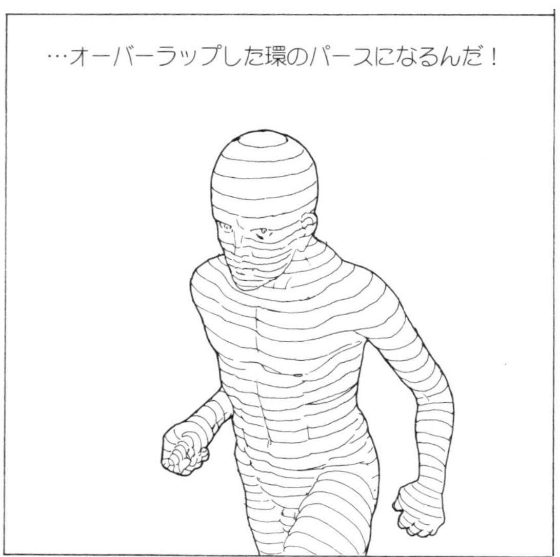

消失点は、目、耳、鼻の穴、ひざ、乳首など、２つ組になった部分の位置を決めるとき以外は、あんまり役に立たない

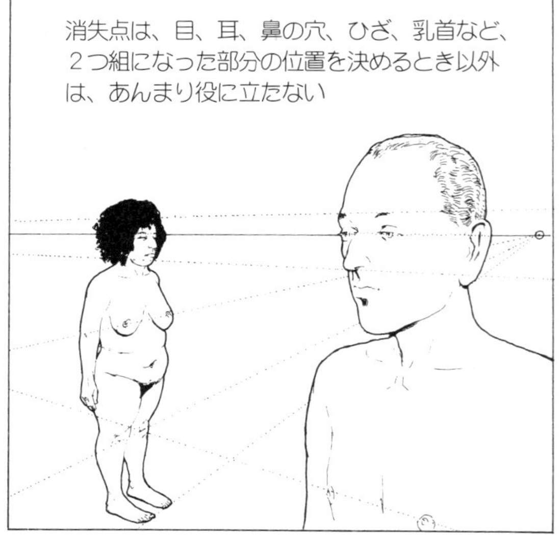

頭蓋骨は、大ざっぱに言えば球体だ
つまり、どっちを向いても、基本の形はあまり変わらない

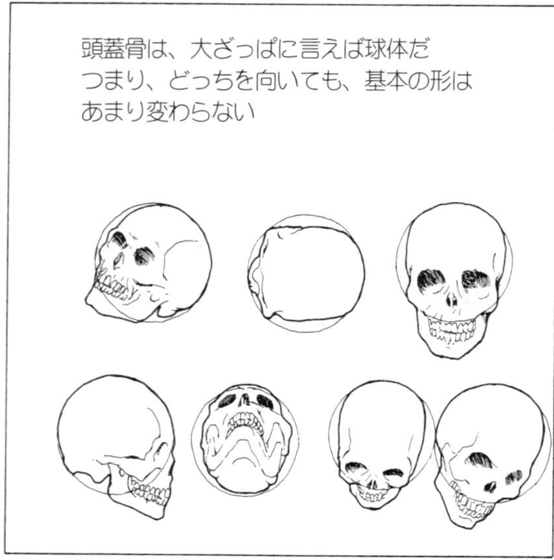

胸は球体、っていうか円錐、っていうか、まあ、好きなように呼んでくれ

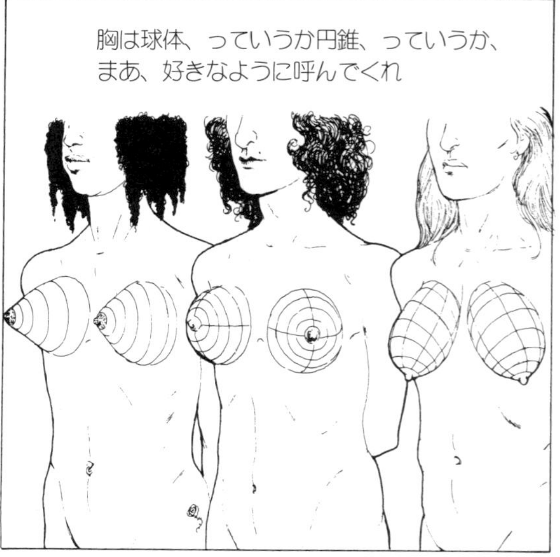

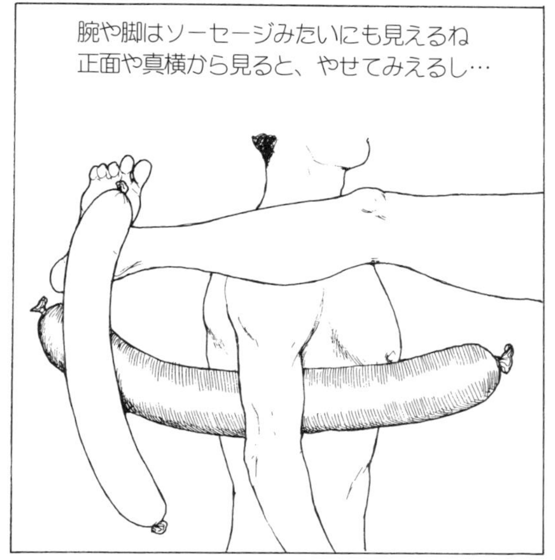
腕や脚はソーセージみたいにも見えるね
正面や真横から見ると、やせてみえるし…

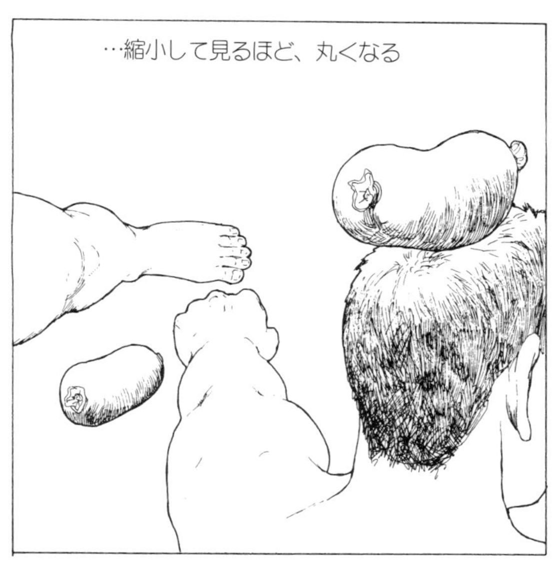
…縮小して見るほど、丸くなる

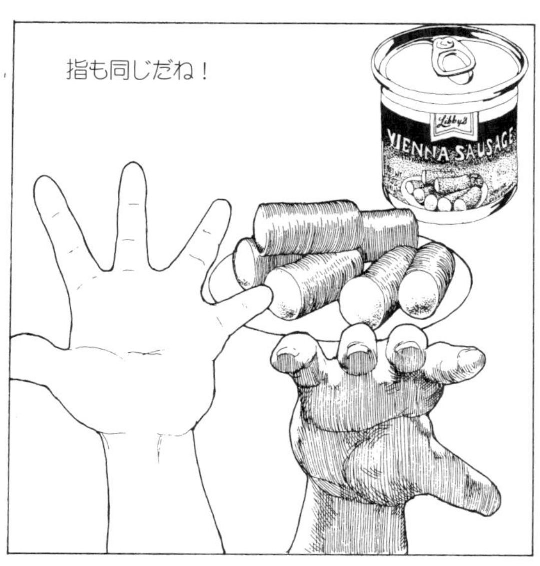
指も同じだね！
VIENNA SAUSAGE

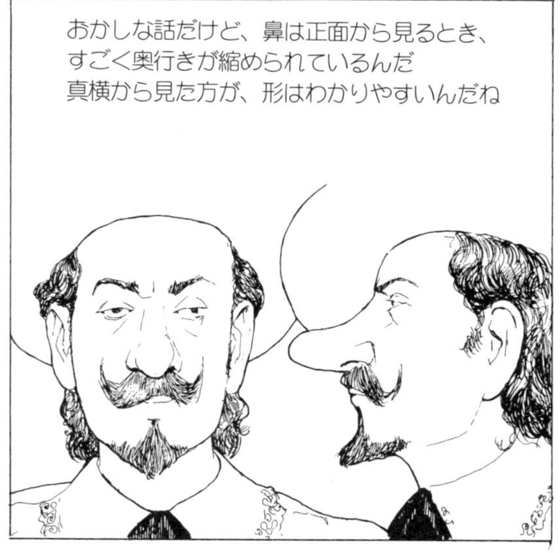
おかしな話だけど、鼻は正面から見るとき、
すごく奥行きが縮められているんだ
真横から見た方が、形はわかりやすいんだね

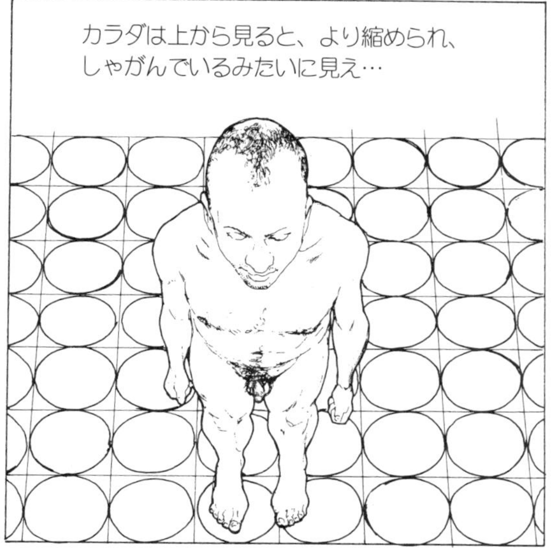
カラダは上から見ると、より縮められ、
しゃがんでいるみたいに見え…

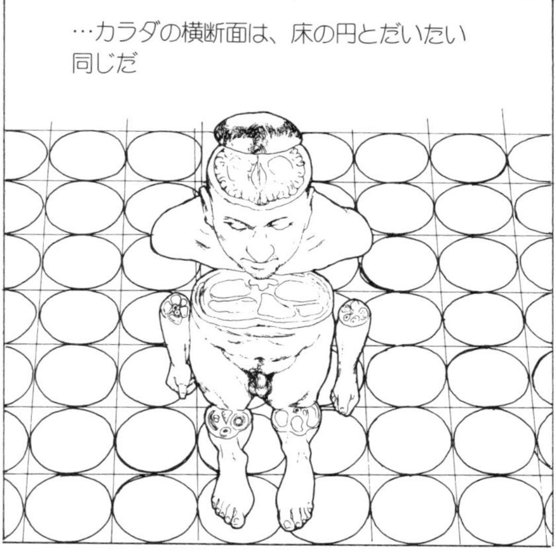
…カラダの横断面は、床の円とだいたい
同じだ

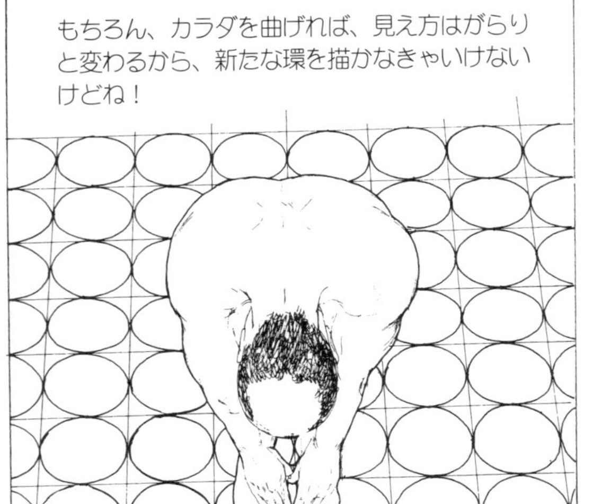
もちろん、カラダを曲げれば、見え方はがらりと変わるから、新たな環を描かなきゃいけないけどね！

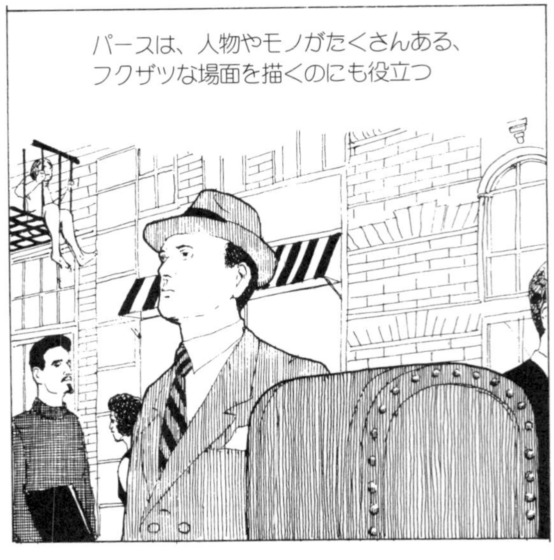
パースは、人物やモノがたくさんある、フクザツな場面を描くのにも役立つ

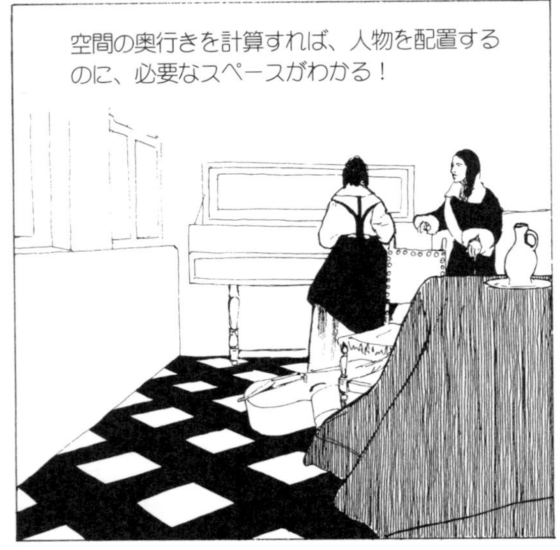
空間の奥行きを計算すれば、人物を配置するのに、必要なスペースがわかる！

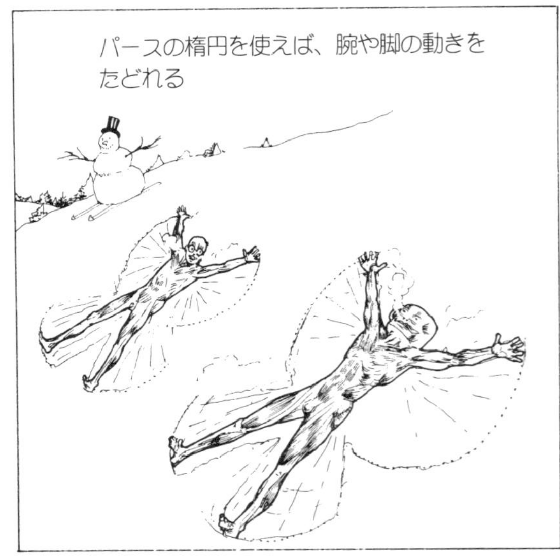
パースの楕円を使えば、腕や脚の動きをたどれる

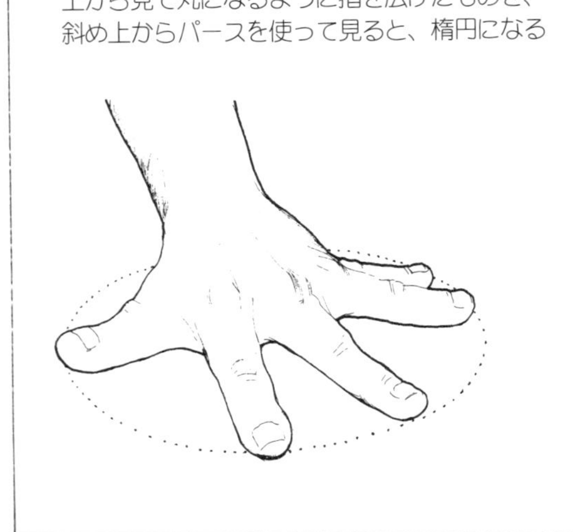
上から見て丸になるように指を広げたものを、斜め上からパースを使って見ると、楕円になる

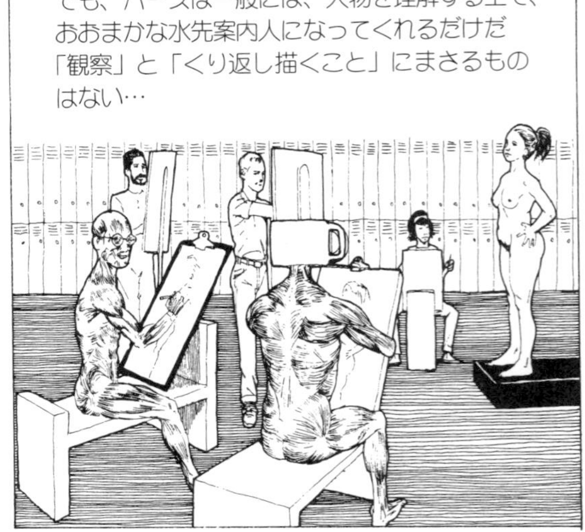
でも、パースは一般には、人物を理解する上で、おおまかな水先案内人になってくれるだけだ「観察」と「くり返し描くこと」にまさるものはない…

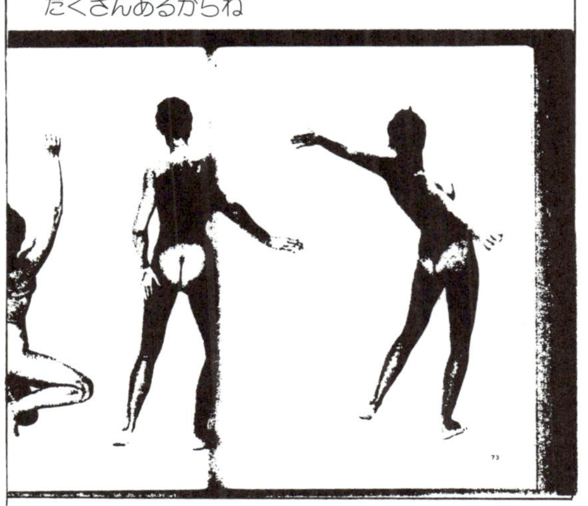
…モデルがいろいろなポーズをした資料写真集が、
たくさんあるからね

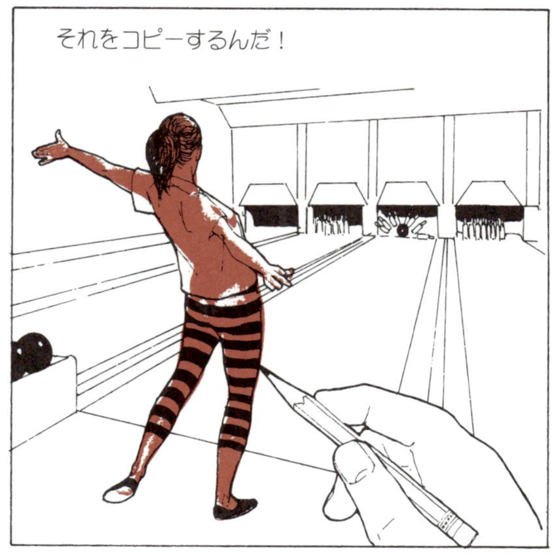
それをコピーするんだ！

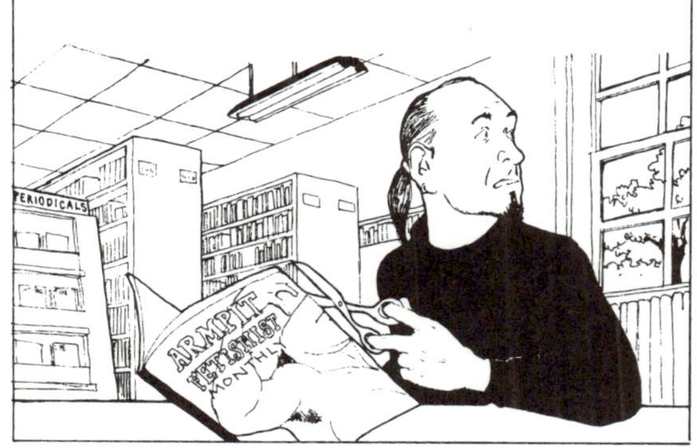
それに、プロのアーティストはほとんど、さま
ざまな角度からの気に入ったポーズを集めた、
写真のスクラップブックを持ってるね
正直な人なら白状するはずさ！
PERIODICALS
ARMPIT
FETISHIST
MONTHLY

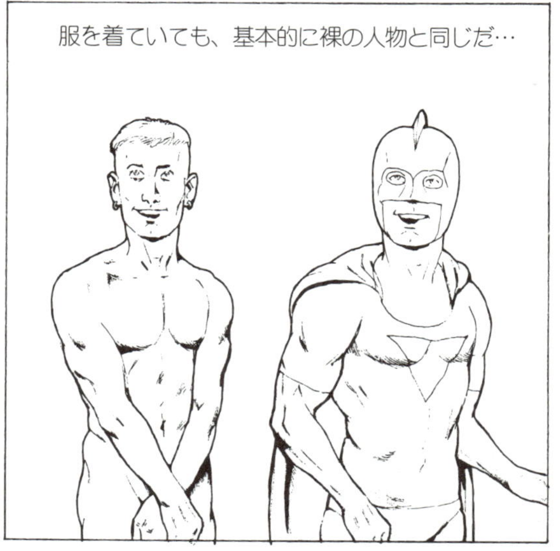
服を着ていても、基本的に裸の人物と同じだ…

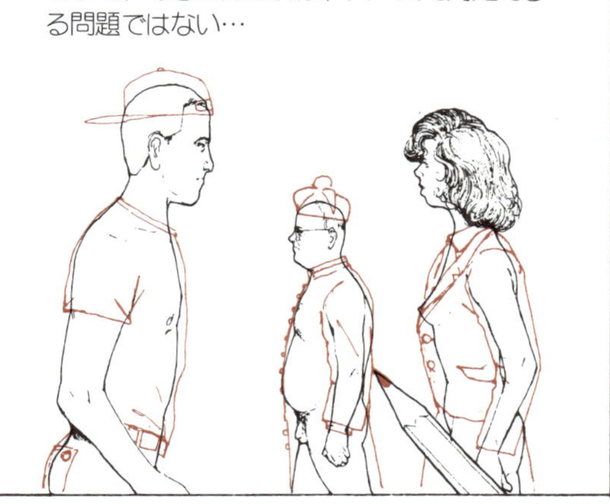
…ただし、衣服のしわを描くという、新たな
チャレンジが加わる
そして、もちろんこれは、パースで対処でき
る問題ではない…

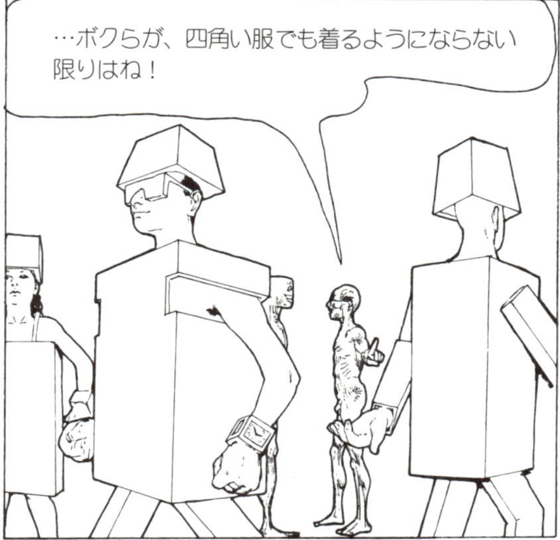
…ボクらが、四角い服でも着るようにならない
限りはね！

第11章

パースのショートカット集

ボクはパースの作図が大好きだけど、どうやら変わり者らしいね。ほとんどのアーティストは、正しいパースで絵は描きたいけれど、作図そのものは退屈な作業だと思ってるんだ。それに、プロのアーティストの多くは、単純に時間がないという事情もあるだろうね。

そんな人のために、時間を節約しつつ、それらしい仕上がりになる空間の描き方のヒントを、これまでいくつか紹介してきた。パースを描くためのさまざまな方眼もセットにしてね。それらを使えば、ざっとしたジャングルジムの枠組みから、空間に発展させることができるんだったよね。ちょっと想像力を働かせれば、キミが描かなきゃいけないあらゆるシーンのたたき台として利用できるはずだ。室内でも、戸外でも、作図なしで楽勝だね。

ボクはこの本を通して、多くのアーティストが自分でパースを作図できるようになってくれることを願っている。でも、長い長い説明書きのついたパースの方眼集として、この本を役立ててくれてもうれしいよ。

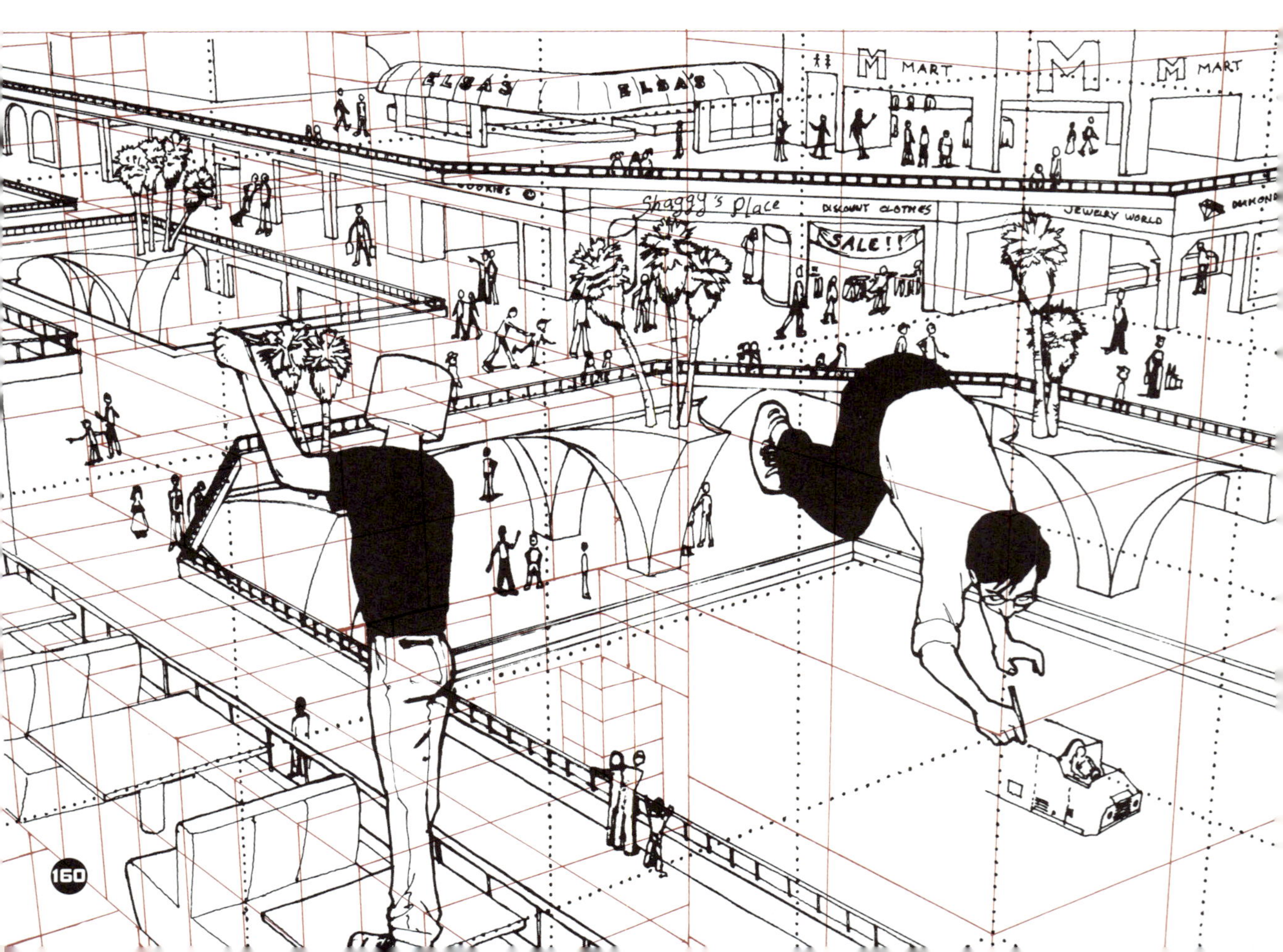

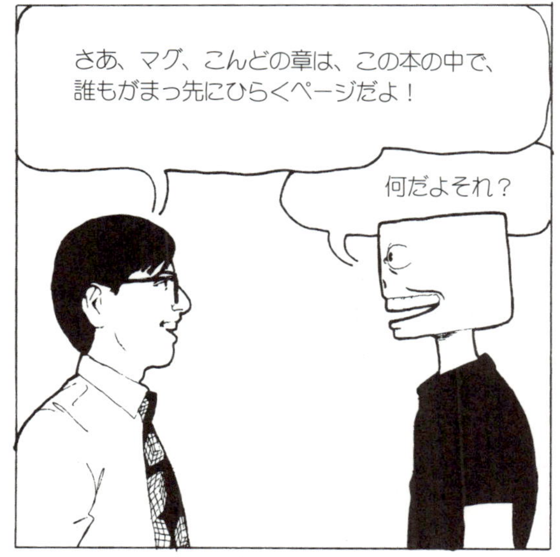
さあ、マグ、こんどの章は、この本の中で、
誰もがまっ先にひらくページだよ！
何だよそれ？

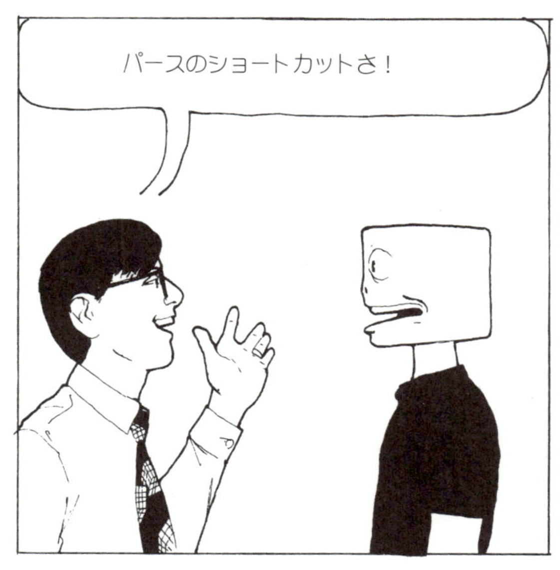
パースのショートカットさ！

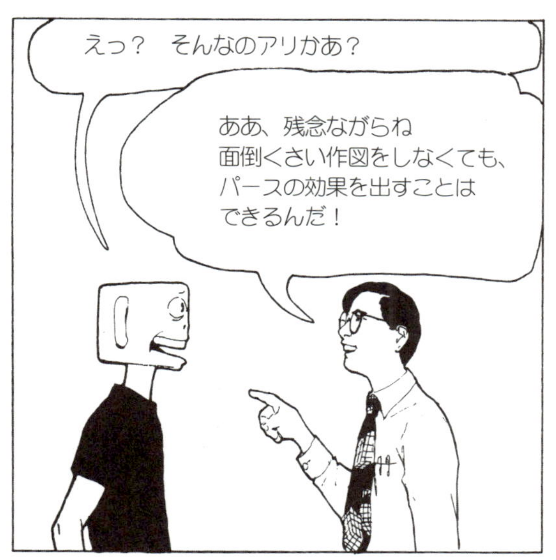
えっ？　そんなのアリかあ？
ああ、残念ながらね
面倒くさい作図をしなくても、
パースの効果を出すことは
できるんだ！

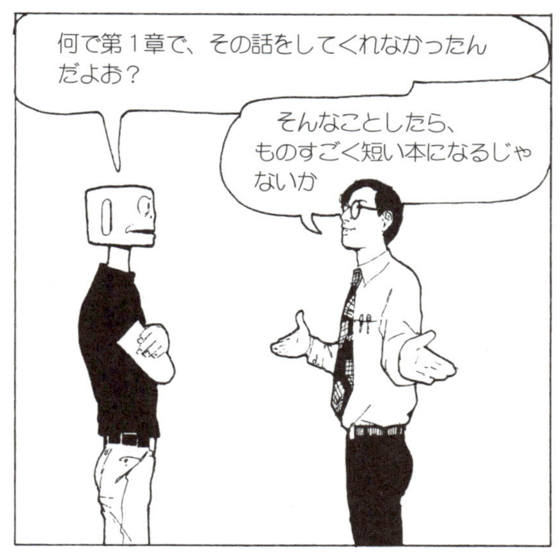
何で第１章で、その話をしてくれなかったん
だよお？
そんなことしたら、
ものすごく短い本になるじゃ
ないか

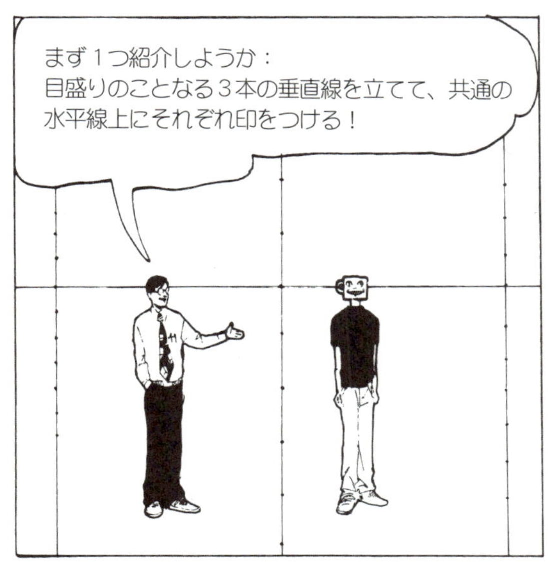
まず１つ紹介しようか：
目盛りのことなる３本の垂直線を立てて、共通の
水平線上にそれぞれ印をつける！

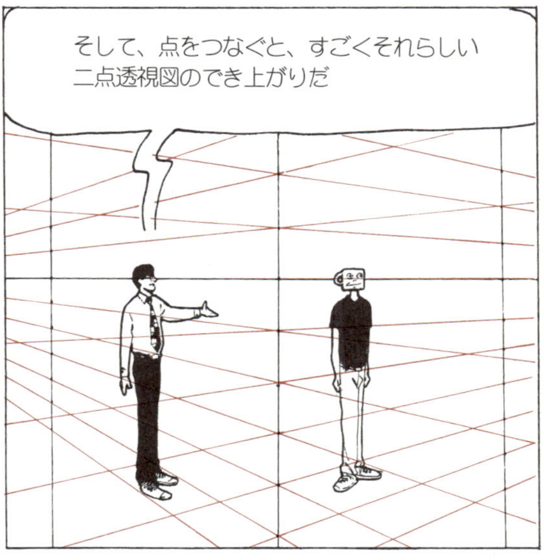
そして、点をつなぐと、すごくそれらしい
二点透視図のでき上がりだ

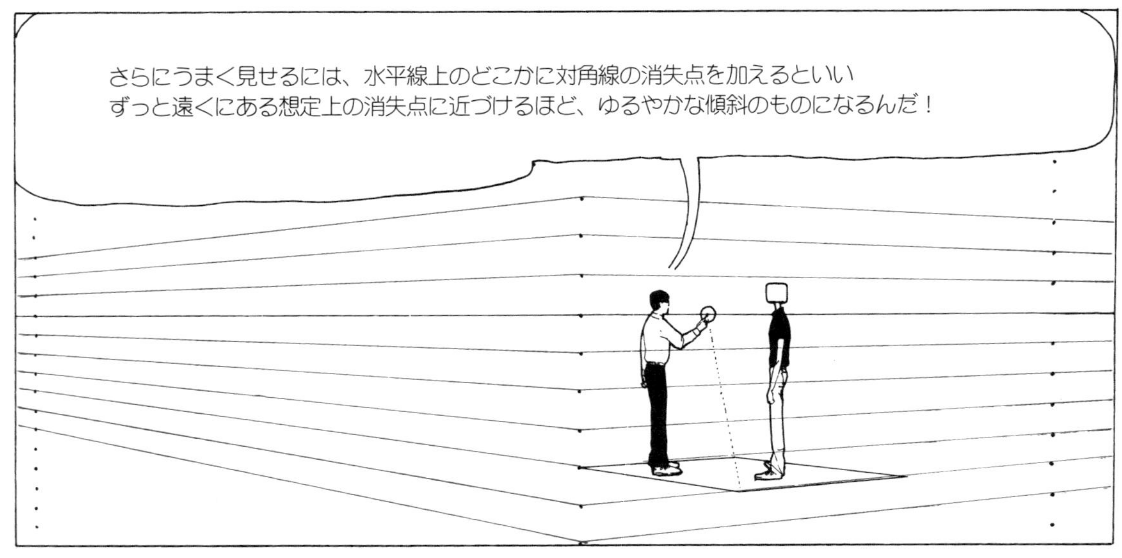

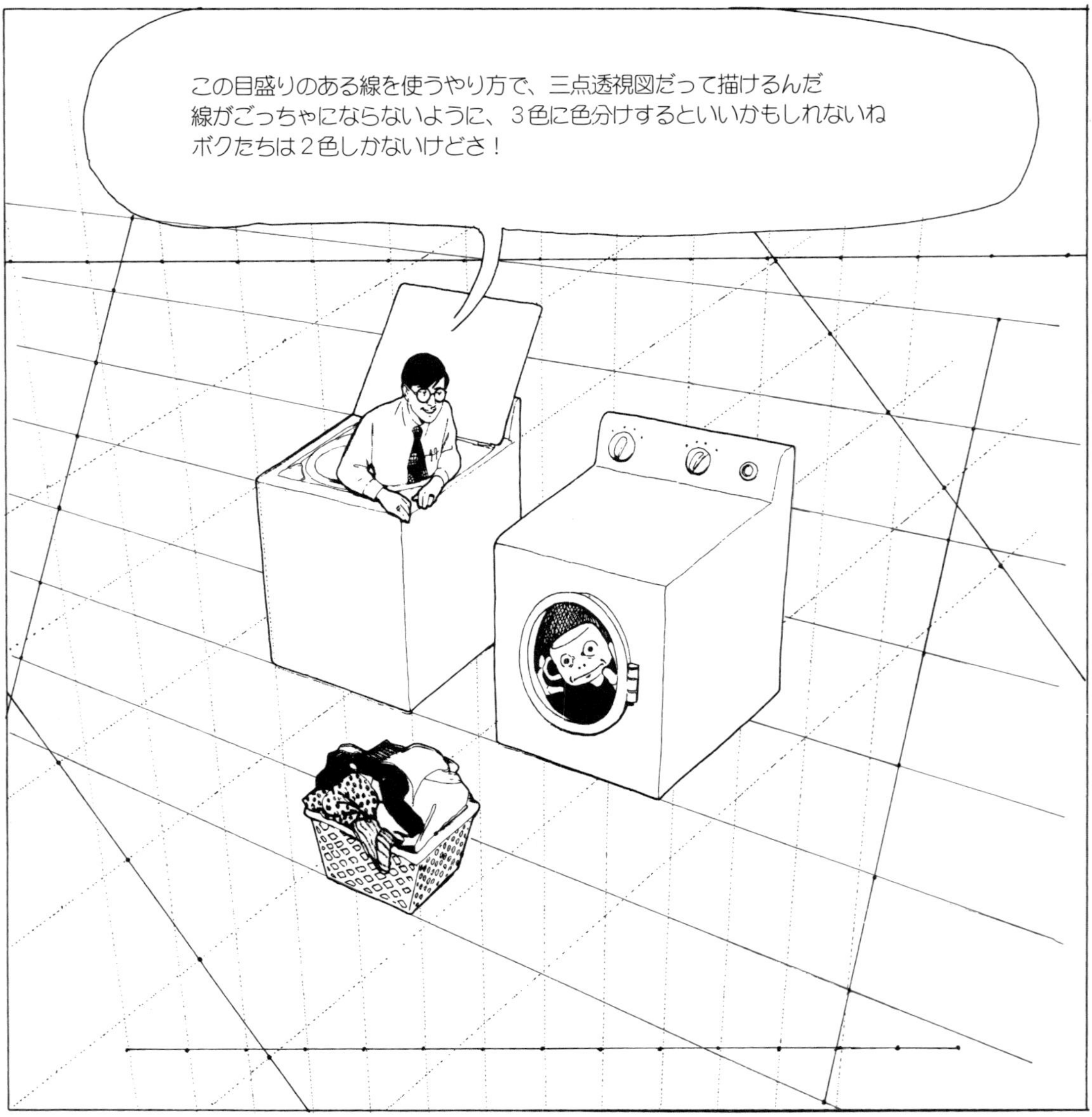

この目盛りのある線を使うやり方で、三点透視図だって描けるんだ
線がごっちゃにならないように、3色に色分けするといいかもしれないね
ボクたちは2色しかないけどさ！

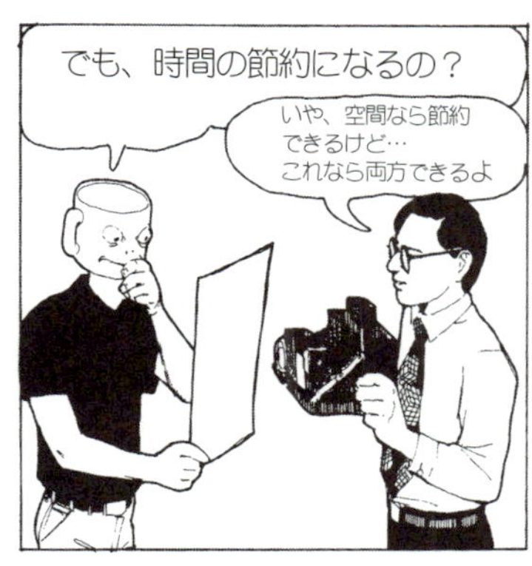
でも、時間の節約になるの？
いや、空間なら節約
できるけど…
これなら両方できるよ

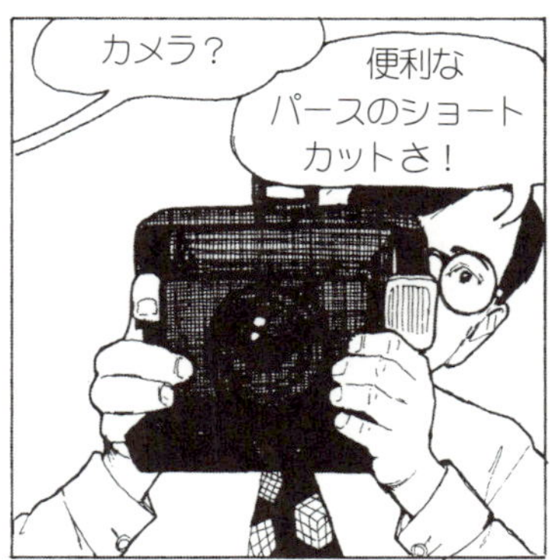
カメラ？
便利な
パースのショート
カットさ！

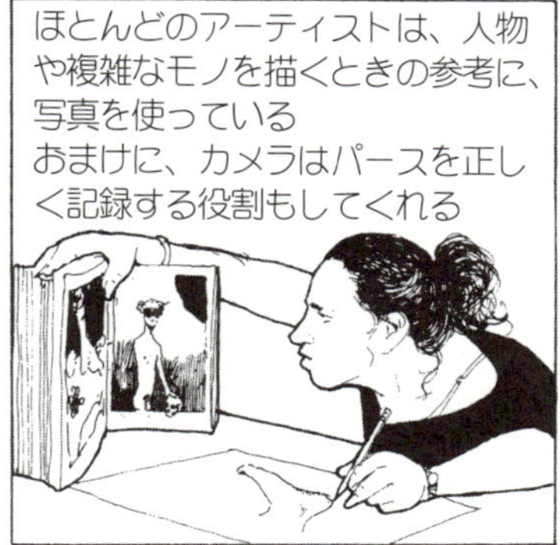
ほとんどのアーティストは、人物
や複雑なモノを描くときの参考に、
写真を使っている
おまけに、カメラはパースを正し
く記録する役割もしてくれる

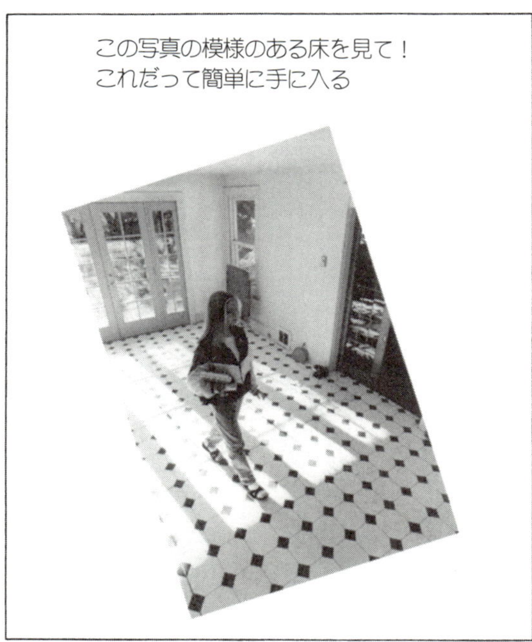
この写真の模様のある床を見て！
これだって簡単に手に入る

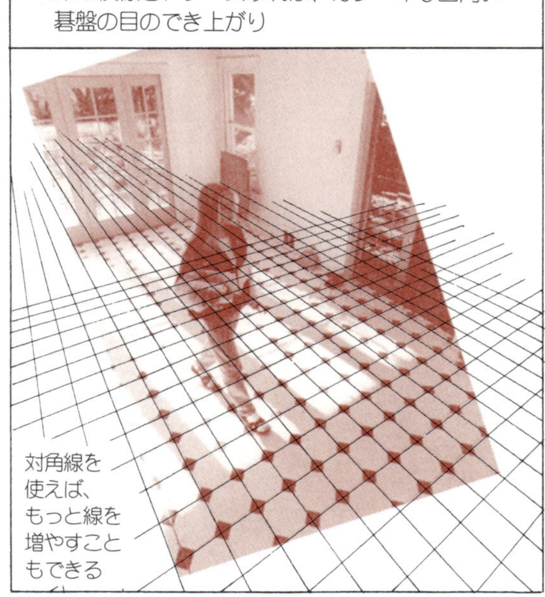
床の模様をトレースすれば、カンペキな四角い
碁盤の目のでき上がり
対角線を
使えば、
もっと線を
増やすこと
もできる

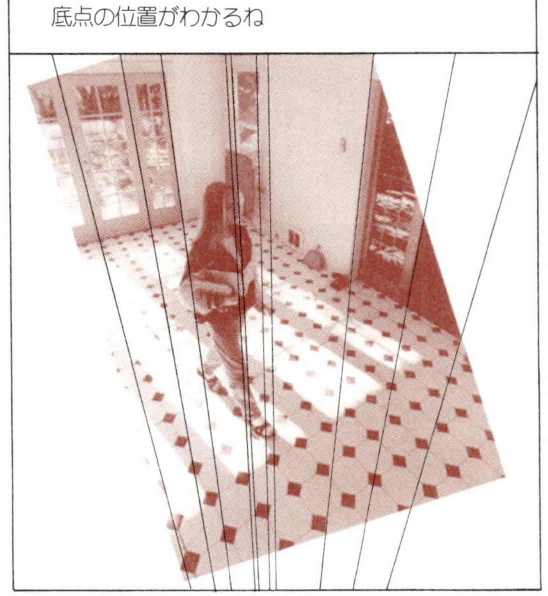
垂直線はあんまりないけど、あるだけつなぐと、
底点の位置がわかるね

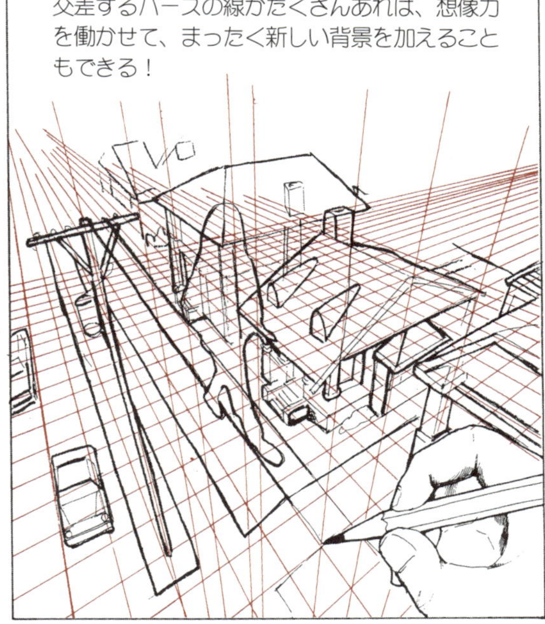
交差するパースの線がたくさんあれば、想像力
を働かせて、まったく新しい背景を加えること
もできる！

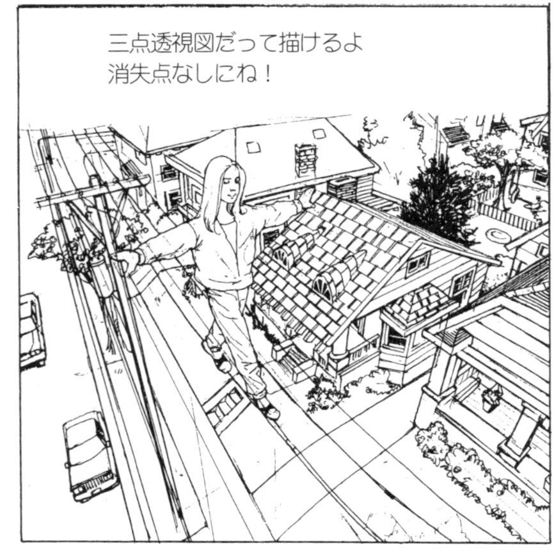

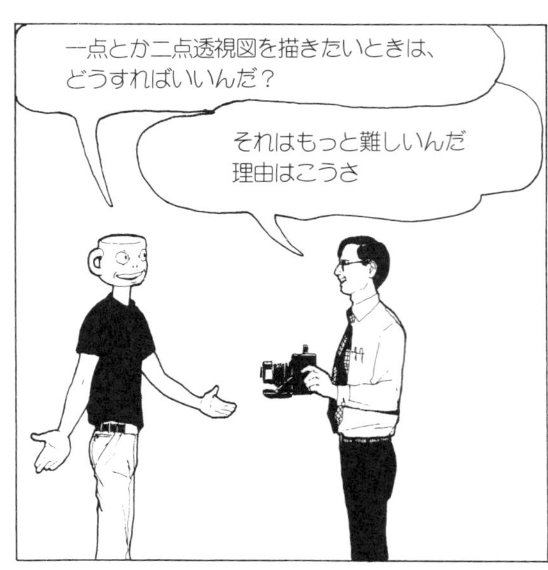

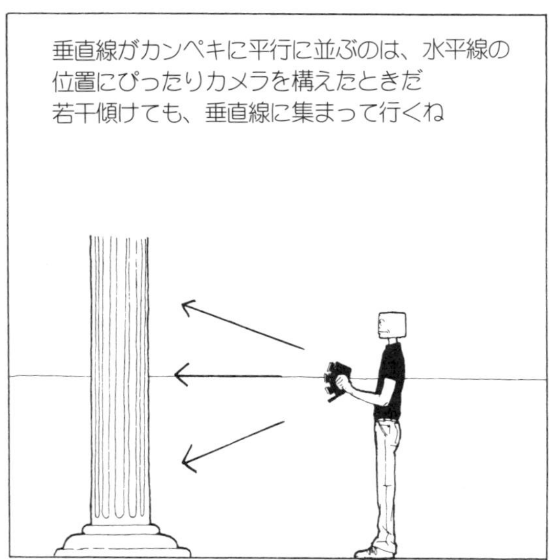

一点透視図法で写真を撮ろうと思ったら、カメラを１つの壁に対して、真っ直ぐに向けないといけない
ちょっとでも脇にそれたら、二点透視図になってしまうんだ！

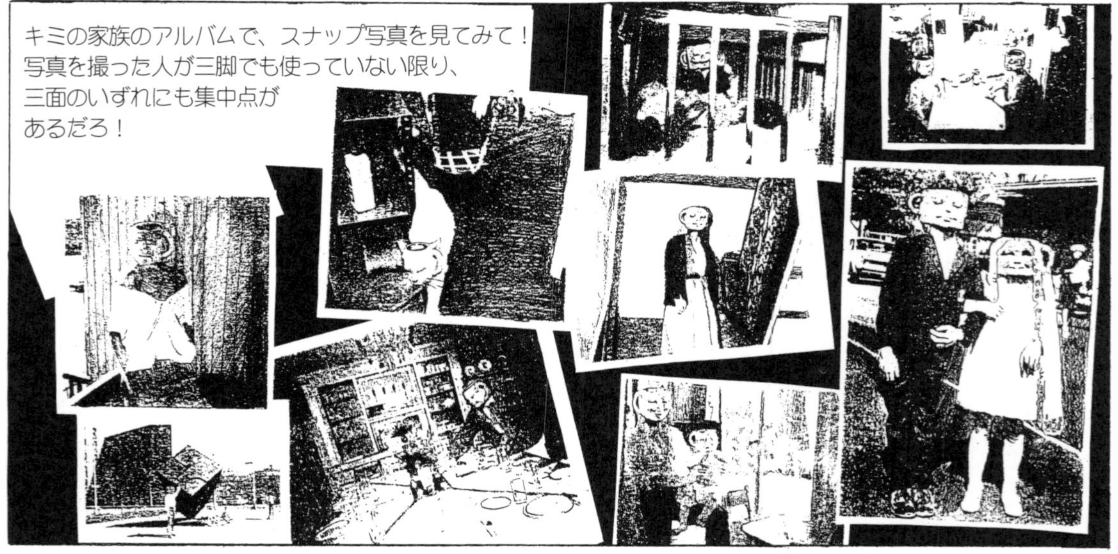

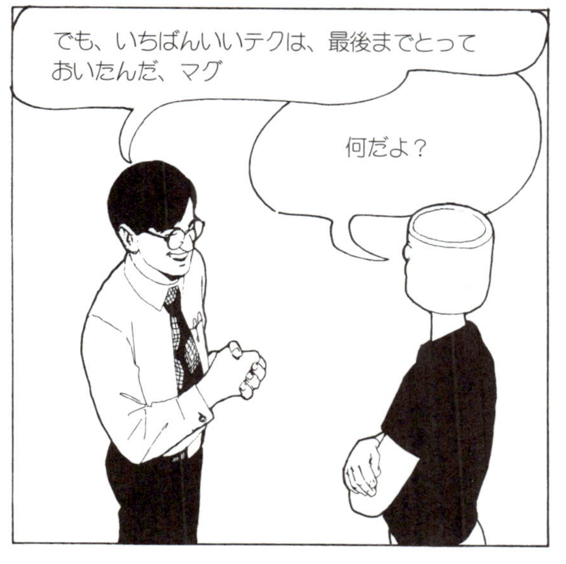

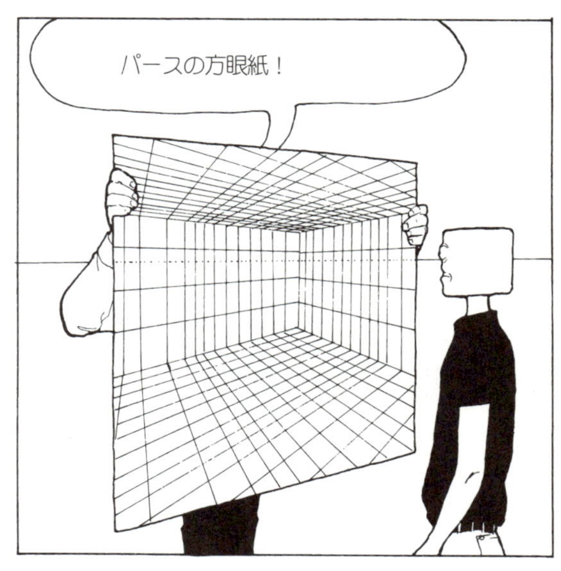

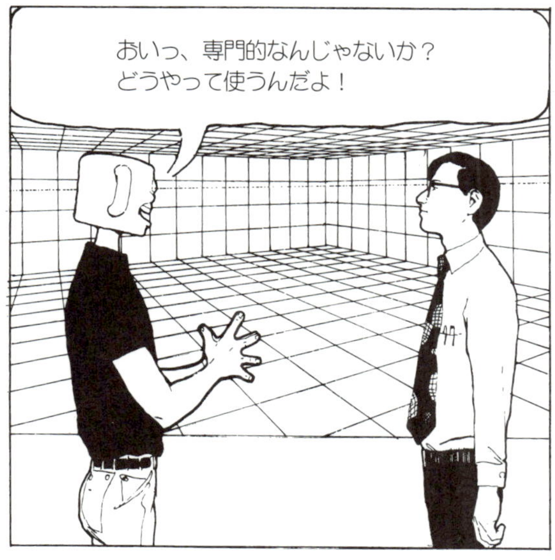

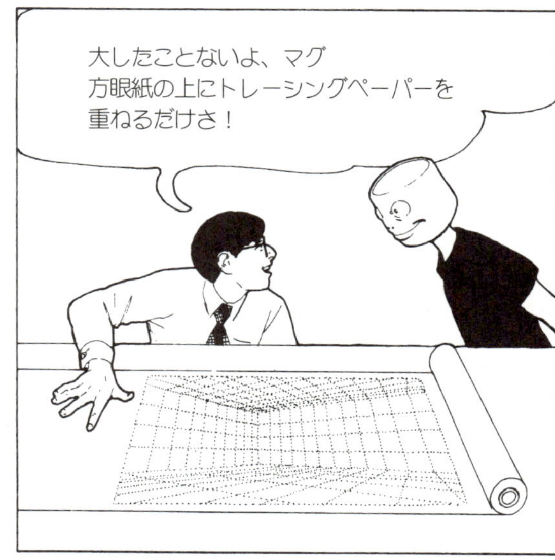

とは言っても、100%カンペキではない
理由の1つは、これによってでき上がる「箱」が、求めている形とバッチリ同じとは限らないからだ

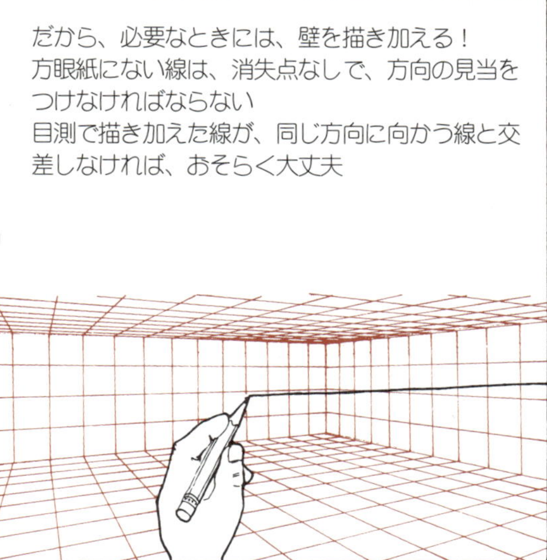

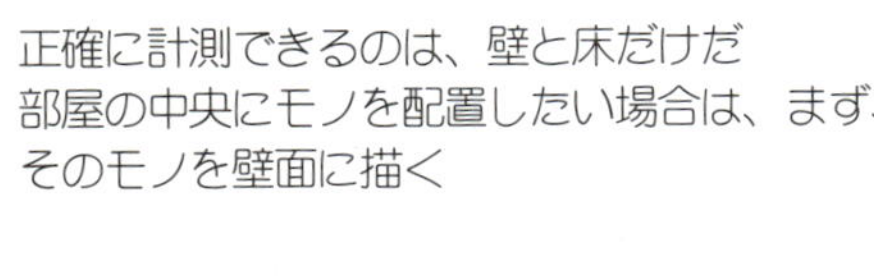
正確に計測できるのは、壁と床だけだ
部屋の中央にモノを配置したい場合は、まず、
そのモノを壁面に描く

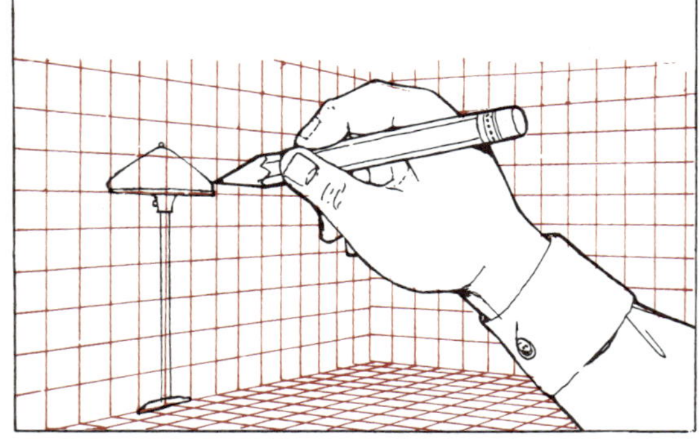

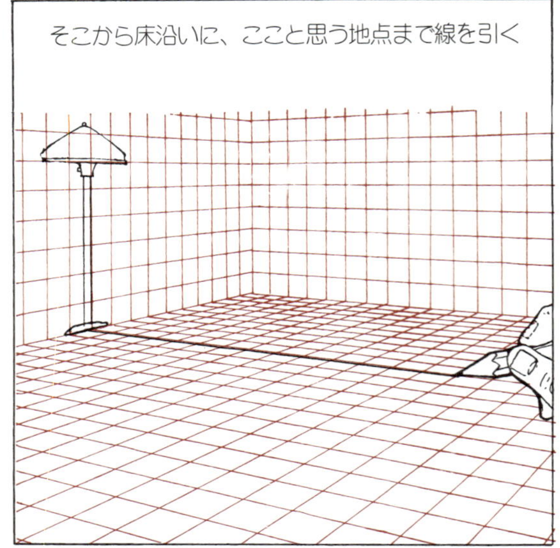
そこから床沿いに、ここと思う地点まで線を引く

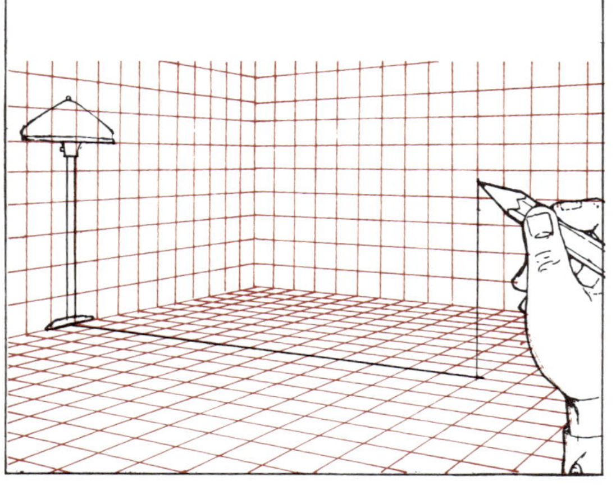
そして、床を起点に垂直線を引く
このとき、もう一方の垂直線と一致させること

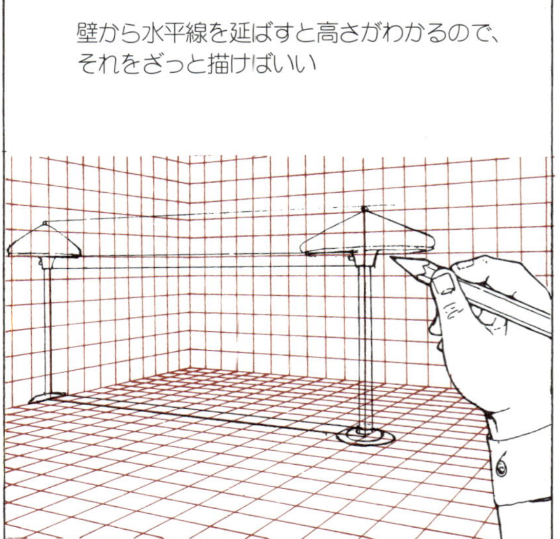
壁から水平線を延ばすと高さがわかるので、
それをざっと描けばいい

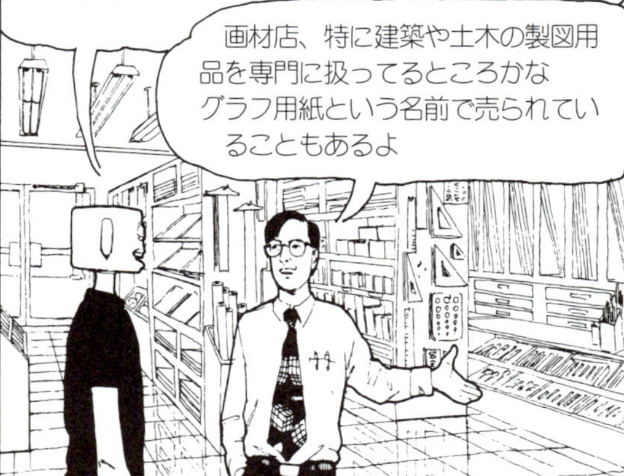
で、この魔法の方眼紙は、どこで売ってんだよ、
デヴィッド？
画材店、特に建築や土木の製図用品を専門に扱ってるところかなグラフ用紙という名前で売られていることもあるよ

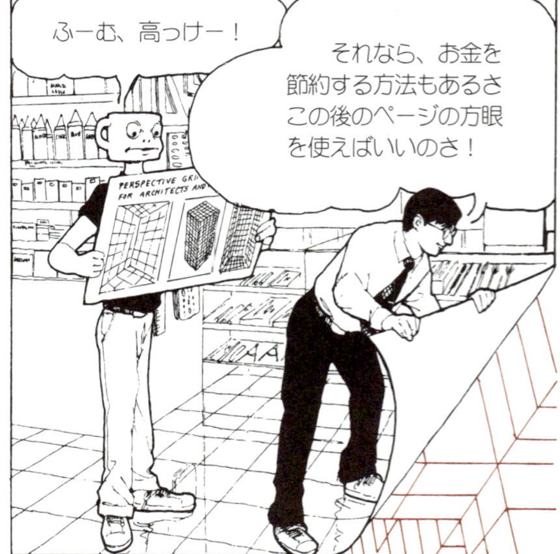
ふーむ、高っけー！
それなら、お金を節約する方法もあるさこの後のページの方眼を使えばいいのさ！

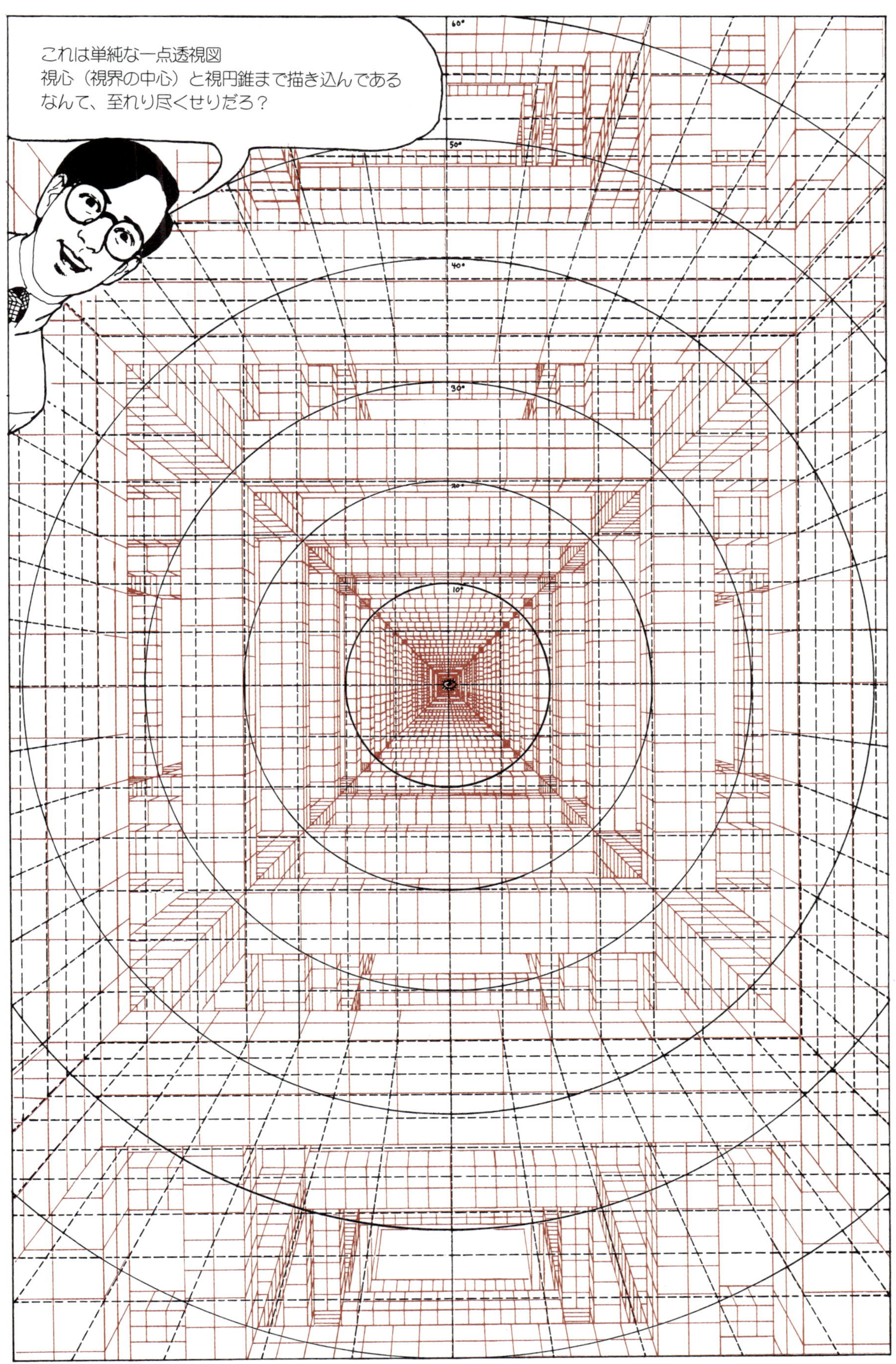
これは単純な一点透視図
視心（視界の中心）と視円錐まで描き込んである
なんて、至れり尽くせりだろ？
60°
50°
40°
30°
20°
10°

これは45°の二点透視図

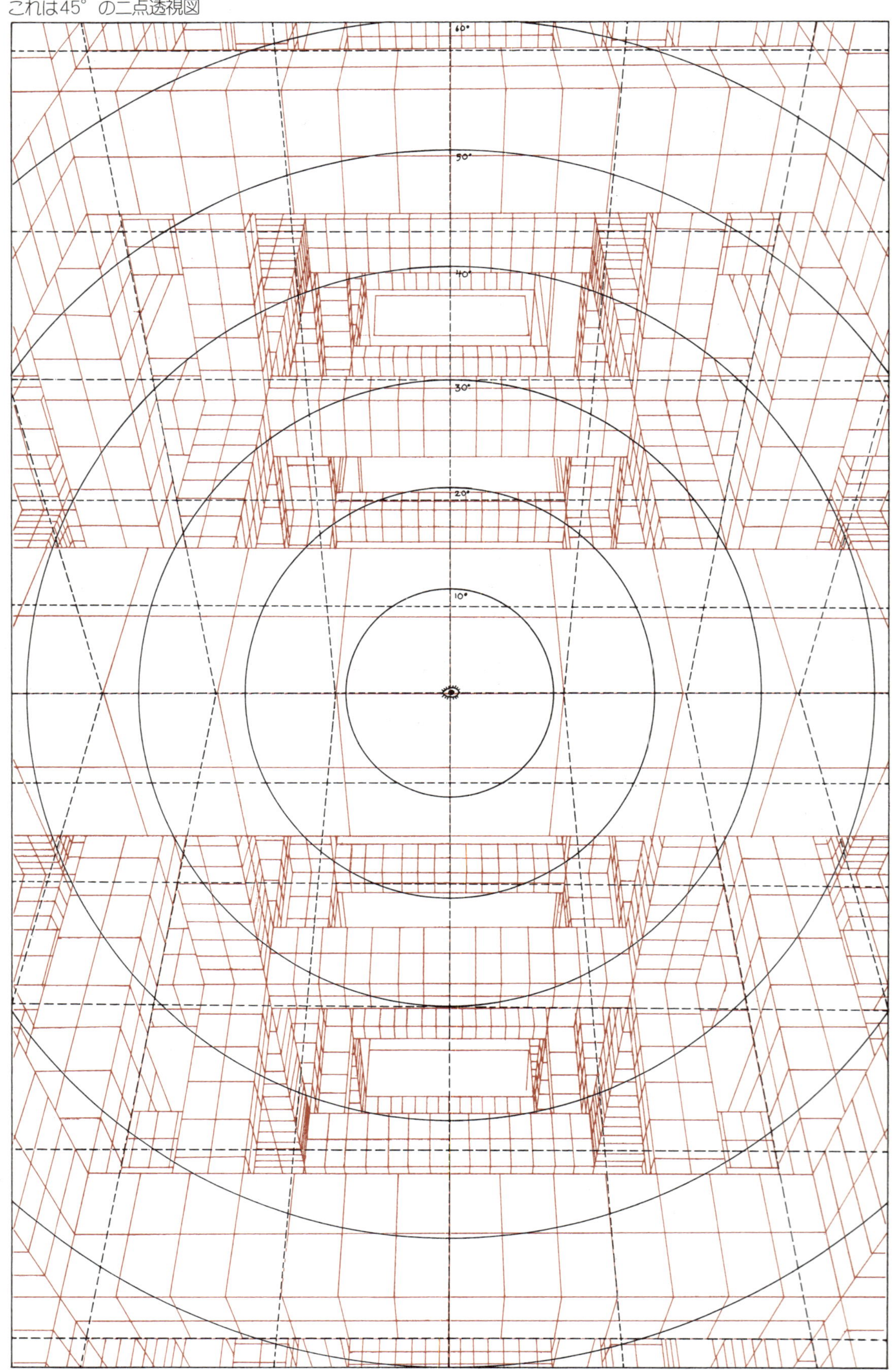

30°/60°の二点透視図…

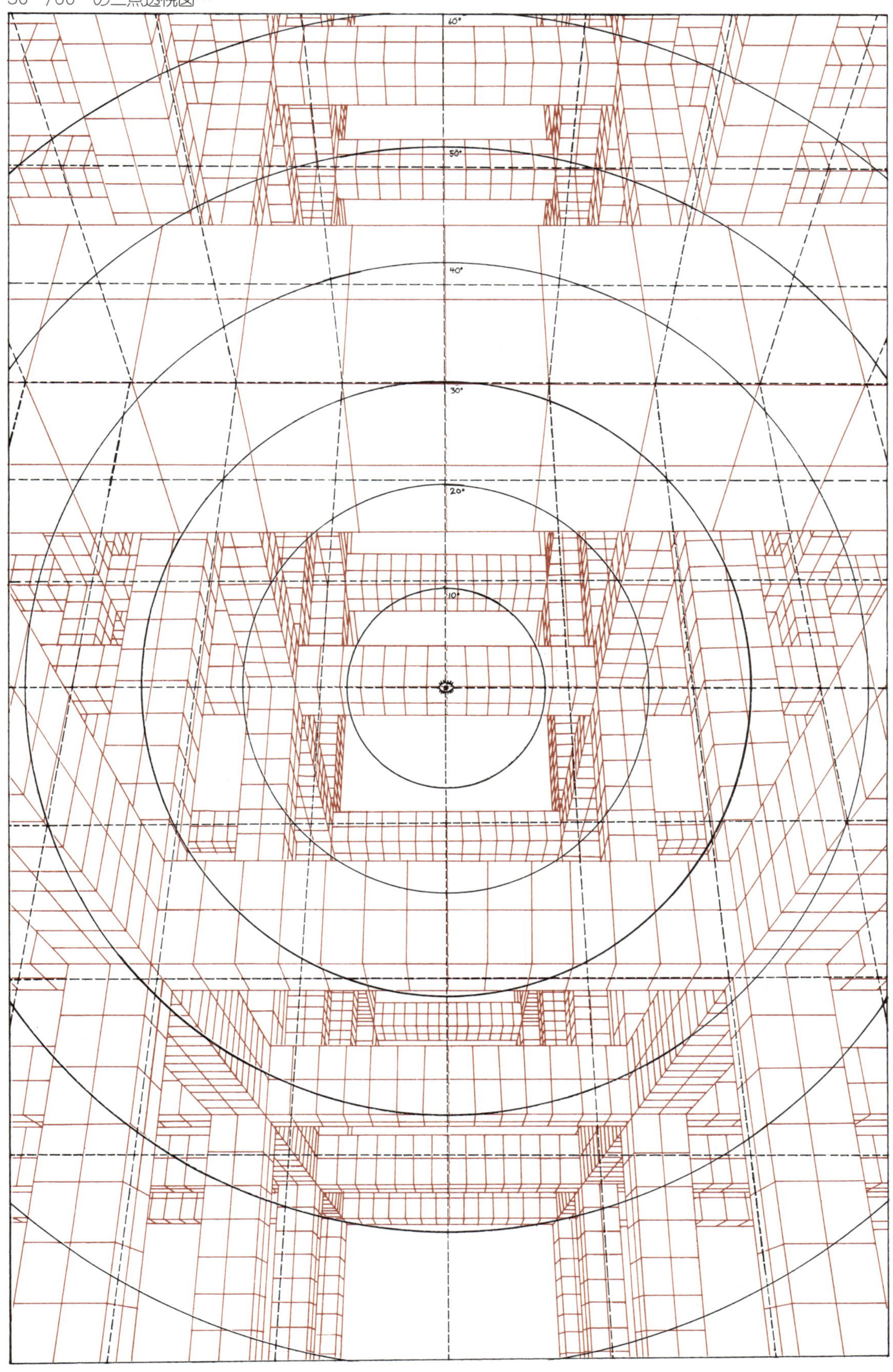

そして…、なんと5°/80°

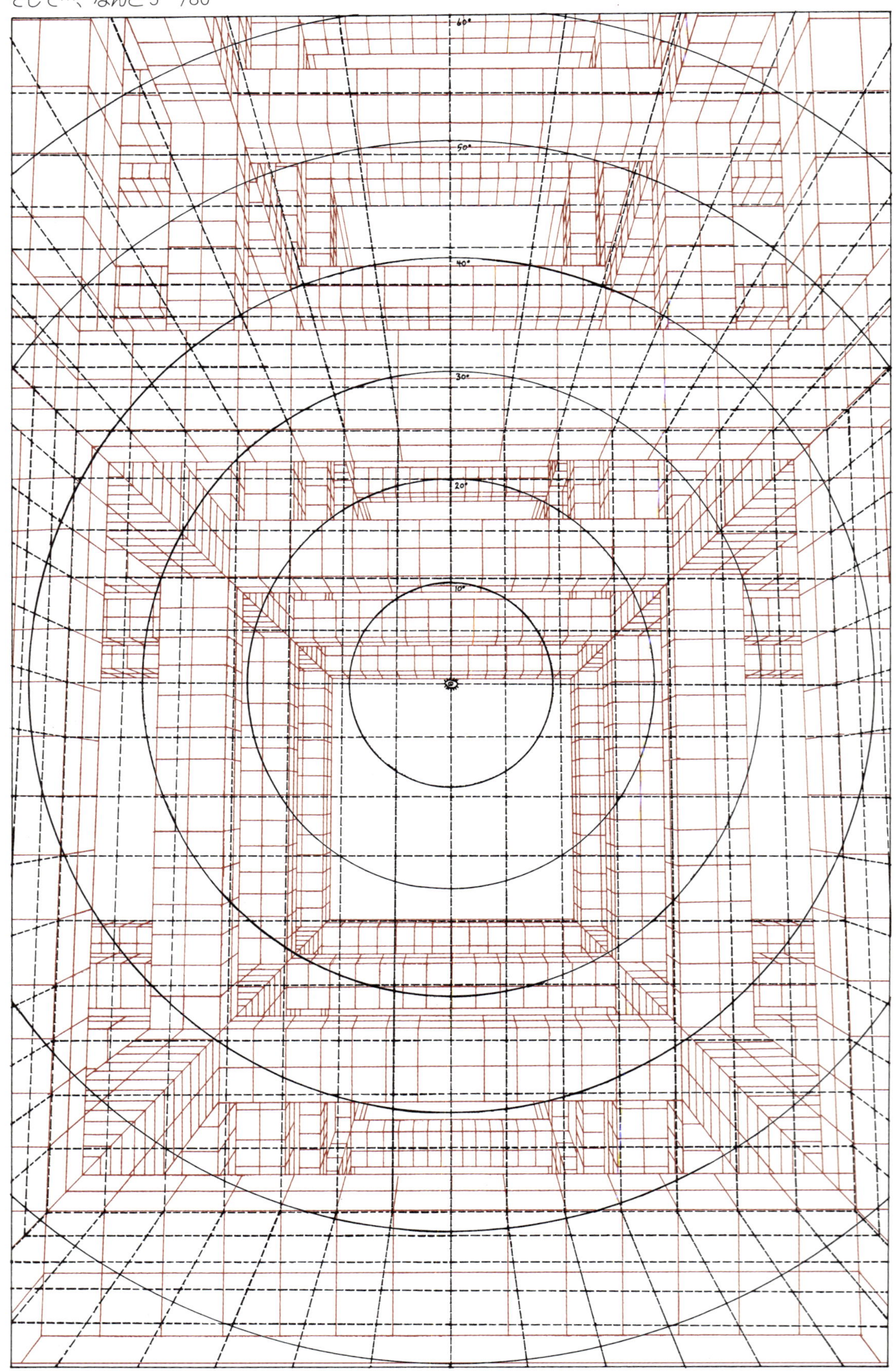

これは、等辺の三点透視図

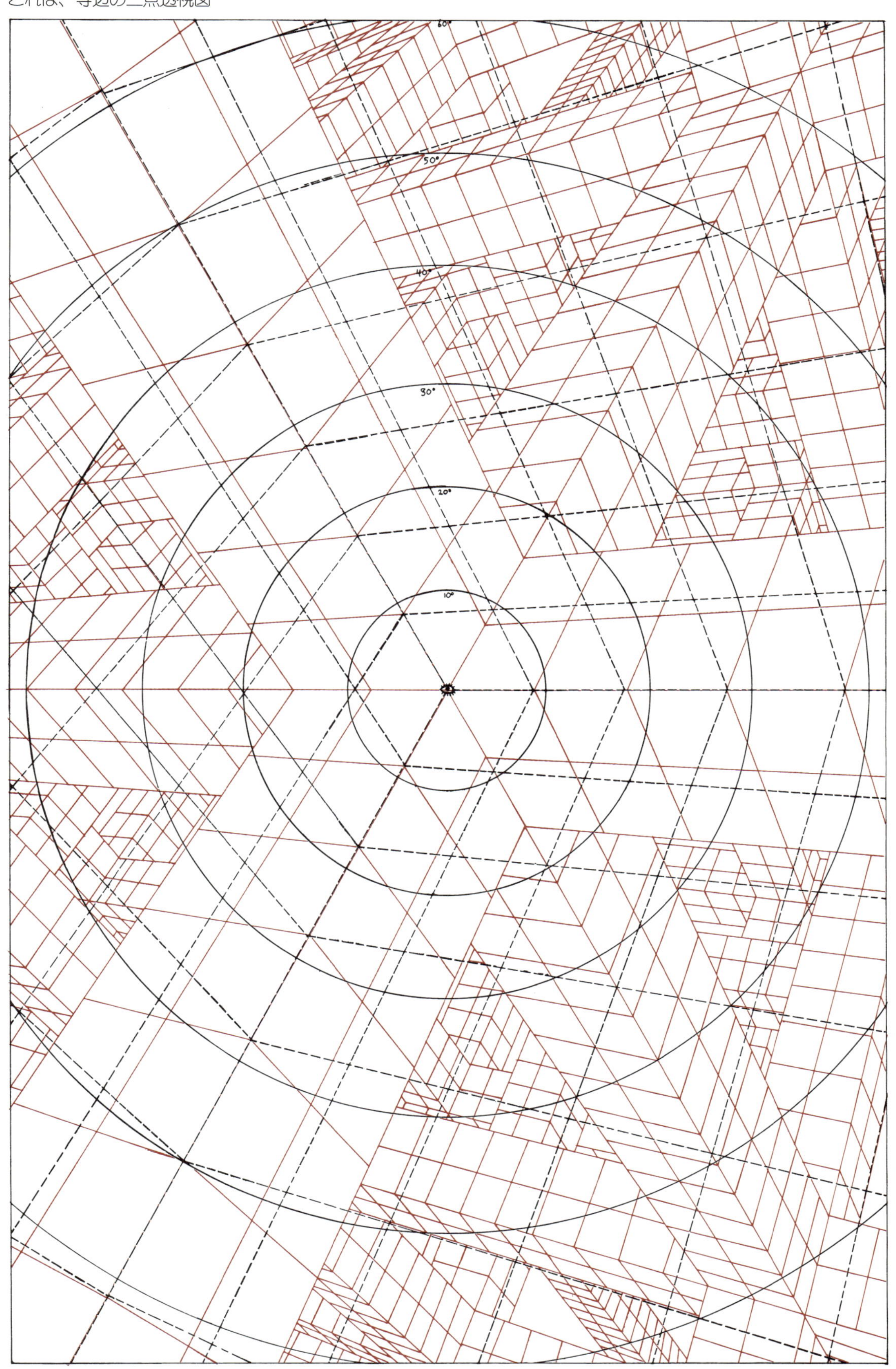

ふぞろいで、非対称の三点透視図。３方向ならどんなものにでも使える

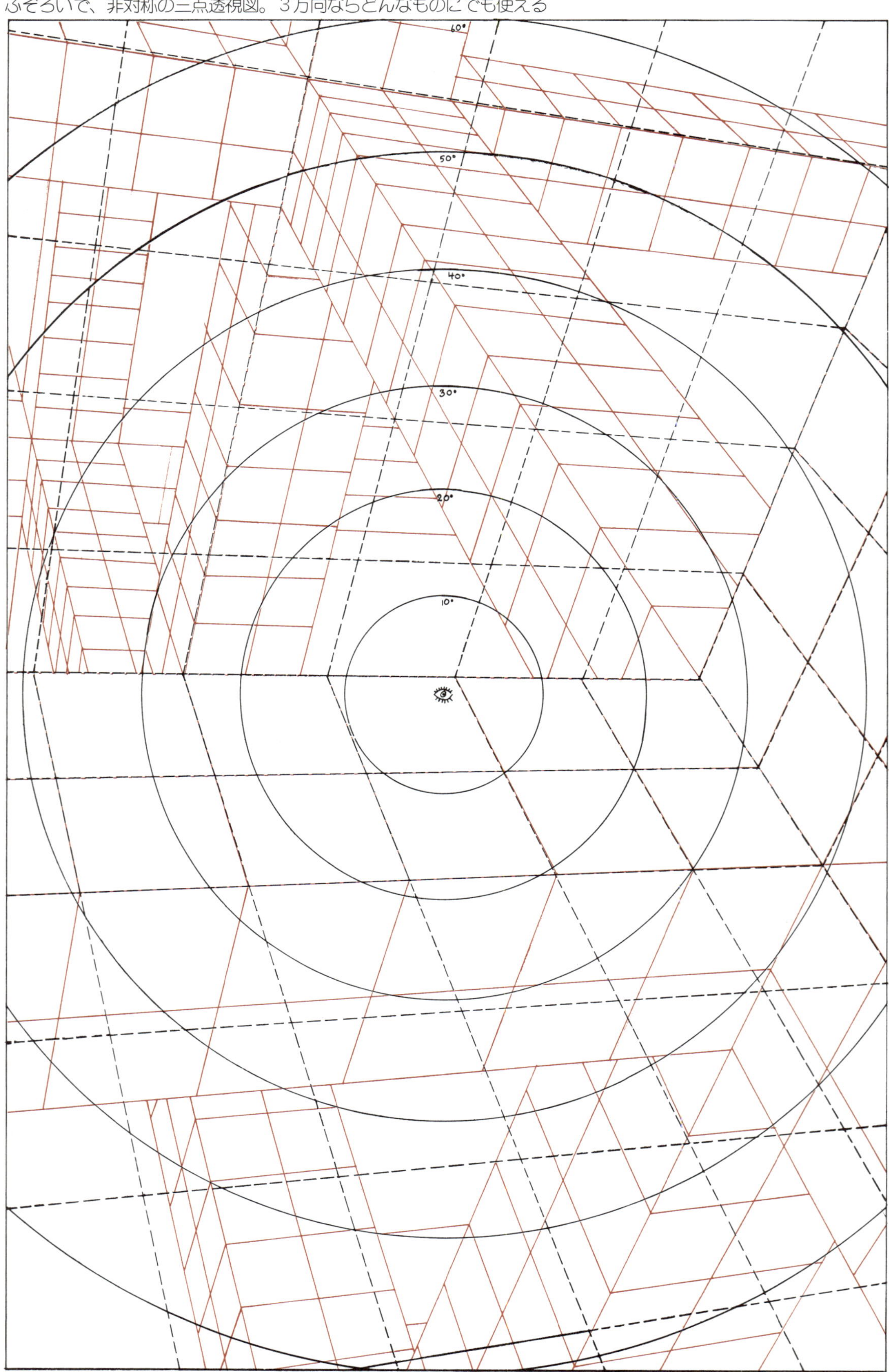

パースで円を描くときに。これは地面に水平に置かれている状態

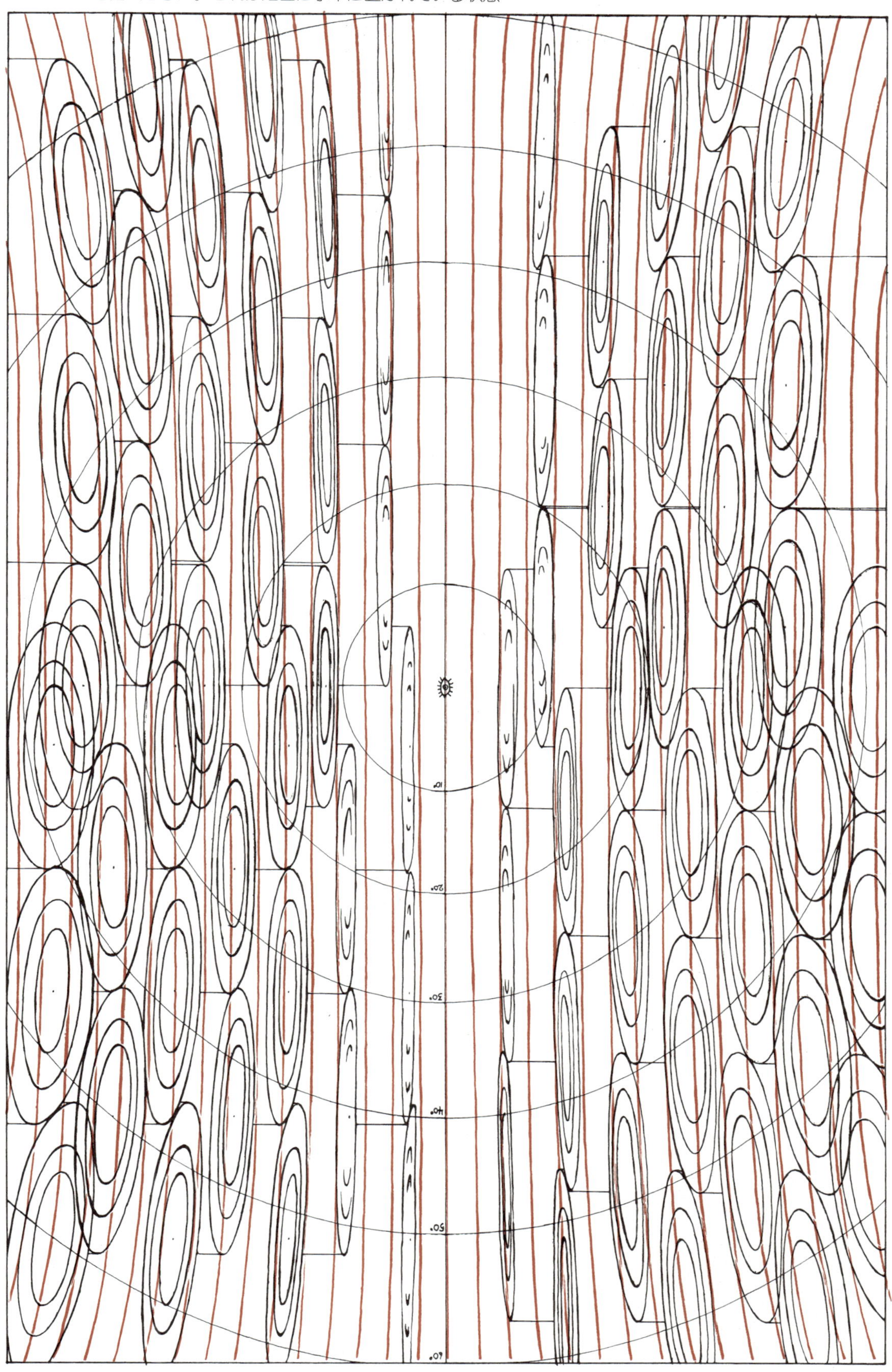

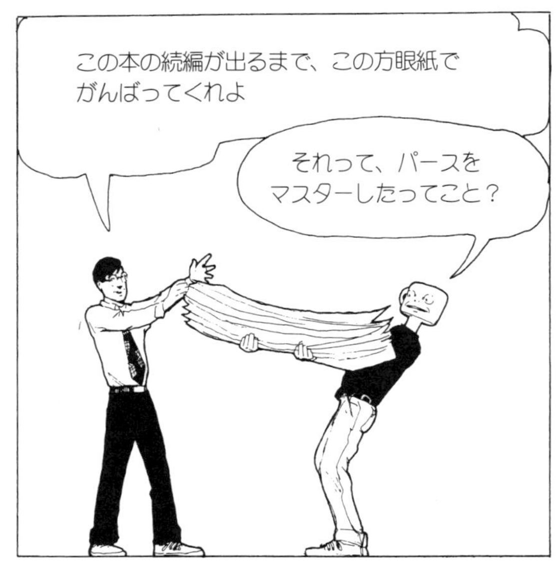
この本の続編が出るまで、この方眼紙で
がんばってくれよ
それって、パースを
マスターしたってこと？

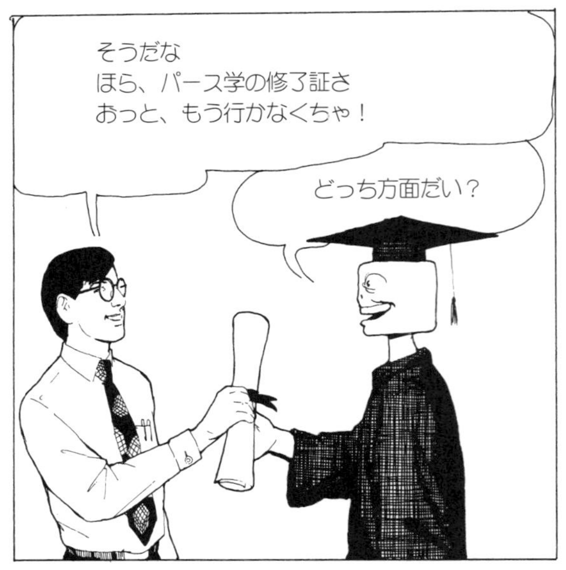
そうだな
ほら、パース学の修了証さ
おっと、もう行かなくちゃ！
どっち方面だい？

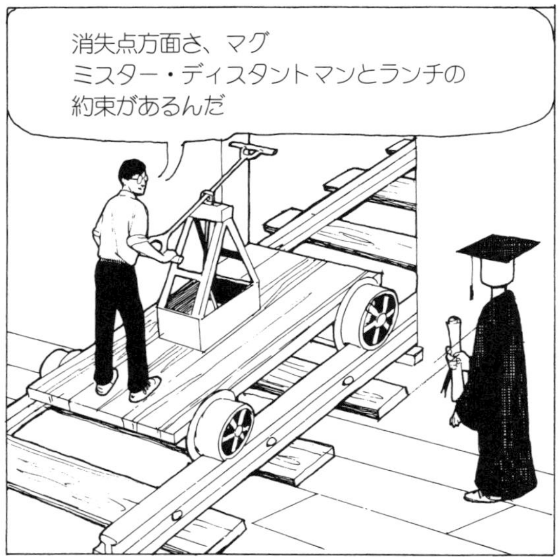
消失点方面さ、マグ
ミスター・ディスタントマンとランチの
約束があるんだ

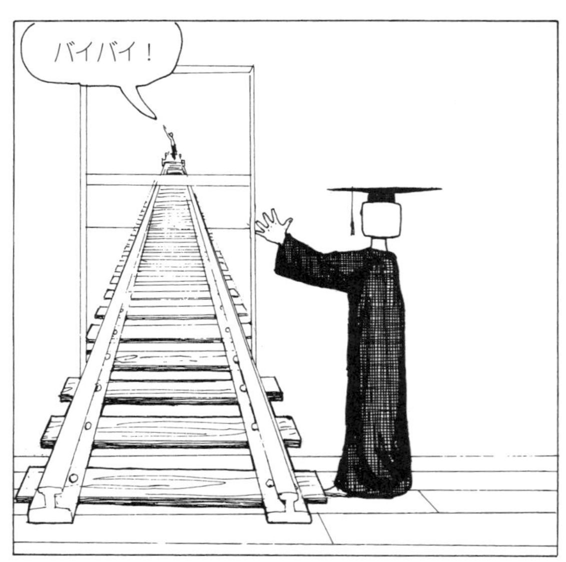
バイバイ！

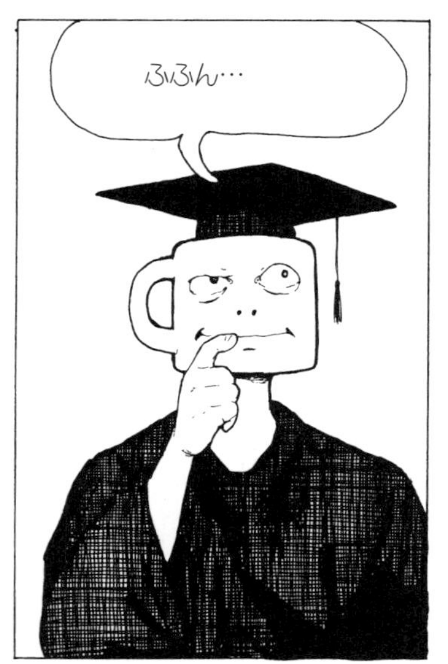
ふふん…

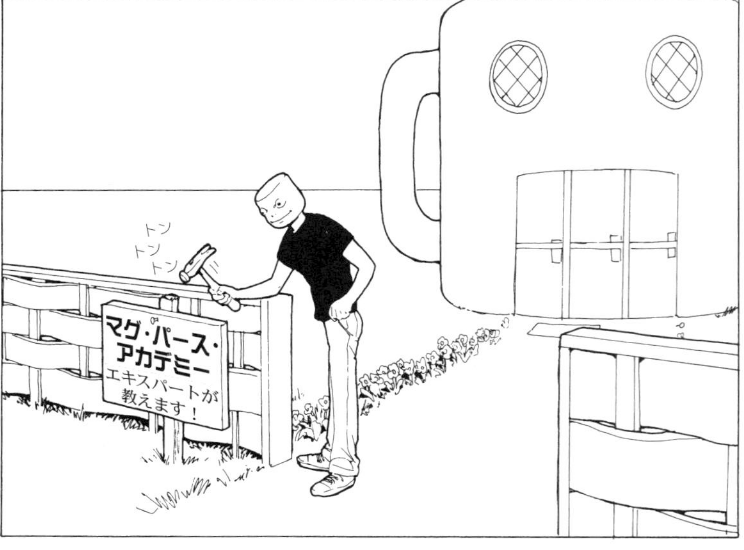
トン
トン
トン
マグ・パース・
アカデミー
エキスパートが
教えます！

索引